国家社科基金
后期资助项目

从马克思共同体到人类命运共同体：理论逻辑与现实向度

From the Community of Marx to a Community with a Shared Future for Mankind: Theoretical Logic and Realistic Dimension

徐艳玲　等著

学习出版社

图书在版编目（CIP）数据

从马克思共同体到人类命运共同体：理论逻辑与现实向度 ／ 徐艳玲等著．-- 北京：学习出版社，2023.11（2024.3重印）

国家社科基金后期资助项目

ISBN 978-7-5147-1060-1

Ⅰ．①从… Ⅱ．①徐… Ⅲ．①马克思主义－共同体－理论研究 ②国际关系－研究 Ⅳ．① A811.64 ② D81

中国国家版本馆CIP数据核字（2023）第 017537 号

从马克思共同体到人类命运共同体：理论逻辑与现实向度
CONG MAKESI GONGTONGTI DAO RENLEI MINGYUN GONGTONGTI:
LILUN LUOJI YU XIANSHI XIANGDU

徐艳玲　等著

责任编辑：沈潇萌　王振宁
技术编辑：刘　硕
封面设计：杨　洪

出版发行：学习出版社
　　　　　北京市崇外大街11号新成文化大厦B座11层（100062）
　　　　　010-66063020　010-66061634　010-66061646
网　　址：http://www.xuexiph.cn
经　　销：新华书店
印　　刷：北京市密东印刷有限公司
开　　本：710毫米×1000毫米　1/16
印　　张：18.75
字　　数：327千字
版次印次：2023年11月第1版　2024年3月第2次印刷
书　　号：ISBN 978-7-5147-1060-1
定　　价：41.00元

如有印装错误请与本社联系调换，电话：010-67081356

国家社科基金后期资助项目
出版说明

后期资助项目是国家社科基金设立的一类重要项目,旨在鼓励广大社科研究者潜心治学,支持基础研究多出优秀成果。它是经过严格评审,从接近完成的科研成果中遴选立项的。为扩大后期资助项目的影响,更好地推动学术发展,促进成果转化,全国哲学社会科学工作办公室按照"统一设计、统一标识、统一版式、形成系列"的总体要求,组织出版国家社科基金后期资助项目成果。

全国哲学社会科学工作办公室

目　录

导　语 ……………………………………………………………（ 1 ）

第一章　马克思共同体对人类命运共同体理念的理论奠基…………（ 20 ）

　第一节　马克思共同体思想的生成理路 ……………………（ 20 ）

　　一、思想渊源 ……………………………………………（ 21 ）

　　二、生成动因 ……………………………………………（ 22 ）

　　三、生成路径 ……………………………………………（ 24 ）

　第二节　马克思共同体思想的致思理路 ……………………（ 27 ）

　　一、人类以共同体为生存方式 …………………………（ 27 ）

　　二、市民社会共同体的反思与批判 ……………………（ 28 ）

　　三、从"虚幻共同体"走向"真正共同体" ……………（ 30 ）

　　四、实现人的自由全面发展是"真正共同体"的

　　　　价值旨归 ……………………………………………（ 31 ）

　第三节　人类命运共同体与马克思共同体思想的契合性………（ 32 ）

　　一、核心命题层面：两者价值取向和最终目标一致 ………（ 32 ）

　　二、哲学基础层面：两者均立足于马克思主义

　　　　唯物史观 ……………………………………………（ 35 ）

　　三、实践主体层面：两者均以有意识的历史主体为

　　　　指导 …………………………………………………（ 38 ）

第二章　从马克思共同体到人类命运共同体理念的逻辑演进……（42）

第一节　列宁的无产阶级国际主义思想及其当代启迪……（42）
一、共产国际的建设思想及其当代启迪……（43）
二、民族自决和无产阶级联合的民族观及其当代启迪……（45）
三、两种制度和平共处理论及其当代启迪……（46）

第二节　历代中国共产党领导人外交思想的演进……（50）
一、毛泽东的国际战略思想……（50）
二、邓小平的和平发展外交理念……（53）
三、江泽民的国际新秩序论……（57）
四、胡锦涛的和谐世界论……（61）

第三节　人类命运共同体理念生成的理论逻辑……（63）
一、以马克思主义共同体思想为指导……（63）
二、以中华优秀传统文化基因为传承……（64）
三、以当代西方共同体相关思想为镜鉴……（72）

第三章　人类命运共同体理念的内容要素和基本逻辑……（80）

第一节　新发展观：缓解世界发展赤字的思想引领……（80）
一、新发展观内涵的全球化阐释……（81）
二、新发展观功能的全球化定位……（88）

第二节　新安全观：国家安全的全球考量……（91）
一、新安全观内涵的全球化阐释……（92）
二、新安全观功能的全球化定位……（96）

第三节　新合作观：新全球化语境下的外交价值观……（99）
一、新合作观内涵的全球化阐释……（99）
二、新合作观功能的全球化定位……（101）

第四节　新文明观：处理不同文明关系的新视角……（105）
一、新文明观内涵的全球化阐释……（105）
二、新文明观功能的全球化定位……（108）

第五节　新治理观：新全球化语境下的战略举措……………（110）
　　一、新治理观内涵的全球化阐释………………………（110）
　　二、新治理观功能的全球化定位………………………（112）

第四章　人类命运共同体理念的理论定位和现实意蕴……（117）
　第一节　人类命运共同体理念的理论定位……………………（117）
　　一、马克思共同体思想的逻辑延伸和当代实践………（117）
　　二、中华优秀传统和合文化的现代回响………………（123）
　第二节　人类命运共同体理念的现实意蕴……………………（130）
　　一、全球化困境下的理论突围…………………………（130）
　　二、克服中国"崛起中的烦恼"的现实考量……………（137）

第五章　人类命运共同体构建面临的现实新机遇…………（147）
　第一节　全球经济体系变革带来新契机………………………（147）
　　一、经济全球化的历史趋势不可逆……………………（148）
　　二、国际货币体系的多元共鸣展新势…………………（151）
　　三、世界贸易体系的多重变奏发新声…………………（154）
　第二节　全球政治力量变革带来新主体………………………（157）
　　一、世界格局在新兴力量中走向多元…………………（158）
　　二、中西实力对比变化助力全球变革…………………（159）
　　三、国际力量在大国博弈下趋向制衡…………………（162）
　第三节　全球文化交流交融带来新助力………………………（165）
　　一、文化主权的重视使得全球文化日渐多样…………（165）
　　二、文化交流的深入促使全球文化日益繁荣…………（169）
　　三、文化贸易的发展推进全球文化日趋融合…………（174）
　第四节　全球网络空间扩大带来新平台………………………（177）
　　一、信息化使经济发展更加绿色和高效………………（177）
　　二、智能化使公共决策愈加科学和民主………………（182）
　　三、数字化使价值观念越加多元和丰富………………（185）

第六章　人类命运共同体构建面临的现实新挑战……（189）
第一节　逆全球化思潮兴起带来新挑战……（189）
一、经济之维：对资本贪婪本性之溢出效应的

一种回应……（190）

二、政治之维：发达资本主义国家国际利益趋弱的

一种反映……（193）

三、社会之维：缓解草根阶层与精英阶层矛盾的

一种体现……（196）

四、文化之维：西方社会非理性主义思潮的

一种折射……（198）

第二节　政治极端主义盛行带来新风险……（203）
一、极端民族主义带来新风险……（203）

二、国家中心主义带来新风险……（208）

第三节　民粹主义兴起带来新困扰……（211）
一、新一轮民粹主义兴起的表征……（212）

二、新一轮民粹主义的影响……（216）

第四节　全球利益分配不均带来新危险……（221）
一、全球利益分配不均的原因……（221）

二、全球利益分配不均的新危险……（223）

第五节　全球化安全格局带来新威胁……（225）
一、传统安全领域问题依然突出……（225）

二、非传统安全与传统安全相互交织……（229）

第七章　人类命运共同体构建的基本进路……（238）
第一节　基本理念……（238）
一、坚持共同体精神……（238）

二、培养全球意识……（241）

三、坚持多边思维……（242）

四、坚持公共外交……（243）

第二节　基本原则……………………………………（245）
　一、坚持和平共处五项原则……………………………（246）
　二、坚持合作共赢原则…………………………………（247）
　三、坚持循序渐进原则…………………………………（248）
第三节　基本战略……………………………………（249）
　一、人类命运共同体的主体、客体和中介，
　　　协同构建………………………………………（250）
　二、从中华民族共同体到周边命运共同体再到区域性
　　　命运共同体最后到人类命运共同体，合力打造……（252）
　三、从政治、经济、安全、文化、生态、网络，
　　　全方位构建……………………………………（255）
　四、从达成共识到顶层设计到实施落地再到保障机制，
　　　层层推进………………………………………（259）
第四节　基本策略……………………………………（261）
　一、继续推进"一带一路"建设…………………………（261）
　二、展现大国担当，主动设置议程……………………（263）
　三、扩大"朋友圈"，发展新型大国关系………………（266）
　四、建立全球治理格局，实现共商共建共享…………（269）

参考文献……………………………………………（272）

后　记………………………………………………（281）

Contents

Introduction ··· (1)

Chapter1 The Thought of Marx's Community Lays the Theoretical Foundation for the Thought of a Community with a Shared Future for Mankind·································· (20)

    Section1 The Theoretical Construction of the Thought of Marx's Community ··· (20)

        1. The Origin of Thought ··· (21)

        2. The Generation of Motivation································· (22)

        3. The Generation of Progress····································· (24)

    Section2 The Theoretical Thinking Progress of the Thought of Marx's Community ··· (27)

        1. Human Beings Rely on Community as Their Survival Mode ··· (27)

        2. Reflection and Criticism on the Community of Civil Society ··· (28)

        3. From "Illusory Community" to "Real Community" ·········· (30)

        4. The Realization of the Human Free All-Round Development is the Valuable Purport of "Real Community" ·············· (31)

    Section3 The Correspondence Between the Thought of a Community with a Shared Future for Mankind and the Thought of Marx's Community ·················· (32)

1. The Core Proposition Level: The Valuable Orientation and Ultimate Goal of the Two are Consistent ………………… (32)
2. The Philosophical Foundation Level: Both are Based on Marx's Historical Materialism ………………………… (35)
3. The Practical Subject Level: Both are Gudided by Conscious Historical Subject ………………………………………… (38)

Chapter2　The Logical Evolution of the Thought From Marx's Community to the Thought of a Community with a Shared Future for Mankind……………………………… (42)

Section1　Lenin's Internationalism Thought and its Contemporary Enlightenment ……………………………………… (42)
1. The Construction Thought of Comintern and its Contemporary Enlightenment………………………………… (43)
2. The National View of National Self-Determination and Proletarian Unity and its Contemporary Enlightenment …… (45)
3. The Theory of Peaceful Coexistence of the Two Systems and its Contemporary Enlightenment ……………………… (46)

Section2　The Evolution of Diplomatic Thoughts of the Successive Leaders of the Communist Party of China ……………………………………………………… (50)
1. The International Strategies Thought of Mao Zedong …… (50)
2. Diplomatic Vision of Peaceful Development of Deng Xiaoping ……………………………………………… (53)
3. The Theory of New International Order of Jiang Zemin …… (57)
4. The Harmonious World Theory of Hu Jintao ……………… (61)

Section3　The Theoritical Logic of the Generation of the Thought of a Community with a Shared Future for Mankind of Xi Jinping ……………………………………………… (63)

1. Taking the Thought of Marx's Community as
   Guidance ··· (63)
2. Inheriting the Excellent Traditional Chinese
   Cultural Genes ································· (64)
3. Utilizing Contemporary Western Community
   Ideas as a Mirror ······························· (72)

Chapter3 Content Elements and Basic Logic of the Thought of a Community with a Shared Future for Mankind ········ (80)
　Section1　The New Concept of Development:Ideological
　　　　　Guidance for Releaving the World Development
　　　　　Deficit ······································· (80)
　　1. The Connotation of Globalization of the New
　　　 Development View ······························· (81)
　　2. The Orientation of Globalization of the New
　　　 Development View ······························· (88)
　Section2　The New Security View: Global Considerations of
　　　　　National Security ······························· (91)
　　1. The Connotation of Global Interpretation of the New
　　　 Security View ·································· (92)
　　2. The Orientation of Globalization of the New Security
　　　 View ··· (96)
　Section3　New Cooperative View: Diplomatic Values in the
　　　　　Context of New Globalization ················· (99)
　　1. The Connotation of Global Interpretation of the New
　　　 Cooperation View ······························· (99)
　　2. The Orientation of Globalization of the New
　　　 Cooperation View ······························· (101)

Section4　New Civilization View: A New Perspective on Dealing
　　　　　　with Relations Between Different Civilizations ……… (105)
　　　　1. The Connotation of Global Interpretation of the New
　　　　　　Civilization View ……………………………………… (105)
　　　　2. The Orientation of Globalization of the New
　　　　　　Civilization View ……………………………………… (108)
　　Section5　New Administration View: Strategic Measures in the
　　　　　　New Globalization Context ……………………………… (110)
　　　　1. The Connotation of Global Interpretation of the New
　　　　　　Administration View …………………………………… (110)
　　　　2. The Orientation of Globalization of the New
　　　　　　Administration View …………………………………… (112)

**Chapter4　Theoretical Orientation and Practical Meaning of the
　　　　　Thought of a Community with a Shared Future for
　　　　　Mankind** ………………………………………………… (117)
　　Section1　Theoretical Positioning of the Thought of a Community
　　　　　　with a Shared Future for Mankind …………………… (117)
　　　　1. Logical Extension and Contemporary Practice of the
　　　　　　Thought of Marx's Community ……………………… (117)
　　　　2. Modern Echoes of Chinese Excellent Traditional
　　　　　　Harmony Culture ……………………………………… (123)
　　Section2　The Realistic Meaning of the Thought of a Community
　　　　　　with a Shared Future for Mankind …………………… (130)
　　　　1. Theoretical Breakthrough Under the Dilemma of
　　　　　　Globalization …………………………………………… (130)
　　　　2. Practical Considerations for Overcoming China's
　　　　　　"Rising Troubles" ……………………………………… (137)

Chapter5 The Realistic New Opportunities which the Construction of a Community with a Shared Future for Mankind is Facing ·································· (147)

Section1 Reformation of the Global Economic System Brings About New Opportunities ···································· (147)
1. The Irreversible Historical Trend of Economic Globalization ··· (148)
2. The International Monetary System Shows New Signs of Pluralistic Resonance ···································· (151)
3. New Voices Produced by the Multiple Variations of the World Trade System ······································ (154)

Section2 Changes in Global Political Power Bring About New Subjects ··· (157)
1. Emerging Powers are Diversifying the World Landscape ·· (158)
2. Changes in the Strength Balance Between China and the West Contribute to Global Changes ························ (159)
3. International Power Tends to be Balanced Under the Competitions Between Countries ··························· (162)

Section3 Global Cultural Exchanges and Integration Bring About New Impetus ······································· (165)
1. Emphasising on Cultural Sovereignty Led to the Increasing Diversity of Global Cultures ················ (165)
2. The Deep Going of Cultural Exchanges Contributes to the Increasing Mutual Learning of Global Cultures ·············· (169)
3. The Development of Culture Trade Promotes the Increasing Integration of Global Cultures ··················· (174)

Section4 The Expension of Global Cyberspace Brings About New Platforms ·· (177)

1. Informatization Promotes Economic Development
   Greener and more Efficient ······································(177)
2. Intelligence Promotes Public Decision-Making more
   Scientific and Democratic ······································(182)
3. Digitalization Promotes Values More Diversified and
   Enriched ··(185)

Chapter6 New Challenges in Building a Community with a Shared Future for Mankind ································(189)
    Section1 The Rising of Anti-Globalization Thoughts Brings
   About New Challenges ······································(189)
   1. The Economic Dimension: A Response to the Spillover
      Effect of the Greedy Nature of Capitalism ····················(190)
   2. The Political Dimension: A Reflection of the Weakening
      of International Interests in Developed Capitalist
      Countries ··(193)
   3. The Social Dimension: A Manifestation of relieving the
      Contradiction Between Grassroots and Elite Classes ········(196)
   4. The Cultural Dimension: A Refraction of Irrational Thinking
      in Western Society ···(198)
    Section2 The Prevalence of Political Extremism Brings About
   New Risks ··(203)
   1. Extreme Nationalism Brings About New Risks ···············(203)
   2. State-Centrism Brings About New Risks ······················(208)
    Section3 The Rising Populism Brings About New Troubles ······(211)
   1. Obvious Signs of the Rising New Wave of Populism ······(212)
   2. The Impaction of the New-Round of Populism ···············(216)
    Section4 Unequal Distribution of Global Benefits Brings About
   New Dangers ···(221)

  1. Causes of Unequal Distribution of Global Benefits ……… (221)
  2. New Dangers of Unequal Distribution of Global
   Benefits …………………………………………………… (223)
 Section5 The Globalized Security Pattern Brings About
     New Threats ………………………………………… (225)
  1. Problems in Traditional Security Areas are Still
   Prominent …………………………………………………… (225)
  2. Non-Traditional and Traditional Security are
   Intertwined ………………………………………………… (229)

Chapter7 Basic Approaches of Building a Communicity
With a Shared Future for Mankind …………………… (238)
 Section1 Basic Ideas ………………………………………… (238)
  1. Insisting the Community Spirit ……………………………… (238)
  2. Cultivating the Global Awareness …………………………… (241)
  3. Persisting in Multilateral Thinking Thoughts ………………(242)
  4. Upholding the Public Diplomacy …………………………… (243)
 Section2 Basic Principles…………………………………………(245)
  1. Upholding the Five Principles of Peaceful
   Coexistence………………………………………………… (246)
  2. Adhering to the Principle of Win-Win Cooperation ……… (247)
  3. Persevering the Principle of Gradual Progress …………… (248)
 Section3 Basic Strategies……………………………………… (249)
  1. Collaborative Construction of The Thought of a Community
   With a Shared Future for Mankind Concerning Subject
   Object and Mediation Model …………………………… (250)
  2. Joint Construction from Chinese National Community,
   Surrounding Communities, Regional Communities, and
   a Community with a Shared Future for Mankind ………… (252)

3. Comperehensive Construction of Politics, Economy, Security, Culture, Ecology and Network ⋯⋯⋯⋯⋯⋯⋯⋯⋯(255)
4. Gradual Progress of Reaching to the Consensus-Top-Level Design-Implementation and Landing-Guarantee Mechanism ⋯⋯⋯⋯⋯⋯⋯⋯⋯⋯⋯⋯⋯⋯⋯⋯⋯⋯⋯⋯(259)

Section4 Basic Tactics ⋯⋯⋯⋯⋯⋯⋯⋯⋯⋯⋯⋯⋯⋯⋯⋯⋯⋯(261)
1. Continuing to Promote the Construction of the "The Belt and Road" ⋯⋯⋯⋯⋯⋯⋯⋯⋯⋯⋯⋯⋯⋯⋯(261)
2. Demonstrating the Responsibility of a Major Country and Setting the Agenda Proactively ⋯⋯⋯⋯⋯⋯⋯⋯⋯⋯⋯(263)
3. Expanding the "Circle of Friends" and Developing a New Type of Major-Power Relationship⋯⋯⋯⋯⋯⋯⋯⋯⋯⋯(266)
4. Establishing a Global Administration Syetem and Achieving Extensive Cousultation, Joint Contribution and Shared Benefits ⋯⋯⋯⋯⋯⋯⋯⋯⋯⋯⋯⋯⋯⋯⋯⋯⋯⋯⋯⋯⋯(269)

Reference ⋯⋯⋯⋯⋯⋯⋯⋯⋯⋯⋯⋯⋯⋯⋯⋯⋯⋯⋯⋯⋯⋯⋯⋯(272)

Postscript ⋯⋯⋯⋯⋯⋯⋯⋯⋯⋯⋯⋯⋯⋯⋯⋯⋯⋯⋯⋯⋯⋯⋯⋯(281)

导　语

自2013年3月习近平总书记在莫斯科国际关系学院发表的重要演讲中首次提出人类命运共同体理念以来，迄今已有10年。10年来，人类命运共同体已不仅是一种理念，也演变为一种实践。该选题名称表明：这是一个以马克思共同体思想为指导，以马克思共同体思想到人类命运共同体理念的理论逻辑与现实向度为主轴和主线，以深度探求人类命运共同体构建"是否可能"和"如何可能"为目标诉求的选题。其理论研究旨趣在于：推动人类命运共同体研究从理想走向现实、从理论走向实践，这也是人类命运共同体研究的前沿领域和未来趋势。

（一）选题缘起与价值

当今，中国与世界的关系悄然发生了历史性变化，中国在新全球化舞台上已经具备了一定的政治博弈能力和话语权。在此背景下，习近平总书记提出的人类命运共同体理念不啻为中国特色大国外交新名片。倡导人类命运共同体契合了全球化时代的重大关切，是全球化困境下的一种理论突围，有利于寻求各国利益交汇点和人类认知的最大公约数。尽管当下，人类命运共同体理念从理想走向现实、从理论走向实践还面临着一些新挑战，但走向现实、走向实践仍然是人类命运共同体研究最有意义的价值追求。鉴于此，该选题研究具有重要的学术价值和应用价值。

从学术价值来看，一方面，该选题有助于丰富马克思主义共同体思想的宝库。人类命运共同体理念不是凭空而来的，而是有着深厚的思想积淀和理论奠基。当前，全球化、逆全球化、替代全球化思潮并存，在新全球化格局中论析从马克思共同体思想到人类命运共同体理念的逻辑演进，深刻阐释马克思共同体思想与人类命运共同体理念的内在契合性，揭示习近平总书记关于人类命运共同体理念的历史超越性，将有助于进一步丰富和发展马克思主义经典作家的共同体思想。另一方面，该选题也有助于完善中国特色的外交理论和全球治理理论。当今世界正在发生深刻复杂变化，国际社会期待看到中国方案，中国不能缺席。人类命运共同体构建作为一项全球性的顶层设计，是中国判断、中国答案、中国智慧、中国追求。它既立足于中国外交实践，又是中国对世界的文化新贡献，深度探研之对于丰富和完善中国特色的外交理论和全球治理理论具有重要意义。

从应用价值来看，首先，人类命运共同体作为一项全球性的中国方略，彰显了中国负责任的大国形象，在当下逆全球化思潮汹涌的背景下，深入分析人类命运共同体在现实向度面临的新机遇和新挑战，寻求人类命运共同体建构的基本理念、基本原则、基本战略和基本策略，将有助于引导国际社会纠正认知偏差、廓清认知迷雾，形成认知的最大公约数，理性客观面对、携手解决全球性的困难和问题，进而为中华民族的伟大复兴营造良好的国际环境。其次，在全球化视野中对人类命运共同体面临的新时代境遇进行研究，能够突破人类命运共同体理念的一般理论阐释，走向全球化宏大叙事下以问题为导向的深度探研，从而有助于明晰外交活动的着力点，并有针对性地采取相应的措施，进一步提高中国外交实践的实效性。最后，深入研究人类命运共同体现实向度的问题和对策，有助于推动国际秩序变革，指明世界发展和人类未来的前进方向，让人类命运共同体理念在世界各地落地生根。

（二）国内外研究现状

1. "共同体"思想以其巨大的理论含量成为学术史聚焦的话题

从苏格拉底到柏拉图再到亚里士多德城邦共同体开启了对政治共同体的探索，在霍布斯、卢梭那里实现了从政治共同体到契约共同体的重大转向，而契约共同体又受到黑格尔伦理共同体的颠覆。对此，学者们普遍认为，这些思想家笔下的共同体的具体内涵自然是不一致的，而他们的共同点在于"自由"与"共同体"的二分法：要充分的个人自由，就要放弃真正的人类共同体；而要维护共同体，就必须牺牲个人自由。这种非此即彼的思维模式同样支配着19世纪中叶至20世纪初的绝大多数经典社会学理论家。在两种价值之间作出权衡抉择而实现之，成为他们无法摆脱的桎梏。而马克思恩格斯则着力建构了自己所祈向的真正共同体——自由人联合体。

自20世纪80年代共同体主义（Communitarianism）兴起以来，"共同体"作为一个被广泛应用于哲学、政治学、社会学、人类学的重要概念，越发成为当代政治哲学的关键词之一。对于"共同体"的深层意蕴，主要有3种观点。第一，"人的本质说"。例如亚里士多德认为，从人的内在本质可以自然地引申出共同体；马克思强调，人的本质是人的真正共同体。第二，"共同体—社会两分说"。例如滕尼斯对共同体和社会进行了区分，认为共同体是持久的真正的共同生活，社会只不过是一种暂时的和表面的共同生活。第三，"生活意义说"。例如安东尼·柯亨认为最好不要把共同体予以实体化，不要将之视为基于特定地域场景的社会互动网络，而要更多地关注共同体对于人们生活的意义以及自我认同的生成。[①]

近年来，"共同体"思想凭借其巨大的理论含量成为国内外学界的研究焦点。以共同体为主旨的大量西方学者的著作被译介到中国来，比较有影响的有：美国学者大卫·A.施沃伦著的《自觉全球主义：矛盾冲突与对策》，透过全球化来探究当今充满张力的冲突，首先描述了盛行于全球市场的对预期目标实现起反作用的种种行为，接着分析了诱发这些行为的错误观念，并提出了变革性的观点。英国学者保罗·霍普著的《个人主义时代之共同体重建》，主旨在于阐述西方社会的共同体以及社会生活的状况，并对在当今日益崇尚个人主义的时代，怎样才能维护与繁荣地方共同体及其共同体生活的问题进行了探究。加拿大学者黛安娜·布莱登、威廉·科尔曼著的《反思共同体——多学科视角与全球语境》，通过分析全球化条件下共同体反思其自主性的多种方式，重新构建了对共同体、全球化和自主性的讨论。以色列学者伊曼纽尔·阿德勒和美国学者迈克尔·巴涅特主编的《安全共同体》，作为一部具有开创性的建构主义安全研究著作，通过研究国际共同体与和平变革可能性之间的关系，重新构架了卡尔·多伊奇所提出的"安全共同体"概念体系，进一步提升了安全共同体理论的描述力和解释力。美国学者本尼迪克特·安德森著的《想象的共同体——民族主义的起源与散布》，以"哥白尼精神"独辟蹊径，从民族情感与文化根源来探讨不同民族属性的、全球各地的"想象的共同体"，认为这些"想象的共同体"的崛起主要取决于宗教信仰的领土化、古典王朝家族的衰微、时间观念的改变、资本主义与印刷术之间的交互作用、国家方言的发展等因素。美国学者威廉·麦克尼尔著的《西方的兴起：人类共同体史》，采用从古至今的叙事结构，跨越民族、国家的藩篱，将全球文

---

① Anthony P. Cohen, The Symbolic Construction of Community, London: Routledge, 1985, pp.9–10.

明看作一个不断运动变化的整体，把人类历史分为中东统治的时代、欧亚文明均势的时代和西方统治的时代3个阶段。以"欧亚大陆生存圈"为核心，纵览了在这个大生存圈中各个文明交融传承、兴衰演变的宏观全景。德国学者斐迪南·滕尼斯著的《共同体与社会——纯粹社会学的基本概念》，采取二元对立的结构，围绕着"共同体"与"社会"这对彼此相对的概念从"关于主要概念的一般规定""本质意志与抉择意志""自然法的社会学基础"3个方面揭示了"共同体"与"社会"之间的对立意涵等。

与此同时，中国学者以"共同体"为主旨的论著也与日俱增，比较典型的有：赵汀阳著的《天下体系——世界制度哲学导论》通过分析周朝的天下概念和制度重新思考中国和世界，并且试图建构一个作为未来世界政治制度的"天下体系"。按照赵汀阳的想象，天下体系能够解决康德和平理论所无法解决的冲突问题，例如亨廷顿所说的文明冲突问题。这一观点在世界范围内产生了很大影响。李义天主编的《共同体与政治团结》，通过选取相关学术领域著名学者有代表性的文章，梳理此概念在不同语境中的不同用法，澄清"共同体"的基本内涵，全面反映"共同体"作为一种政治构思和社会机制的优势与缺失。王子昌著的《东盟外交共同体：主体及表现》，作为东盟外交研究领域的一本开创性研究专著，以专题的形式对东南亚国家的独立和东盟成立以来的外交进行了系统梳理，回答了东盟成员国何以特别珍视国家主权、何以能够周旋于大国之间而不被边缘化的诸多疑问。张康之、张乾友著的《共同体的进化》，以权利、正义、自我、他人、承认、认同、共识等概念为经纬线，编织起了人类共同体演进的丝帛画卷，并努力揭示人类协同走向未来的方向。特别是，面对20世纪后期以来的"全球风险社会"，该书所提出的合作共同体建构之设想，对于社会治理的改革以及全球秩序的重建，具有一定的启发性意义。胡群英著的《社会共同体的公共性建构》，通过对社会共同体存在方式的公共性考察，揭示了公共性对于人存在的一般意义，并在此基础上尝试建构一种符合当代人类共在、共处需要的现代公共性理论框架，对建构当代中国的共同体生活具有重要意义。王小章著的《从"自由或共同体"到"自由的共同体"：马克思的现代性批判与重构》，详细阐述了马克思如何批判地继承黑格尔的思想，并结合价值取向上的"应然"和历史规定下的"实然"两个维度重新界定人和社会的关系，从而为"自由的共同体"的出场提供逻辑上的可能。邵发军著的《马克思的共同体思想研究》，基于人的自由和发展的视角，在对马克思的共同体思想进行全面阐释的基础上，进一步深度论析了马克思的共同体思想与唯物史观的基本关系、共同体与马克思的"三大社会形态"关系，揭示了马克思共同体思想对中国社会发展的当代价值。胡寅寅著的《走向"真正的共同体"——马克思共同体思想的致思逻辑研究》，着重分析了马克思共同体思想的致思逻辑，旨在通过理论生成与现实发展的双重考察揭开马克思共同体思想的核心线索及发展走向，从而为探索和研究马克思的共同体思想提供一个新的维度和方向。陈岩著的《东亚共同体通论》，首先明确了东亚共同体的含义，确定了东亚共同体的成员。其次提出了东亚共同体的系统理论，然后提出以东亚自由贸易区和亚元为中心的东亚共同体的政策设计，并提出了中国式对策思路。于洪君著的《从参与全球化到打造共同体》，详细阐述了我国从孤立于国际社会之外转为广泛参与地区和国际事务，从被动维护现存国际体系转为积极提供各种公共产品，乃至倡导联动发展与合作共赢、推动新一轮经济全球化、推动建立人类命运共同体的进程。王灵桂、赵江林著的《"周边命运共同体"建设：挑战与未来（中外联合研究报告 NO.2）》，作为国家全球战略智库加强与国外重要智库开展联合研究的阶段性成果，为我们了解"一带一路"建设面临的挑战、国际合作进展和实施建设的行动概况等提供了重要参考资料。

2. 党的十八大以来"人类命运共同体"研究成为国内学术界关注的热点

党的十八大报告首倡人类命运共同体意识，认为"合作共赢，就是要倡导人类命运共同体意识，在追求本国利益时兼顾他国合理关切，在谋求本国发展中促进各国共同发展，建立更加平等均衡的新型全球发展伙伴关系，同舟共济，权责共担，增进人类共同利益"。党的十八大以来，以习近平同志为核心的党中央更是在众多的国际场合倡导打造人类命运共同体，并赋予其鲜明的时代意涵。由此，学界围绕人类命运共同体的一般理论和实践问题进行了研究，在一定范围内反映了当前国内对构建人类命运共同体研究的聚焦点和新动向，比较典型的有：陈岳、蒲俜著的《构建人类命运共同体》一书，围绕构建人类命运共同体这一外交思想的核心，探讨解决当今世界和平与发展的中国方案，认为构建人类命运共同体必将对推动世界和平发展与人类社会进步产生重大影响。刘建飞、罗建波、孙东方等著的《构建人类命运共同体：理论与战略》一书，以"构建人类命运共同体"为主题，致力于从理论和战略两个维度系统梳理、阐释、解读习近平总书记的国际战略与外交思想。张立文著的《中国传统文化与人类命运共同体》一书，通过对中国传统文化"合学"理论思维体系和人类命运共同体理念开启人类新世纪的阐述，指明实现中华民族伟大复兴的中国梦需要培养具有世界视野、人类意识的理想人格和追求真理的理想人才。马俊峰、马乔恩著的《构建人类命运共同体的历史性研究》一书，通过对人类命运共同体理念的逻辑化、体系化构建，探寻人类命运共同体从理念走向现实的可能路径，揭示人类命运共同体最终将走向自由人联合体的历史必然性。卢黎歌主编的《新时代推进构建人类命运共同体研究》一书，围绕新时代如何推进构建人类命运共同体，分为"理论篇"和"实践篇"两部分，理论层面涉及构建人类命运共同体的思想基础、基本问题、政治意义、当代价值等；实践层面涉及构建人类命运共同体与全球治理、国际关系、意识形态、国际话语权等的关系。王义桅著的《时代之问　中国之答：构建人类命运共同体》一书，从时间、空间、自身3个维度，对"什么是人类命运共同体""为何构建人类命运共同体""如何构建人类命运共同体"等问题作了生动而深刻的探讨。

除学术著作外，大量研究论文围绕人类命运共同体的思想来源、具体内涵、提出依据、打造人类命运共同体的意义、困境、路径等展开了初步的研究，并取得了一定的研究存量，以下择其要而述之。

关于人类命运共同体的思想来源的研究。一是"马克思共同体思想说"。卢德友认为人类命运共同体与马克思倡导的"自由人联合体"有相通之处。[1] 陈鑫认为"人类命运共同体"在实现路径、价值旨归上与"真正共同体"具有高度契合性，是当今世界走向"真正共同体"的必然阶段。[2] 黄婷、王永贵认为，人类命运共同体作为中国对现行世界秩序的概括性表达，是马克思共同体理论合乎逻辑的中国化时代回应，是中国奉献给人类的世界秩序理念范式。[3] 二是"中国化马克思主义理论说"。石云霞认为，人类命运共同体理念是对马克思恩格斯社会共同体思想的创造性运用和发展，同时毛泽东、邓小平、江泽民、胡锦涛等为该理念的提出奠定了一定的思想基础。[4] 三是"中华优秀传统文化来源说"。陆卫明、孙

---

[1] 卢德友:《"人类命运共同体"：马克思主义时代性观照下理想社会的现实探索》，《求实》2014年第8期。

[2] 陈鑫:《马克思"真正共同体"思想视阈下"人类命运共同体"的历史方位》，《理论月刊》2017年第10期。

[3] 黄婷、王永贵:《人类命运共同体：一种世界秩序的话语表述》，《马克思主义与现实》2017年第5期。

[4] 石云霞:《马克思社会共同体思想及其发展》，《中国特色社会主义研究》2016年第1期。

喜红认为，构建人类命运共同体蕴含着深厚的中华优秀传统文化智慧，包括天人合一的宇宙观、协和万邦的国际观、和而不同的社会观、人心和善的道德观、义利合一的利益观，深刻体现了与中华优秀传统文化的融通性。① 金应忠认为，人类命运共同体与中国传统"和文化"关于世界及人类如何存在、如何发展的观点具有相似性，它既显示了当代中国理念与"和文化"理念的一脉相承性，又具有与当代世界和平发展的现实所需要的适应性。② 张静、马超认为，人类命运共同体理念传承了中华优秀传统文化中的精华成分，形象地彰显了中华优秀传统文化的特征和内涵。③ 四是"多来源说"。王庆忠、廖仁郎认为，中华优秀传统文化、马克思主义理论、对全球性问题的理论反思是人类命运共同体理念提出的三大重要来源。④ 任思奇、邓若玉认为，命运共同体思想有三大源流：马克思恩格斯关于人类文明发展、交往的相关理论，中国特色社会主义理论体系当中已有的文明交往思想，中华民族的传统文化。⑤ 五是"外交理念来源说"。陈向阳认为，人类命运共同体是对和平共处五项原则等对外战略思想的继承、发展及升华。

关于人类命运共同体的具体内涵的研究。一是"多维内涵说"。阮宗泽认为人类命运共同体内容丰富，"涵盖政治、经济、安全、人文、全球治理、环境、发展、反恐、防扩散、维和、妇女、应对自然灾害等议题"⑥。邢伟认为，人类命运共同体的内涵丰富，国家之间彼此尊重、公平正义的国际关系、竞争中保持合作都属于其内涵。⑦ 彭冰冰认为，人类命运共同体理念具有丰富的理论内涵，包含政治、经济、文化、安全和生态"五位一体"的诉求，相辅相成、缺一不可，形成一个完整统一的有机整体。⑧ 王寅认为人类命运共同体的内涵主要包括政治上，相互尊重、平

---

① 陆卫明、孙喜红：《论"构建人类命运共同体"中的优秀传统智慧》，《西安交通大学学报（社会科学版）》2019年第4期。
② 金应忠：《从"和文化"到新型国际关系理念——兼论人类命运共同体意识》，《社会科学》2015年第11期。
③ 张静、马超：《论习近平人类命运共同体理念对中华传统文化的传承与超越》，《学术论坛》2017年第4期。
④ 王庆忠、廖仁郎：《习近平人类命运共同体理念的来源探析》，《井冈山大学学报（社会科学版）》2019年第2期。
⑤ 任思奇、邓若玉：《习近平"命运共同体"思想探源》，《人民论坛》2016年第5期。
⑥ 阮宗泽：《人类命运共同体：中国的"世界梦"》，《国际问题研究》2016年第1期。
⑦ 邢伟：《构建人类命运共同体的内涵、路径与意义》，《厦门特区党校学报》2019年第2期。
⑧ 彭冰冰：《论"人类命运共同体"的实质、内涵与意义》，《贵州社会科学》2017年第4期。

等相待；经济上，合作共赢、共同发展；文化上，兼容并蓄、交流互鉴；安全上，实现共同、综合、合作、可持续的国际安全；国际秩序上，构建公正和谐的国际新秩序。[①] 李步云认为，"人类命运"可以概括为人类的人权能否得到全面而充分的实现，其"共同体"则包括国际、区域和国家三级，其基本原则是"宽容"和"共享"。[②] 汤德森、杨邦、张晨认为，习近平人类命运共同体理念内涵十分丰富，包含政治领域互通、经济领域互融、文化领域互往、安全领域互助、生态领域互建等方面，具体而言，持久和平的世界是人类文明存续的基本前提、普遍安全的世界是人类文明发展的重要保障、共同繁荣的世界是人类文明内在的一致追求、开放包容的世界是人类文明进步的生生动力、清洁美丽的世界是人类文明致臻的应然样态。[③] 二是"价值观念说"。李海龙认为人类命运共同体这一全球价值观包含平等互信的新型权力观、合作共赢的共同利益观以及包容互鉴的文明观。[④] 曲星认为人类命运共同体这一全球价值观包含相互依存的国际权力观、共同利益观、可持续发展观和全球治理观。[⑤]

关于人类命运共同体的提出依据的研究。邹广文认为"人类命运共同体"是基于世界百年未有之大变局的客观历史现实，创造性转化中华优秀传统文化与继承发展马克思主义所提出的中国方案。[⑥] 黄德明、卢卫彬认为人类命运共同体意识的提出并不是偶然的，是在非国家行为体的作用更加突出、国家间的相互依赖程度日益加深、全球性问题愈加凸显、国际关系变革的背景下对国际法的新发展。[⑦] 于森认为"世界各国发展的共同性、利益的共同性、挑战的共同性、治理的共同性，决定了人类正在走向同舟共济的命运共同体。树立人类命运共同体的意识，是智者的选择，是顺应时代潮流的选择"[⑧]。叶小文认为人类命运共同体是快速发展的中国

---

① 王寅：《人类命运共同体内涵与构建原则》，《国际问题研究》2017年第5期。
② 李步云：《"构建人类命运共同体"的科学内涵和重大意义》，《吉林大学社会科学学报》2018年第4期。
③ 汤德森、杨邦、张晨：《习近平人类命运共同体理念的丰富内涵与时代价值》，《社会主义研究》2023年第2期。
④ 李海龙：《论"命运共同体"理念及其中国实践》，《长江师范学院学报》2014年第5期。
⑤ 曲星：《人类命运共同体的价值观基础》，《求是》2013年第4期。
⑥ 邹广文：《对人类命运共同体的文化哲学思考》，《中国社会科学报》2019年5月30日。
⑦ 黄德明、卢卫彬：《国际法语境下的"人类命运共同体意识"》，《中共浙江省委党校学报》2015年第4期。
⑧ 庞清杰、包国俊：《人类正在走向同舟共济的命运共同体　威胁具有传染性》，《解放军报》2015年10月19日。

"内和乃求外顺,内和必致外和"的逻辑延伸,是中国作为一个对世界负责任"利益攸关者"的"利益诉求",也是中华民族作为一个有深厚文化底蕴的古老民族发自内心的"千年一叹",是"己欲立而立人,己欲达而达人"中国古老智慧的现代体现,是中国作为全球性大国的关键支撑之所在。[1] 张希中则认为,构建人类命运共同体从国际维度来看,是为了维护全人类的共同利益;从民族维度来看,是为了维护中华民族整体利益。[2] 林利民从资格、能力与威望、意愿3个维度阐述了人类命运共同体的提出依据,认为中华民族自古至今就拥有爱好和平的民族基因。同时,与日俱增的"硬实力"、倡导并践行人类命运共同体理念的种种"软能力"与相应的国际威望及影响力,以及符合自身根本利益和长远利益而产生的强烈意愿,都促使社会主义中国有资格、有能力、有意愿提出并扛起主导构建人类命运共同体的旗帜。[3] 陈理认为,坚持推动构建人类命运共同体的提出,有着深刻的现实依据和历史依据,是以习近平同志为主要代表的中国共产党人,正确把握国际形势深刻复杂变化的基础上提出来的,集中体现了中国共产党人的历史自觉和历史主动。[4]

关于打造人类命运共同体的意义的研究。徐艳玲、李聪认为:"人类命运共同体的价值意蕴具有历史、现实和未来三重维度:从历史维度看,人类命运共同体是在摒弃传统'帝国'体制和极端'国族'认同基础上形成的一种新型文明观;从现实维度看,人类命运共同体是在扬弃西方'正义论'和继承中华优秀传统文化基础上形成的一种'正确义利观';从未来维度看,人类命运共同体是在超越'均势'和'霸权'两种国际秩序观基础上形成的一种新型国际秩序观。"[5] 石云霞认为:"打造人类命运共同体的重要思想,为当代国际关系发展提供了新理念,开辟了新愿景,是对中国和平发展观、中国国际秩序观的创新和发展,形成了系统的国际战略思

---

[1] 叶小文:《"打造人类命运共同体"——中国作为全球性大国的软实力支撑》,《人民论坛》2015年第34期。
[2] 张希中:《习近平命运共同体思想的形成维度、内涵及价值意蕴探析》,《行政与法》2016年第2期。
[3] 林利民:《为什么是21世纪的中国首倡人类命运共同体理念》,《现代国际关系》2017年第8期。
[4] 陈理:《深刻理解把握人类命运共同体提出的依据、内涵和实现路径》,《当代世界与社会主义》2022年第1期。
[5] 徐艳玲、李聪:《"人类命运共同体"价值意蕴的三重维度》,《科学社会主义》2016年第3期。

想。"① 左路平认为，人类命运共同体提出的现实背景是全球空间正义问题的凸显，实现全球空间正义也成为打造人类命运共同体的价值诉求和实践指向。② 阮宗泽认为，"人类命运共同体"与"中国梦"相互依存，相得益彰，承载着中国对建设美好世界的崇高理想和不懈追求，展现了中国的历史担当，回应了国际社会的期待。③ 华益声认为，当前世界并不安宁，除了传统安全挑战外，重大传染性疾病等非传统安全和全球性挑战也不断增多。面对此类挑战，只有把命运共同体打造得结结实实，人类才能更有效地应对全球性问题和挑战。④ 田鹏颖认为，人类命运共同体在理论上丰富了马克思的世界历史理论，在战略上为解决人类问题贡献了中国智慧和中国方案，在实践上为马克思"自由人联合体"的最高理想创造了现实条件。⑤ 石建勋认为，构建人类命运共同体不仅是我国当前乃至今后一个时期完善全球治理的重要目标和理念，而且是对传统西方国际关系理论的超越。⑥ 丁工认为，构建"人类命运共同体"既是中国优化外部发展环境的基础前提，也为世界各国指明了全球治理改革的方向。⑦ 赵颔、刘同舫认为人类命运共同体理念直接回应了全球化发展的公正诉求，为平衡世界利益格局、引导全球均衡发展以及推动构建全球公平正义新秩序贡献了中国智慧。⑧ 张静、马超认为，构建人类命运共同体增强了中华文化的软实力，提升了中国国际影响力和国际话语权，为解决复杂多变的国际问题提供了中国智慧和中国方案。⑨ 杜一鸣、周仲秋认为，人类命运共同体的提出对其共同体成员行为具有指引性与规范性，为全球治理、为维护世界和平和发展指引方向，引领其共同体的成员进行价值选择与价值认同。⑩ 汤德森、

---

① 石云霞：《马克思社会共同体思想及其发展》，《中国特色社会主义研究》2016年第1期。
② 左路平：《迈向全球空间正义：人类命运共同体的空间意蕴》，《中国地质大学学报（社会科学版）》2019年第3期。
③ 阮宗泽：《人类命运共同体：中国的"世界梦"》，《国际问题研究》2016年第1期。
④ 华益声：《MERS拷问人类命运共同体》，《人民日报（海外版）》2015年6月9日。
⑤ 田鹏颖：《历史唯物主义与"人类命运共同体"》，《马克思主义研究》2018年第1期。
⑥ 石建勋：《人类命运共同体理念的世界贡献》，《人民论坛》2017年第28期。
⑦ 丁工：《"人类命运共同体"的实践路径和中国角色论析》，《当代世界与社会主义》2017年第4期。
⑧ 赵颔、刘同舫：《人类命运共同体：全球化发展的公正逻辑》，《华南师范大学学报（社会科学版）》2019年第3期。
⑨ 张静、马超：《习近平人类命运共同体理念对中华"和"文化的继承与创新》，《长白学刊》2018年第1期。
⑩ 杜一鸣、周仲秋：《论人类命运共同体价值体系的逻辑内涵、逻辑机理与实践意义》，《社会主义研究》2022年第6期。

杨邦、张晨认为，习近平人类命运共同体理念发展了马克思主义共同体理论，提出了构建新型国际关系与国际秩序的新思路，同时为解决人类发展问题贡献了中国智慧。①

关于打造人类命运共同体面临的困境的研究。金应忠认为："人类命运共同体的整体性、共生性发展取向与民族国家的主体性、独立性发展取向是存在矛盾的。不同国家的发展水平、政策措施并非均衡、对称的，这必然给人类命运共同体关系带来不均衡、不对称的冲击。"②刘方平认为，打造人类命运共同体面临着全球性问题集中爆发、"搭便车"国家增多、传统治理机制"失灵"、安全困境尚未走出、国际组织种类繁多且兼容困难等困境。③周银珍认为，人类命运共同体面临西方国家负面话语的诋毁和抹黑、面临着"中国威胁论"的质疑、面临着"中国担忧论"的困扰等困境。④罗圣荣、张新、廖宏瑞认为，在构建人类命运共同体的进程中，我们仍然面临着全球价值认同的壁垒、全球治理中大国权责失衡、逆全球化势力冲击以及制度性保障不足等问题。⑤

关于打造人类命运共同体的路径的研究。一是"一带一路"和亚投行。明浩认为"一带一路"所包含的理念和所倡导的战略路径，使人类命运共同体具有了现实可能性。⑥刘传春认为要围绕政治互信、经济互惠和机制建设扎实推进"一带一路"建设，为人类命运共同体的构建奠定物质基础，并增强国际社会对人类命运共同体的认同。⑦迟福林认为，"一带一路"承载着推进新经济全球化的历史使命，成为各国共同构建人类命运共同体的探索创新与重要实践。⑧二是价值观念变革。石云霞认为，共同打造人类命运共同体应当顺应时代潮流，坚持正确的历史观、文明观、公

---

① 汤德森、杨邦、张晨：《习近平人类命运共同体理念的丰富内涵与时代价值》，《社会主义研究》2023年第2期。
② 金应忠：《中国抗战胜利是人类命运共同体的胜利》，《人民日报》2015年9月1日。
③ 刘方平：《全球治理视域下人类命运共同体建构》，《西南民族大学学报（人文社科版）》2018年第4期。
④ 周银珍：《"人类命运共同体"理论指导下的中国国际话语权重塑研究》，《云南民族大学学报（哲学社会科学版）》2018年第2期。
⑤ 罗圣荣、张新、廖宏瑞：《人类命运共同体的构建进程、实践阻力及优化路径》，《世界民族》2023年第1期。
⑥ 明浩：《"一带一路"与"人类命运共同体"》，《中央民族大学学报（哲学社会科学版）》2015年第6期。
⑦ 刘传春：《"一带一路"战略的质疑与回应——兼论人类命运共同体构建的国际认同》，《石河子大学学报（哲学社会科学版）》2016年第1期。
⑧ 迟福林：《构建人类命运共同体的中国担当》，《人民论坛》2017年第14期。

正观、安全观、发展观，把握正确方向，同心协力，构建以合作共赢为核心的新型国际关系。① 张永红、殷文贵认为，要坚持正确的历史观、科学的发展理念、全新的安全观以及包容的文明观，积极打造人类命运共同体。② 三是沟通交流。方光华认为，打造人类命运共同体，不仅需要从政治、经济、安全、生态等多方面着力，也要促进和而不同、兼收并蓄的文明交流，推动人类文明实现创造性发展。③ 于淼认为，打造人类命运共同体，意味着各国需要求同存异、休戚与共，以开放包容、合作共赢的心态谋求共同发展，以不断对话与协调来增加趋同性，以不断建设和完善机制性合作来发挥建设性作用。④ 傅守祥认为，构建人类命运共同体需要"中国功夫"里特有的警觉，更离不开底线思维与交往理性。⑤ 四是整合思路。徐艳玲、陈明琨提出，打造人类命运共同体不是一帆风顺的，需要多重建构："树立国际权力观，迈向政治共同体、弘扬共同利益观，迈向利益共同体、倡导新型文明观，迈向文明共同体、坚持整体安全观，迈向安全共同体、构筑全球生态文明体系，迈向生态共同体。"⑥ 五是其他维度。俞可认为构筑人类命运共同体要发挥教育的作用。⑦ 胡正荣认为，数字时代的人类命运共同体应以多样、平等、开放和包容为原则，通过构建全媒体传播体系，努力提升连结性、对话性、共享性和智能性，同时注重安全性，从而实现文明对话与文明互鉴。⑧ 罗圣荣、张新、廖宏瑞认为，中国在推动人类命运共同体构建中需进一步优化人类命运共同体的国际传播手段，提升理论自洽性和现实相容性。⑨ 史志钦认为，中国应该通过以对话协商持续推动大国的协调与良性互动为重点，构建持久和平的人类命运共同体；通过共建、共享制定全球安全规则为重点，以全球安全倡议为抓手

---

① 石云霞：《同心打造人类命运共同体》，《思想政治工作研究》2016年第1期。
② 张永红、殷文贵：《"人类命运共同体"理念的生成、价值与实现》，《思想理论教育》2017年第8期。
③ 方光华：《"命运共同体"彰显中华文化精髓》，《中国社会科学报》2015年11月19日。
④ 庞清杰、包国俊：《人类正在走向同舟共济的命运共同体 威胁具有传染性》，《解放军报》2015年10月19日。
⑤ 傅守祥：《人类命运共同体的中国智慧与文明自觉》，《求索》2017年第3期。
⑥ 徐艳玲、陈明琨：《人类命运共同体的多重建构》，《毛泽东邓小平理论研究》2016年第7期。
⑦ 俞可：《以教育构筑人类命运共同体》，《中国教育报》2015年9月30日。
⑧ 胡正荣：《人类命运共同体与文明交流互鉴——基于数字时代传播体系建设的思考》，《人民论坛·学术前沿》2019年第9期。
⑨ 罗圣荣、张新、廖宏瑞：《人类命运共同体的构建进程、实践阻力及优化路径》，《世界民族》2023年第1期。

构建普遍安全的人类命运共同体；通过合作、共赢为手段，以全球发展倡议为抓手构建普遍繁荣的人类命运共同体；通过交流、互鉴推动不同文明相互尊重，以"一带一路"倡议民心相通为抓手构建开放包容的人类命运共同体。① 吴志成、吴宇认为，构建人类命运共同体必须坚持《联合国宪章》宗旨、共商共建共享、共同但有区别的责任、整体文明观和可持续发展等原则，积极构建新型国际关系、打造全球普遍安全、促进全球发展与生态治理、加强世界文化交流。② 还有学者从党的十八届五中全会提出的新发展理念的角度出发，认为秉承开放理念继续拓宽开放的路径，加深开放的层次，拓展对外开放的崭新局面，有助于结成共赢互惠的人类命运共同体。③

从党的十八大以来国外对人类命运共同体的研究和反响来看，目前已形成了一定的对人类命运共同体认知的研究成果，但这些认知大都停留在各大媒体和报纸的直接采访和报道层面上，更多的是一种简单或者间接的描述，这在一定程度上为我们拓宽对人类命运共同体的认知视野提供了重要的思想资源。但由于国外学者身处"他者"位置和他们所掌握材料的客观性、丰富性、全面性程度的不同以及立场、观点和方法的差异，他们又容易对中国主张产生偏差，认为人类命运共同体主张有"中国中心主义"之嫌，因而确有与之进行对话的必要。

3. "从理想走向现实、从理论走向实践"是人类命运共同体研究的未来发展趋向

由上述可见，对人类命运共同体的研究已成为学界聚焦的热点议题。就已有成果的不足而言，表现在对人类命运共同体的理论逻辑和现实向度探究不够。一是关于马克思共同体思想作为对人类命运共同体理念的理论奠基意义和两者内在契合性、从马克思共同体思想到人类命运共同体理念的逻辑演进、人类命运共同体理念的内容要素和基本逻辑以及历史超越性等论题尚缺乏深度的透视。二是问题意识不足，特别是对人类命运共同体作为马克思共同体思想的当代实践面临的新机遇和新挑战整体透视不够，根源深挖不足。三是对人类命运共同体的未来发展进路顶层设计不够、整体性构建不足。从当下的现实需求看，这些问题的研究在理论和实践上日

---

① 史志钦：《构建人类命运共同体：时代背景、中国贡献与深化路径》，《人民论坛》2022年第24期。
② 吴志成、吴宇：《人类命运共同体思想论析》，《世界经济与政治》2018年第3期。
③ 本报评论员：《以开放理念打造人类命运共同体》，《光明日报》2015年11月4日。

显紧迫。

从前瞻的视角看,从理想走向现实、从理论走向实践是人类命运共同体研究的未来发展趋向。一是从人类命运共同体概念的一般理论分析向基础理论的深度挖掘转变。学界已有成果主要停留在对人类命运共同体内涵和意义的一般阐释上,针对基础理论的深度挖掘不够。从国家需求看,对人类命运共同体生成逻辑、理论逻辑等的研究亟待加强。二是从人类命运共同体理念的一般理论阐释向坚持问题导向转变。学界已有成果主要聚焦于人类命运共同体的一般理论阐释,但问题意识相对不足。基于当代人类的实践要求,深刻分析人类命运共同体面临的新境遇,特别是人类命运共同体走向现实所面临的新机遇和新挑战,是坚持问题导向这一马克思主义鲜明特色的内在要求。三是从人类命运共同体的理论研究和宣传向智库生产转变。学界已有成果主要聚焦于理论研究和宣传的层面,对中国外交理念和布局的智库支持还相对不足。智库生产的最高境界应该是在"笼天地于形内,挫万物于笔端"。因此,加强对智库的支持进而形成智力产品对外交实践的精神导引势在必行。

(三)研究思路与特色

该选题遵循理论指导—演进逻辑—内容逻辑—理论定位—现实境遇—发展进路的逻辑理路展开,主要聚焦于以下问题:一是马克思共同体思想与人类命运共同体有无内在相通之处?马克思共同体思想背后的方法论对构建人类命运共同体有何启示?二是在马克思共同体到人类命运共同体理念的演进中,从何种视角、深度和广度上论证人类命运共同体对马克思主义共同体思想的超越性?三是人类命运共同体作为马克思共同体思想的当代实践面临何种新境遇?中国共产党人具有何种应对思路?四是基于当今全球化时代的新要求,人类命运共同体构建"如何可能"?总之,力求在马克思共同体到人类命运共同体理念的逻辑演进、关系意蕴以及人类命运共同体的内容构成和基本逻辑上下功夫,力求在分析人类命运共同体构建的现实境遇上下功夫,力求在寻求人类命运共同体构建的未来发展进路上下功夫。

基于此,除"导语"外,本课题基本逻辑框架设计如下。

第一章:马克思共同体对人类命运共同体理念的理论奠基。该章首先从思想渊源、生成动因、生成路径3个方面阐明了马克思共同体思想的生成理路。其次论析了马克思共同体思想的致思理路,内容包括:人的生存与发展离不开一定社会共同体,对市民社会共同体的反思与批判,对"虚幻共同体"异化的扬弃与批判,从"虚幻共同体"走向"真正共同体",实现人的自由全面发展是"真正共同体"的价值旨归等。最后揭示出人类命运共同体理念与马克思共同体思想的契合性,即在核心命题层面,两者价值取向和最终目标一致;在哲学基础层面,两者均立足于马克思主义唯物史观;在实践主体层面,两者均以有意识的历史主体为指导。

第二章:从马克思共同体到人类命运共同体理念的逻辑演进。该章在上述马克思共同体思想的阐释基础上,首先阐明了列宁的国际主义思想及其当代启迪,特别是列宁共产国际的建设思想、民族自决和无产阶级联合的民族观、两种制度和平共处理论及其当代启迪。其次论析了历代中国共产党领导人外交思想的演进路径,包括毛泽东的国际战略思想、邓小平的和平外交理念、江泽民的国际新秩序论、胡锦涛的和谐世界论等与人类命运共同体理念的"源""流"关系。最后揭示出习近平总书记的人类命运共同体理念生成的理论逻辑,包括以马克思主义共同体思想为理论指导、以中华优秀传统文化基因为传承、以当代西方共同体思想为镜鉴等。

第三章:人类命运共同体理念的内容要素和基本逻辑。该章主要分析了人类命运共同体理念的内容要素,包括"新五观"即新发展观、新安全观、新合作观、新文明观、新治理观,共同架构起人类命运共同体理念大厦的"四梁八柱"。在此基础上,揭示了"新五观"之间的内容逻辑。具体而言,该章首先进行了新发展观内涵的全球化阐释,论析了新发展观功能的全球化定位,揭示了"新发展观"是缓解世界发展赤字的思想引领。其次进行了新安全观内涵的全球化阐释,论析了新安全观功能的全球化定位,揭示了新安全观是国家安全的全球考量。再次进行了新合作观内涵的全球化阐释,论析了新合作观功能的全球化定位,揭示了新合作观是新全球化语境下的外交价值观。复次进行了新文明观内涵的全球化阐释,论析了新文明观功能的全球化定位,揭示了新文明观是处理不同文明关系的新视角。最后进行了新治理观内涵的全球化阐释,论析了新治理观功能的全球化定位,揭示了新治理观是新全球化语境下的战略举措等。

第四章:人类命运共同体理念的理论定位和现实意蕴。该章首先分析了人类命运共同体理念的理论定位是马克思共同体思想的当代实践和中华优秀传统文化的现代回响,内容包括:从马克思主义的发展谱系来看,人类命运共同体理念是马克思共同体思想的逻辑延伸和当代实践;从中华传统文化基因的传承来看,人类命运共同体是中华优秀传统文化的现代回响。然后阐明了人类命运共同体理念的现实意蕴是全球化困境下的理论突围和克服中国"崛起中的烦恼"的现实考量，内容包括：当今人类社会日益深陷全球化困境之中，人类命运共同体这一中国方案的出场不啻为全球化困境下的理论突围；同时，中国正遭遇着"崛起中的烦恼"，人类命运共同体理念提出的策略考量是从某种意义上为中国"崛起中的烦恼"而破题求解。

第五章：人类命运共同体构建面临的现实新机遇。该章首先分析了全球经济体系变革带来的新契机，包括经济全球化的历史趋势不可逆、国际货币体系的多元共鸣展新势、世界贸易体系的多重变奏发新声等。其次论析了全球政治力量变革带来的新主体，包括世界格局在新兴力量中走向多元、中西实力对比变化助力全球变革、国际力量在大国博弈下趋向制衡等。再次分析了全球文化交流交融带来的新助力，包括文化主权的重视使得全球文化日渐多样、文化交流的深入促使全球文化日益互鉴、文化贸易的发展推进全球文化日趋融合等。最后阐释了全球网络空间扩大带来的新平台，包括信息化使经济发展更加绿色和高效、智能化使公共决策愈加科学和民主、数字化使价值观念越加多元和丰富等。

第六章：人类命运共同体构建面临的现实新挑战。该章首先分析了"逆全球化"思潮兴起带来新挑战，包括新一轮"逆全球化"的兴起、新一轮"逆全球化"本质的动态透视等。其次论析了政治极端主义盛行带来新风险，主要包括极端民族主义和国家中心主义盛行带来的新风险等。再次论析了民粹主义兴起带来的新困扰，包括新一轮民粹主义兴起的表征、新一轮民粹主义的影响等。复次论析了全球利益分配不均带来的新危险，包括全球利益分配不均的原因、全球利益分配不均的新危险等。最后论析了全球化安全格局带来的新威胁，包括传统安全领域问题依然突出、非传统安全与传统安全相互交织等。

第七章：人类命运共同体构建的基本进路。该章首先阐明了人类命运共同体构建应坚持的基本理念，包括坚持共同体精神、培养全球意识、坚持多边思维、坚持公共外交等。其次阐明了人类命运共同体构建的基本原则，包括坚持和平共处五项原则、坚持合作共赢原则、坚持循序渐进原则等。再次阐明了人类命运共同体构建的基本战略，包括从结构维度，人类命运共同体的主体、客体和中介，协同构建；从层次维度，从中华民族共同体—周边命运共同体—区域性命运共同体—人类命运共同体，合力打造；从内容维度，从政治、经济、安全、文化、生态、网络，全方位构建；从实践路径，从达成共识—顶层设计—实施落地—保障机制，层层推进。最后提出了一系列具有可操作性的构建人类命运共同体的基本策略，包括继续推进"一带一路"平台建设，展现大国担当、主动设置议程，扩大"朋友圈"、发展新型大国关系，建立全球治理格局、实现共商共建共享等。

  在以上逻辑框架的基础上，该选题提出了一系列具有创新性的新观点。第一，马克思共同体思想经历了从前资本主义时代的"自然的共同体"到资本主义的"虚假的共同体"再到"自由人联合体"这一"真正共同体"的历史演进过程。马克思视野中"真正共同体"，遵循着大写的共同体逻辑，书写着没有阶级、没有国家的共产主义叙事，成为我们今日理解人类命运共同体未来命运的思想和方法论基础。第二，人类命运共同体理念作为马克思共同体思想的逻辑延续和当代发展，仿佛是一场与马克思的跨时空对话。人类命运共同体理念和马克思"真正共同体"思想都聚焦于人类的共同利益和前途命运，是对人类良好生存方式的构思，均以促进世界各国永续发展为价值诉求。可见人类命运共同体理念的基本价值蕴含与马克思共同体思想的价值追求是高度契合的。第三，从严格意义上说，马克思共同体思想的最高命题"自由人联合体"只有到遥远的共产主义社会才能真正实现。但从前瞻性的视角看，人类命运共同体理念的传播和当代实践，必将为"自由人联合体"的实现提供新路径和新动能，推动人类未来朝着"自由人联合体"的方向不断演进。第四，中华传统和合文化蕴含着丰富的共同体基因，人类命运共同体在承继的同时升华了中华传统和合文化的优秀基因，体现了中华传统文化的现代化，推动中华传统文化与全球化时代的同频共振，使中华传统文化资源得到了进一步传承和盘活，成为在全球化时代构建人类命运共同体的强大政治资源和精神力量。第五，"新五观"即新发展观、新合作观、新安全观、新文明观、新治理观，传递出关于发展、合作、安全、文明、治理的思想智慧，深刻回答了新全球化背景下"人类应该怎么办""人类向何处去"这一世界之问、时代之问，为人类命运共同体理念的形塑指明了方向。其内容逻辑为：新发展观是缓解世界发展赤字的思想引领；新安全观是国家安全的全球考量；新合作观是新全球化语境下的外交价值观；新文明观是处理不同文明关系的新视角；新治理观是新全球化语境下的战略举措。第六，人类命运面临的一系列困境源于资本主义主导的全球化。当下全球化的本质已经呈现出不同制度和发展模式竞争、博弈的多元全球化特征。只有实现对资本主义全球化的扬弃，才能在根本上破解当下和未来人类命运的困境。而人类命运共同体理念所导引的全球化正是对资本主义主导的全球化的全面反思与超越，是破解全球化困境的理论突围。第七，人类命运共同体构建是一个全球性的命题。因此，对构建人类命运共同体面临的现实新机遇的分析也不应拘泥于国内范围，而应将之置于世界发展的宏阔背景和人类文明前行的历史方位中，这样才能客观地认识和能动地把握人类命运共同体构建的新机遇。同时，人类命运共同体构建面临的现实新挑战是复杂的、多维的、具体的，唯有对此保持深刻的认知和审慎的把控，才能在构建人类命运共同体的过程中处变不惊、从容应对、行稳致远。第八，共同体精神是构建人类命运共同体的精神支柱，全球意识与多边思维看似矛盾实则统一，前者侧重于世界各国的整体性，后者倾向于尊重他国差异，这3个要素的合成目标就在于达成构建人类命运共同体的精神家园。第九，统筹人类命运共同体的各个要素，可从结构、层次、内容、路径等多个维度入手，相互关联、统筹设计，为人类命运共同体的构建谋篇布局。

该选题的研究方法是：

第一，通过文本症候阅读法，梳理出马克思共同体思想的思想意涵，揭示出从自然共同体到"虚假共同体"到"真正共同体"的逻辑理路。第二，运用思想史研究方法，历时态地梳理马克思主义经典作家的共同体思想、历代中国共产党领导人的外交思想与人类命运共同体理念的"源""流"关系；在论析马克思共同体思想作为人类命运共同体之"源"的深层意蕴的基础上，揭示出马克思共同体思想与人类命运共同体理念的内在契合性。第三，运用系统论方法，从新发展观、新安全观、新合作观、新文明观、新治理观"五位一体"的视角，论析"新五观"作为人类命运共同体理念的内容要素，共同架构起人类命运共同体理念大厦的"四梁八柱"。第四，运用问题导向法，强化问题意识。基于当今新全球化时代推进全球治理体制变革和彰显中国负责任大国形象的内在要求，深刻分析人类命运共同体建构面临的新时代境遇；基于当下全球化与"逆全球化"博弈的新要求，寻求人类命运共同体构建的基本进路；等等。

该选题的研究特色突出表现在：

第一，在视角和总体思路上，该选题在全球化的坐标系中，以全球化为基本视域，以马克思共同体思想为分析工具，从理论逻辑和现实向度相统一的高度，比较系统地阐明了马克思共同体思想指导下人类命运共同体理念的演进逻辑和内容逻辑，深度揭示了人类命运共同体构建面临的新时代境遇和未来发展的基本进路。这是一个新的研究视角和研究高度，突破了就人类命运共同体论人类命运共同体的历史局限，从广阔的全球化背景中揭示了人类命运共同体理念的合规律性和合目的性。

　　第二，在研究重点上，一方面，让理想照亮现实、让现实活化理论，实现了马克思共同体思想与人类命运共同体理念的"跨空对话"，对于丰富马克思主义共同体思想的宝库、完善中国特色的外交理论和全球治理理论具有重要意义。另一方面，让理论与实践互动，让理想与现实互动，不仅具有浓郁的问题意识，而且提出了一系列解决问题的清单，这将为人类命运共同体的理论发展与实践推进奠定坚实的基础。

　　第三，在研究目的上，推动人类命运共同体研究从理想走向现实、从理论走向实践，这也是人类命运共同体研究的前沿领域和未来趋势。当下，人类命运共同体理念从理想走向现实、从理论走向实践还面临着一些新情况新问题，对此进行深入探研将为引导国际社会纠正认知偏差、携手解决全球性困难和问题提供深厚的学理支撑。

第一章　马克思共同体对人类命运共同体理念的理论奠基

关于人类命运共同体理念的理论渊源业已成为学界研究的热点。但站在何种高度、用何种方法进行研究，得出的结论会大不一样。从马克思主义发展谱系来看，许多人把人类命运共同体理念的理论渊源追溯到马克思的"世界历史理论"，这是对的。因为马克思恩格斯"世界历史"理论把历时意义上的"历史"和共时意义上的"世界"统一起来，为人类命运共同体理念的出场提供了马克思主义的宽广眼界和广阔视角。但从直接来源的角度进行考察，人类命运共同体理念最坚实的理论基础应为马克思共同体思想。马克思共同体思想是一个充满奥妙、需要挖掘的宝藏。从很大程度上说，人类命运共同体理念是在继承马克思共同体思想的基础上，对马克思共同体思想在当今世界的实践与拓展。只有以马克思共同体思想为指导，才能更好地理解人类命运共同体理念形成和发展的理论逻辑。

第一节　马克思共同体思想的生成理路

每一种理论的诞生都是一场伟大的革命，与这个时代的变幻息息相关，理论的内容植根于时代背景又给时代发展增添了活力。马克思共同体思想既立足于现实基础，又继承创新了西方的共同体思想，无疑是时代的精华。一方面，马克思从批判资本主义市民社会和"虚假"的国家共同体入手，立足于时代发展需要，提出了"真正共同体"思想，表达了自己独到的见解，具有极强的现实性。另一方面，从古希腊共同体思想到德国古典哲学对"自由共同体"的探索，其发展演进的每一阶段都代表了人类文明发展的程度。沐浴在西方传统思想中的马克思，从历史上已有的思想材料出发，经过艰苦的理论研究和创作，逐步形成并完善了自己的"真正共同体"思想。

一、思想渊源

马克思的共同体思想有 3 个主要思想来源。其一，源于古希腊哲学对城邦共同体的探讨。其二，源于近代西方思想家对共同体赋予契约式的设计理念。其三，源于德国古典哲学把共同体思想建构于对家庭、市民社会及国家的深刻认知。

城邦共同体思想是古希腊文化的核心。古希腊、古罗马不仅是西方文明的发源地，还是世界文明的发源地。在恩格斯眼中："没有希腊文化和罗马帝国所奠定的基础，也就没有现代的欧洲。"[1] 马克思早年的哲学之思源于古希腊，其关于伊壁鸠鲁自然哲学和德谟克利特自然哲学差别的博士论文凝聚着其智性生命的思考。柏拉图与亚里士多德这两位古希腊哲学先知对于城邦共同体的论述，对马克思共同体思想中个体与整体关系的思考以朴素的启迪。鼎盛时期的古希腊有数百个城邦，柏拉图的《理想国》最早对城邦这一组织形式进行了"共同体"概念的确认，城邦成员生活在城邦之中，视城邦为最高利益，并围绕城邦整体利益各司其职，如果离开城邦，城邦的个体将失去公民身份。亚里士多德继承其师柏拉图的思想衣钵，把城邦视为至善的代名词，"所有共同体中最崇高、最权威、并且包含了一切其他共同体的共同体，所追求的一定是至善。这种共同体就是所谓的城邦或政治共同体"[2]。亚里士多德从现实社会的角度来考察良好社会秩序的形成，强调城邦内部成员之间要相互合作、相互依存、相互满足，以达到至高的"善"，他强调"城邦不仅是由多个人组成的，而且是由不同种类的人组成的，一个统一体在构成元素上必须是多元的，而且各个元素是相互依存的，互惠互利，平等互惠是政治共同体的运行规则"[3]。两位先哲对共同体的探讨注重个体与整体的关系，主张个体利益要消弭于整体利益，带有明显的道德伦理价值，其主张的共同体实质是道德伦理的共同体形式。古希腊哲学共同体思想为马克思共同体思想提供了思想来源，其中个体只有在城邦整体中才能获得至善和美好德行的观点，给马克思的个

---

[1] 《马克思恩格斯选集》第三卷，北京，人民出版社 2012 年版，第 561 页。
[2] 亚里士多德：《政治学》第一卷，颜一、秦典华译，北京，中国人民大学出版社 2003 年版，第 1 页。
[3] 徐大同：《西方政治思想史》，天津，天津人民出版社 2006 年版，第 271 页。

人在共同体里才能自由和发展的思想以启迪和灵感。

霍布斯打破古希腊哲学伦理道德至善对共同体的美好设计，直逼人性之恶，假定社会是"一切人反对一切人"的狼的自然状态。其著作《利维坦》描述了这一状态，主张君主在"利维坦"的国家共同体中实现对个体的权威，个体要以契约的形式把自己的权利交付给君权。与霍布斯不同，卢梭及后来的洛克主张国家为"契约共同体"，注重对个体权利的尊重，卢梭把"公意"视作事物的行为准则，洛克主张以"私有财产神圣不可侵犯"原则来制约君主的权力。卢梭与洛克的思想在近代极具进步意义，特别是卢梭主张的人人合作的平等主义自由观，成为马克思"自由人联合体"思想的重要源泉。

黑格尔是德国古典哲学的集大成者，其对家庭、市民社会及国家的深刻论述对马克思共同体思想的形成影响最为深远。黑格尔的自由意志贯穿着其对共同体的整个理念，即"主观精神—客观精神—绝对精神"的形成过程。在黑格尔的伦理共同体的理念中，人类共同体表现为家庭、市民社会和国家3个组成部分。国家至高，是最终自觉的伦理实体，成为绝对理念，决定着市民社会。尽管马克思仰慕黑格尔的博学，但他对黑格尔的市民社会及市民社会与国家的关系分别进行了批判，同时在其市民社会共同体思想中汲取营养，这些养分深深影响了马克思真正共同体思想的形塑。

综上，从城邦共同体到市民社会共同体的思想谱系中，遵循着"善"—君权—民权—"绝对理念"的共同体逻辑，成为马克思共同体思想生成和反思的基本依据，个体与共同体的关系这一对共同体中最核心的关系范畴也成为马克思共同体思想的核心线索。从总体上说，马克思批判地继承了古希腊、古罗马哲人的思想观点、近代西欧思想家的共同体思想，指向人的自由联合、全面发展的共同体的愿景，为形成未来的"真正共同体"思想奠定了基础。

二、生成动因

"一切划时代的体系的真正的内容都是由于产生这些体系的那个时期的需要而形成起来的。"[①] 特定的历史语境使马克思产生时代之问：人类该拥有怎样的共同生活方式？在这个生活方式中社会与个人的关系应当如

---

① 《马克思恩格斯全集》第三卷，北京，人民出版社1960年版，第544页。

何？有无一种真正共同体使个人与社会有机地结合起来，真正实现人的自由全面的发展？历史事实证明，正是特定年代的现实语境、现实动因是马克思共同体思想生成、发展和完善的基础。

资本逻辑的生产方式的出现变革了传统共同体。18世纪的英国率先完成了工业革命，工厂手工业向机器大工业过渡，建立在资本主义大工业基础上的资本主义生产方式完成了历史性转型。这一生产方式首先改变的是手工劳动的传统生产方式，把资本主义社会体系分化为政治共同体的国家和经济领域的市民社会两个共同体。资本生产的增殖逻辑对剩余价值的无限追求，使得国家与市民社会成为资本本位的共同体。资本主义社会的人呈现出异化方式，这种异化是资本逻辑主导的资本主义生产方式的必然产物。资本主义生产方式"使人和人之间除了赤裸裸的利害关系，除了冷酷无情的'现金交易'，就再也没有任何别的联系了"①。人类的所有情感被淹没在利己主义的冰水之中。随着19世纪40年代西欧资本主义制度的确立，资本主义生产方式在资本贪婪本性的推动下把一切落后的民族和国家卷入世界市场，把他们变成资本主义体系想要的模样："它迫使一切民族——如果它们不想灭亡的话——采用资产阶级的生产方式；它迫使它们在自己那里推行所谓的文明，即变成资产者。一句话，它按照自己的面貌为自己创造出一个世界。"②

与传统的共同体相比，建立在资本主义生产方式基础之上的资本本位的共同体无疑是一个巨大的进步。资本逻辑的生产方式解放了生产力、发展了生产力，使得人们赖以生存的共同体有着丰厚的物质基础，但生产资料私有制与社会化大生产的矛盾是这一共同体的根本矛盾，使得这一共同体时时刻刻蕴含着不可避免的危机。也正是这一内在矛盾，预示着资本本位的共同体不可避免地会走向解体，资本对国内无产阶级剩余价值的剥削以及对国外市场掠夺的本性，必然使得这个虚假的共同体大厦轰然倒塌，资本主义生产关系必将在资本自身无法克服的历史局限性下解体。而到那时，一种更加适合人类生活需要的生产方式、更能保障每个人自由全面发展的新的联合形式终将产生。这一建立在新的生产方式下的联合形式正是马克思所表述的"人的真正共同体"，只有在这一共同体中，人才能展现自身的本质，才能获得满足自身发展需要的条件。

---

① 《马克思恩格斯选集》第一卷，北京，人民出版社2012年版，第403页。
② 《马克思恩格斯文集》第二卷，北京，人民出版社2009年版，第35~36页。

总之，马克思发现了资本主义生产方式给资本主义社会带来的巨大影响。马克思大部分的心血用于研究资本主义生产方式。在《资本论》中，从微观层面对商品这一范畴的考察，到通达宏观的理想社会共同体的构建，资本逻辑的生产方式是非常重要的中间环节。马克思通过对资本逻辑的生产方式批判，寻求人类真正共同体的实现。从前期的自然共同体，到资本逻辑对自然共同体的瓦解，发展为资本逻辑主导的"虚幻共同体"，最终人类过渡到"自由人联合体"，马克思把资本逻辑的产生和发展作为考察共同体发展的基本线索，期望通过对资本主义共同体的改造，实现人的自由和全面发展的"真正共同体"的伟大设想。

无产阶级的产生与壮大使其成为对资本逻辑扬弃的主体力量，同时也成为真正共同体构建的主体动因。马克思通过对资本主义生产方式的分析与批判，发现了人类共同体的未来发展方向，并精确找到了推动这一发展的主体力量，即无产阶级，指明："资产阶级不仅锻造了置自身于死地的武器；它还产生了将要运用这种武器的人——现代的工人，即无产者。"[①]无产阶级在马克思共同体思想所产生的那个年代，进行反抗资产阶级的斗争，通过罢工、捣毁机器、烧毁工厂等方式，试图改变自己的生活状态。但这种自发的、无组织的、不触及资本主义生产方式的斗争根本无法改变现实状况。因此，马克思认为，一方面，无产阶级必须采取一种联合的方式才能反抗资产阶级的统治，通过一次又一次的斗争使自身的联合不断扩大，并最终形成一种革命的联合体以代替那个异化的、分裂的资本主义共同体。另一方面，无产阶级必须成为扬弃资本逻辑的主体力量，超越资本逻辑，构建真正共同体。无产阶级要实现自身解放，改变自身生存现状，必须消灭资本逻辑。唯有消灭资本、消灭资本逻辑下的劳动，消灭阶级统治与阶级本身，无产阶级才能实现真正的解放。在马克思看来，无产阶级要实现的解放不是狭隘的自身解放，而是包含了一切人的解放。因此，无产阶级要构建的共同体，不是地域性存在，而是世界历史性的存在，即包含了一切人的共同体，是全人类自由发展的联合体。

三、生成路径

马克思共同体思想的形成是一个循序渐进的过程。资本主义生产方式使资本主义社会分裂为国家政治共同体和市民社会经济共同体。在马克思

---

① 《马克思恩格斯选集》第一卷，北京，人民出版社2012年版，第406页。

看来这两个共同体都不是"真正共同体",马克思分别对国家政治共同体、异化的市民社会进行了批判,揭示出二者的虚假性与抽象性,提出要建立一个符合人的发展的社会存在,最终升华为人的自由联合体思想,马克思的共同体思想沿这一生成路径不断演进、形塑。

首先,马克思探讨了政治共同体的问题。马克思认为,在政治共同体中的人,"它的本质所表现的已经不是共同体,而是差异。它成了人脱离自己所属的共同体、脱离自身和别人的表现。"① 他认为,政治共同体中的人表现为统治者与被统治者,统治者把被统治者视为实现私人利益的工具,这样的政治共同体不是真正共同体。马克思指出:"在真正的共同体的条件下,各个人在自己的联合中并通过这种联合获得自己的自由。"② 他认为政治解放是人类解放的前提,人类解放才是真正的解放。马克思关注的人类社会最终落脚点是人类社会中的个人,即从事实际活动的、进行物质生产的、活生生的人。人类的解放实质上是人的解放,通过实现人类解放从而实现人的解放。国家政治共同体只关注人作为整体的一部分人的解放,被统治阶级仍然处于压迫地位。马克思通过对资本主义社会的政治共同体内部矛盾的考察,揭示了无产阶级是改造国家政治共同体的物质力量,指明了对国家共同体改造的内部机理。无产阶级作为一个革命阶级,要建立一个符合人发展的社会存在,要进行一场消除一切不合理关系的现实革命。只有建立在这一现实革命基础上的社会共同体才能满足人的发展要求。

其次,马克思批判了异化的市民社会。经济活动领域的市民社会,看似区别于国家政治共同体,但是在资本主义生产方式决定的内在矛盾下,二者都是资本逻辑异化的产物。市民社会的内在结构使得人与人的关系异化为物与物的关系。市民社会中人们的劳动异化,使得劳动者成为失去劳动自由支配权的单向度的人。"异化劳动使人自己的身体,同样使在他之外的自然界,使他的精神本质,他的人的本质同人相异化。"③ 资本主导下的市民社会,货币、资本成为统治力量,资本主义的市民社会成为"抽象共同体"。市民社会中分化的资产阶级以共同利益为标榜,政治上实行民主和经济上实行平等的实质是为资产阶级统治服务,资本主义国家以公利为名实质行私利之事,因此是"虚假的共同体"。"正是由于特殊利益和共

---

① 《马克思恩格斯全集》第一卷,北京,人民出版社 1956 年版,第 430 页。
② 《马克思恩格斯选集》第一卷,北京,人民出版社 2012 年版,第 199 页。
③ 马克思:《1844 年经济学哲学手稿》,北京,人民出版社 2000 年版,第 58 页。

同利益之间的这种矛盾,共同利益才采取国家这种与实际的单个利益和全体利益相脱离的独立形式,同时采取虚幻的共同体的形式"①。这指明人类社会的发展不会也不能仅仅停留在国家这一"虚幻的共同体"。马克思认为:"从前各个人联合而成的虚假的共同体,总是相对于各个人而独立的;由于这种共同体是一个阶级反对另一个阶级的联合,因此对于被统治的阶级来说,它不仅是完全虚幻的共同体,而且是新的桎梏。在真正的共同体的条件下,各个人在自己的联合中并通过这种联合获得自己的自由。"②

再次,马克思提出了"自由人联合体"构想。马克思通过对资本主义生产方式的分析,已经发现了共同体发展的未来趋势,而共同体实际上是人的生活方式和人的联合方式。在实践中,马克思指出无产阶级要通过斗争使自身的联合不断扩大,并最终形成一种革命的联合体以突破资本主义共同体的虚幻统治,这个共同体自愿联合的成果是以一个属人的共同体出现,即"自由人联合体"。马克思和恩格斯在《共产党宣言》中,第一次阐述了"自由人联合体"的内涵,主张把人类未来社会组织形式建立在人类的共同利益基础之上,彻底与利益分化的私有制决裂,"自由人联合体"思想的确立表达了马克思在共同体问题上独特的价值关怀。这一"自由人联合体"根本区别于虚假共同体与抽象共同体,摒弃了人的异化状态,实现了自由人的联合,人类真正找到了生存与发展的栖息地。至此,马克思"自由人联合体"思想的出场,标志着马克思共同体思想的成熟。

最后,马克思晚年对其共同体思想进行了发展和完善,其目的主要是探讨"自由人联合体"的实现途径。马克思审视资本主义的新变化、新特点,对资本主义生产方式下的"虚假共同体"和"抽象共同体"继续进行批判和揭露,在此基础上探求"虚假共同体"与"抽象共同体"的解构以及通向未来"真正共同体"的可能。同时,马克思对世界历史进行了研究,完善了共同体演进体系;他研究了古代社会史,对前资本主义社会的共同体模式进行了补充探讨,提出了"自然共同体"的理论。马克思的《人类学笔记》《历史学笔记》在对人类共同体演进历史的梳理中,以经济和社会制度史为分析视角,展现了人类共同体的演进图景,得出"真正共同体"是在对以往共同体进行否定之否定后升华出的"自由人联合体"。晚年的马克思设想跨越资本主义"卡夫丁峡谷",通向社会主义道路,又

---

① 《马克思恩格斯选集》第一卷,北京,人民出版社2012年版,第164页。
② 《马克思恩格斯选集》第一卷,北京,人民出版社2012年版,第199页。

进一步丰富了实现"真正共同体"的路径选择。

总之，马克思虽然是对共同体这一人类社会组织形式进行研究，但他要研究的是人类社会发展的全部历史，这部历史主要以生产方式为线索，体现的是人与人、人与社会的关系，这本身也是共同体的演进过程。

第二节　马克思共同体思想的致思理路

马克思共同体思想具有丰富的内涵，也具有一定的逻辑理路。对马克思共同体思想的致思理路进行深入探究，有助于我们深入理解马克思共同体思想对人类命运共同体理念的理论奠基意义。

一、人类以共同体为生存方式

无论人类发展到何种程度，对共同体的需要自古至今不曾改变。

共同利益与共同价值是共同体的核心要素。共同利益是共同体的现实根基。所谓共同的利益是指个体与个体之间、个体与共同体之间存在着共同的利益关系。也就是说，个体之间、个体与共同体之间是一损俱损、一荣俱荣的共同体。在马克思看来，共同体兼顾着利益一般和利益特殊，个体所追求的特殊利益并不与共同体的共同利益相冲突，个人的特殊利益与共同体的利益应该是高度和谐的。要达到这一和谐，马克思认为社会财富需要极大富有、要取消私有制和强制分工，个体主体性要全面觉醒。在这种状态里，社会满足个体利益需求，个体利益与共同利益实现同比增长，两者之间形成一个良性的利益关系。也正是因为这样，每个人才能在共同体中获得实现其自由全面发展的手段，进而实现自己的全部本质。

除了共同利益，共同体中的个体需要有共同价值诉求。人类不仅是物质性存在，更是精神性存在。人类赖以生存的共同体不仅是利益的共同体，同时是拥有共同价值维度的共同体。利益的需求能促使人类发展生产力，为人类创造美好的生存家园；共同价值的诉求能够激发不同主体之间的相互认同，凝聚内在的精神联系，激发内部成员的向心力，从而使共同体成为一个和谐稳定的精神家园。一个基于共同利益基础上并且有着共同精神追求和价值诉求的共同体具有强大的吸引力和凝聚力，极易增强共同体中的个体自我认同感、归属感，满足人们彼此的发展需求。共同价值是一个共同体的动力源泉，是人类美好生活的内在指标，是人类自身完美性的体现，决定人类崇高理想的实现。

事实上，在人猿揖别之时，人类就凸显出对共同体的利益与价值需求，在血缘关系联合而成的原始共同体中，个体在相互依存中选择了共同体的生活方式。在这个共同体中，每一个个体没有明确的特殊利益诉求，共同利益凌驾于个体的特殊利益。在奴隶社会、封建社会中，统治阶级给予被统治阶级的共同利益是虚幻的，体现为一个阶级对另一个阶级的剥削。剥削、享乐是统治阶级的价值追求，却给被统治阶级带来无尽的痛苦和灾难。在现代资本主义社会，人们实质上生活在一个虚假的共同体中，无法实现真正的共同利益与共同价值，人们被"虚幻值""抽象原则"裹挟，个体的特殊利益没有得到关照，共同体的价值被资本盈利鼓噪、扭曲而疯狂。这些虚假的共同体势必被建立在特殊利益和共同利益高度和谐基础上的"真正共同体"所取代。在这个"真正共同体"中，个体与共同体之间的矛盾得以解决，人得以实现自由而全面的发展。

二、市民社会共同体的反思与批判

对市民社会的批判与反思是马克思共同体思想的起点。市民社会连接传统共同体与未来共同体，是马克思研究真正共同体不可逾越的阶段。所谓市民社会，是以商品经济为核心的市民共同体，主要是指资产阶级社会。在这个共同体中，市民之间的关系主要体现为生产与交换的物的关系。对市民社会作为经济关系中的共同体与国家政治共同体及对二者之间的关系考察与批判，是马克思真正共同体逻辑得以确立的关键。

一方面，市民社会决定政治国家的产生。如果说国家是政治共同体，只不过是个笼统说法，对国家共同体的性质定位不是源于国家的政治属性。从共同体的角度来解析国家的本质，应该从国家如何产生的源头来界定。国家与市民社会何者为第一性是对共同体进行评判的标准。市民社会是物质生活关系总和的体现，也是利益纠纷、矛盾涌现的场所。资本是市民社会的主导原则，资本增殖的逐利本性使得市民社会变成了"一切人反对一切人的战场"[①]。黑格尔认为，国家决定市民社会。为了不在无谓的利益纷争中牺牲，市民社会的成员寻求国家、法律、制度的庇护。按照黑格尔的分析逻辑，市民社会必然被国家取代。因此，黑格尔从伦理的纯粹理性出发，认为国家决定社会。马克思对此持有不同观点，马克思认为，市民社

[①] 黑格尔：《法哲学原理》，范扬、张企泰译，北京，商务印书馆1961年版，第309页。

会与国家的关系是：市民社会决定国家，市民社会是物质关系的总和，对市民社会的深入探讨应该到经济领域中去，国家是在经济领域内利益分化的产物，国家脱胎于市民社会，是市民社会发展一定阶段的产物，市民社会作为母体孕育了国家。因此，市民社会的共同体品格对国家共同体性质有着决定作用。正如马克思所深刻指明的："从直接生活的物质生产出发阐述现实的生产过程，把同这种生产方式相联系的、它所产生的交往形式即各个不同阶段上的市民社会理解为整个历史的基础。"①

另一方面，市民社会虚幻了政治国家。市民社会是资本主义生产方式的必然产物，在马克思看来，市民社会以经济共同体形式完成了对伦理共同体的取代，终结了传统的共同体，这一取代具有历史的进步意义，这个进步意义主要体现在个人的解放，"人"在市民社会中才真正作为个体开始出现。因此，从个体的发展角度，以商品经济为核心的市民社会无疑是历史发展的必然，经济关系也就成了市民社会的主导关系，政治国家在市民阶层眼中只是维护自身经济利益的工具，成为个人利益的守护者。政治国家在市民社会的经济影响下逐渐虚幻化，而随着这一虚幻程度的加深，市民社会最终作为一种独立的经济力量确立起来。在马克思的理论视野中，在市民社会形成的过程中，政治国家与市民社会之间的矛盾关系及其解决也就构成了马克思共同体思想的政治经济学批判逻辑的基础。

综上，从马克思对市民社会共同体的反思和批判中，我们可以看出，市民社会虽然对取代传统共同体有着历史的进步意义，但是市民社会的经济属性决定了私利的至高性，货币、资本是市民经济社会的主导，市民社会共同体实质上成为资本增殖逐利、受货币和资本支配的"抽象共同体"。资本主义国家不过是资产者为了保障自己财产和利益的组织形式，实质上体现的是资产阶级统治下的政治国家，是一个虚假的共同体。国家宣称代表的普遍利益其实质也不过是用普遍形式掩盖的特殊利益罢了。所谓的普遍利益，也只不过是国家身披的一层"华衣"，背后掩盖着阶级的压迫和对抗。由于劳动和交往没有自由，资本主义市民社会是一个虚假的共同体，绝不可能是个体实现自由发展的真正共同体。从市民社会与国家关系中，我们很容易理解资本主义国家、资本主义社会的共同体本质。

---

① 《马克思恩格斯选集》第一卷，北京，人民出版社2012年版，第171页。

三、从"虚幻共同体"走向"真正共同体"

马克思对"虚幻共同体"的思想基调是批判的,必然要生成一种合乎情理的"真正共同体"。通过对市民社会与国家中人异化状态的揭露和扬弃,马克思论证了从"虚幻共同体"走向"真正共同体"的演进理路。

"利益"一直都是一个关乎利害的问题。利益问题的探索不仅有利于经济学的研究,还是批判市民社会的内容要素。在马克思的阐述中,利益问题作为人类社会发展的内在动因,促进共同体思想得以生成、发展和完善。利益体现在社会关系之中,为了一定的利益需要,人们结成一定的社会关系,社会关系发展到一定程度就形成了共同体。自发分工将每个人固定在特定的范围内,在分工和私有制面前,被分工限制的个人不再拥有共同利益的参与权。特殊利益本质上是统治阶级的利益占据主导地位,变成了虚幻的利益,与个人利益产生了矛盾。特殊利益与共同利益之间的矛盾在虚幻共同体中无法得到根本解决,也正是这一矛盾的冲突促使"虚幻共同体"必然要求逻辑地过渡到"真正共同体"。人们相互之间的共同利益是由交往产生的,在"真正共同体"的社会中,每个人都是自愿进行劳动,消除了以往的私有性而具有了联合性,人与人之间的联合归根结底也是为了每个人的自由发展。建立在特殊利益与共同利益基础上的"真正共同体"产生了协同作用,这也是马克思最终的价值追求。在马克思看来,特殊利益与共同利益之间的矛盾造成了共同体不可逆转的发展趋势,正是在这种矛盾的运动作用下,"真正共同体"才得以生成。

进而言之,在资本主义社会,相同的特殊利益而形成的并不是共同利益,而是阶级利益。在异化背景下,个人的行为不仅仅依赖于个人的力量,还受制于其他力量,由此引发了马克思对阶级矛盾的思考。在资产阶级统治时期,"整个社会日益分裂为两大敌对的阵营,分裂为两大相互直接对立的阶级:资产阶级和无产阶级"[1]。两大阶级之间的矛盾凸显且具有对抗性。这种矛盾必然存在但并不会永恒存在,之所以必然存在就是因为私有制的前提下,利益分配出现了私有化的现象,这种矛盾不会缓解,也不会融合,唯有扬弃。资产阶级作为社会的统治阶级,通过批判揭露其阶级本质不足以与其对抗并产生效果,以和平方式超越阶级斗争也是不现实的,只有形成一个更加广泛的、受到全面压制的阶级,才能根除私有制,

---

[1]《马克思恩格斯选集》第一卷,北京,人民出版社2012年版,第401页。

达到自由平等的状态。因而，在马克思看来，通过变革生产方式、消灭自发分工、消除阶级矛盾是"虚幻共同体"向着"真正共同体"转化的根本途径。

四、实现人的自由全面发展是"真正共同体"的价值旨归

马克思共同体思想的路径在于批判资本主义社会，其旨趣在于促进人的自由而全面发展。马克思毕生的追求在于推翻一个旧社会、建立一个以人的自由全面发展为己任的新社会，这也是马克思共同体思想的价值旨归。

人的自由发展意味着，人从外在自然的限度和社会外在的束缚中解放出来，真正从自己内心的喜好、自觉、自愿和自主的发展出发。人的全面发展即是人的个性、能力和知识全方位的发展，人的丰富性日益强化的发展。人的自由发展与全面发展相互联系、互为前提。在最初的社会形态，人在与自然的抗争中，完成着简单的活动。之所以称之为简单是因为没有形成深刻的社会关系，分工也不发达，人是生产的目的，人与人之间狭隘的依附关系制约着人的活动能力。人类进入到资本主义社会之中，仿佛进入一个人的自由发展阶段，实则是人在物的依赖性基础上的片面性发展阶段。生产力的发展带来了分工的扩大，实现了社会化大生产，人摆脱了原始生产的约束，与此同时，人的发展开始受到物的统治，出现了不自由的境遇。"真正共同体"作为最完善的共同体形式，否定了资本主义社会对物的依赖性，人的活动能力变得丰富，个性需求得以真正满足。在这里，人的自由是马克思研究的重点。它首先内含于"真正共同体"的价值诉求，是追求一切美好事物的前提。人的自由具有相对性，从第一阶段来看，人的自由是在与自然的关系中产生的。人们通过认识自然、利用自然规律为人类服务，这是人的自由发展的初级阶段。从第二阶段来看，人的自由是在与社会的关系中产生的。人作为一个"阶级"而存在，出现统治阶级"自由"、而被统治阶级"不自由"的现象。第三阶段就存在于"真正共同体"中，个人真正成为其本身的主人，成为自由的人。

马克思真正共同体思想始终贯穿着对人的关注。在马克思的视野中，人对其本质的占有是其实践原则。"人的本质是人的真正共同体"[①]这一论述，表明人作为社会关系的总和，只有在共同体中才能获得发展潜能的手段，才能实现自身的本质。马克思真正共同体思想着眼于"现实人的生存

---

① 《马克思恩格斯全集》第三卷，北京，人民出版社2002年版，第394页。

与发展",最终以实现人的自由全面发展为价值旨归,诠释了共同体对人的发展的特殊意义。这样现实的个人在占有自身本质的基础上必然超越政治共同体的束缚,构建一种全新的社会联合形式。在这种新的社会共同体中,人的个性自由得到充分展现,人们之间实现充分交往,特殊利益与共同体的利益相互契合。与原始共同体相比,个体真正实现了主体地位;与资本主义国家虚幻共同体相比,个体获得了真正自由。总之,人的自由全面发展作为马克思共同体思想的终极目标承载着人类的美好愿景,实现着向自由王国的飞跃。

综上,马克思以历史语境的变迁、生产方式的变革为出发点,论述了社会共同体的发展演变,批判了资本主义社会下人的异化、资本的无限度扩张等弊端,指明了"自由人联合体"的愿景。中国共产党人从新时代的需求出发,立足于马克思的"真正共同体"思想,提出了人类命运共同体理念,这是马克思主义在当代具有原创性的新的重大理论成果。

第三节 人类命运共同体与马克思共同体思想的契合性

人类命运共同体是中国共产党人在洞悉全球窘况、顺应全球发展,以整个人类命运走向为基础提出的美好愿景,是推动 21 世纪人类文明进步的思想指南。从深层的政治哲学视角看,马克思共同体思想之所以成为人类命运共同体理念的理论奠基,是因为人类命运共同体理念与马克思共同体思想具有内在契合性。

一、核心命题层面:两者价值取向和最终目标一致

人类命运共同体理念和马克思共同体思想都聚焦于人类的共同利益和前途命运,是对人类良好生存方式的构思,均以促进世界各国永续发展为价值诉求。

1. 实现人的自由和全面发展是两者共同的最终价值追求

如前所述,马克思将"人类的社会"或"社会的人类"看作是哲学的出发点,马克思的"真正共同体"思想实际上就是关于人的学说,解答了人类在什么样的共同体条件下实现解放、发展和自由。马克思对人的关注是从孤立的、抽象的个人开始的,其哲学旨趣是以单个人自由的实现为目的。尽管他将人看作是自由自觉的实践者,但马克思在发现唯物史观之

后，便从整体的人类社会的视角来观察人，认为要想实现自由人联合体必须寄希望于建立一个"真正共同体"。所谓真正共同体是每个人互为目的，而不是互为手段，"每个人的自由发展是一切人的自由发展的条件"[①]。更重要的是，马克思所构思的真正共同体奠基于虚幻共同体——资本主义批判的基础之上，他的真正共同体是指共产主义。正是基于人的本质理论和对资本主义社会的批判性研究，马克思强调的人的社会性真正实现状态就是个人与他人、个人与集体根本利益上的一致性，互相之间没有压迫、没有支配，命运与共、共同发展。

同样，人类命运共同体理念所传达的价值意蕴亦是如此，它将整个人类命运作为关注点，将人类的根本利益作为出发点。当今世界是一个依存度极高的世界，在全球化的大背景下，全球性危机已经变得十分突出。在全球性问题面前，人类命运共同体理念强调平等、合作意识，从人类的根本利益出发，提出了应对危机的中国式方案，具有前瞻性意义。从这一意义上说，人类命运共同体理念与马克思共同体思想虽然出场的时代不同、表述不同，但都致力于维护人类的根本利益，在价值追求上是一脉相承的。

2. 每个人和每个国家的合作与共同发展是两者的存在方式

人的自我发展和实现是在人与人之间结成的社会关系之中完成的。人的生存与发展离不开一定的社会共同体，在马克思看来，人是一个整体，人在实践活动过程中表现出的不同特性就是不同于动物的属性，这种特性主要在人与自然、人与社会、人与自身交往中所结成的关系属性，这才是完整存在的人。马克思将现实的个人理解为从事社会实践的个人，离不开物质条件的约束，也就是说个人是社会活动的出发点，但这些人并不是孤立的个人，孤立的个人在社会生产之外进行活动是不可能的，马克思批判孤立的个人也正是如此。同时，马克思还认为人们在生产过程中不可避免地会发生交往，正是人们之间的互动才使生产活动得以进行，而也是通过交往人与人之间的关系才能密切，这是人的存在方式。在世界历史的转变过程中，人与人之间的交往越来越超出民族和国家的限制，形成全球范围的依存。

同样，人类命运共同体也将共同体作为实践载体，将每个国家的合作与共同发展作为存在方式。随着国与国之间交往更加密切，不确定性也随之加重。资本驱动下的全球化使人们享受到了现代性福利，同时也带来了

[①] 《马克思恩格斯选集》第一卷，北京，人民出版社2012年，第422页。

现代性风险,"没有哪个国家能够独自应对人类面临的各种挑战,也没有哪个国家能够退回到自我封闭的孤岛"①。人类的共同利益使得相互合作、共同发展显得格外重要,人类命运共同体理念通过共同体的构建来实现理想目标,利益共同体、责任共同体、命运共同体的打造让世界紧密相连,并在这一过程中优化了国际关系、重新构建了公正合理的国际政治新秩序。从共同性的角度来看,人类命运共同体理念与马克思共同体思想均致力于消除地理和血缘等因素的局限性,并将全人类视为一个统一的整体,从而规范人与人之间的关系,推动真正共同体世界的到来。

3. 人类的永续发展是两者共同的理论旨趣

在马克思看来,人类共同体是随着人的本质的发展而逐渐展开的,是一个生成的过程。起初,面对复杂的自然环境,人们为了维持基本的生存,结成血缘共同体。随着生产力的发展,人们的交往越来越频繁,逐渐形成一定的共同体,马克思意识到当时个人的生存处境:普通群众生活极度贫穷,异化现象严重。从劳动异化到人的异化再到生态异化,三者环环相扣。由于私有制和分工的出现,劳动者自身生产的劳动产品不再属于其本身,这是资本主义社会中劳动者生产关系的异化。作为付出者,他们有权利享受自己的劳动成果,可现实偏偏是到了快要饿死的地步,生活在社会的最底层,反过来资本家的腰包变得鼓了起来,为了追求更大的利益,形成垄断,逼迫劳动者为其生产更多的产品,而劳动者不得不服从于资本家的雇佣。在资本主义社会里,人与物的关系发生颠倒,物凌驾于人之上,劳动成为谋生的手段,导致人与自我,人与他人,最终人与自然相异化。

马克思认为:"没有自然界,没有感性的外部世界,工人什么也不能创造。"②这指明自然界一方面能够给劳动提供生活资料,另一方面提供生活资料,即维持工人本身的肉体生存的手段。自然界为人类社会提供生活资料,是人类生存与发展不可或缺的财富。马克思在《资本论》中指出:"劳动首先是人和自然之间的过程,是人以自身的活动来中介、调整和控制人和自然之间的物质变换的过程。人自身作为一种自然力与自然物质相对立。"③马克思的劳动不仅仅是根据一定的目的来调整和控制自然,而是建立在人与自然和谐相处的基础之上,充分发挥自然的底蕴。随着科学技

---

① 习近平:《决胜全面建成小康社会 夺取新时代中国特色社会主义伟大胜利——在中国共产党第十九次全国代表大会上的报告》,北京,人民出版社2017年版,第58页。
② 《马克思恩格斯选集》第一卷,北京,人民出版社2012年版,第52页。
③ 《马克思恩格斯选集》第二卷,北京,人民出版社2012年版,第169页。

术的迅猛发展,加上资本主义制度的压榨和剥削,生态环境与生存环境极度恶化。基于对现实生存境遇的考量,马克思提出建立真正共同体的必要性,对于提升社会成员的发展质量有了新的认识。

相对于当时的凄惨生活,在当下新的时代背景下,新的矛盾依旧存在,地区暴乱、环境污染、网络不端行为成为当下人们关注的焦点。人类命运共同体理念作为新时代内涵丰富的新理念,涉及政治、经济、安全等各个领域的引导,各国之间建立和谐稳定的国际秩序,创造良好的国际环境,从绿色生态、文明交流、经济合作、政治共赢等方面入手,谋求平等、共享的安全体系。同时,由于无视自然资源的承受力和生态系统的自我修复能力而对自然资源无限度地索取是故步自封的表现,结果必然是生态出现漏洞而导致生态危机,因而,人类命运共同体理念强调要增强全球发展的协同性、整体性和均衡性,注重协调发展、倡导绿色发展,以永续发展为目标。由此观之,人类命运共同体理念在马克思共同体理论的基础上,在更大领域、更大范围面向人类的现实诉求,关注人类的切身利益,保障人类积极的价值观念,提升人类的生存质量,不断实现马克思的理想追求,最终归宿就是"真正共同体"。

二、哲学基础层面:两者均立足于马克思主义唯物史观

马克思共同体思想与唯物史观的创立几乎是同步的,唯物史观的形成发展也是共同体演变的体现。在唯物史观看来,人类社会的发展是有一定规律的,并且是在生产力与生产关系的矛盾运动中形成的。马克思共同体理论与人类命运共同体理念立足社会现实,与唯物史观相契合,具有科学性。

1. *两者都是立足于社会现实、观察分析人的生存窘况的科学结论*

马克思"真正共同体"思想的形成在批判继承前人观点的同时,主要还立足于社会现实,基于对当时资本主义制度下社会矛盾的分析。从社会发展规律和人的本质的角度出发,马克思提出共同体是人类生存的一种基本形式和一个持续生成的过程。最初的血缘共同体是出于生存需要,囿于地点的孤立和范围的狭窄,在自身能力无法控制自身命运的环境下,人与人之间只能依赖于群体生活,这也就是马克思所指的人与人的依赖关系。随着生产力的发展,人与人的交往范围也不断扩大,个人利益与社会利益的矛盾日益突出,在物质财富不断积累的过程中,个人利益与社会利益相分离,以国家为基本形式的共同体占据主要地位,马克思所说的这一阶段

对应的就是人对物的依赖性。资本主义逐渐暴露出自私、贪婪、暴力的本性，对穷人不断压迫和剥削已经成为普遍现象，马克思认为资本主义必然会被一个崭新的社会形态所代替，自由人联合体才是真正共同体。在自由资本主义大发展、科学技术快速进步的时代，人类正收获着"初步战胜"自然的喜悦，与这种喜悦相伴随的是人的物质性需求匮乏。尽管人与自然存在着矛盾的紧张关系，但这矛盾还没有凸显出来，还没有成为阻碍发展的尖锐矛盾。为了实现人与人、人与自然之间关系的和解，一方面人们必须"敬畏自然，保护自然"，另一方面就是要到人与人之间的社会关系中去解决。因为在马克思看来，一切关系包括人与自然的关系，归根结底就是由人与人之间矛盾引起的。马克思在对人的生存窘境进行分析的基础上，提出要想实现这些关系的和解，就是要走共同体的道路。

　　唯物史观不仅是马克思共同体理论的立论前提，还是人类命运共同体理念的理论基础。面对现当代生存和发展的挑战如环境污染、粮食不足、水资源枯竭等问题，虽然和平与发展仍然是时代的主题，但是当下并不太平，必须依靠发展科学技术和社会关系的变革去解决。东西方之间的矛盾、南北之间的矛盾、民族矛盾以及恐怖主义的嚣张气焰造成了一个不平衡的世界。这些矛盾的解决也需要一种理想的社会关系结构、理想的生存方式，而人类这种理想的存在方式就是人类命运共同体。在处理国际之间的关系和争端问题时，从全球化发展现状入手，从对全世界人民的责任感与使命感的价值关怀出发，提出解决方案，在追求自身发展的同时考虑到其他国家的利益，在谋求自身发展的同时促进共同发展。

　　2. 两者都是立足于社会基本矛盾运动规律，遵循人类历史运动的逻辑

　　社会基本矛盾是社会发展的动力。马克思认为物质生产实践具有二重性：一方面是生产力的运行过程；另一方面是生产过程中人与人社会关系的生成过程，也就是生产关系的生成。由此产生的生产关系总和构成了社会的经济基础，在这个基础上衍生出来的上层建筑，使人与人之间形成了有机联系。同时社会基本矛盾的运动和社会必然性还受到主观意识的影响，马克思所划分的社会形态依次是"自然共同体""虚幻共同体"和"真正共同体"，而依次对应的状态就是"人对人的依赖性""人对物的依赖性"和"建立在个人全面发展和他们共同的、社会的生产能力成为从属于他们的社会财富这一基础上的自由个性"[①]。马克思认为，人的发展有赖

---

① 《马克思恩格斯全集》第三十卷，北京，人民出版社1995年版，第107~108页。

于社会进步，这三大社会形态是社会经济联系和历史演进必需的三个过程，也是个性发展的三个阶段，同时也是人们追求自由和解放的三个阶梯。资本主义私有制下人的异化现象变得突出，生产力发展的同时人和人的交往扩大，"真正共同体"实现的是世界范围内的发展，使世界连成一个整体。马克思"真正共同体"思想所追求的人类解放，是共产主义运动的必然结果。马克思指出："完成这一解放世界的事业，是现代无产阶级的历史使命。深入考察这一事业的历史条件以及这一事业的性质本身，从而使负有使命完成这一事业的今天受压迫的阶级认识到自己的行动的条件和性质，这就是无产阶级运动的理论表现即科学社会主义的任务。"①

"人类命运共同体"理念也不是一个简单的概念阐释，是人类在主观意识指导下按照基本矛盾建设的理想的人类生存状态，是从经济全球化时代人类命运相连、祸福相依的角度去观察世界，从全球范围内的生产力与生产关系，经济基础和上层建筑的矛盾运动中把握发展趋势，从全人类的立场出发，提出解决国际问题的方案和方法，具有世界意义。由此观之，人类命运共同体理念是当代世界历史进程对构建新型世界秩序的呼唤，是顺应历史潮流推动人类社会向着自由全面方向不断迈进的必然要求。社会生产力的发展和人类交往实践所形成的高水平生产力带动了国际联系网络的发展，例如国际产业链、金融链、互联网等的日趋发达，这是人类文明的进步，更是历史的重大飞跃，各国人民之间的内在联系将越来越紧密，这就为人类命运共同体的实现提供了可行性空间。

3. 两者都立足于社会交往，是总体的"世界历史"的唯物史观

马克思共同体思想是历史观的一部分，人类历史活动是一个社会性活动。世界历史的总体性是马克思共同体思想和人类命运共同体理念的趋同点，如果说西方启蒙思潮以个人主义为基础，那么马克思主义则以"社会总体"为轴心。从《德意志意识形态》到《共产党宣言》再到《资本论》，都贯穿着唯物史观的思想，马克思"真正共同体"思想将世界历史作为前提，是实现共产主义伟大构想的基础。交往关系是人与人之间的基本关系，交往使人们之间结成一种社会关系，对人的发展具有重要影响，交往决定了马克思共同体思想的形成。唯物史观意义上世界历史的萌芽是马克思在《德意志意识形态》里的论断，他认为由于交往和生产方式的发展各个民族之间的间隙愈来愈小，历史终将成为世界历史。而后在《共产

---

① 《马克思恩格斯选集》第三卷，北京，人民出版社 2012 年版，第 817 页。

党宣言》里将资本主义生产方式作为世界历史总体性形成的主要原因,在《资本论》中,马克思提到"国际贸易"和"世界市场",将资本主义被社会主义代替的历史进程归结为"世界历史进程"。

在马克思看来,历史之所以成为世界历史,是在资本驱动下人类生产实践所产生的相互之间社会关系所造就的,是进行无限扩张的结果。随着生产力的发展,资本在生产关系的基础上不断生成需求,产生了无休止的循环,资本主义的发展史不是孤立的国家发展史,而是整体性的历史,这不是对某一国家资本主义制度的预言,而是对整个世界历史进程的预言。对于每个人发展而言,每一个人的解放程度和历史转化为世界历史的程度一致,总体的"世界历史"思想构成了马克思共同体理论的视野。

而今,国际资本主义世界秩序的历史演变进入了新阶段,在对"虚幻共同体"的批判中和对当下全球化的反思中,习近平总书记提出的人类命运共同体成为世界历史的理想未来。这是基于世界历史的理论逻辑和人类社会实践发展的内在规律,是根植于人类的社会现实和建立世界新秩序的必然要求。人类命运共同体是世界各国与相关当事国人民的共同福祉。当今世界,各国命运相依,在气候变化、生态环境、和平安全等方面面临共同的挑战,"构建人类命运共同体是一个美好的目标,也是一个需要一代又一代人接力跑才能实现的目标"[①]。人类命运共同体是社会形态和文明形态的"总体",是整个人类历史发展的一个阶段,是向"自由人联合体"过渡的一个中间环节。人类命运共同体理念与马克思"真正共同体"思想都以世界为整体、以现实的社会关系为依托来思考人类解放,具有一致性。

三、实践主体层面:两者均以有意识的历史主体为指导

马克思共同体思想提出的时代和人类命运共同体理念所处的时代根本不同,但是两者在实践主体方面是相通的,都是以有意识的历史主体为指导,前者是无产阶级,后者是全世界人民,都将历史视为一个有意识的人类生产实践活动的历史过程。

1. 两者的实践呼唤有意识的历史主体

历史总是要有一个主体在场,历史作为一个整体,历史主体就显得尤其重要,这样整个历史才会呈现一种总体性,不然总显得是杂乱无章历史

[①] 《习近平谈治国理政》第二卷,北京,外文出版社2017年版,第548页。

事件的堆砌。

马克思指出,"全部人类历史的第一个前提无疑是有生命的个人的存在"①,历史的前提是个人,是"现实的个人",即有需求的生命个体。在马克思看来,人的生产活动产生历史的活动,人作为历史的主体是有意识指导的,这种意识是不可或缺的历史意识,这不仅反映了人们在历史上的地位,也代表了一个强有力的现实方向。有意识的历史主体随着实践的发展而不断被唤醒和完善,由一个个活生生的人所组成的历史主体,马克思将其称为"阶级",阶级是人在一定的生产方式下所产生的联合,作为历史主体,人与人通过共同的生活方式进行生产实践,推动社会历史发展。意识起初是感知外部环境,随着人与人交往的加深,这种交往意识被触发,就替代了之前的本能发展。人们的能动性到什么程度,就意味着将推动历史发展到什么程度。

马克思所要达到的"自由人联合体"是实现人的解放和全面发展,这与当今时代的人类命运共同体理念相契合。作为一个持续发展的过程,这需要每一代有意识的历史主体的努力,掌握当前的状况和未来的趋势,也就是说在于人们的意识。马克思所畅想的共产主义社会是一种理想社会,需要无产阶级具备彻底的革命意识,也就是共产主义意识,如果这种意识不能生成就无法摆脱资本主义的束缚,不能形成革命态度,进而无法推动生产力的发展,无法为战争供给必需品,最终产生倒退。发展到当代,人类已经经历了思想的"工业革命",对于历史的意识开始最大限度地觉醒,人类的发展轨迹不仅仅在于个体的发展,全世界的全面协调可持续才是永久的价值追求,人类的"主体意识"代替之前的"自我意识"是时代的选择,人类命运共同体理念的推进呼唤有意识的历史主体。

2. 马克思共同体需要无产阶级意识的实践主体

人类社会历史的发展具有盲目性、必然性的特点,由原始社会到奴隶社会到封建社会再到资本主义社会是生产力发展、生产工具达到一定程度带来的必然性逻辑,人的主体意识缺位导致社会发展的盲目性。在人类历史发展长河中,社会主义取代资本主义是一种必然,随着资本的积累,资本主义的生产方式无法驾驭日趋强大的生产力,社会主义的发展最终要趋向共产主义必须以马克思主义为指导,在社会历史主体指导思想的指导下实现目标,是一种有意识的人类实践活动。同样,从"虚幻共同体"到

---

① 《马克思恩格斯选集》第一卷,北京,人民出版社 2012 年版,第 146 页。

"真正共同体"的过渡需要人类命运共同体理念的指引。

西方马克思主义的代表人物卢卡奇认为，阶级意识"就是理性的适当的反应，而这种反应则要归因于生产过程中特殊的典型的地位。阶级意识因此既不是组成阶级的单个个人所思想、所感觉的东西的总和，也不是它们的平均值"[①]。前资本主义社会，阶级利益还没有完全通过经济表现出来，更多的是跟政治、宗教相掺杂，阶级意识不强烈，阶级要求也不明显。到了资本主义时期，经济发展逐渐突出，阶级意识也逐渐被唤醒，随着无产阶级的出现和阶级意识的逐渐发展，无产阶级逐渐意识到要想获得解放，就必须消除资产阶级的统治。用马克思主义总体性辩证法来武装无产阶级，是从"虚幻"走向"真实"的关键。

马克思所提出的共同体是需要无产阶级都具备共同体意识，以唯物史观为指导，改造人类历史实践活动，最终走出"虚幻共同体"，走进"真正共同体"，这个过程是有意识的，不是一个自然历史过程，没有马克思的理论，人类历史可能仍处在一个自然历史过程，无法进入"真正共同体"。所以，无产阶级只有以马克思主义为指导，才能走向自由。从最初的战争全球化到贸易全球化，新航路开辟以来的全球化再到现如今的全球化这个历史进程来考察，我们不难发现，以往的全球化逻辑，人类是以资本和利益的驱动一步步走过来的，这种趋势只能导致国与国之间的不平衡，从而引发战争。具备了无产阶级意识的实践主体才能推动"真正共同体"的实现。

3. 人类命运共同体需要具有共同体意识的实践主体

面对动荡的世界，社会上的丑恶现象每天都在发生，小到人与人之间的争吵，大到国与国之间的袭击，一些国家的人民仍处于水深火热之中，所以人类命运共同体的构建还有很长的路要走。尽管世界的联系在日益增强，密切程度在提高，但更多的人仍在权利与利益的旋涡中无法自拔，要想实现"真正共同体"的构建，就必须用共生性的人类命运共同体意识代替人们的零和博弈思维，这样在处理各种矛盾与争端时尽量使双方实现共赢。实践主体是创造人类命运共同体的关键，人类命运共同体以共生主义为存在方式，所以实践主体必须具备共同体意识。

人类命运共同体何以可能，这是一个显而易见的问题。从字面意思来

[①] [匈]卢卡奇：《历史与阶级意识——关于马克思主义辩证法的研究》，杜章智、任立、燕宏远译，北京，商务印书馆2012年版，第109页。

看仿佛是一个大家庭下和谐的相处模式,其中还不乏个人具有主观能动性。任何事物的变化和运动都要有内因的作用,在强者生存、弱者淘汰的大背景下,通过竞争使本身能够站住脚并且小有成就不是一件容易的事,但是一味地遵循"丛林法则",使对方无条件地变成自己的敌人,不仅实现不了自己的理想,还会陷入斗争的泥沼中,最终两败俱伤。因此,人区别于动物,有生存的智慧和选择,这是因为人与人之间有一种合群的内因驱动,在共同体中人才能发挥自己的才能,也就是说人们对劳动对资源的依赖使人们在共生关系下产生各种社会形态,由最初的家庭、家族、种族等社会形态衍生出民族、国家、政府与非政府之间的国际组织,表面上看是一个个"独立"的社会形态,实则具有共生性的内在驱动力,从而形成更广泛的共同体——人类命运共同体,每个人的个性必须暴露在社会发展的整体性上。

对于国家而言,国与国之间的关系问题在很大程度上取决于内外政策,并且影响着国际关系,对于利益争端和矛盾纷争必须用共生意识来解决。在"大航海时代"到来时,商品经济的发展无法满足国内市场的需求,出现了向海外扩张的想法,通过发现新大陆进行资源掠夺来满足自身的需求,这种"嘤其鸣矣,求其友声"的方法其实是利己主义的做法。但即使要满足自身的利益,也必须要以他人的存在和发展为前提,就此而言,权利和利益还是要有共生性底线。

国际社会是丰富性和多元性并存的社会,国际社会行为体互为存在和发展的前提,相互依赖日趋明显,这种依赖性从某种程度上来讲决定了彼此的共生性,行为体在承认对方的同时,要合作、互利、包容发展。第二次世界大战以来的经验也表明,在涉及权利和利益不均衡的时候,要用发展的眼光,共同将"蛋糕"做大实现共赢共享是理想的解决办法。有鉴于此,实践主体要有共生性的人类命运共同体意识,在追求本国利益时,关注他国的合理发展,逐渐解决因为不均衡、不平等引发的矛盾与战争。在构建全球治理体系时,坚守共生主义的发展原则,增进人类的共同利益。中国共产党自成立以来就肩负着发展马克思主义的历史使命,在构建人类命运共同体的伟大战略中提出共建"一带一路"倡议,秉持包容开放精神,促进丝绸之路沿线国家之间的互通有无,为整个世界的未来提供了人类发展的新思维,具有深刻的全球化意义。

第二章　从马克思共同体到人类命运共同体理念的逻辑演进

从马克思共同体到人类命运共同体理念作为一种"跨空对话",经历了一个源远的历史流变过程。在 20 世纪宏阔的历史时空中,在马克思共同体思想的指导下,不仅列宁的无产阶级国际主义思想,包括共产国际的建设思想、民族自决和无产阶级联合的民族观、两种制度和平共处的理论密集出场,而且中国共产党人的外交思想也经历了从毛泽东的国际战略思想、邓小平的和平发展外交理念、江泽民的国际新秩序论、胡锦涛的和谐世界论到人类命运共同体的历史传承过程。同时,在历史传承过程中,还交织着中华优秀传统文化基因的传承以及当代西方共同体思想的镜鉴等一系列思想链的交互作用。深刻把握从马克思共同体到人类命运共同体理念的逻辑演进,既有利于更好地理解人类命运共同体理念的内容逻辑和价值意蕴,又有利于在当前大发展、大变革以及大调整的时代背景下、在中国特色社会主义新时代的历史方位中,更好地把握人类命运共同体的现实境遇和未来发展进路。

第一节　列宁的无产阶级国际主义思想及其当代启迪

国际主义思想最初是由无产阶级革命导师马克思恩格斯创立的,列宁则在此理论基础之上结合俄国和世界阶级斗争与革命运动的具体实践,赋予了国际主义思想关于无产阶级的新内容。如果说马克思恩格斯的世界历史理论是对资本主义发展中第一次全球化浪潮的直接回应,那么列宁的无产阶级国际主义思想则是对资本主义进入帝国主义阶段即第二次全球化浪潮的理论回应。在第一次世界大战之前,列宁在关于民族问题的辩论中阐述了两种完全不同的政策——资产阶级民族主义和无产阶级国际主义。"无产阶级国际主义"的概念由此提出并进行了具体阐述。在无产阶级革命运动高潮之际,列宁共产国际建设思想认为,社会主义革命是一项国际事业,需要世界无产阶级的结合;在社会主义与帝国主义相对均势的局面形成之后,列宁两种制度和平共处的理论又强调了与世界发生联系的重要意义:社会主义共和国要生存,就必须与世界发生联系。可见,列宁的国际主义思想内涵鲜明的共同体逻辑。

一、共产国际的建设思想及其当代启迪

19世纪末20世纪初,资本主义进入帝国主义阶段,帝国主义已变成世界性的资本主义经济体系,国际形势更是因为第一次世界大战的爆发发生重大改变,俄国正是在此背景下发生了社会主义革命。列宁认为,"帝国主义是垄断的、腐朽的、垂死的资本主义,是无产阶级社会主义革命的前夜",[1]并在此基础上强调了"革命的国际主义原则"[2],提出了"世界革命的理论"[3],这是共产国际建设的理论基础。列宁认为,"只有从国际的观点才能正确估价我们的革命。为了取得巩固的胜利,我们必须使无产阶级革命在一切国家或者至少在几个主要的资本主义国家取得胜利"。[4]列宁基于对资本主义政治经济发展不平衡规律的分析,得出社会主义不可能在所有国家同时获胜,它将在一个或几个国家首先获胜的结论,创新和发展了马克思的"共同胜利论"。列宁在这里提到的"胜利"不是指俄国仅凭自己的力量就能取得社会主义的最终胜利,而是指俄国可以首先通过革命使得无产阶级掌握政权,建立起社会主义的制度,进而"在工农政权和苏维埃制度的基础上赶上别国人民"[5]。但要巩固目前已取得的胜利并实现社会主义的最终胜利,列宁认为是要站在国际立场上,将希望寄托于世界革命之上的。对此,列宁强调:"在一个国家内取得社会主义的最终胜利是不可能的"[6],"只有我们的事业在全世界取得胜利,我们的胜利才会巩固,因为我们在开始我们的事业时,就把全部希望都寄托在世界革命上"[7]。当

---

[1] 《建国以来重要文献选编》第十三册,北京,中央文献出版社1996年版,第337页。
[2] 《列宁全集》第二十一卷,北京,人民出版社1959年版,第173页。
[3] 《马列著作编译资料》第十三辑,北京,人民出版社1981年版,第210页。
[4] 《列宁全集》第三十一卷,北京,人民出版社1958年版,第372页。
[5] 《列宁专题文集》(论社会主义),北京,人民出版社2009年版,第359页。
[6] 《列宁全集》第三十三卷,北京,人民出版社2017年版,第281页。
[7] 《列宁全集》第四十卷,北京,人民出版社2017年版,第1页。

时，经济文化还相对落后的俄国正处于资本主义国家的包围之中。要坚守苏维埃政权，使自己不至于在如此悬殊的力量对比中覆灭，单打独斗肯定是行不通的。而且，无产阶级革命作为一项国际性事业，要取得社会主义的最终胜利，仅凭俄国自己是无法实现的。因此列宁认为，凭借俄国无产阶级革命所创造的良好条件，积极推动世界革命的开展是必由之路也是唯一出路，此外没有其他选择。

第一次世界大战后，第二国际破产，世界革命的进行又迫切需要世界无产阶级的联合。因此，列宁在积极发展本国阶级斗争和革命实践的基础上，大力支持世界上其他国家的无产阶级革命。列宁指出："真正的国际主义只有一种，就是进行忘我的工作来发展本国的革命运动和革命斗争，支持（用宣传、声援和物质来支持）无一例外的所有国家的同样的斗争、同样的路线，而且只支持这种斗争、这种路线。"[①] 也正因为如此，列宁在1919年3月亲手创立了共产国际即第三国际。共产国际是在列宁世界革命思想的指导下建立的，是世界革命理论的实践策略。至此，无产阶级国际主义实践进入一个新的发展阶段。它以推动世界革命为目的，其任务是推翻资产阶级世界秩序，建立起社会主义制度。当时列宁不断推动世界苏维埃运动的开展，希望使社会主义革命在世界范围内流行起来。按照列宁的设想，俄国革命是欧洲革命的序幕，而世界革命的最终胜利不久便可实现，国际苏维埃共和国的建立已然为期不远。但事实表明，这无疑低估了革命的长期性和复杂性，对世界革命运动形势的估计过于乐观了，当然列宁之后也认识到了这一点。在后来的执行过程中，思维的过激以及日益明显的集权化使得共产国际一度出现脱离各国具体实际的情况，无产阶级国际主义难以与各国实际相适应。与此同时，这一组织对各国共产党日益缺乏尊重而逐步走向干预、限制甚至禁锢，各国共产党难以实现独立自主的要求。虽然共产国际建设中的一些设想与历史实际不符，最终未能实现，但共产国际在当时为世界革命提供了包括物质、宣传等各方面的援助和指导，对其他国家共产党的建立和革命的开展发挥了重要的推动作用，推进了世界各国的无产阶级革命运动，使国际共产主义运动和世界民族解放运动都取得了很大进展，这是不容否认的。

列宁关于建设共产国际的思想充分体现了无产阶级国际主义思想，饱含丰富的共同体意识，具有重要的当代启迪。他强烈反对当时第二国际的

---

① 《列宁选集》第三卷，北京，人民出版社2012年版，第54页。

"革命护国主义"和资产阶级所谓的"民族主义",认为这些狭隘的封闭性观念只是局限于本国本民族的利益当中,而没有认识到全世界无产阶级和被压迫民族是拥有共同利益和共同命运的。在列宁看来,无产阶级革命的最终胜利和全人类的彻底解放,只有一条路径可以抵达,那就是紧密团结的国际联合。列宁的共产国际建设思想中所凸显的这种共同体意识是人类命运共同体理念重要的思想来源。

二、民族自决和无产阶级联合的民族观及其当代启迪

19世纪末20世纪初,进入垄断资本主义阶段的帝国主义国家加紧侵略和残暴镇压世界范围内的其他国家和民族。与此同时,在承受深重苦难的经历中,这些被压迫、被剥削国家的广大民众逐渐觉醒,要求摆脱帝国主义的压迫和奴役,争取民族的独立和解放,民族解放运动不断兴起。早在第一次世界大战前,列宁在关于民族问题的争论中就明确提出了民族自决权的观点。第一次世界大战期间,列宁基于帝国主义时代国际形势的变化,第一次明确地将世界各民族划分为压迫民族和被压迫民族,并进一步阐述了民族自决权思想。在列宁看来,无产阶级国际主义要遵循首先承认民族自决、再努力进行无产阶级联合的逻辑。马克思恩格斯虽未直接提出"民族自决权",但认为被压迫民族是具有独立生存权利的行为体,支持解放被压迫民族的立场始于无产阶级革命的利益。列宁则在继承马克思恩格斯关于无产阶级革命与民族解放思想的基础上,强调阶级利益和民族利益在革命的具体实践当中相统一,将无产阶级阵营的国际联合进一步延伸和扩展到更大范围内的无产阶级与被压迫民族的国际联合,将马克思恩格斯在《共产党宣言》中喊出的"全世界无产者,联合起来"的口号发展为"全世界无产者和被压迫民族联合起来"[①]。

一方面,民族自决权坚持所有民族一律平等的原则,反对压迫民族的殖民和奴役,争取被压迫民族的解放和独立,其本质是政治上的自由分离和成立独立的民族国家。1916年,列宁在《社会主义革命和民族自决权》中指出:"民族自决权只是一种政治意义上的独立权,即在政治上从压迫民族自由分离的权利。"[②] 这种分离是指从帝国主义国家的强制联合中分离出来,从民族压迫中解放出来,首先实现民族独立。"帝国主义是少

[①] 《列宁选集》第四卷,北京,人民出版社2012年版,第326页。
[②] 《列宁选集》第二卷,北京,人民出版社2012年版,第564页。

数'大'国不断加紧压迫全世界各民族的时代,因此,不承认民族自决权,就不可能为反帝的国际社会主义革命而斗争。"① 没有民族的解放和独立,没有国家主权和领土完整,所谓建立民族国家就是一句空话。

另一方面,列宁强调民族自决的目的是融合而不是"分裂"。随着帝国主义时代的来临,"滴着血和肮脏的东西"的资本在国际范围内张牙舞爪的扩张姿态和肆无忌惮的掠夺行径,使得帝国主义的民族殖民和压迫进一步扩大和加剧。因此,无产阶级的革命斗争同民族的解放和独立紧紧联系在一起,若民族问题不能解决,无产阶级革命的胜利就无法实现,因为"只有民族的独立,才能消灭民族压迫、民族特权,消除民族间的对立和隔阂,才能建立起各民族无产阶级信任与联合的基础,才能为无产阶级反对资产阶级和国际帝国主义的斗争开辟广阔天地,才能为无产阶级的国际团结和社会主义革命的胜利扫清道路"②。压迫民族的无产阶级能够站出来,反对本国对其他民族的殖民压迫;同时,被压迫民族能够自愿进行"自决",并与压迫民族之间那种具有强迫性和不平等性的联盟分开。这样一来,压迫民族的无产阶级和被压迫民族之间就能够消除因民族—国家界线而产生的"最微小的不信任、疏远、猜疑和仇恨"③,从而走向联合。

由此观之,列宁关于民族自决权的思想成为科学指导被压迫民族争取民族解放和人民解放的有力思想武器和实践指南,进一步推动了世界更大范围内的民族解放运动,从而促进了无产阶级的国际联合,推动了世界社会主义革命进程。列宁对民族自决权的定义,"是'从历史—经济的观点'来看的,即从一般意义上,从研究民族运动的历史经济条件方面来界定民族自决概念的"④,后来一些对这一思想的误读或曲解实际上背离了列宁的初衷。列宁的民族观直到今天仍具有重要的当代启迪,列宁的民族观强调的是在民族独立基础上实现更好的国际联合,民族独立是一切国际合作的基础,也是今日构建人类命运共同体的基础。

三、两种制度和平共处理论及其当代启迪

列宁的和平共处思想是在这样一种历史现实中逐渐形成的。一方面,

---

① 《列宁选集》第二卷,北京,人民出版社2012年版,第528页。
② 王平:《列宁的无产阶级国际主义思想初探》,《马克思主义研究》1985年第4期。
③ 《列宁全集》第二十五卷,北京,人民出版社2017年版,第153页。
④ 张祥云:《列宁民族自决权理论的思想内涵》,《东岳论丛》2012年第2期。

十月革命胜利后,列宁在世界革命思想指引下建立了共产国际,认为"共产主义在全世界的胜利已为期不远"。但是,革命形势并没有按照列宁预想的那样发展,在共产国际的支持下欧洲各国确实一度爆发了无产阶级革命运动,但在不长时间内就相继被扼杀。加之第一次世界大战后《凡尔赛条约》的签订在一定程度上缓和了帝国主义国家之间和国家内部的矛盾,世界革命运动发展缓慢,陷入低潮。另一方面,经过3年的艰苦努力,苏俄最终在国内战争中取得了伟大胜利,保卫了新生的苏维埃政权。此时的帝国主义国家暂时"已经不能公开进行反苏战争"[①],虽然极不情愿但也只能与其讲和,并暂时承认它的存在。结果,世界革命运动发展缓慢,帝国主义国家未能成功扼杀苏维埃政权,无论是战后的苏维埃俄国还是资本主义国家,又都亟须恢复本国经济,因此这时的世界就形成了一种相对的、暂时的均势。正是这样的一种"均势"状态使列宁更为认真地考虑与资本主义国家的"和平共处"议题。1919年12月,列宁指出:"俄罗斯社会主义联邦苏维埃共和国希望同各国人民和平相处,把自己的全部力量用来进行国内建设……"[②]这是列宁初次明确提出"和平共处"的观点。之后,列宁关于两种制度和平共处的思想不断发展起来,其核心观点如下。

一是以尊重国家主权、互不干涉内政为原则。在调整同其他国家的关系时,也必须严格遵循这个条约所体现的平等互利、互相尊重主权、互不干涉内政等和平共处原则精神,否则就不能同他们签订条约、建立外交关系。国家主权独立且平等,无论是资本主义国家还是苏维埃俄国,都应始终承认并坚持这一点。列宁在对外政策中坚持尊重别国主权、不干涉别国内政,同时坚决维护本国国家主权和核心利益,他希望苏维埃共和国的主权同样能够得到各国的承认与尊重,并认为这是和平共处的必要前提。1922年,列宁在《全俄中央执行委员会关于出席热那亚会议代表团的报告的决议草案》中曾明确表示,希望资产阶级国家能够承认苏维埃共和国主权,只有这样双方才能进行畅通的经贸往来[③]。否则双方就永远不可能达到真正的平等,也就无法实现和平共处。站在今天的认知高度看,强调国家主权独立平等也是构建人类命运共同体的首要前提和根本保证。

二是以推进对外开放、平等互利合作为纽带。列宁曾深刻指出:"为什么像我们这样的社会主义国家不能同资本主义国家有无限制的生意往

---

① 《列宁全集》第三十二卷,北京,人民出版社1958年版,第442页。
② 《列宁全集》第三十七卷,北京,人民出版社2017年版,第359页。
③ 参见邓如辛:《列宁关于社会主义和资本主义和平共处思想探析》,《理论探讨》2006年第1期。

来，我看不出有任何理由不能这样做。"① 一方面，列宁深知要加强本国的经济建设，就需要通过对外开放，与资本主义国家做生意，扩大经济交往；另一方面，各国资产阶级政府也非常清楚，如果没有俄国，欧洲的经济生活就无法进行很好的调整，俄国有粮食、资源和各种矿产，而这些都是资本主义国家所迫切需要的。因此，积极开展平等互利的经贸合作无论对于哪一方来说都是有利的。对苏俄来说，有必要切实扩大开放，加强与资本主义国家的经济联系，尽快恢复经济，以便在与资本主义国家的经济战争中占据有利地位。例如，列宁提出了属于国家资本主义的"租让制"，并进一步指出，"租让的存在就是反对战争的经济根据和政治根据"②。同时他还强调，要在坚持苏维埃政权基础上多向国外学习，"乐于吸取外国的好东西：苏维埃政权＋普鲁士的铁路秩序＋美国的技术和托拉斯组织＋美国的国民教育等等等等＋＋＝总和＝社会主义"③，以此来发展壮大俄国自身的经济文化实力，更好地建设社会主义，这也为苏维埃俄国的发展壮大创造了一个相对和平的国际环境。

综上，列宁在继承马克思共同体思想的基础上，结合苏俄现实语境下的具体历史实践，创新发展了自己独特的国际主义思想，即帝国主义时代的国际主义思想。立足当下，虽然列宁的国际主义思想与今天的时代特征并不完全相适应，但是它蕴含的思想精华，为我们今日构建人类命运共同体留下了非常宝贵的政治遗产，具有重要的当代启迪。其一，坚持当代国际主义必须以准确把握时代方位和发展大势为首要前提。列宁是在战争与革命的时代主题判断下提出了各种国际主义思想。由于当时特定的历史条件，即在帝国主义和无产阶级革命的时代背景下，战争与革命是时代的主题，因而列宁的国际主义思想是与阶级和革命紧密相关的。当今世界虽然依旧存在各种不稳定因素，但和平与发展已成为时代的主题，也正是在深刻把握和深邃洞察这一特征鲜明的时代主题前提下，习近平总书记的人类命运共同体理念应运而生。毫无疑问，我国当下所处的时代背景与列宁所处的时代相比已经发生了很大变化，我们不能靠引证列宁关于当时时代的某些论断来解决自己所处时代的问题与任务，而是要以列宁的时代观为理论指导，准确把握当今世界所处的时代方位以及国内外形势的新境遇。其二，坚持当代国际主义必须以坚决捍卫国家利益和国家主权为原则底线。

---

① 《列宁全集》第三十八卷，北京，人民出版社2017年版，第172页。
② 《列宁全集》第四十卷，北京，人民出版社2017年版，第78页。
③ 《列宁专题文集》（论社会主义），北京，人民出版社2009年版，第381~382页。

列宁关于民族自决和解放被压迫民族的思想可以逻辑地延伸发展为对各国各民族主权独立和平等地位的强调。构建人类命运共同体之首要是坚持各国主权平等。2017年，习近平总书记在联合国日内瓦总部的重要演讲中深刻指出："主权平等，真谛在于国家不分大小、强弱、贫富，主权和尊严必须得到尊重，内政不容干涉，都有权自主选择社会制度和发展道路。"[①] 为此，必须提高底线思维能力，在事关主权和领土完整等原则问题上清晰划定"中国底线"；必须尊重别国主权，支持其他国家特别是广大发展中国家维护自身主权安全；必须坚持尊重别国主权与发扬国际主义精神相统一，以绝对不附加任何政治条件的国际主义精神向其他国家提供援助和支持。其三，坚持当代国际主义必须以正确制定动态的国际战略策略为核心任务。列宁的联合思想与和平共处理论在当今时代背景下有了更加广泛的国际主义主体范畴，有了更加符合时代特点的全新内容。列宁和平共处思想对于我们在新时代推动构建相互尊重、公平正义、合作共赢的新型国际关系具有重要的方法论启迪。列宁和平共处思想的真谛在于对世界和平的渴望与追求，这对于我们在新时代努力走出一条国与国交往新路、为世界和平贡献中国力量具有重要的价值论启迪。它不再只是世界无产阶级和被压迫民族的联合，不再只是社会主义和资本主义不同制度国家之间的和平共处，而是联系整个世界，高举和平、发展、合作、共赢的旗帜，携手共建世界各国各地区的命运共同体，共建全人类的命运共同体。

　　从思想发展谱系的纵向逻辑看，习近平总书记关于构建人类命运共同体的理念无疑吸收和借鉴了列宁的国际主义思想，列宁的国际主义思想也无疑是人类命运共同体理念形成过程中重要的一链。党的十九届四中全会通过的《中共中央关于坚持和完善中国特色社会主义制度、推进国家治理体系和治理能力现代化若干重大问题的决定》中明确提出"为构建人类命运共同体不断作出贡献的显著优势"。可见，虽然国际主义的概念在我国改革开放之后逐渐被淡化，但国际主义不仅从未被弃用，而且以"为构建人类命运共同体不断作出贡献"的新形式展现出更具有说服力的普遍价值和永恒力量。

---

① 《习近平谈治国理政》第二卷，北京，外文出版社2017年版，第539页。

第二节　历代中国共产党领导人外交思想的演进

思想的链条往往是在曲折中不断地接续。自1949年新中国成立至今，中国共产党人的外交思想在70多年伟大的外交历程中不断演进。中国几代领导集体在不断变化的国际环境中形成了与当时时代背景相适应的外交理念，包括毛泽东的国际战略思想、邓小平的和平外交理念、江泽民的国际新秩序论、胡锦涛的和谐世界论等。历代中国共产党领导人的这些外交思想和理念为习近平总书记的人类命运共同体理念的提出奠定了重要的理论基础，提供了宝贵的历史经验。

一、毛泽东的国际战略思想

需要指出的是，由于国际环境复杂多变，在不同时期迫于当时的国际形势及其变化，毛泽东也在不断调整中国的外交政策。新中国成立初期，也正是美苏冷战初期，以苏联为首的社会主义阵营和以美国为首的资本主义阵营对立形成，中国作为新生的社会主义国家，正处于帝国主义的包围圈中，面临着十分严峻的国际形势。这时，毛泽东基于两大阵营的战略判断实行"一边倒"的外交政策——完全倒向社会主义阵营。这时新中国的外交政策更多的是为了自保，所以团结社会主义阵营的力量，既使我们不被帝国主义力量所侵害，又能够抓紧一切机会发展壮大自己。可见，当时毛泽东提出"一边倒"的外交政策，是基于客观实际，坚持一切从实际出发而提出来的。20世纪50年代中期，随着中苏关系的不断恶化，毛泽东在认真分析国际形势变化的基础上，开始重新审视这一政策。

到20世纪60年代，美苏关系依旧没有得到缓和，而此时饱受奴役和压迫的亚非拉民族解放运动日益高涨起来。中苏关系破裂后，毛泽东提出了"两个中间地带"的理论，实施"两个拳头打人"战略，认为除美苏以外的广大中间力量是中国应该争取的对象。70年代初，国际形势发生重大变化，美国在两极争霸中开始处于不利地位，出现了苏攻美守态势。这时，中美关系缓和的序幕正式拉开。而毛泽东也对当时形势的认识不断深入，有了更加宏大的外交视野。面对新的国际形势，他在1973年提出了联美抗苏的"一条线"外交战略。之后又在"两个中间地带"的基础上提出了"三个世界"理论。毛泽东尤为重视同第三世界发展中国家，即除了日本以外的亚洲和整个非洲、拉丁美洲友好关系的建立,认为第三世界应该加强团结与合作,真正发挥第三世界反帝反霸主体力量的作用。在毛泽东看来,亚非拉等广大第三世界国家拥有共同的利益,无论是已经独立的国家,还是虽未独立正在争取独立的国家,都有着反帝反霸、争取和维护民族独立与解放的一致要求,是站在统一战线上具有共同利益的利益共同体和休戚与共的命运共同体。至此,毛泽东形成了较为系统的国际战略思想。

　　站在今天的认知高度看,毛泽东的国际战略思想最突出的特色是"独立自主"和"和平"。事实上在新中国成立初期,毛泽东就已经提出了独立自主的和平外交政策。"'独立自主'与'和平'这两个词集中体现了中国在外交方面最基本的诉求,它既是基于历史的经验,也是基于现实的需要。"① 毛泽东在外交中坚持国家利益第一,坚持独立自主的基本原则,"中国必须独立,中国必须解放,中国的事情必须由中国人民自己作主张,自己来处理,不容许任何帝国主义国家再有一丝一毫的干涉"②。毛泽东始终坚定维护中国国家主权,绝不容许其他国家干涉中国内政、损害中国国家利益。联合别国力量、争取外援自然重要,但要时刻立足于独立自主、自力更生之上,这是毛泽东国际战略思想的一个突出特点。独立自主这一基本原则始终贯穿于中国外交之中,今日人类命运共同体理念作为新时代中国特色大国外交的新篇章,自然始终秉持这一外交原则,坚持独立自主的和平外交政策,坚定维护我国的核心利益。

　　同时,在国际交往中坚持和平共处的原则也是毛泽东国际战略思想的一个重要方面。1953年,周恩来在中印谈判中首次提出了和平共处五项原则,之后,我国外交政策就始终坚持和平共处五项原则不动摇,并将其作为我们国际交往的根本原则。毛泽东在外交中始终强调和平共处五项原则,强调"和平共处五项原则应推广到所有国家关系中去"③;强调"我们应该采取些步骤使五项原则具体实现,不要使五项原则成为抽象的原则"④;强调五项原则不只是讲讲而已,毫无疑问它是"一个长期方针",是要真正在实践中加以落实的。在这一过程中,毛泽东在不同场合的讲话中多次强调"和平"的重要意义,虽然更多时候迫于国际形势不得不选边

---

① 章百家:《改变自己　影响世界——20世纪中国外交基本线索刍议》,《中国社会科学》2002年第1期。
② 《毛泽东选集》第四卷,北京,人民出版社1991年版,第1465页。
③ 《毛泽东外交文选》,北京,中央文献出版社、世界知识出版社1994年版,第163页。
④ 《毛泽东外交文选》,北京,中央文献出版社、世界知识出版社1994年版,第186页。

站，不得不团结一部分力量来与另一部分力量相对抗，但是毛泽东始终秉持着中华民族爱好和平的优良传统，一直有着同世界上一切国家和平共处的愿望。1949年10月1日新中国成立，毛泽东提出"凡愿遵守平等、互利及互相尊重领土主权等项原则的任何外国政府，本政府均愿与之建立外交关系"①；1955年在同印度尼西亚总理的谈话中他指出："就是西方国家，只要它们愿意，我们也愿同它们合作。我们愿意用和平的方法来解决存在的问题。"②1956年他又再次强调，我们愿意和世界上一切国家，包括美国在内，建立友好关系。在20世纪六七十年代，联合世界人民共同反抗帝国主义及其阵营，实现被压迫人民和被压迫民族的解放，也是为了世界的和平安宁，为了国家间的和平共处。

综上，毛泽东的国际战略思想在美苏对立的两极世界中打开了新中国外交事业的大门，中国开始真正融入世界，尤其70年代初中美关系的缓和使中国外交关系更是实现了新的跨越。虽然此时的中国外交由于当时历史条件的限制仍具有明显的"革命性"特点，对外交的目标定位和走向仍保留着较为模糊的认识，但毛泽东在新中国成立后的外交理论无疑具有重要的战略意义，为之后中国外交政策的调整与完善以及外交新局面的形成，为今天人类命运共同体理念的提出奠定了坚实的思想基础。其一，毛泽东从"一边倒"到"两个中间地带"再到"三个世界"理论的外交政策转变，是建立在客观的国际形势和国内环境基础之上的，是坚持一切从实际出发制定的，审时度势是中国外交政策确立的重要前提。当前，面临百年未有之大变局，处于新时代的历史方位上，人类命运共同体理念正是新方位上的新方案。其二，寻找共同利益，凝聚合作共识，从而团结一切可以团结的力量，建立命运与共的统一战线，是毛泽东国际格局理论具有的鲜明特点。人类命运共同体理念实际上正是在新的国际形势下对毛泽东关于"两个中间地带"和"三个世界"构想的继承和发展。各国在相互尊重、平等相待的基础上努力寻求最大利益公约数，扩大彼此的利益交汇点，从而凝聚共识、友好合作，建立起命运与共的统一战线，共同创造美好未来。质言之，着眼于利益共同体基础上的人类命运共同体，实际上与毛泽东强调的在共同利益的基础上建立统一战线具有一定的内在契合性。其三，毛泽东在"三个世界"构想中关于团结第三世界即广大发

---

① 《毛泽东外交文选》，北京，中央文献出版社、世界知识出版社1994年版，第116页。
② 《毛泽东外交文选》，北京，中央文献出版社、世界知识出版社1994年版，第210页。

展中国家的思想,更是作为重要内容在人类命运共同体理念中得以充分显现。构建人类命运共同体特别要加强同广大发展中国家的团结与合作,中非、中拉、中阿等与发展中国家间的命运共同体体现了中国在倡导人类命运共同体的过程中对发展中国家的重视。人类命运共同体理念凝聚世界各国利益的最大公约数,扩大彼此利益交汇点,坚持合作共赢,共建多层次、全球性的命运共同体,两者具有相同的精神内涵。其四,在毛泽东时期,独立自主的和平外交政策与和平共处五项原则得以确立,成为之后中国外交的根本原则和基本准则,并随着时代特征和国际形势的变化不断发展和完善。和平共处五项原则是今日人类命运共同体理念的理论前提,将于推动展开中充分显现其魅力。在推动构建人类命运共同体的过程中,中国始终坚持和平共处五项原则,始终坚持在此原则基础之上同世界各国发展友好关系。从这一意义上说,人类命运共同体理念正是在独立自主的和平外交政策的基础上,在和平共处五项原则的指导下形成的全球价值观。

二、邓小平的和平发展外交理念

历史的车轮滚滚驶向20世纪70年代。从国际上看,美苏关系趋于缓和,世界和平与战争力量对比发生根本转折。从国内看,由于过去特殊的历史和现实条件,中国在较长时间内都处于相对封闭保守的状态,未能很好地融入世界,而1978年党的十一届三中全会则开启了中国改革开放的历史新时期。面对新的国际国内形势和时代特点,中国外交也进入了一个新的历史阶段。邓小平继续坚持和平共处五项原则不动摇,同时在深刻把握世界大势的基础上作出了"和平与发展"成为时代主题的科学判断,并强调要实行独立自主的和平外交政策。另外,独立自主的同时也要对外开放。邓小平在总结过去经验教训的基础上强调,关起门来搞建设是行不通的,必须实施对外开放战略。由此,和平共处五项原则、独立自主的和平外交政策与对外开放战略构成了邓小平和平外交理念的主要内容,即独立自主、和平共处和对外开放。

首先,继续坚持独立自主的原则。20世纪80年代,随着国际形势朝着和平与发展的方向转变,邓小平坚持毛泽东的独立自主思想,并在新的时代条件下进行了新的发展。邓小平在1984年会见巴西总统时指出:"中国的对外政策是独立自主的,是真正的不结盟"[①],不结盟就是中国不参加

---

① 《邓小平文选》第三卷,北京,人民出版社1993年版,第57页。

任何军事集团,不同任何国家或国家集团结成同盟。要坚决奉行不结盟的外交政策,中国不打别人的牌,也不允许其他人打中国牌。中国始终坚持公道正义,看清是非曲直,谁也不偏袒、不支持,站稳我们自己的立场,与各国一道共同维护世界和平。邓小平认为,只有奉行真正的不结盟,中国在外交中才能不受任何力量的控制与干涉,保持我们的主动性,才能维护国家的根本利益,真正做到独立自主。1982年在党的十二大开幕式上,邓小平强调:"独立自主,自力更生,无论过去、现在和将来,都是我们的立足点。中国人民珍惜同其他国家和人民的友谊和合作,更加珍惜自己经过长期奋斗而得来的独立自主权利。任何外国不要指望中国做他们的附庸,不要指望中国会吞下损害我国利益的苦果。"[1] 国家利益是中国外交的根本出发点,是处理对外关系的最高准则。我们在任何时候都始终坚持独立自主,坚定维护我国的国家利益,从国家利益出发分析和解决问题,从国家利益出发考察国际关系。当然,维护本国的国家利益不代表不顾他国的国家利益,不顾世界人民的利益,而是既"着眼于自身长远的战略利益,同时也尊重对方的利益"[2],实现共同发展。

其次,在和平共处五项原则的基础上维护世界和平。自列宁确定了"战争与革命"的时代主题之后,毛泽东的国际主义战略思想同样在"战争与革命"的时代特点下形成。而到了邓小平时期,对时代主题的判断发生改变,决定了我国外交政策在这一时期发生重大转变。邓小平"和平与发展"的时代观认为,至少在短时间内可以避免战争,世界和平的力量已经超越了战争的力量,由此,"和平"始终贯穿于邓小平的外交理念之中。邓小平时刻关注国际形势的变化,他在认真分析世界局势的基础上深刻指明:"现在世界上真正大的问题,带全球性的战略问题,一个是和平问题,一个是经济问题或者说发展问题。和平问题是东西问题,发展问题是南北问题。"[3] 最终将和平与发展确定为时代主题,并在此时代背景下制定了中国的外交政策。邓小平关于和平与发展这一时代主题的判断为之后中国外交政策的制定提供了根本的方向指引,自此开始,和平与发展成为中国外交政策制定的基本价值取向和实现目标。更重要的是,邓小平始终强调和平共处五项原则才是解决国与国之间关系的最佳方式,总结国际关系的实

---

[1] 《邓小平文选》第三卷,北京,人民出版社1993年版,第3页。
[2] 《邓小平文选》第三卷,北京,人民出版社1993年版,第330页。
[3] 《邓小平文选》第三卷,北京,人民出版社1993年版,第105页。

践，"最具有强大生命力的就是和平共处五项原则"[1]；强调要将和平共处五项原则作为处理国际关系的基本准则，在此基础之上同世界各国友好往来，建立国际政治经济新秩序；强调"我们的对外政策是反对霸权主义，维护世界和平。我们把争取和平作为对外政策的首要任务"[2]；强调维护世界和平是世界人民的共同愿望，"人民是要求和平、反对战争的"[3]；强调中国始终高举和平之旗帜，坚定不移地走和平发展道路，反对使用或威胁使用武力，倡导以和平方式处理国际争端；强调无论是过去、现在还是未来，我们都坚持和平共处五项原则不动摇，坚持独立自主的和平外交政策不动摇，坚持和平发展道路不动摇，始终做世界和平的建设者和维护者；强调坚持和平共处五项原则，维护世界和平，争取和平的国际环境，不仅符合我国发展的要求，也符合世界各国发展的要求；等等。

最后，实施对外开放战略。邓小平曾多次强调对外开放与独立自主、自力更生并不冲突，独立自主并不意味着故步自封、闭关自守，我们的发展既需立足于独立自主、自力更生，又要根据新情况确定新政策，即坚定不移实施对外开放。邓小平指出："现在的世界是开放的世界……三十几年的经验教训告诉我们，关起门来搞建设是不行的，发展不起来。"[4]中国要加快各方面建设，实现自身更大的发展，就必须打开国门真正融入当前开放的世界。只有对外开放，引进西方先进设备和科技，中国才能大踏步向前迈进。当然，对外开放不仅要积极"引进来"，还要主动"走出去"开拓国际市场，发展对外贸易，参与国际竞争，这是一个双向互动的过程。鉴于时代主题的转换和世界形势的改变，邓小平认为："开放是对世界所有国家开放，对各种类型的国家开放"[5]，是全面的对外开放。要通过对外开放加强与世界各国的友好合作，尤其要加强同第三世界广大发展中国家的团结与合作，以合作谋发展，以合作求共赢。由此观之，邓小平继承和发展了毛泽东关于"三个世界"的国际战略思想，旗帜鲜明地指明中国属于第三世界，将永远站在第三世界的一边。

综上，邓小平的外交理念使中国开始更好地全面融入到世界之中，形成了新的全方位外交局面，扩大了中国在处理国际事务中的影响力。其外

---

[1] 《邓小平文选》第三卷，北京，人民出版社1993年版，第96页。
[2] 《邓小平文选》第三卷，北京，人民出版社1993年版，第116页。
[3] 《邓小平文选》第三卷，北京，人民出版社1993年版，第127页。
[4] 《邓小平文选》第三卷，北京，人民出版社1993年版，第64页。
[5] 《邓小平文选》第三卷，北京，人民出版社1993年版，第237页。

交理念不仅在改革开放和中国特色社会主义建设当中不断发挥出强大的推动力量，也为今日人类命运共同体理念的提出提供了基本的思想指向。从很大程度上可以说，习近平总书记提出的人类命运共同体理念是对邓小平外交思想的创造性运用和创新性发展，突出表现在：第一，人类命运共同体理念强调了"独立自主"。一方面，习近平总书记强调构建人类命运共同体要坚决摒弃冷战思维、零和博弈等旧思维，走对话而不对抗、结伴而不结盟的国与国交往新路。构建大国外交框架、深化同周边国家关系、加强与发展中国家团结合作……结伴而不结盟，积极发展全球伙伴关系是人类命运共同体理念的重要内容，这是习近平总书记在新的背景条件下对邓小平不结盟外交政策的进一步发展。另一方面，推动构建人类命运共同体，维护国家的核心利益是底线，任何时候我们都必须坚决维护国家的核心利益和正当权益。习近平总书记在这方面有同邓小平相似的表述："任何外国不要指望我们会拿自己的核心利益做交易，不要指望我们会吞下损害我国主权、安全、发展利益的苦果。"[1]在坚定维护本国国家利益的同时兼顾他国合理关切，其本身的价值基点就在于全人类的共同利益，这是命运共同体意识的充分体现，是对邓小平国家利益论的继承和发展。第二，人类命运共同体理念强调了"和平共处"。邓小平关于"和平与发展"这一时代主题的判断为人类命运共同体理念提供了根本方向，"世界正处于大发展大变革大调整时期，和平与发展仍然是时代主题"[2]，人类命运共同体理念正是习近平总书记在深刻把握这一时代主题的条件下提出的。另外，人类命运共同体理念同样是建立在和平共处五项原则基础之上的，坚持和平共处五项原则，是中国外交始终不变的基本准则。"持久和平"是构建人类命运共同体的美好愿景，命运共同体的构建是维护世界和平的有效途径。构建人类命运共同体继续坚持和平发展道路，是邓小平和平外交理念在新时代的延续与创新。第三，人类命运共同体理念强调了"对外开放"。推动构建人类命运共同体本身就是中国坚持对外开放的重要外交战略，体现了中国希望通过开放与世界各国和平发展、合作共赢的美好愿景。尤其是互联互通的"一带一路"建设，作为构建人类命运共同体的重要实践平台，无不透视着"开放"的中国智慧，这种"开放"是打通陆海二道、面向东西双向的全方位开放，是涉及经济、文化、安全等方面的各领域开放。

---

[1] 《习近平谈治国理政》第二卷，北京，外文出版社2017年版，第42页。

[2] 习近平：《决胜全面建成小康社会 夺取新时代中国特色社会主义伟大胜利——在中国共产党第十九次全国代表大会上的报告》，《人民日报》2017年10月28日。

中国将"加强制度性、结构性安排,促进更高水平对外开放"①。"开放包容"是构建人类命运共同体的基本要求,尤其是深化文明交流互鉴,其本身就是中国全面开放的深刻体现。我们在对外开放中推动构建人类命运共同体,同时也在构建人类命运共同体的过程中推动全面开放不断升级。

三、江泽民的国际新秩序论

20世纪80年代末90年代初,中国面临国内外形势的严峻考验。从国际上看,苏联解体、东欧剧变,两极格局瓦解,世界局势发生了巨大的历史性转变。但同时,经济全球化迅猛发展,各国联系越来越紧密。从国内看,我国综合国力不断增强,社会主义现代化建设进入重要战略机遇期。面对波谲云诡的国内国际局势,以江泽民为代表的中国共产党人审时度势,坚持一切从大局出发,制定了一系列科学的外交政策。早在20世纪80年代,邓小平就提出了要在和平共处五项原则的基础上建立国际政治经济新秩序的主张。江泽民继承了邓小平的这一主张,并在不同场合对其进行了更为系统深入的阐述,真正将建立公正合理的国际新秩序作为中国外交政策的一项重要任务加以实践。江泽民在党的十四大、十五大、十六大报告中都强调了要推动建立国际新秩序的主张:从"建立和平、稳定、公正、合理的国际新秩序"的初步构想,到"致力于推动建立公正合理的国际政治经济新秩序",再到"我们主张顺应历史潮流,维护全人类的共同利益;主张建立公正合理的国际政治经济新秩序"。特别是,2002年在党的十六大报告中,江泽民对国际新秩序的内容进行了全面系统的总结,即各国政治上应相互尊重,共同协商;经济上应相互促进,共同发展;文化上应相互借鉴,共同繁荣;安全上应相互信任,共同维护,树立互信、互利、平等和协作的新安全观。② 由此,江泽民关于建立公正合理的国际新秩序的思想,在继承邓小平关于国际政治经济新秩序思想的基础上,也在外交的具体实践中不断总结新经验,既始终坚持邓小平所强调的以和平共处五项原则为基础,又提出了强调各国平等发展等各项权利的国际关系民主化的思想,以及以互信、互利、平等、协作为核心的新安全观。

首先,在坚持和平共处五项原则的同时,强调联合国具有不可替代的作用。在1992年党的十四大报告中江泽民就明确指出:"我们主张在互

---

① 习近平:《齐心开创共建"一带一路"美好未来——在第二届"一带一路"国际合作高峰论坛开幕式上的主旨演讲》,《人民日报》2019年4月27日。

② 参见《江泽民文选》第三卷,北京,人民出版社2006年版,第566~567页。

相尊重主权和领土完整、互不侵犯、互不干涉内政、平等互利、和平共处等原则的基础上，建立和平、稳定、公正、合理的国际新秩序。"①之后江泽民强调："建立国际政治经济新秩序，应该从当今世界的实际情况出发，应该反映世界各国人民的普遍愿望和共同利益，应该体现历史发展和时代进步的要求。产生于五十年代的著名的和平共处五项原则，以及其他公认的国际关系准则，应该成为建立国际政治经济新秩序的基础。"②国际新秩序的建立需要各国以和平方式解决国际争端，相互尊重、平等相待，和平共处五项原则是国家间和平共处的必要前提，必须坚持其基础地位不动摇。江泽民继承和发展了邓小平关于将和平共处五项原则作为建立国际政治经济新秩序的基础的思想，并着重强调了维护联合国宪章的宗旨和原则、更好地发挥联合国积极作用的重要意义。

其次，倡导推进国际关系民主化，平等协商国际事务。江泽民在"中非合作论坛——北京2000年部长级会议"上的讲话中强调："应该保障各国享有平等参与国际事务的权利。世界发展的主体是各国人民，世界的管理必须由各国人民共同参与。应该推进国际关系民主化，协商解决国际问题，共同应对人类面临的挑战。"③在2000年召开的联合国千年首脑会议上强调："无论是维护世界和平，还是促进共同发展，都要在国际事务中提倡和贯彻民主原则"④；在2001年"七一"讲话中强调，中国人民和各国人民都渴望建立公正合理的国际新秩序和实现国际关系的民主化⑤。江泽民多次提到关于国际关系民主化的问题，面对世界上的霸权主义和强权政治，面对国际上各种不公正不合理不平等现象，要顺应世界多极化和经济全球化趋势，大力推进国际关系民主化，推动建立公正合理的国际新秩序。江泽民国际关系民主化思想的具体内涵包括：首先是自主，国家主权神圣不可侵犯，坚决反对霸权主义和强权政治，反对人权高于主权的口号。各国主权平等，因此既要坚定捍卫自己国家的主权，也要尊重别国主权。当然，"各国人民有权自主选择符合本国国情的社会制度和发展道路，创造自己的生活"⑥。其次是平等，各国享有同等的国际权利，平等地

---

① 《江泽民文选》第一卷，北京，人民出版社2006年版，第243页。
② 《江泽民论有中国特色社会主义（专题摘编）》，北京，中央文献出版社2002年版，第541页。
③ 《江泽民论有中国特色社会主义（专题摘编）》，北京，中央文献出版社2002年版，第544页。
④ 《江泽民文选》第三卷，北京，人民出版社2006年版，第110页。
⑤ 参见《江泽民文选》第三卷，北京，人民出版社2006年版，第296~297页。
⑥ 《江泽民文选》第三卷，北京，人民出版社2006年版，第114页。

参与国际事务。江泽民指出："世界上所有的国家，无论大小、强弱、贫富，都是国际社会中平等的一员，都有参与和处理国际事务的权利。"① 最后是多样，世界各国由于历史不同，因此拥有不同的制度文化等，文明的多样性是世界的典型特征，强求一种模式会造成严重的后果。要坚持"和合"思想，尊重世界文明的多样性，追求和而不同、协调发展，主张"世界各种文明、社会制度和发展模式应相互交流和相互借鉴，在竞争比较中取长补短，在求同存异中共同发展"②。

最后，提出了以互信、互利、平等、协作为核心的新安全观。1999年3月，江泽民在日内瓦裁军谈判会议上较为全面地阐述了新安全观，指出"新安全观的核心，应该是互信、互利、平等、协作"③。互信，就是要超越国家在制度、文化等各方面的异同，摒弃冷战思维和强权政治心态，经常就各项事务进行对话与协商，增进彼此的了解与信任，互不猜疑，互不仇视。互利，就是要在维护本国安全利益的同时，也要有对别国安全利益的合理关切，互相尊重，实现共同安全。平等，就是各国在国际上是平等的，享有同等的权利，各国要相互尊重，平等相待。协作，就是各国在独立自主的基础上加强团结合作，共同维护各国的安全利益，如果出现争端要以和平方式（对话、协商、谈判）解决，不能诉诸武力或以武力相威胁。江泽民以互信、互利、平等、合作为特征的安全观实际上蕴含着一种安全上的世界整体意识，为之后的中国外交划定了宏大的国际安全治理格局。

综上，江泽民的国际新秩序论是对邓小平外交理念的进一步丰富和深化，而一系列的外交新举措使中国外交的良好局面得以稳定发展，并且取得了许多新的重大外交成果，推动了世界多极化进程，为中国改革开放和现代化建设赢得了和平的国际环境。更重要的是，关于构建公正合理的国际新秩序，包括国际关系民主化思想、世界文明多样性理念以及关于互信、互利、平等、协作的新安全观等均为人类命运共同体理念提供了重要的理论资源。人类命运共同体理念在新的时代背景下实现了对江泽民国际新秩序论的承继和发展：第一，人类命运共同体理念在新的时代背景下将江泽民的国际新秩序论进一步向前推进，是中国为推动国际秩序朝着更加公正、合理的方向发展而作出的积极回应。面对亟待调整的世界秩序，中国适时地提出了关于构建人类命运共同体的倡议，力求在新时代的

---

① 《江泽民文选》第三卷，北京，人民出版社2006年版，第110页。
② 《江泽民文选》第三卷，北京，人民出版社2006年版，第523页。
③ 《江泽民文选》第二卷，北京，人民出版社2006年版，第313页。

历史方位上重塑国际新秩序,为超越旧秩序提供了现实可能性。人类命运共同体理念倡导新型国际关系,从和平、安全、发展、文明、生态等方面进行了具体诠释,力求在新时代的历史方位上重塑国际新秩序:强调主权平等,构建平等相待、互商互谅的伙伴关系;强调共同繁荣,推动经济全球化朝着更加公平正义的方向发展;强调开放包容,倡导和而不同、多元一体的文明交流互鉴……这种饱含中国智慧的国际新秩序观正是对江泽民国际新秩序论的继承与发展。第二,秉持共商共建共享的全球治理观,倡导国际关系民主化,促进全球治理改革,是人类命运共同体理念的基本价值追求,同江泽民的国际关系民主化思想具有连贯性。习近平总书记指出:"中国秉持共商共建共享的全球治理观,倡导国际关系民主化,坚持国家不分大小、强弱、贫富一律平等……"[1] 共商共建共享是构建人类命运共同体秉持的全球治理理念,与江泽民关于对话合作、平等参与、共享成果等理念之间有着密切的内在联系。关于倡导国际关系民主化的内容更是对江泽民国际关系民主化思想的直接继承与发展。一是自主,习近平总书记在关于构建人类命运共同体的论述中多次强调主权平等的问题,强调命运共同体的首要前提是命运自主,要尊重各国人民自主选择符合本国国情的发展道路的权利。每个国家都是独立自主的主权国家,国家间要坚持互不侵犯,互不干涉内政,这是打造人类命运共同体的前提。二是平等,习近平总书记对此有与江泽民相似的表述:"中国一贯主张,国家无论大小、贫富、强弱,都是国际社会平等一员。"[2] 国际事务不是某一个或某一些国家说了算,而是需要大家共同参与商议,自由发表意见,经过平等协商共同治理,在这个过程中尤其要保障广大发展中国家的权利,努力扩大发展中国家在国际事务中的发言权。三是开放,开放包容、互学互鉴,促进和而不同、兼收并蓄的文明交流是打造人类命运共同体的重要内容,建设一个开放包容的世界是构建人类命运共同体的价值目标。"文明因交流而多彩,文明因互鉴而丰富",这是人类命运共同体理念为世界提供的中国智慧,是对江泽民世界文明多样性理念的直接继承和发扬。第三,江泽民以互信、互利、平等、协作为核心的安全观实际上蕴含着一种安全上的世界整体意识,为今天人类命运共同体倡导的共同、综合、合作、可持续的综合国家安全观奠定了重要的思想基础。"单则易折,众则

---

[1] 《习近平谈治国理政》第三卷,北京,外文出版社2020年版,第47页。
[2] 习近平:《永远做太平洋岛国人民的真诚朋友》,《斐济时报》2014年11月21日。

难摧。"打造人类命运共同体,要坚持共同、综合、合作、可持续的整体安全观,通过各方共建共享实现世界的普遍安全,是契合当今时代潮流的价值引领。

四、胡锦涛的和谐世界论

进入 21 世纪,全球化进一步向纵深发展,在给世界带来新机遇的同时,全球性问题亦不断凸显,各国相互依存,日益处于同一个命运共同体当中。进入新世纪的中国,国际地位有了很大提升,国际影响力与日俱增。面对依旧风云变幻的国际形势,以胡锦涛同志为主要代表的中国共产党人统筹国内国际两个大局,在继续坚持和平共处五项原则、坚持独立自主的和平外交政策和继续推动构建公正合理的国际新秩序的基础上,提出了和谐世界理论。这一理论与新中国成立以来党的外交思想既一脉相承又与时俱进,是中国外交理论的新发展。

2005 年 4 月,胡锦涛在雅加达亚非峰会上,首次提出了"共同构建一个和谐世界"的主张;同年 9 月在联合国成立 60 周年首脑会议上的重要讲话中,他强调世界各国要紧密团结,并首次全面阐述了"和谐世界"的具体内涵:坚持多边主义,共同维护世界和平与安全;坚持互利合作,推动经济全球化朝着更加公平健康的方向发展;坚持包容精神,尊重世界文明多样性,共建各种文明兼收并蓄的和谐世界。[①] 从胡锦涛关于和谐世界的一系列论述来看,所谓"和谐世界",政治上表现为不同社会制度和发展模式的国家在和平共处五项原则基础上相互尊重、平等相待、共同发展,坚持多边主义;经济上表现为各个国家在平等互利的基础上开展经贸往来,实现合作共赢,促进公正合理的国际经济新秩序的建立;文明上表现为维护世界文明的多样性,开放包容,求同存异,促进世界文明的大发展大繁荣;安全上表现为树立新安全观,以和平方式解决国际争端,维护世界的和平与稳定。总之,"和谐世界"理念具有丰富的内涵,是对中国传统"和合"文化的传承与发展,蕴含着丰富的传统文化智慧。与今日"人类命运共同体"理念相似,"和谐世界"不是特定的理论范式,而是一种开放的价值选择,是站在全世界全人类的宏大格局上,在深入探究国际问题和人类命运基础上关于建设什么样的世界的理想目标。在 2007 年党的十七大上,胡锦涛再次重申了"和谐世界"的理念,即"推动建设持久

---

① 参见《胡锦涛文选》第二卷,北京,人民出版社 2016 年版,第 352~355 页。

和平、共同繁荣的和谐世界"①,强调"持久和平"和"共同繁荣"是和谐世界的核心内容和根本目标。继而,他从5个方面具体阐述了推动建设和谐世界的途径:政治上相互尊重、平等协商;经济上相互合作、优势互补;文化上相互借鉴、求同存异;安全上相互信任、加强合作;环保上相互帮助、协力推进。②由此,建设"和谐世界",首要是对和平的维护,就中国来说,将继续毫不动摇地走和平发展道路,既利用和平的国际环境发展自己,又以自身的发展维护世界和平;继续坚定不移地在和平共处五项原则的基础上发展同各国的友好合作,正确处理自身利益与别国利益之间的关系,坚持和平发展、互利共赢。

需要指出的是,胡锦涛的"和谐世界"论实际上是对国际社会上随着中国崛起而甚嚣尘上的所谓"中国威胁论"的一个有力回应,习近平总书记的人类命运共同体理念也是对当前各种"中国××论"的最好回应,向世界明确表明了中国立场,充分体现了中国人民爱好和平、崇尚和谐、希望同世界人民一道共同维护世界和平、促进共同发展的美好愿望。在2005年联合国成立60周年首脑会议上,胡锦涛强调:"在人类漫长的发展史上,各国人民命运从未像今天这样紧密相连、休戚与共。共同的目标把我们联结在一起,共同的挑战需要我们团结在一起。"③在2012年党的十八大上,胡锦涛就推动建设持久和平、共同繁荣的和谐世界提出"在国际关系中弘扬平等互信、包容互鉴、合作共赢的精神"④,尤其在阐述"合作共赢"时,已经在推动建设和谐世界的基础上内蕴着对人类命运共同体意识的倡导。虽然,倡导人类命运共同体意识只是胡锦涛阐述关于在国际关系中弘扬合作共赢精神时的一部分内容,但是这无疑是打开"人类命运共同体"话语的切入口,为后来习近平总书记关于人类命运共同体理念的提出拉开了序幕。当前,习近平总书记"人类命运共同体"关于"建设持久和平、普遍安全、共同繁荣、开放包容、清洁美丽的世界"与"和谐世界"所要求的"持久和平、共同繁荣"的内容是一致的,是在此基础上的进一步丰富和扩展。可以说,"和谐世界"理论是习近平总书记"人类命运共同体"思想最为直接的思想来源,为其提供了重要的理论支撑。人类命运共同体理念则是在此基础上的进一步丰富和发展,并赋予其新的时代内容。

---

① 《十七大以来重要文献选编》上,北京,中央文献出版社2009年版,第36页。
② 参见《胡锦涛文选》第二卷,北京,人民出版社2016年版,第650页。
③ 《胡锦涛文选》第二卷,北京,人民出版社2016年版,第356页。
④ 《胡锦涛文选》第三卷,北京,人民出版社2016年版,第651页。

第三节 人类命运共同体理念生成的理论逻辑

习近平总书记的人类命运共同体理念的形成,具有深刻的理论逻辑。上文梳理了马克思主义经典作家的共同体思想、历代中国共产党领导人的外交思想与人类命运共同体理念的历史传承,初步揭示了其"源""流"关系。本部分将侧重于论析在历史传承过程中,习近平总书记的人类命运共同体理念是马克思的共同体思想与中华传统文化的深厚积淀以及西方世界主义思想等一系列思想链交互作用的产物。

一、以马克思主义共同体思想为指导

马克思共同体思想经历了从前资本主义时代的"自然共同体",到资本主义的"虚假共同体",再到"自由人联合体"这一"真正共同体"的历史演进过程。其一,"世界历史理论":开启了人类携手共建世界新文明的征程,从中可以依稀可见人类命运共同体的雏形。其二,自然的共同体:前资本主义时代的共同体,如亚细亚的、日耳曼的方式,个体需要处于完全附属于共同体需要的地位。其三,"虚假共同体"思想:资本主义由于"共同体"和"个人自由"的背离而成为"虚幻共同体",从根本上扼杀了共同体精神得以生长的心理土壤。其四,"真正共同体":"每个人自由发展是一切人自由发展的条件"的"自由人联合体",开辟了"自由"和"共同体"相辅相成的未来发展路向。可见,马克思视野中"真正共同体",遵循着大写的共同体逻辑,书写着没有阶级、没有国家的共产主义叙事,是我们今天理解人类命运共同体未来命运的思想和方法论奠基。

如果说,马克思共同体思想的价值追求是"自由人联合体",而今,习近平总书记的人类命运共同体理念作为马克思共同体思想的逻辑延续和当代发展,仿佛是一场与马克思的跨时空对话。人类命运共同体也首先是一种价值追求。它站立在全人类的角度,以全人类共同的命运为关怀指向,追求建立一个共识、共生、共荣、共建、共享和共赢的世界。其基本价值蕴含包括:对本国负责也对他国负责的责任共同体、"利本国"也"利他国"的利益共同体、"中国好,世界才更好"和"世界好,中国才能好"的价值共同体、将本国人民与其他国家人民的命运联系到一起的命运共同体、将当代人和后代人的命运联系到一起的发展共同体等。由此

可见，人类命运共同体理念的基本价值蕴含与马克思共同体思想的价值追求是高度契合的。2017年2月10日，人类命运共同体理念首次被写入联合国决议，这昭示着人类命运共同体理念已经进入世界人们的视听，成为一种真正"源于中国、属于世界"的理论创造和价值追求，具有重要的现实指导意义。宇宙只有一个地球，人类共有一个家园。为此，不能"只扫门前雪"，而要"共筑百花园"。人类命运共同体理念呼应了全球化时代的脉动，契合了全球化时代的重大关切。其实，尽管全球不同国家间政治制度、发展层次、文化传统迥异，但避免由于利益冲突而陷入全球困境的人类命运共同体理念，为各国共同探讨全球性争端和解决义利矛盾，提供了新的方法论启迪。

从马克思共同体思想的视角看，在阶级和国家冲突的全球化语境下，人类命运共同体理念无疑朝着马克思所指示的人类未来"自由人联合体"的方向设定了一个当下的、务实的目标。构建人类命运共同体的历史使命任重而道远。当前，构建人类命运共同体只是一个构建的过程，一个不断趋近的过程，当下的构建努力均为不忘初心实现未来理想社会的必要环节。从严格意义上说，马克思共同体思想的最高命题"自由人联合体"只有到遥远的共产主义社会才能真正实现。但从前瞻的视角看，人类命运共同体理念的传播和当代实践，必将为"自由人联合体"的实现提供新路径和新动能，将推动人类未来朝着"自由人联合体"的方向不断演进。

二、以中华优秀传统文化基因为传承

中华优秀传统文化是中华民族的根和魂，是中华民族最突出的基因辨识。人类命运共同体理念闪耀着中华优秀传统文化的智慧光辉。"大道之行，天下为公"，这是天下主义的博大胸怀，"夫和实生物，同则不继"，这是"和合"理念的东方哲学智慧，"君子喻于义，小人喻于利"，这是义利思想的道德情怀，正是这些中华优秀传统文化的底蕴，为人类命运共同体理念提供了丰厚的文化滋养。从传统天下主义到立足于全人类的世界眼光，从传统"和合"理念到追求和谐共荣的发展观点，从传统义利思想到国际交往中秉持的义利观，习近平总书记提出的人类命运共同体理念正是在传承中华优秀传统文化基因的基础上，将其创造性转化和发展为自身的运思方式，赋予其新的时代内涵，进行了新的理性升华。

1. 天下主义与人类命运共同体理念的世界眼光

在中华优秀传统文化中，天下思想是贯穿其中的重要脉络。首先，何谓"天下"？对于这一问题的回答，学术界存在着不同意见。许纪霖在他的著作《家国天下》中指出："在中国传统之中，'天下'具有双重内涵，既指理想的文明秩序，又是对以中原为中心的世界空间的想象。"①赵汀阳认为，"天下"是一个具有多重含义的饱满的世界概念，包括地理学意义上的整个大地、心理学意义上的"民心"和政治学意义上的世界政治制度。②无论哪一种意见，虽然在"天下"概念的具体内涵上有所出入，但有一点是得到普遍承认的，那就是天下思想作为一种宏大的世界观所体现的中华民族开放包容的博大胸怀。从儒家的"和而不同""协和万邦"、墨家的"兼爱非攻"到康有为和梁启超的"世界大同"均体现着"天下主义"传统，影响着中国人的家国认知和世界情怀。③习近平总书记对中国传统天下观进行过具体阐述："中华民族历来讲求'天下一家'，主张民胞物与、协和万邦、天下大同，憧憬'大道之行，天下为公'的美好世界。"④人类命运共同体理念正是立足于全世界的责任担当和价值情怀，其将全人类联系在一起的整体思维和世界眼光，与中国传统天下观有着内在的精神契合。

天下主义在先秦时期就已产生，而后在百家争鸣中得以盛行，其中儒家的天下思想对后世的影响最为广泛深远。孔子在《礼记·礼运》中对其理想中的天下为公的大同社会是这样描述的："大道之行也，天下为公，选贤与能，讲信修睦。故人不独亲其亲，不独子其子，使老有所终，壮有所用，幼有所长，矜寡孤独废疾者皆有所养，男有分，女有归。货恶其弃于地也，不必藏于己；力恶其不出于身也，不必为己。是故谋闭而不兴，盗窃乱贼而不作，故外户而不闭。是谓大同。"⑤从中我们可以看到古人所憧憬的一种天下为公、和谐安宁的理想社会。作为一种普遍的理想情怀，天下主义内含着仁爱、道义等道德原则，无论是《论语·颜渊》中的"四海之内，皆兄弟也"，还是《孟子》中的"穷则独善其身，达则兼济天下"，无疑都包含了古代中国从仁义出发而形成的天下情怀。儒家建

---

① 许纪霖著：《家国天下——现代中国的个人、国家与世界认同》，上海，上海人民出版社2017年版，第438页。
② 参见赵汀阳：《天下体系的一个简要表述》，《世界经济与政治》2008年第10期。
③ 参见周桂银：《中国古代"天下主义"的千年传统：演进、内涵和特征》，《世界经济与政治论坛》2021年第2期。
④ 习近平：《携手建设更加美好的世界——在中国共产党与世界政党高层对话会上的主旨讲话》，北京，人民出版社2017年版，第3页。
⑤ 侯会编著：《四书分类语录》，北京，团结出版社2014年版，第367页。

立在仁义礼智信道德基础之上的天下观认为，国家之间的交往要以"仁"为道，实现和谐共生，反对四处征战，正如赵汀阳所说："天下理论是一种'化敌为友'的理论，它主张的'化'是要吸引他人而非征服他人。"①这些思想都是中国古代天下主义思想的重要组成部分。

近代以来，康有为是最早对天下大同这一社会理想进行表述的。康有为在《大同书》中描绘了这样一个理想的大同世界，即"大同之世，天下为公，无有阶级，一切平等"②。他认为"总诸苦之根源，皆因九界而已"，因此只有"去九界"，才能将人们从苦难之中解救出来，建立一个没有阶级差别的平等的世界共同体，最终实现天下大同。不过，这一思想因为没能找到一条正确的途径而只能成为一种脱离实际的乌托邦式的空想。后来，孙中山在领导中国资产阶级革命的过程中也形成了自己的大同思想，认为大同主义就是民生主义，民生主义就是社会主义、共产主义。他在关于"三民主义"的阐释中提及，"这才是真正的民生主义，就是孔子所希望之大同世界"③，"民生主义就是社会主义，又名共产主义，即是大同主义"④。孙中山结合当时的社会现实对实现大同理想的途径进行了探索，但是并没有动摇封建制度的根基，因此他的这一理想依然难以实现。但不可否认的是，康有为和孙中山所憧憬的这种天下为公的大同世界，与古代中国的天下观是一脉相承的，体现了其天下主义的博大胸怀。可见，"天下大同"是中华民族自古以来的价值追求，也是今日人类命运共同体理念要追求的目标境界。

习近平总书记曾多次引用"天下为公""天下大同"。在2014年和平共处五项原则发表60周年纪念大会上，习近平总书记指出，在处理本国与其他国家关系时，要"各美其美，美人之美，美美与共，天下大同"，这"十六字箴言"不仅是不同文明之间的共处原则，更是各国在经济、政治、安全、生态等许多其他方面的相处之道，具有重要的指导意义。2015年习近平总书记在第70届联合国大会上指出："'大道之行也，天下为公。'……当今世界，各国相互依存、休戚与共。我们要继承和弘扬联合国宪章的宗旨和原则，构建以合作共赢为核心的新型国际关系，打

---

① 赵汀阳著：《天下体系：世界制度哲学导论》，北京，中国人民大学出版社2011年版，第68页。
② 陈其泰、李廷勇：《中国学术通史（清代卷）》，北京，人民出版社2004年版，第476页。
③ 《孙中山选集》下卷，北京，人民出版社2011年版，第875页。
④ 《孙中山选集》下卷，北京，人民出版社2011年版，第832页。

造人类命运共同体。"① 习近平总书记在系列讲话中所提之"天下"是立于中国传统文化基础之上进行的扬弃,将古代传统天下情怀转化发展为今天负责任大国的世界眼光,旨在积极承担国际责任,处理好国际关系,共同打造人类命运共同体。在具体内涵上,习近平总书记的"天下"概念,指的是包括各个国家和民族在内的全世界,指的是整个人类社会,与中国传统"天下"相比,有了创造性的转化和发展。

当今世界正处于百年未有之大变局,在"逆全球化"浪潮汹涌,单边主义、保护主义不断抬头的今天,中国人民始终将为人类作出更大贡献作为自己的责任和使命。倡导人类命运共同体意识,体现了当今中国追求世界大同、建设和谐世界的博大胸怀。中国传统文化中的天下主义虽然在当时历史条件下更多的只是一种难以抵达的关于未来的美好愿景,但是其所展现的"达则兼济天下""为万世开太平"的宏大格局,"天下兴亡,匹夫有责""以天下为己任"的担当胸怀,为今天人类命运共同体的提出奠定了重要的文化基础;其所内含的仁爱、道义等道德准则,整体利益重于个体私利的价值哲学,为今日人类命运共同体理念的提出提供了深刻的历史智慧。

2. 和合理念与人类命运共同体和谐共荣的发展观点

中华民族自古以来就有着"尚和合"的价值理念。和合理念是中华优秀传统文化的精髓和标识,源远流长,始终贯穿于传统文化的发展过程之中。"和""合"二字在甲骨文和金文中就已经出现。殷周时期二字还都只是单一概念未作连用,从《易经》的"乾道变化,各正性命,保合太和,乃利贞。首出庶物,万国咸宁"②,到《尚书》的"百姓昭明,协和万邦"③,"和"字表达了和谐、和睦之意,"合"字则作相合、融合讲。春秋时期"和合"概念方得以产生,见于《国语·郑语》,"商契能和合五教,以保于百姓者也"④。"夫和实生物,同则不继"⑤,"和合"意指不同事物在矛盾中融合达成和谐,实现新的发展。后来的儒道法墨等学派则一直保持对"和合"理念的论述,在历史长河中形成了中华优秀传统文化中独特的和合文化。"'和合'理念强调世界是人与万物的一体性存在,构成世界的诸多要素存

---

① 《习近平谈治国理政》第二卷,北京,外文出版社 2017 年版,第 522 页。
② 黄寿祺,张善文译注《周易译注》(上),上海,上海古籍出版社 2007 年版,第 4 页。
③ 王世舜,王翠叶译注:《尚书》,北京,中华书局 2012 年版,第 5~6 页。
④ 徐刚:《中国和合学年鉴(1988—2016)》,北京,人民出版社 2018 年版,第 381 页。
⑤ 张立文:《和合哲学论》,北京,人民出版社 2004 年版,第 183 页。

在既相互矛盾又相互融合的关系，它们在矛盾与融合中共同发展演变，然后产生新要素、新事物、新生命，客观世界因而不断发展变化"①，充分体现了中国传统哲学中的朴素辩证法思想。张岱年教授指出，和合理念"用两个字表示，称为'和合'；用一个字表示，则称为'和'"②。和合理念主张以和为贵、和而不同、协和万邦，关于构建人类命运共同体的理念则充分吸收借鉴了其丰富的文化内涵并加以创新发展，是对和合理念的信奉和践行。

一是以和为贵。中华民族自古以来就崇尚和平。就儒家而言，《论语·学而》中写道："礼之用，和为贵。"③孟子认为"春秋无义战"④，提倡"善战者服上刑"。"以和为贵"的观点正体现了儒家"仁"的思想核心。道家立足于"无为"，向往一种"虽有甲兵无所陈之"的和平社会。墨家主张"兼爱""非攻"，反对侵略战争，有美好的和平理想。总之，"以和为贵"既可以用以指人际关系中的和睦，也可以扩展至国际关系中的和平。习近平总书记指出："中国人自古就推崇'协和万邦'、'亲仁善邻，国之宝也'、'四海之内皆兄弟也'、'远亲不如近邻'、'亲望亲好，邻望邻好'、'国虽大，好战必亡'等和平思想。爱好和平的思想深深嵌入了中华民族的精神世界，今天依然是中国处理国际关系的基本理念。"⑤和平思想正是"以和为贵"的和合理念自古至今的传承，这一思想深深溶于中华民族的精神血脉之中。中国的发展绝不接受"国强必霸"的西方逻辑，而是强调独立自主、坚定不移走和平发展道路的"中国模式"，并真正以实际行动维护世界和平。人类命运共同体理念倡导世界各国要坚持以对话解决争端、以协商化解分歧；要走一条对话而不对抗、结伴而不结盟的国与国交往新路，蕴含了"以和为贵"的传统文化智慧。

二是和而不同。《国语·郑语》中第一次提到"和同"关系，即"夫和实生物，同则不继"；到了春秋战国时代，《论语·子路》中孔子曾言"君子和而不同，小人同而不和"，《礼记·中庸》中强调"万物并育而不相害，道并行而不相悖"。对于和同关系的辩证分析充分反映了中国古代的"贵和"

---

① 陈秉公：《"和合理念"具有重要价值》，《理论导报》2018年第11期。
② 张岱年：《漫谈和合》，《社会科学研究》1997年第5期。
③ 陈晓芬，徐儒宗译注：《论语·大学·中庸》，北京，中华书局2015年版，第7页。
④ 方勇译注：《孟子》，北京，中华书局2018年版，第284页。
⑤ 习近平：《在纪念孔子诞辰2565周年国际学术研讨会暨国际儒学联合会第五届会员大会开幕会上的讲话》，北京，人民出版社2014年版，第3页。

思想。"和而不同"是基于矛盾多样性的和谐统一，这一内含中国朴素哲学的概念在音乐中很早就得以应用，"如乐之和，无所不谐"说的就是这一点，随之和而不同的思想开始推广至各个方面。不同的国家和民族有着不同的历史，因而孕育了不同的制度文化，各国人民有进行自主选择的权利。某些西方国家追求的是一种"同"，即一种文明、一种制度、一种文化，企图通过文化霸权在全世界进行渗透，将其本国的价值观作为"普世价值"推广至全世界，在无形中消解掉其他国家和民族自己的文化。然而当今世界，文化多样性深入发展，正如孟子所言，"夫物之不齐，物之情也"。习近平总书记指出："不同国家、民族的思想文化各有千秋，只有姹紫嫣红之别，而无高低优劣之分。"[1] 在处理本国文化与外来文化的关系时，和而不同、求同存异是要遵循的基本原则。习近平总书记提出的人类命运共同体，正是不同文明包容互鉴的人类命运共同体。"'和'讲究万物并行而育，对自己的独特心存自信，对他人的不同抱持欣赏和肯定，其本质就是差异互补、共生共济、和谐共荣"。[2] 这也正是人类命运共同体理念的精神内核。

三是协和万邦。协和万邦的理念源自传统经典《尚书·尧典》，原文为"克明俊德，以亲九族；九族既睦，平章百姓；百姓昭明，协和万邦"[3]，即发扬德行，使宗族和睦；进而使百姓安乐，国家稳定；最后协调邦国，使各国团结。今天，"协和万邦"意指通过协调世界各国和各民族之间的关系，使大家能够平等相待、和平共处、合作共赢，旨在实现各个国家和民族之间的和谐。构建人类命运共同体，从中俄命运共同体、中巴命运共同体等国家与国家间的命运共同体，到中非命运共同体、亚洲命运共同体等的区域内命运共同体，最终是整个人类的命运共同体。虽然层次不同、范围不一，但由中国首倡的人类命运共同体无疑在将越来越多的国家纳入其中。另外，我国在人类命运共同体倡议中积极推进"一带一路"进程，迄今已有140多个国家和30多个国际组织参与到"一带一路"建设当中，力求加强合作，协同发展。习近平总书记强调，中国以实际行动印证构建人类命运共同体要特别注重广大发展中国家的利益，既要协调好发展中国家之间的关系，又要协调好发展中国家与发达国家之间的关系，

---

[1] 习近平：《在纪念孔子诞辰2565周年国际学术研讨会暨国际儒学联合会第五届会员大会开幕会上的讲话》，北京，人民出版社2014年版，第9页。

[2] 谢文娟：《"人类命运共同体"的历史基础和现实境遇》，《河南师范大学学报（哲学社会科学版）》2016年第5期。

[3] 施忠连主编：《四书五经名句诵读》，上海，上海辞书出版社2013年版，第100页。

"构建以合作共赢为核心的新型国际关系"①。由此观之，人类命运共同体理念在新的历史方位上为"协和万邦"的和合理念赋予了新的时代内涵。

3. 义利思想与人类命运共同体中的义利观

义利思想是中国传统文化的重要内容，中国古代的思想家们从来没有间断过对义利辩证关系问题的讨论。虽然儒法墨等学派在具体思想上各有所持，但是本质上对于"义"的看重是同一的。就儒家而言，孔子在《论语》中提出"义以为上"，明确了对"义"的尊崇，此外，"君子喻于义，小人喻于利"，"不义而富且贵，于我如浮云"等主张也都体现了孔子在"义利"之辩中的重义思想。孟子主张"居仁由义"，即内心要存有仁爱，行事要遵循道义，将"义"提到可以与"仁"并行的高度；他还提出"舍生而取义"，将道义置于生命利益之上，充分体现了孟子对义的看重。就墨家来看，墨子认为"义，利也"，突出了义利的统一性，强调利的同时主张义利并行。法家虽然尚利，认为追求利是人的本性，但是也明确了公利私利、大利小利之分，实际上也是义中之利。因此可以说，正确对待和处理义利关系，坚持公道正义，是中华优秀传统文化中的重要内容，也是中华民族始终坚持的道德准则。正确的义利观不仅为人的道德修养提供了重要指向，而且越来越成为我国处理对外关系的重要准则，也为人类命运共同体的构建提供了重要参考。

在开展中国特色大国外交、构建人类命运共同体的过程中，中国都始终坚持正确的义利观。2013年访非期间习近平总书记首次提出"正确义利观"，之后在不同场合系列讲话中多次提到这一理念。首先，坚持面向全球的国际正义。在处理国际事务中坚持正确义利观，义利相兼，义重于利。面对复杂多变的国际环境，充分发挥中国负责任大国的作用，致力于维护世界和平，推动建立和维护国际新秩序。立足于整个国际社会，习近平总书记强调："大国之间相处，要不冲突、不对抗、相互尊重、合作共赢。大国与小国相处，要平等相待，践行正确义利观，义利相兼，义重于利。"②2019年3月习近平总书记在中法全球治理论坛上再次强调："要坚持正确义利观，以义为先、义利兼顾，构建命运与共的全球伙伴关系。"③其次，坚持对待周边国家尤其是广大发展中国家的责任道义。在处

---

① 《习近平谈治国理政》第二卷，北京，外文出版社2017年版，第522页。
② 《习近平谈治国理政》第二卷，北京，外文出版社2017年版，第523页。
③ 习近平：《为建设更加美好的地球家园贡献智慧和力量——在中法全球治理论坛闭幕式上的讲话》，《人民日报》2019年3月27日。

理与周边国家的关系上,打造周边命运共同体,深化同周边国家的关系,基本方针是坚持与邻为善、以邻为伴,坚持睦邻、安邻、富邻,突出体现"亲诚惠容"的理念。习近平总书记强调,要"做好对外援助工作,真正做到弘义融利"①,把中华民族传统的道德观念作为处理与周边国家关系的指引,提升了中国的国际形象和软实力。另外,加强同广大发展中国家的团结合作,推动构建与发展中国家的命运共同体,比如中非命运共同体、中国—东盟命运共同体、中拉命运共同体等,坚持"真实亲诚"方针。习近平总书记强调,我们希望全世界共同发展,特别是希望广大发展中国家加快发展。利,就是要恪守互利共赢原则,不搞我赢你输,要实现双赢。我们有义务对贫穷的国家给予力所能及的帮助,有时甚至要重义轻利、舍利取义,绝不能惟利是图、斤斤计较。② 在2018年6月22日召开的中央外事工作会议上,习近平总书记再次强调:"广大发展中国家是我国在国际事务中的天然同盟军,要坚持正确义利观,做好同发展中国家团结合作的大文章。"③ 此外,党的二十大报告深刻指出:"秉持真实亲诚理念和正确义利观加强同发展中国家团结合作,维护发展中国家共同利益。"④

《国语·晋语一》中曾这样说道:"义以生利,利以丰民。"⑤ 其中蕴含着丰富的辩证法思想,即义与利不是绝对对立,而是可以发生转化的,义能生利,义利统一。我们坚持道义为先,最终实现双赢多赢,这是我们追求的"利",是我们在坚持"义"的过程中所得到的"利",即与其他国家能够共享之"利",此利亦为义。由此可以看出,关于构建人类命运共同体特别是正确处理与世界各国尤其是广大发展中国家的关系是对中华优秀传统文化中义利思想的继承与发展。当然,我国坚定维护国家的根本利益不动摇,这也是要坚持的根本原则,也是要坚持的底线。这里需要说明的是,我们"决不能放弃我们的正当权益,决不能牺牲国家核心利益",我们所坚持的正确义利观,坚持的义重于利、以义为利中的"利",不是指我国的根本利益和正当权益,而是在国际交往中能够谋求的其他利益。我

---

① 《习近平谈治国理政》第二卷,北京,外文出版社2017年版,第444页。
② 《习近平外交思想学习纲要》,北京,人民出版社、学习出版社2021年版,第138页。
③ 《坚持以新时代中国特色社会主义外交思想为指导 努力开创中国特色大国外交新局面》,《人民日报》2018年6月24日。
④ 习近平:《高举中国特色社会主义伟大旗帜 为全面建设社会主义现代化国家而团结奋斗——在中国共产党第二十次全国代表大会上的报告》,北京,人民出版社2022年版,第61页。
⑤ 程少华:《崇正义》,北京,人民出版社2016年版,第345页。

国在坚定维护国家根本利益，关切自身利益的同时，努力做到讲信义、重情义、扬正义、树道义，很多时候更是在不涉及国家核心利益的情况下将自身之利置于对他国的责任道义之后，这正是我国在构建人类命运共同体的过程中所坚持的正确义利观。

天下主义、和合理念、义利思想等中华优秀传统文化为今天人类命运共同体理念的提出提供了重要的文化资源，中华优秀传统文化的基因在其中得以传承，并于外交实践中实现了知行合一。"由此，中华传统文化资源得到了进一步传承和盘活，成为在全球化时代构建人类命运共同体的强大政治资源和精神力量。"①

三、以当代西方共同体相关思想为镜鉴

西方共同体思想，尤其是当代世界主义和全球正义理论，同样是以世界眼光看待各国各民族之间的关系问题，对人类的命运和发展前途有着重大关切。作为全球治理思想的重要组成部分，西方共同体思想虽然有一定的局限性，但其中的合理因素无疑为人类命运共同体理念提供了有益镜鉴。

1. 世界主义思想的复兴

在西方思想史上，世界主义思想源远流长，最早可追溯到古希腊。世界主义（Cosmopolitanism）一词原意是指"世界公民"，强调了其立足于全人类（不分国籍、宗教、种族等）这一核心。20世纪后期，世界主义在关于全球化的讨论中得以复兴，对整个人类世界产生了广泛而深刻的影响。当代世界主义的代表人物主要有托马斯·博格（Tomas Pogge）、戴维·赫尔德（David Held）、丹尼尔·阿奇布吉（Daniele Archibugi）、乌尔里希·贝克（Ulrich Beck）等。其中，以贝克为代表的新世界主义则进一步丰富和发展了世界主义思想。博格站在世界主义的立场上，从"普世性"的个体出发倡导包容差异，强调自由与平等。他在文章《世界主义与主权》和《世界贫困与人权：世界公民的责任与变革》中指出，世界主义有3个关键元素：一是最终的关怀单位是个体；二是每个人的价值地位都是平等的；三是地位平等和相互认可需要个人权利得到公平对待。②赫尔德认为世界主义这一全球治理模式是符合正义和民主两原则的，其世界主义民主理论使民主突破国家界限开始向全球领域扩展，力图建立一个多

---

① 徐艳玲:《人类命运共同体理念：全球化困境下的理论突围》,《人民论坛》2017年第28期。
② 参见［美］涛慕思·博格著:《康德、罗尔斯与全球正义》,刘莘、徐向东等译,上海,上海译文出版社2010年版,第524页。

层次的民主政治秩序。阿奇布吉提出世界主义有 3 条核心原则，即宽容、民主的合法性、效率。贝克强调要将世界主义与"普世主义"、民族主义区分开来，要承认他性和差异并做到平等对待，建立"一种普遍适用的规范","建立一种能够创造并稳定体制化的集体他性的政治机制"①。并提出了"世界主义"理论构想的 4 条基本原则：一是抛弃民族利己主义立场，倡导彼此间互商、互信、互惠和互动的关系；二是抵制霸权主义和帝国主义行径，反对以强凌弱、独断专行，反对用武力和战争解决民族和国家间的纠纷；三是承认并平等对待差异，包容并尊重差异，互敬互谅；四是民族国家应理性自律，加强国际合作，共同参与世界共同体的治理。②

当今世界正处于百年未有之大变局，"各国相互联系、相互依存的程度空前加深，人类生活在同一个地球村里，生活在历史和现实交汇的同一个时空里，越来越成为你中有我、我中有你的命运共同体"③。当代世界主义突破了民族国家的建构局限，实现了向世界范围的视野拓展，其承认差异、强调平等、谋求合作等内容对于我国关于构建人类命运共同体的理念具有一定的借鉴意义。但是作为一种西方思想，世界主义在意识形态上带有一定的西方价值取向和"普世性"色彩，其理想化特点使其在国际关系处理和全球问题解决中面临诸多困难，很难真正发挥实践上的指导作用。因此对于中国而言，我们不得不批判性地看待世界主义。人类命运共同体理念作为新时代全球治理的中国方案，不是对西方世界主义思想的简单复制，而是在借鉴其合理内核基础上实现了质的根本超越。

首先，当代世界主义主张承认和包容不同人之间的差异，以及不同民族和国家的差异。与传统世界主义不同，当代世界主义并没有将民族国家和世界主义完全对立起来，不是以世界政府取代民族和主权国家，不是以统一性抹杀多样性，而是要求承认他性和差异，要在民族国家利益和世界共同利益之间寻找平衡点。尤其是新世界主义，"既不反对以主权自居的民族国家，也不推崇所谓的'世界政府'，而主张以一种更具开放性和包容性的政治、经济发展心态与体制，抵制大国优先的霸权主义和强权政治，超越唯我独尊的民族主义，以此实现民族国家利益同世界共同利益之

---

① ［德］乌尔里希·贝克、章国锋：《什么是世界主义》，《马克思主义与现实》2008 年第 2 期。
② 参见袁靖华：《中国的"新世界主义"："人类命运共同体"议题的国际传播》，《浙江社会科学》2017 年第 5 期。
③ 《习近平谈治国理政》第一卷，北京，外文出版社 2018 年版，第 272 页。

间的协调和平衡"①。这实际上与人类命运共同体理念关于既要尊重世界差异性、又要注重世界统一性的主张相契合。但是当代世界主义的包容性特点更多地着眼于政治、经济等领域的发展，在文明上表现出模棱两可的态度，由此可见其依然没有摆脱"中心—外围"的"普世文明观"。而人类命运共同体理念倡导文明交流互鉴的新型文明观，则从构建新型文明形态上赋予了包容性发展以新的价值内涵。2014年，习近平总书记在联合国教科文组织总部发表演讲时强调："文明因交流而多彩，文明因互鉴而丰富。"②强调要尊重世界文明的多样性，求同存异，加强文明的交流互鉴。2017年，习近平总书记在"一带一路"国际合作高峰论坛开幕式上进一步指出，"'一带一路'建设要以文明交流超越文明隔阂、文明互鉴超越文明冲突、文明共存超越文明优越"③。2022年，习近平总书记在党的二十大报告中强调："我们真诚呼吁，世界各国弘扬和平、发展、公平、正义、民主、自由的全人类共同价值，促进各国人民相知相亲，尊重世界文明多样性，以文明交流超越文明隔阂、文明互鉴超越文明冲突、文明共存超越文明优越，共同应对各种全球性挑战。"④2023年，习近平总书记在中国共产党与世界政党高层对话会上指出："中国共产党将致力于推动文明交流互鉴，促进人类文明进步。""在各国前途命运紧密相连的今天，不同文明包容共存、交流互鉴，在推动人类社会现代化进程、繁荣世界文明百花园中具有不可替代的作用。"⑤多样性是一种永不枯竭的源泉，而不是走向统一的障碍，我们既反对以"老大"自居，企图独霸世界的霸权主义，同时反对保守消极，一味排外的狭隘的民族主义。在推动构建人类命运共同体的过程中，文明交流互鉴思想深刻影响着世界。差异不是交流的障碍，而是统一的前提，"只有首先认同差异，承认差异，才能过渡到有生命力的同一，才能实现利益共同体和命运共同体的目标"⑥。

---

① 王岩、殷文贵：《"人类命运共同体"理念生成的四重逻辑》，《西南民族大学学报（人文社科版）》2018年第8期。
② 习近平：《在联合国教科文组织总部的演讲》，《人民日报》2014年3月28日。
③ 习近平：《携手推进"一带一路"建设——在"一带一路"国际合作高峰论坛开幕式上的主旨演讲》，《人民日报》2017年5月15日。
④ 《高举中国特色社会主义伟大旗帜　为全面建设社会主义现代化国家而团结奋斗——在中国共产党第二十次全国代表大会上的报告》，北京，人民出版社2022年版，第63页。
⑤ 《携手同行现代化之路——在中国共产党与世界政党高层对话会上的主旨讲话》，北京，人民出版社2023年版，第7页。
⑥ 张雄、朱璐、徐德忠：《历史的积极性质："中国方案"出场的文化基因探析》，《中国社会科学》2019年第1期。

其次，当代世界主义强调不同民族和国家地位平等，承认差异的同时要平等相待并积极谋求合作，反对局限于国家内部。乌尔里希·贝克认为，"解决当前全球化风险和危机必须实现'世界主义转型'，通过联合集中力量，统筹安排，共同应对全球危机"[1]。人类命运共同体理念提倡相互依存的国际权力观，即在政治层面，各国要在坚定维护国家主权的基础上通过"国家权力的适当让渡，汇聚成解决全球性事务的力量"[2]，发挥国际权力的重要作用；在经济层面提倡共同利益观，即各国要在坚持国家利益至上的基础上，努力寻找利益最大公约数，维护共同利益，实现互利共赢、共同发展；在全球治理层面强调各国的国际地位都是平等的，彼此要平等相待，秉持共商共建共享的全球治理观，坚持合作共赢、共同发展。正如习近平总书记在党的十九大报告中所强调的："没有哪个国家能够独自应对人类面临的各种挑战，也没有哪个国家能够退回到自我封闭的孤岛。"[3] 这也正体现了西方世界主义对人类命运共同体理念能够发挥一定的镜鉴作用。但是，当代世界主义更多的只是一种理论上的构想，缺乏具体实践的落实，西方国家的一些外交表现甚至完全与之相背离，这无疑阻碍了其现实力量的发挥。不同的是，人类命运共同体理念没有停留在理念层面，而是在实践上对当代世界主义进行了根本超越，实现了理论与实践的统一。习近平总书记指出："我提出'一带一路'倡议，就是要实践人类命运共同体理念。"[4] "一带一路"正是构建人类命运共同体的伟大实践，充分彰显了同舟共济、合作共赢的人类命运共同体意识。

需要表明的是，当代世界主义包括新世界主义，是在新的历史方位上对传统世界主义的扬弃和发展。与传统世界主义相比，当代世界主义是一种倡导社会正义的世界主义，对于我国而言也具有更多的可吸收借鉴之处。目前国内学术界有这样一种观点，将人类命运共同体理念称为中国的"新世界主义"，是"天下主义""和合理念"等中国传统"世界主义"思想的现代转化。而且有的学者还将中国的新世界主义概括为"一心五体"，"一心"即共同打造人类命运共同体这一核心，"五体"则包括"反对霸权

---

[1] 章国锋：《"全球风险社会"：困境与出路——贝克的"世界主义"构想》，《马克思主义与现实》2008年第2期。

[2] 徐艳玲、陈明琨：《人类命运共同体的多重建构》，《毛泽东邓小平理论研究》2016年第7期。

[3] 《决胜全面建成小康社会 夺取新时代中国特色社会主义伟大胜利——在中国共产党第十九次全国代表大会上的报告》，北京，人民出版社2017年版，第58页。

[4] 《携手建设更加美好的世界——在中国共产党与世界政党高层对话会上的主旨讲话》，北京，人民出版社2017年版，第4页。

主义和西方中心主义,主张世界多极化和文化多元化"①等5项主张。我们认为,一方面,人类命运共同体理念与当代西方世界主义之间有着密切的联系,将倡导并传播人类命运共同体理念与西方的新世界主义话语体系融通对接,这当然具有一定的合理性。但另一方面,我们不能将人类命运共同体理念简单称为中国的"新世界主义",这是一种逻辑上的混淆。倡导构建人类命运共同体这一中国方案确实有对西方新世界主义的镜鉴,但我们需要重点关注的是,人类命运共同体理念作为崭新的中国方案,是对新世界主义质的超越和发展,是不能与新世界主义直接画等号的。这种内含着中国智慧的"超越性"和"发展性"使得人类命运共同体理念成为独具中国特色的全球治理方案,并得到全世界的普遍认同。

2. 全球正义理论的启示

从《正义论》到《万民法》,著名的政治哲学家罗尔斯关于"正义"问题的论述引起了人们对这一问题越来越多的关注。在《正义论》中,罗尔斯是在主权国家的政治共同体边界内进行国内正义的探讨,直到《万民法》,罗尔斯开始将目光转向国际政治场域,试图将"正义"理念的运用由国内延伸至国际,于全球领域建立一种为万民所普遍认同的公平正义原则,也就是"万民法"。其对于人类命运共同体理念的镜鉴之处在于:其一,罗尔斯的"万民法"对"西方中心论"进行了超越,强调各民族是独立自由的,是平等的,"具有根据自己的政治文化传统、历史和经验选择并建立其社会政体的权利"②,因此要尊重彼此的制度文化,不能随意干涉。其二,罗尔斯正义的和平思想在其中有所体现,如不能以自卫以外的其他理由鼓动战争,要"抑制行使政治制裁——包括军事、经济或外交制裁——使某人民改变其行动方式"③等。

但是,罗尔斯在《万民法》中的理论缺乏制度性的道德分析和必要的推理论证,具有较大的局限性。罗尔斯在《正义论》中提出"正义的两个原则"——"平等的自由原则"和"差异原则",致力于保证每一个人,尤其是社会边缘人群平等地享有个人自由,但他在《万民法》中却没有将"差别原则"运用其中。罗尔斯所谓适用于万民的"正义"只是面向"自由的民族"而非"非自由的民族","自由的民族"有义务帮助"非自由的

---

① 邵培仁、周颖:《国际传播视域中的新世界主义:"命运共同体"理念的流变过程及动力机制研究》,《浙江社会科学》2017年第5期。
② 万俊人:《罗尔斯的政治哲学遗产(上)》,《马克思主义与现实》2006年第1期。
③ [美]约翰·罗尔斯著:《万民法》,张晓辉等译,吉林,吉林人民出版社2001年版,第63页。

民族"建立正义的或体面的政体。这实际上带有明显的"普世性"色彩，"在罗尔斯的国际正义原则中，在普世人权的前提下，强调的是一种普世正义观念"①，并没有对世界上的边缘民族和国家做到真正的"正义"。说到底，罗尔斯仍旧没有摆脱"西方中心论"中以西方为中心的价值立场，其所谓的"万民法"依旧是明显倒向西方国家的"正义"法则。

以查尔斯·贝茨、涛慕思·博格等人为主要代表的世界主义的全球正义突破了罗尔斯"万民法"的局限，对其正义理论进行了新的拓展，他们开始从国际秩序和全球制度中探寻造成世界范围内各种不公正现象的原因。一方面是历史原因造成的国家之间的地位不平等和贫富差距，另一方面是在强势国家主导的不公正的国际政治经济秩序和全球制度规则下进一步造成的全球不同国家间差距的扩大。博格说："对于每一个人类个体，作为道德关注的终极单元，都有一个全球性的道德地位（a global stature）。"②全球正义者把每个个体看作是道德关怀的最终单位，认为每个人都具有平等的权利，追求的是一种普遍的平等主义。这一点可以说是继承发展了康德的世界公民观点，康德认为，"一个自由和理性的公民，不仅属于某个民族国家，而且也属于全世界，是世界公民，他所必须遵从的理性的普遍法则，是超越民族国家界限的公民共同体之间互相的尊重和承认"③。总而言之，世界主义的全球正义者认为，要用全球眼光去看待非正义问题，要努力破除不公正的国际秩序和全球制度，进而保障全球范围内不分国家、民族、宗教等界限的每一个人平等的权利。但我们也要看到，全球正义者虽然对当今世界存在的不公正现象有了一定的认识，并对这些不公正现象背后的原因进行了初步的研究，但是仍然缺乏更为深入的、更具彻底性的反思和批判，同时也缺乏系统性、科学性的对策研究。

需要指出的是，全球正义对全球贫困问题的重点关注，也是对人权的关注。博格说："目前的游戏规则，通过允许富裕国家继续用配额、关税、反倾销责任、出口信誉和补助国内厂家等方式（这些方式是贫困国家不被允许具有或无法具有的）来保护他们的市场，因而有利于富裕国家……这种不对称的规则提高了流向富人的全球经济增长的份额，降低了流向穷

---

① 徐艳玲、李聪：《"人类命运共同体"价值意蕴的三重维度》，《科学社会主义》2016 年第 3 期。
② ［美］涛慕思·博格著：《康德、罗尔斯与全球正义》，刘莘、徐向东等译，上海，上海译文出版社 2010 年版，第 109 页。
③ 许纪霖主编：《全球正义与文明对话》，南京，江苏人民出版社 2004 年版，第 92 页。

人的全球经济增长的份额。"① 全球贫困是一个突出的全球补偿正义问题。博格在《康德、罗尔斯与全球正义》中对全球贫困进行了详尽的描述，博格认为，消除全球贫困是走向全球正义的必然要求，具有最大的道德优先性。每个人都享有基本的人权，且应当得到充分的尊重和保护。博格说，由于造成全球贫困和发展中国家人权严重受阻的原因不局限于国内，而有其国际成因，因此，"我们对全球穷人不仅具有积极责任，如罗尔斯所说的'援助的义务'，而且具有这样一种消极责任，即要阻止现行的全球秩序，要阻止和减少它对世界最贫困人口的持续不断的伤害"②。关于全球非正义问题，诸如全球贫困此类，必须深入探究其根本原因，并制定出切实可行的解决方案。

事实上，全球贫困是全球分配不正义的必然结果，对于全球分配正义问题的关注也是全球正义理论的重要内容。查尔斯·贝茨认为："全球正义有广义和狭义之分；可以指跨越边境的政治生活中出现的规范性问题应该怎样，也可以指正义的全球条件；其他问题，如战争的道德、主权的基础、国际宽容的含义、人权理论、人道主义干涉的准许、移入和移出，自治等也属于全球正义的范围。"③ 他最早将罗尔斯的契约方法论应用到全球分配领域，建立起了全球分配正义理论，提出了关于全球分配正义的基本原则——"全球差别原则"（the difference principle）④。全球正义作为全球利益分配的基本价值遵循，力图从根本上缓和全球分配不均的矛盾和冲突，破除不公正的国际经济秩序，从而保障人类社会中每一社会成员的平等权利。但是一直以来，全球正义由于其理论本身所固有的局限而难以在现实中得以真正有效的推进。

全球正义理论对今日人类命运共同体的构建具有一定的镜鉴意义。中国作为一个负责任大国，倡导构建人类命运共同体，致力于推动建立以合作共赢为核心的新型国际关系和公正合理的国际新秩序，体现在政治、经济、文化、社会、生态等各方面的正义观，是对全球正义理论的吸收和借

---

① ［美］涛慕思·博格著：《康德、罗尔斯与全球正义》，刘莘、徐向东等译，上海，上海译文出版社 2010 年版，第 451 页。

② ［美］涛慕思·博格著：《康德、罗尔斯与全球正义》，刘莘、徐向东等译，上海，上海译文出版社 2010 年版，第 437~438 页。

③ Charles Beitz, Cosmoplitanism and global justice, the Journal of Ethics, vol.9, 2005, p15;p26.

④ 参见［美］查尔斯·贝兹著《政治理论与国际关系》，丛占修译，上海，上海译文出版社 2012 年版，第 137~160 页。

鉴，并在此基础上实现了历史性超越。人类命运共同体理念致力于维护公正合理的国际新秩序，致力于大家利益共享、问题共担，这与全球正义理论对旧的全球秩序的批评以及主张国家之间加强互动与合作、共同承担起解决全球问题的积极责任有一定的融通性。

第三章　人类命运共同体理念的内容要素和基本逻辑

人类命运共同体理念是一个内涵丰富的思想体系。从不同的视角、不同的维度，可以进行不同的阐释。从思想体系的结构性来看，内容要素是必不可少而且是非常重要的组成部分。对人类命运共同体理念全面、科学的把握离不开对其内容要素的确认和逻辑关系的把握。2018年6月10日，习近平总书记在上海合作组织成员国元首理事会第十八次会议上（以下简称"上合组织青岛峰会"）发表的《弘扬"上海精神" 构建命运共同体》讲话中，首次提出了"新五观"即新发展观、新安全观、新合作观、新文明观、新治理观，传递出关于发展、安全、合作、文明、治理的思想智慧，不仅赋予了"上合精神"以新的内涵，也是对党的十九大报告中关于"构建人类命运共同体，建设持久和平、普遍安全、共同繁荣、开放包容、清洁美丽的世界"这一思想的进一步承继和深化，深刻回答了新全球化背景下"人类应该怎么办""人类向何处去"这一世界之问、时代之问，为人类命运共同体理念的形塑指明了方向。"新五观"并非相互孤立、相互割裂的，而是有机统一于人类命运共同体理念的要素构成中，共同架构起人类命运共同体理念内容要素的"四梁八柱"。"新五观"的基本逻辑为：新发展观是缓解世界发展赤字的思想引领，新安全观是国家安全的全球考量，新合作观是新全球化语境下的外交价值观，新文明观是处理不同文明关系的新视角，新治理观是新全球化语境下的战略举措。

第一节　新发展观：缓解世界发展赤字的思想引领

创新、协调、绿色、开放、共享的发展观，是2015年以来以习近平同志为核心的中央领导集体为了更加科学地认识国内经济新常态、积极适应新常态、主动引领新常态而提出的新发展观,是引领新常态下经济、社会、生态等发展的"指挥棒""红绿灯"。但新发展观不仅适用于国内语境,也适用于国际语境。从国际语境来看,当前,国际金融危机的后续负面影响尚未完全消除,发展赤字成为摆在全人类面前的严峻挑战。发展赤字主要表现为全球发展失衡、发展空间不平衡、利益分化严重。它不仅存在于不同国家和地区之间,尤其是发达国家和发展中国家之间,也存在于一国内部,其最终的结果均指向富者与穷者的两极对立,是造成一个国家社会动荡的重要原因。此外,"逆全球化"思潮的暗流涌动和保护主义的频频抬头使得全球发展环境"雪上加霜"。要想破解发展赤字的困境,就必须深入考察这些现象和问题背后的深层原因。不难发现,之所以会出现发展赤字归根结底还是发展观出现了问题。目前,不少旧发展观中包容性、公平性缺失,见物不见人,更不见"人民",所以造成了发展的赤字,这也正是许多主张"人民重于利润"的反全球化者批评和质疑全球化的一个重要方面。正是基于对当前世界发展形势的准确把握和对未来世界发展趋势的深刻研判,习近平总书记在上合组织青岛峰会上强调:"我们要提倡创新、协调、绿色、开放、共享的发展观,实现各国经济社会协同进步,解决发展不平衡带来的问题,缩小发展差距,促进共同繁荣。"[1]习近平总书记之所以将中国自身经济发展新常态过程中提出的发展思想同世界分享,在于它"不仅契合中国的经济发展规律,也同样契合世界经济发展规律,是中国的,也是世界的"[2],以此助力缓解世界发展赤字,为促进全球发展事业提供深度启示。

一、新发展观内涵的全球化阐释

1. 创新发展有助于为世界经济增长提供新动力

2008 年爆发了迄今为止最严重的一次全球性金融危机,世界经济遭受重创、艰难前行,表现出脆弱性、不确定性和不平衡性的发展特征。分析导致世界经济陷入困境的原因,除了当前世界经济仍处于危机后的修复期,尚未摆脱经济危机的负面效应之外,根本原因在于世界经济增长动力不足,这成为掣肘世界经济增长的深层阻力。

---

[1] 习近平:《弘扬"上海精神" 构建命运共同体——在上海合作组织成员国元首理事会第十八次会议上的讲话》,《人民日报》2018 年 6 月 11 日。

[2] https://www.chinanews.com.cn/gn/2017/02-05/8141371.shtml.

"明者因时而变,知者随事而制。"要想破解世界经济增长动力不足的困境,根本之道在于实现创新发展。正如习近平总书记在世界经济论坛2017年年会上所指出的:"我们必须在创新中寻找出路。只有敢于创新、勇于变革,才能突破世界经济增长和发展的瓶颈。"[1] 实现创新发展主要体现在3个方面:创新发展理念、创新发展政策、创新发展方式。首先,创新发展理念。理念是行动的先导,从根本上决定了方向和出路。世界经济发展到今天,原有经济发展模式的动力接近耗尽,现有经济治理机制和架构的缺陷日益凸显,新旧问题交织重叠在一起,加剧了当前世界经济形势的不确定性和复杂性。在这样新旧问题双重夹击的背景之下,唯有创新发展理念,才会有根本性的转变和突破。为此,习近平总书记强调:"我们要创新发展理念,超越财政刺激多一点还是货币宽松多一点的争论,树立标本兼治、综合施策的思路。"[2] 其次,创新发展政策。促进世界经济健康发展,政策工具不可或缺。当前,经济的结构性失衡问题已成为制约全球经济动力和潜力释放的主要问题。为应对国际金融危机,很多国家通过逆周期的刺激政策以熨平经济波动,短期来看效果明显,但从长期来看,这些传统政策工具施展空间的有限性及其边际效应的递减状态难以改变其治标不治本的宿命。为此,习近平总书记强调:"我们要创新政策手段,推进结构性改革,为增长创造空间、增加后劲。"[3] 最后,创新发展方式。挖掘世界经济增长动力,还需要创新经济发展方式,牢牢抓住以数字经济、新工业革命等新要素、新技术和新业态带来的发展机遇。为此,习近平总书记指出:"我们要创新增长方式,把握好新一轮产业革命、数字经济等带来的机遇,既应对好气候变化、人口老龄化等带来的挑战,也化解掉信息化、自动化等给就业带来的冲击,在培育新产业新业态新模式过程中注意创造新的就业机会,让各国人民重拾信心和希望。"[4] 总之,"创新是

---

[1] 习近平:《共担时代责任 共促全球发展——在世界经济论坛2017年年会开幕式上的主旨演讲》,《人民日报》2017年1月18日。
[2] 习近平:《共担时代责任 共促全球发展——在世界经济论坛2017年年会开幕式上的主旨演讲》,《人民日报》2017年1月18日。
[3] 习近平:《共担时代责任 共促全球发展——在世界经济论坛2017年年会开幕式上的主旨演讲》,《人民日报》2017年1月18日。
[4] 习近平:《共担时代责任 共促全球发展——在世界经济论坛2017年年会开幕式上的主旨演讲》,《人民日报》2017年1月18日。

从根本上打开增长之锁的钥匙"①,创新发展有助于为世界经济增长提供新动力,推动世界经济从周期性复苏向可持续增长转变。

2.协调发展有助于缓解各国发展的结构、空间不平衡问题

当今世界,无论是东方国家还是西方国家,都在一定程度上存在经济发展的结构和空间不平衡的问题。在当今世界,发展不协调、不平衡问题具有普遍性、长期性。从长远来看,这一问题的存在不仅不利于本国经济的转型升级和社会的和谐稳定,而且对世界经济、社会的可持续发展与世界和平稳定也将会产生不利影响。千钧将一羽,轻重在平衡。从这个意义上来说,协调发展乃是决定世界未来发展前景的至关重要的一环。

协调既是发展手段又是发展目标,同时还是评价发展的标准和尺度,是发展两点论和重点论的统一,是发展平衡和不平衡的统一,是发展短板和潜力的统一。②坚持协调发展的首要目的就是解决发展不平衡问题,就是以辩证思维、系统思维和整体思维实现最终的、长效的、高质量的发展。一个国家特别是大国、强国经济政策的外溢效应是明显的。然而现实中,各国国内宏观经济政策各自为政、缺乏衔接的现象一直比较突出,在很大程度上加剧了各国发展的结构、空间不平衡问题。从长远来看,既危害了全球经济的复苏,也反过来伤害了自身经济的发展。为此,习近平总书记将协调思维运用于各国宏观政策,提出并倡导各国宏观政策的协调。2015年在二十国集团领导人第十次峰会第一阶段会议上,习近平总书记提出要"加强宏观经济政策沟通和协调,形成政策和行动合力"③;在2016年二十国集团领导人杭州峰会上,习近平总书记强调二十国集团成员"继续加强政策协调,减少负面外溢效应","应该建立健全宏观经济政策协调机制,考虑国内政策的联动效应和传导影响,推动正面而非负面溢出效应"④;2018年在二十国集团领导人峰会上,习近平总书记延续了宏观政策协调问题的主张,坚持"加强政策协调,既是世界经济增长的客观需要,也是主要经济体理应担负的责任",更加强调"发达经济体在采取货币和财政政策时,应该更加关注并努力减少对新兴市场国家和发展中国家的冲

---

① 习近平:《中国发展新起点　全球增长新蓝图——在二十国集团工商峰会开幕式上的主旨演讲》,《人民日报》2016年9月4日。
② 《习近平谈治国理政》第二卷,北京,外文出版社2017年版,第205~206页。
③ 习近平:《创新增长路径　共享发展成果——在二十国集团领导人第十次峰会第一阶段会议上关于世界经济形势的发言》,《人民日报》2015年11月16日。
④ 习近平:《中国发展新起点　全球增长新蓝图——在二十国集团工商峰会开幕式上的主旨演讲》,《人民日报》2016年9月4日。

击"①。在 2020 年二十国集团领导人应对新冠肺炎特别峰会上，习近平总书记提出"加强国际宏观经济政策协调"的倡议，强调，疫情对全球生产和需求造成全面冲击，各国应该联手加大宏观政策对冲力度，防止世界经济陷入衰退。要实施有力有效的财政和货币政策，加强金融监管协调，共同维护全球产业链供应链稳定。②2021 年在世界经济论坛"达沃斯议程"对话会上，习近平总书记再次强调，加强宏观经济政策协调，共同推动世界经济强劲、可持续、平衡、包容增长。克服发达国家和发展中国家发展鸿沟，共同推动各国发展繁荣。③而在实践中，中国正在通过"一带一路"建设促进沿线国家经济发展。事实上，这一协调内外、统筹陆海、兼顾东西的重大战略部署和发展平台，正是落实习近平总书记关于协调发展理念的具体体现。党的二十大报告强调，中国要"促进大国协调和良性互动，推动构建和平共处、总体稳定、均衡发展的大国关系格局"④，促进中国与世界各国共同协调发展。总之，协调发展是世界经济社会健康可持续发展的内在要求，有助于缓解各国发展的结构、空间不平衡问题，引领世界经济沿着正确轨道向前发展。

3. 绿色发展有助于找到人类永续发展的有效路径

20 世纪 80 年代以来，世界经济在突飞猛进的同时，也带来了生态环境的进一步恶化，给人类社会的健康和可持续发展造成了严重威胁，也给我们的发展敲响了警钟，迫使人类开始重新审视和思考传统发展模式及理念的固有弊端，寻求破解经济发展与环境保护"两难"悖论之道。这是全球共同的任务，仅靠一国之力难以达成，需要世界各国的通力合作。然而现实中，很多国家受到狭隘的国家或民族利益观念的局限，将目光聚焦在短期的本国利益上，将本应该所承担的"环保份额"推卸或转嫁于他国，严重阻碍了世界各国通力合作维护人类共有家园的进程。

为此，习近平总书记深刻指出："我们要构筑尊崇自然、绿色发展的生态体系。人类可以利用自然、改造自然，但归根结底是自然的一部分，

---

① 习近平：《登高望远，牢牢把握世界经济正确方向——在二十国集团领导人峰会第一阶段会议上的发言》，《人民日报》2018 年 12 月 1 日。
② 习近平：《携手抗疫 共克时艰——在二十国集团领导人特别峰会上的发言》，《人民日报》2020 年 3 月 27 日。
③ 习近平：《让多边主义的火炬照亮人类前行之路——在世界经济论坛"达沃斯议程"对话上的特别致辞》，《人民日报》2021 年 1 月 26 日。
④ 《高举中国特色社会主义伟大旗帜 为全面建设社会主义现代化国家而团结奋斗——在中国共产党第二十次全国代表大会上的报告》，北京，人民出版社 2022 年版，第 61 页。

必须呵护自然，不能凌驾于自然之上。我们要解决好工业文明带来的矛盾，以人与自然和谐相处为目标，实现世界的可持续发展和人的全面发展。"① 他强调，"我们要像保护自己的眼睛一样保护生态环境，像对待生命一样对待生态环境，同筑生态文明之基，同走绿色发展之路！"，"面对生态环境挑战，人类是一荣俱荣、一损俱损的命运共同体，没有哪个国家能独善其身。唯有携手合作，我们才能有效应对气候变化、海洋污染、生物保护等全球性环境问题，实现联合国 2030 年可持续发展目标。只有并肩同行，才能让绿色发展理念深入人心、全球生态文明之路行稳致远。"② 在中国应当承担的责任问题上，习近平总书记明确承诺，"中国将继续承担应尽的国际义务，同世界各国深入开展生态文明领域的交流合作，推动成果分享，携手共建生态良好的地球美好家园"③，"我们愿同国际社会一道，全面落实 2030 年可持续发展议程，共同建设一个清洁美丽的世界"④，体现了中国作为一个负责任大国的态度和担当，彰显了与世界同走绿色发展之路的信心和决心。同时，习近平总书记鲜明指出："发达国家和发展中国家对造成气候变化的历史责任不同，发展需求和能力也存在差异。就像一场赛车一样，有的车已经跑了很远，有的车刚刚出发，这个时候用统一尺度来限制车速是不适当的，也是不公平的。发达国家在应对气候变化方面多作表率，符合《联合国气候变化框架公约》所确立的共同但有区别的责任、公平、各自能力等重要原则，也是广大发展中国家的共同心愿"⑤，这就要求在可持续的绿色发展道路上，小到每一个人，大到每一个国家，都必须携起手来并肩同行，共同致力于这项全球性的生态保护行动。总之，习近平总书记提出的绿色发展理念是基于对人与自然本质关系辩证考察的基础上，直指阻碍破解全球生态环境困境的症结，倡导国际社会应当携手同行，坚持走绿色、低碳、循环、可持续发展之路，共同建设清洁美丽的世界，开出了破解全球性环境危机的良方，这有助于为人类找到永续发展的有效路径。

---

① 中共中央文献研究室编：《十八大以来重要文献选编》（中），北京，中央文献出版社 2016 年版，第 697 页。
② 习近平：《共谋绿色生活，共建美丽家园——在 2019 年中国北京世界园艺博览会开幕式上的讲话》，《人民日报》2019 年 4 月 29 日。
③ 《习近平谈治国理政》第一卷，北京，外文出版社 2018 年版，第 212 页。
④ 《习近平向生态文明贵阳国际论坛 2018 年年会致贺信》，《人民日报》2018 年 7 月 8 日。
⑤ 中共中央文献研究室编：《习近平关于社会主义生态文明建设论述摘编》，北京，中央文献出版社 2017 年版，第 132 页。

4. 开放发展有助于利用全球资源增加发展活力

在世界越来越成为你中有我、我中有你的命运共同体的今天，求和平、谋发展、促合作已经成为不可阻挡的时代潮流。与此同时，在后经济危机时代，世界经济进入深度调整期，经济形势的不明朗，"逆全球化"和"去全球化"等论调和思潮的暗流涌动，保护主义、民粹主义、孤立主义的此起彼伏，使得人们对经济全球化的走向陷入迷茫与担忧。开放还是保守、合作还是封闭成为事关人类未来命运的重大抉择。

"历史一再证明，开放带来进步，封闭导致落后。在各国经济联系更加紧密的今天，保护主义、孤立主义不仅无助于自身发展，而且将对世界经济产生负面影响，是一条走不通的死胡同"[1]。为此，2014年11月，在亚太经合组织工商领导人峰会上，习近平总书记鲜明倡导开放发展理念，强调"既要深化对内开放，让劳动、知识、技术、管理、资本的活力竞相迸发，也要扩大对外开放，把成员多样性和差异性转化为发展潜力和动力"[2]，以其理念的拨云见日之伟力，为徘徊在十字路口的人们指明了方向，坚定了信心。2018年9月，在中非合作论坛北京峰会开幕式上，习近平总书记明确提出，"面对世界经济增长的不稳定性不确定性，中国坚持走开放融通、合作共赢之路，坚定维护开放型世界经济和多边贸易体制，反对保护主义、单边主义，把自己因于自我封闭的孤岛没有前途"[3]。2020年11月，在亚太经合组织第二十七次领导人非正式会议上，习近平总书记重申："我们绝不会走历史回头路，不会谋求'脱钩'或是搞封闭排他的'小圈子'。""中国对外开放的决心坚定不移，对外开放的大门会越开越大"[4]，表明中国推进开放合作、与世界分享发展机遇的坚定决心。2021年，习近平总书记在亚太经合组织领导人非正式会议上的讲话中提到要："建设更高水平开放型经济新体制，创造更具吸引力的营商环境，推进高质量共建'一带一路'，同世界和亚太各国实现更高水平的互利共

---

[1] 李保东：《坚持开放发展 深化合作共赢 携手构建人类命运共同体》，《求是》2018年第10期。

[2] 习近平：《谋求持久发展 共筑亚太梦想——在亚太经合组织工商领导人峰会开幕式上的演讲》，《人民日报》2014年11月10日。

[3] 习近平：《携手共命运 同心促发展——在二〇一八年中非合作论坛北京峰会开幕式上的主旨讲话》，《人民日报》2018年9月4日。

[4] 习近平：《构建新发展格局 实现互利共赢——在亚太经合组织工商领导人对话会上的主旨演讲》，《人民日报》2020年11月20日。

赢。"[1]2022年，习近平总书记在亚太经合组织第二十九次领导人非正式会议上的讲话中提到，"中国将坚持实施更大范围、更宽领域、更深层次对外开放，坚持走中国式现代化道路"，表明中国对外开放的程度越来越高。[2] 在开放发展理念的指引下，中国先后推动成立亚洲基础设施投资银行、丝路基金、金砖国家新开发银行等多边经济合作组织，以实际行动践行开放发展理念。对世界各国而言，"只有打开国门搞建设，把一国发展置于广阔的国际空间来谋划，才能获得推动发展所必需的资金、技术、资源、市场、人才乃至机遇和理念，才能充分发挥比较优势，创造更多社会财富"[3]。通过全球资源在世界范围内的自由充分流动，增加各国自身的发展活力的同时，维护和发展开放型世界经济，推动经济全球化朝着普惠共赢的方向发展。总之，经济全球化以来的世界经济发展规律表明，"各国经济，相通则共进，相闭则各退"[4]。开放发展理念基于国内外发展大势，是对世界经济发展规律的科学把握，更是对经济全球化历史进程的科学把握。以"开放"的姿态破除"封闭"思维，不仅有助于提高我国对外开放的质量和发展的内外联动性，而且有助于世界各国利用全球资源增加发展活力，进一步拓展了世界经济的发展空间。

5. 共享发展有助于解决各国发展的包容性、公平性缺失问题

在经济全球化中，虽然全球经济的"蛋糕"一直在不断增大，但是由于不同国家、不同群体掌握的资源、所处的位势和参与的程度等存在明显差异，不可避免地出现了获益不均、贫富差距的问题。从国际视角来看，主要表现为发展的包容性和公平性缺失，特别是受传统零和博弈旧思维和弱肉强食丛林法则的消极影响，主要发达国家对发展中国家和新兴市场国家的优越地位凌驾，进一步加剧了各国之间发展的不平衡；从国内视角来看，主要表现为一部分人的"获得感"建立在另一部分人的"失落感"甚至"被剥夺感"基础上，造成不同群体之间的收入差距和财富差距的不断拉大。

发展的包容性和公平性缺失不仅给全球经济的可持续发展带来巨大挑

---

[1] 习近平：《团结合作抗疫　引领经济复苏——在亚太经合组织领导人非正式会议上的讲话》，《人民日报》2021年7月17日。
[2] 习近平：《团结合作勇担责任　构建亚太命运共同体——在亚太经合组织第二十九次领导人非正式会议上的讲话》，《人民日报》2022年11月19日。
[3] 任理轩：《坚持开放发展——"五大发展理念"解读之四》，《人民日报》2015年12月23日。
[4] 中共中央文献研究室编：《十八大以来重要文献选编》（上），北京，中央文献出版社2014年版，第358页。

战,也成为引发国家社会动荡不安的重要原因。为此,习近平总书记从人类命运共同体的全局和全球视野出发,立足于以人民为中心的发展思想,明确指出:"世界命运应该由各国共同掌握,国际规则应该由各国共同书写,全球事务应该由各国共同治理,发展成果应该由各国共同分享。"① 积极倡导共享发展,推动发展机遇和发展成果由世界各国人民共同享有,在世界范围内高高举起了共赢共享的旗帜,指明了发展的价值取向。共享发展是符合人类历史发展必然趋势的发展理念。历史和现实都在昭示我们,"在经济全球化深入发展的今天,弱肉强食、赢者通吃是一条越走越窄的死胡同,包容普惠、合作共赢才是越走越宽的人间正道"②。共赢发展不仅仅是理念,更体现在中国实实在在地为推动共享发展所做的努力中。2013 年以来习近平总书记提出的"一带一路"倡议,成为推动沿线各国共赢共享发展的重要平台,正如习近平总书记指出:"我提出'一带一路'倡议,旨在同沿线各国分享中国发展机遇,实现共同繁荣。"③ 中国坚定不移地奉行公平包容的共享发展理念,打造平衡普惠的发展模式,以开放包容的姿态欢迎世界各国人民搭乘中国发展的"快车""便车",分享中国发展的红利,在与世界共享开放发展新机遇的过程中,让民众共享发展成果。2018 年 11 月,习近平总书记在中国国际进口博览会上发出"新时代,共享未来"的中国邀请,继续向世界宣示中国推动共享发展的鲜明态度。2021 年 11 月,习近平总书记在第四届中国国际进口博览会开幕式上指出,中国将扩大高水平开放,同世界分享发展机遇,推动经济全球化朝着更加开放、包容、普惠、平衡、共赢方向发展。2022 年 11 月,习近平总书记在第五届中国国际进口博览会开幕式上强调,开放是人类文明进步的重要动力,是世界繁荣发展的必由之路。总之,共享发展作为顺应时代潮流,符合历史发展趋势的发展理念,有助于解决各国发展的包容性、公平性缺失问题,维护社会公平正义,实现共同繁荣进步。

二、新发展观功能的全球化定位

1. 理论层面:为世界贡献了一种更科学、更具道义基础的发展观

新发展观作为引领中国经济新常态的一种创新性智慧结晶,虽生成于

---

① 《习近平谈治国理政》第二卷,北京,外文出版社 2017 年版,第 540 页。
② 人民日报评论员:《坚持包容普惠,推动共同发展》,《人民日报》2018 年 11 月 8 日。
③ 习近平:《中国发展新起点 全球增长新蓝图——在二十国集团工商峰会开幕式上的主旨演讲》,《人民日报》2016 年 9 月 4 日。

中国，却没有止步于中国，而是在世界舞台上大放异彩，以其特有的理论魅力向世界贡献了一种更科学、更具道义基础的发展观。

之所以说新发展观是一种更科学的发展观，首先是就其丰富的理论含量而言。从新发展观的思维方式来说，新发展观包含着丰富的辩证思维、系统思维、战略思维、底线思维等科学思维方式。思维方式问题是一个带有根本性的问题，思维方式正确与否直接影响着人们对事物和问题的认识、分析和判断，决定着人们认识活动和实践活动的结果。新发展观以科学的思维方式认识问题、分析问题、解决问题，有助于人们准确把握发展的深层次规律，因而是一种科学的发展观。从新发展观发展的思想谱系而言，新发展观不仅是对马克思主义发展观的守正与创新，而且实现了对传统狭隘的发展观的辩证超越，可以说是当前人类关于发展思想的集大成。具体而言，首先，新发展观实现了对马克思主义发展观的守正与创新。马克思主义经典作家坚持以辩证唯物主义和历史唯物主义为基础，强调正确处理生产发展过程中人与人、人与社会、人与自然之间的关系，以实现每个人自由而全面的发展作为社会发展的最高目标，开辟了人类关于发展理论认识的新纪元。此后，随着马克思主义发展观同中国具体实际相结合的不断推进，中国化的马克思主义发展观逐渐彰显出其巨大的理论生命力，形成了一系列符合党情国情世情的发展思想。特别是党的十八大以来，以习近平同志为代表的新一届领导集体，立足中国发展实际，深刻研判世界发展大势，创造性地提出了创新、协调、绿色、开放、共享的新发展理念，实现了马克思主义发展观的重大理论创新。其次，新发展观实现了对传统狭隘的发展观的辩证超越。第二次世界大战以来，西方社会针对以往的发展理念、发展模式及其所带来的深重灾难展开了痛彻反思，对现代经济、社会发展中出现的一系列新问题、新现象也提出了相应的反思性理论。这些发展理论尽管形态各异，但其本质都是为西方现代化国家服务的，远不能满足日益复杂多样的文明形态所需要的发展理念，无法解决日益复杂多样的文明形态所面临的发展问题。从现实来看，发展的内涵和外延都在不断扩大，发展问题已然成为全人类共同面对的时代命题。如果仅仅囿于西方的发展反思理论及其现实运动，其后果往往是极其狭隘和偏执的。习近平总书记提出的创新、协调、绿色、开放、共享的新发展理念摆脱了"西方中心论"论调，以面向未来、面向世界的历史视野和国际格局，从共同创造一个公平正义、包容普惠的美好世界的意义上去探索发展理念问题，克服了发展理念的西方化、单一化，实现了对西方传统狭隘发展观的辩证超越。

之所以说新发展观是一种更具道义基础的发展观，是就其价值取向而言。不少旧有的发展观念往往坚持将资本的增殖和扩张作为第一位的逻辑，在其发展观念中往往只见"物"不见"人"、更不见"人民"。与旧有的发展理念相比，习近平总书记提出的新发展观在价值取向上的一个鲜明特点就是坚持以人民为中心，把增进人民福祉、促进人的全面发展作为发展的出发点和落脚点，向世界人民表明了为中国人民和世界人民谋福利的坚定立场，不仅体现了中国共产党人的博大胸襟和责任担当，而且充分证明了新发展观是一种更具道义基础的发展观。

2. 实践层面：为各国应对现实发展挑战提供了思想引领

马克思主义认识论认为，实践是理论形成和发展的源泉。理论创新来源于实践创新，理论创新成果形成之后又对新的实践创新提供理论指导。新发展观正是基于对当今世界经济发展形势新变化的深刻把握和主动回应基础上实现的重大理论创新。从当前新发展观已经展现出的巨大实践活力来看，这一重大理论创新不负众望，已经而且必将继续为各国应对现实发展挑战提供思想引领。中国经济进入新常态，这是以习近平同志为核心的党中央对我国经济发展阶段性特征的准确判断。进入新常态，表明我们既面临着重大挑战，也处于重要的战略发展机遇期。习近平总书记提出了创新、协调、绿色、开放、共享的新发展理念，有助于有针对性地解决发展的动力性问题、平衡性问题、和谐性问题、联动性问题以及公平性问题，有助于实现更高质量、更好效益、更加公平与更可持续的发展。

发展是当代中国的时代语境，是解决我国一切问题的基础和关键。同样地，发展也是当今世界的时代语境，是维护世界和平和稳定的基础和关键。广大发展中国家的困境，就经济结构而言，体现在单一性和不平衡性上，以及落后的体制机制的束缚，人口问题与环境问题的约束日益趋紧，经济发展的协调性和可持续性均面临挑战。发达国家经济发展同样危机频发，不论是美国、日本还是欧洲都在金融危机的后续影响里泥足深陷、徘徊不前。在世界经济何去何从的关键当口，习近平总书记通过向世界分享新发展观，为世界经济发展明确了前进的方向，实现了世界经济发展理念的重大创新。这一新发展观"切中制约经济增长的深层次问题，既面向当前，也着眼长远，对症下药、标本兼治"[①]。一经提出，就受到世界各国的

[①] 钟声：《为缓解发展赤字提供思想引领》，《人民日报》2018年6月13日。

广泛关注和多数国家的认可、赞赏。一方面，新发展观指引下的中国经济本身就足以使世界眼光聚焦于此，反思自身发展理论弊端，探寻发展繁荣之道。中国已经成为世界经济增长的最强"引擎"和最大稳定力量。另一方面，从具体实践来看，新发展观的外溢效应正在世界范围内逐步显现。比如说，各国对全球生态保护所作的努力、以"一带一路"为代表的共享经济发展机遇平台的搭建等，生动呈现出新发展理念指导下中国经济为世界经济的困境突破与新局开拓所创造的条件与作出的表率，为各国积极应对现实挑战提供了思想引领。

第二节 新安全观：国家安全的全球考量

当前，在和平与发展的时代主题下，国际安全格局却正在经历自冷战结束以来最为深刻、最为复杂的变化，同时，世界范围内的安全挑战层出不穷，传统安全与非传统安全交织叠加，国际安全局势面临着很大的不确定性。在全球化日益加深的今天，相互依赖已成为国际社会的基本特征，安全问题越来越突破国界表现出日益明显的全球性，习近平总书记深刻指出，"没有一个国家能凭一己之力谋求自身绝对安全，也没有一个国家可以从别国的动荡中收获稳定"[1]。此外，随着中国国力和影响力的提升和利益范围的拓展，对更加有利的国际安全环境也提出了更高的需求。历史和现实都昭示我们，面对层出不穷的安全威胁，一味地停留在冷战思维、零和思维中，搞弱肉强食、丛林法则，甚至是穷兵黩武和强权独霸，既不明智也有违时代潮流，终将害人害己。为此，习近平总书记指出："我们要摒弃一切形式的冷战思维，树立共同、综合、合作、可持续安全的新观念。我们要充分发挥联合国及其安理会在止战维和方面的核心作用，通过和平解决争端和强制性行动双轨并举，化干戈为玉帛。"[2] 共同、综合、合作、可持续的安全观，旨在维护世界和平与发展，共同营造公道正义、共建共享的安全格局，为全球安全观开了一扇新窗，为未来实现普遍安全明确了宗旨，指明了方向，对于实现持久和平的世界具有重要意义。

---

[1] 《习近平谈治国理政》第二卷，北京，外文出版社 2017 年版，第 523 页。
[2] 《习近平谈治国理政》第二卷，北京，外文出版社 2017 年版，第 523 页。

一、新安全观内涵的全球化阐释

1. 共同,就是要尊重和保障每一个国家安全

当今世界,在世界全球化进程加速演进的发展大背景下,各国之间的联系性与依赖性日益加深,世界各国休戚相关、命运与共的关系日益凸显。安全作为一国存续与发展的重要基础性保障,早已不再是一国自身内部的问题,而是越来越具有联动性和全球性,突出表现为国际问题的国内化和国内问题的国际化。世界各国尽管大小、贫富、强弱很不相同,但却共同生活在你中有我、我中有你的地球村,利益交融、安危与共已成为世界各国难以逃脱的现实命运。从这个意义上说,安全是共同的、普遍的,"不能一个国家安全而其他国家不安全,一部分国家安全而另一部分国家不安全,更不能以牺牲别国安全谋求自身所谓绝对安全"[①]。然而在当今世界,将安全问题局限于一国范围内,为了自身安全不顾他者安全的观念却相当普遍地存在。这种短视狭隘、自私自利片面的安全观念无疑成为实现共同安全的重要阻碍,其最终结果必然是吹灭别人的灯,也烧掉自己的胡子,所谓的一己之安必将成为痴人说梦似的空想,整个世界的动乱与无序将是这种片面、狭隘的安全观念的最终归宿。

习近平总书记提出的新安全观倡导共同安全,就是要尊重和保障每一个国家的安全。共同安全的实质就是要正确认识和处理国与国之间在安全方面的关系问题。各国交往频繁,磕磕碰碰在所难免,在安全问题上存在分歧、矛盾是正常的,关键是怎样认识和看待这一现象的本质,是对抗性的、你死我活的零和博弈,还是协商性的、生死与共的正和博弈?其实,历史上的惨痛教训已经给出了答案,前者只能是一条走不通的死胡同,其结果只能是两败俱伤。对于当今世界的人们来说,对于和平美好未来的共同期待要求我们重新审视不同国家在安全问题上的不同诉求,回避国家之间在安全诉求的"异"甚至故意将异同混淆,动辄以"国际共识"自称,既不明智也有违时代潮流。"安全不是你死我活,而是求同存异。以邻为壑,往往会搬起石头砸自己的脚"[②]。换言之,安全应该是普遍的、平等的、包容的,实现共同安全应当是每个国家共同努力的方向和目标。"形势在发展,时代在进步。要跟上时代前进步伐,就不能身体已进入21世纪,

---

[①] 《习近平谈治国理政》第二卷,北京,外文出版社2017年版,第533页。
[②] 刘少华、郭超凯:《坚持总体国家安全观》,《人民日报(海外版)》2018年1月10日。

而脑袋还停留在冷战思维、零和博弈的旧时代。"①

总之，共同安全是尊重和保障每一个国家安全的必由之路，符合每一个国家的安全诉求。面对当今安全局势，人们必须充分认识到"安全利益你中有我、我中有你，必须摒弃唯我独尊、损人利己、以邻为壑等狭隘思维。各方应该坚定奉行双赢、多赢、共赢理念，在谋求自身安全时兼顾他国安全，努力走出一条互利共赢的安全之路"②。

2. 综合，就是要统筹维护传统领域和非传统领域安全

当今世界，安全形势变得异常复杂，全球性的安全挑战层出不穷。"恐怖主义、网络犯罪、跨国有组织犯罪、新型犯罪等全球性安全问题愈加突出，安全领域威胁层出不穷，人类面临着许多共同挑战。"③ 此外，"全球经济低迷，单边主义、保护主义抬头，网络安全、重大传染性疾病、气候变化等非传统安全威胁持续蔓延"④，传统安全与非传统安全的交织叠加，使得世界范围内影响安全的不确定性因素增多，应对安全问题的复杂性、隐蔽性和困难性增大，进一步加剧了安全的严峻形势。

对于国内或者国际安全而言，不论是传统安全还是非传统安全都扮演着不可替代的角色。传统安全一般是指军事、政治、外交等方面的安全。自国家产生以来，传统安全就一直是国际关系的主题，是各国交往中所遵循的基本立场和原则。与传统安全相对，非传统安全是非军事、政治和外交等新安全领域中的安全问题，主要包括网络安全、恐怖主义、跨国犯罪、严重自然灾害、核安全以及公共卫生安全等。当下，人类正在经历第二次世界大战结束以来最严重的全球公共卫生突发事件。突如其来的新冠疫情打响了一场与全人类的没有硝烟的战争，刷新着人类对于公共卫生安全等非传统安全的认知。从某种程度上说，非传统安全所特有的跨国性、不确定性、突发性、动态性、转化性等特点使其越来越成为世界的主要安全威胁。当然，这并非意味着传统安全不再重要。就当下情势来看，非传统安全威胁与传统安全威胁日益表现出相互交织、相互影响，并在一定条

---

① 习近平:《积极树立亚洲安全观 共创安全合作新局面——在亚洲相互协作与信任措施会议第四次峰会上的讲话》,《人民日报》2014年5月22日。

② 习近平:《坚持合作创新法治共赢 携手开展全球安全治理——在国际刑警组织第八十六届全体大会开幕式上的主旨演讲》,《人民日报》2017年9月27日。

③ 习近平:《坚持合作创新法治共赢 携手开展全球安全治理——在国际刑警组织第八十六届全体大会开幕式上的主旨演讲》,《人民日报》2017年9月27日。

④ 习近平:《在第十七届中国—东盟博览会和中国—东盟商务与投资峰会开幕式上的致辞》,《人民日报》2020年11月28日。

件下可能相互转化的趋势。两者之间的互动性，往往使看似相对孤立的事物，却常表现出"牵一发而动全身"的效应。如果孤立地、片面地看待和处理传统安全与非传统安全，无疑是头痛医头、脚痛医脚，从方法论上就犯了根本性的错误。总之，综合安全就是要统筹维护传统领域和非传统领域安全，坚持通盘考虑安全问题的历史经纬和现实情况，"多管齐下、综合施策，协调推进地区安全治理。既要着力解决当前突出的地区安全问题，又要统筹谋划如何应对各类潜在的安全威胁，避免头痛医头、脚痛医脚"①。此外，对恐怖主义、分裂主义、极端主义这"三股势力"，综合安全观采取零容忍态度，坚持"标本兼治、多措并举、协调一致地打击'三股势力'"②，积极维护地区和全球的长治久安。

3. 合作，就是要通过对话合作促进各国和本地区安全

"当今世界，安全的内涵和外延更加丰富，时空领域更加宽广，各种因素更加错综复杂。各国人民命运与共、唇齿相依。当今世界，没有一个国家能实现脱离世界安全的自身安全，也没有建立在其他国家不安全基础上的安全。"③那么，如何构建共同的安全体系，实现持久和平？摆在人们面前的有两种选择，一种是"打"出安全，另一种是"谈"出安全。回顾历史尤其是近20年来，以"打"谋安全的例子不胜枚举。不管是从科索沃到伊拉克，从阿富汗到利比亚，还是从叙利亚到乌克兰，"打"确实是"打"了，但是打出安全了吗？答案是否定的。这种靠"打"出安全的安全观念其实质是一种"我赢你输"的胁迫式、零和式安全观，并没有造就任何一个赢者，而是满盘皆输，也与时代潮流相背离。要有效应对人类面临的安全困境，合作是我们唯一明智的选择。

"单者易折，众者难摧。"合作安全就是主张在平等对话、通力合作的基础上促进世界各国和各地区安全，在真诚的对话沟通中，增进互信、减少猜疑，并积极着眼于各国共同安全利益，注重培育合作应对安全挑战的意识，在合作中不断扩大领域、创新方式；反对以邻为壑、损人利己，反对为一己之私挑起事端、激化矛盾，"对待国家间存在的分歧和争端，要

---

① 习近平：《积极树立亚洲安全观 共创安全合作新局面——在亚洲相互协作与信任措施会议第四次峰会上的讲话》，《人民日报》2014年5月22日。

② 习近平：《凝心聚力 精诚协作 推动上海合作组织再上新台阶——在上海合作组织成员国元首理事会第十四次会议上的讲话》，《人民日报》2014年9月13日。

③ 习近平：《迈向命运共同体 开创亚洲新未来——在博鳌亚洲论坛2015年年会上的主旨演讲》，《人民日报》2015年3月29日。

坚持通过对话协商以和平方式解决，以对话增互信，以对话解纷争，以对话促安全，不能动辄诉诸武力或以武力相威胁"[1]。以新冠疫情为例，面对百年来最严重的传染病大流行，习近平总书记将合作促安全的理念融入其中，深刻指出："面对传染病大流行，我们要秉持人类卫生健康共同体理念，团结合作、共克时艰，坚决反对各种政治化、标签化、污名化的企图。搞政治操弄丝毫无助于本国抗疫，只会扰乱国际抗疫合作，给世界各国人民带来更大伤害。"[2] 这一倡议深度契合了当前国际社会合作应对新冠疫情的需要，得到了国际社会的认可和赞誉。总之，"只有超越冷战思维、零和博弈和各种偏见的藩篱，坚持共商而不是独断、共建而不是强推、共享而不是单赢，人类命运共同体才能建立起来"[3]，才能真正营造出公道正义、共建共享的安全格局。

4. 可持续，就是要发展和安全并重以实现持久安全

世界上真正的大问题，一个是和平问题，另一个是发展问题，而发展问题是核心问题。和平问题在一定程度上就是安全问题，安全问题与发展问题并不是相互孤立，而是相互联系、相互依存、相得益彰的。全球安全问题频发、地区局势不稳、国家间安全关系脆弱，很大程度上源自发展的不充分，都能从贫困落后上找到根源。可以说，安全的基础是发展，发展的条件是安全。同时，发展的基础性作用还强调了发展本身就是最大的安全，也是最终解决安全的"金钥匙"。换言之，只有建立在可持续发展基础上的安全才将是可持续的安全、持久的安全。

可见，解决当前存在的安全问题的关键还在于发展，而这也是可持续安全的关键要素之一。可持续安全理念正是在正确认识和深刻把握发展与安全本质关系的基础上，积极倡导发展和安全并重以实现持久安全。习近平总书记指出的："'求木之长者，必固其根本；欲流之远者，必浚其泉源。'发展是安全的基础，安全是发展的条件。贫瘠的土地上长不成和平的大树，连天的烽火中结不出发展的硕果。"[4] 可见，"发展是第一要务"的命题也适用于各国：一方面，要建造经得起风吹雨打、扛得住风险考验

---

[1] 习近平：《弘扬和平共处五项原则　建设合作共赢美好世界——在和平共处五项原则发表60周年纪念大会上的讲话》，北京，人民出版社2014年版，第8页。

[2] 习近平：《携手共建人类卫生健康共同体——在全球健康峰会上的讲话》，《人民日报》2021年5月22日。

[3] 宋涛：《高扬起人类命运共同体的旗帜》，《当代世界》2016年第1期。

[4] 习近平：《积极树立亚洲安全观　共创安全合作新局面——在亚洲相互协作与信任措施会议第四次峰会上的讲话》，《人民日报》2014年5月22日。

的世界安全大厦,这就要求各国必须首先着眼于发展主题,在保障人权、减贫脱贫、改善民生和缩小贫富差距等社会工程中,通过世界范围内的整体发展与区域性、地区性等一体化进程,努力形成全球与区域经济合作和安全合作良性互动、齐头并进的局面;另一方面,要坚持发展和安全并重,在经贸往来中强化共同安全意识,以发展带动安全,不断夯实全球安全的根基。同时,要注重各国之间发展的可持续性,持久安全必然是建立在可持续发展基础上的。总之,"一些国家越来越富裕,另一些国家长期贫穷落后,这样的局面是不可持续的。水涨船高,小河有水大河满,大家发展才能发展大家。各国在谋求自身发展时,应该积极促进其他国家共同发展,让发展成果更多更好惠及各国人民"[1],从而真正实现以可持续发展促进可持续安全。

二、新安全观功能的全球化定位

1.理论层面:贡献了一种具有全球意义的、顺应世界潮流的新安全理念

从理论功能来看,共同、综合、合作、可持续的新安全观贡献了一种具有全球意义的、顺应世界潮流的新安全理念。这一判断基于两个方面的考量:一是就新安全观的价值观和思维方式而言;二是从新安全观的应用或者就辐射范围而言。

首先,新安全观的价值观和思维方式实现了对霸权逻辑下传统安全观的辩证超越。霸权逻辑下的传统安全观往往强调个体性、震慑性、对抗性,罔顾各个国家间安全的联系性、交互性、依存性,可以说是一种自私自利的安全观。与之相比,新安全观基于对当前人类安全困境的深刻考察,充分认识到在各国安全相互关联、彼此影响的全球化时代,"安全利益你中有我,我中有你",弱肉强食、丛林法则不是人类共存之道。穷兵黩武、强权独霸不是人类和平之计。赢者通吃、零和博弈不是人类发展之路,强调坚持奉行双赢、多赢、共赢理念,坚决摒弃冷战思维、零和思维。此外,新安全观深刻阐明共同安全、综合安全、合作安全、可持续安全的核心要义,始终坚持共商共建共享理念,旨在更好更快地建成一个普遍安全的美好世界,进而迈向人类命运共同体,这既是新安全观的美好期待,也是其根本价值

---

[1] 习近平:《弘扬和平共处五项原则 建设合作共赢美好世界——在和平共处五项原则发表60周年纪念大会上的讲话》,北京,人民出版社2014年版,第8~9页。

追求。由此，不论是从价值观还是思维方式上，新安全观都从根本上克服了霸权逻辑下传统安全观的局限与弊端。从这个意义上说，新安全观向世界贡献了一种具有全球意义的、符合民心、顺应时代潮流的新安全理念。

然后，从新安全观应用或者说辐射范围角度来看。2014年5月，习近平总书记在上海举行的亚洲相互协作与信任措施会议第四次峰会上首次正式提出共同、综合、合作、可持续的亚洲安全观，强调"创新安全理念，搭建地区安全和合作新架构，努力走出一条共建、共享、共赢的亚洲安全之路"①。这一新亚洲安全观的首次出场即赢得与会各国代表的普遍认同，并写入当年的《上海宣言》。2015年9月，习近平总书记在第七十届联合国大会一般性辩论时的讲话中指出："我们要摒弃一切形式的冷战思维，树立共同、综合、合作、可持续安全的新观念。"②并在中国发布的关于联合国成立70周年的立场文件中也明确倡导要"倡导共同、综合、合作、可持续安全的理念"③。2017年1月，习近平总书记在联合国日内瓦总部发表的题为《共同构建人类命运共同体》的演讲中，进一步强调要"坚持共建共享，建设一个普遍安全的世界"④，"各方应该树立共同、综合、合作、可持续的安全观"⑤，从而使新安全观成为人类命运共同体的重要内容要素之一。2019年3月，习近平总书记在中法全球治理论坛闭幕式上继续强调："我们要秉持共同、综合、合作、可持续的新安全观，摒弃冷战思维、零和博弈的旧思维，摒弃弱肉强食的丛林法则，以合作谋和平、以合作促安全……"⑥这就意味着，习近平总书记倡导的亚洲安全观在理论本身逐步系统化、完善化的同时，脚步已经迈出亚洲、走向世界，进入了世界人们的视听，具有了全球意义。

2. 实践层面：维护国际安全的重要指南

共同、综合、合作、可持续的安全观最初是作为亚洲安全观被提出来的，其本意旨在维护亚洲地区的国家安全与稳定，实现亚洲的全面繁荣、合作与发展的前景。但从全球安全形势来看，我们的世界并不太平。如何

---

① 习近平：《积极树立亚洲安全观 共创安全合作新局面——在亚洲相互协作与信任措施会议第四次峰会上的讲话》，《人民日报》2014年5月22日。
② 《习近平谈治国理政》第二卷，北京，外文出版社2017年版，第523页。
③ 《中国关于联合国成立70周年的立场文件》，《人民日报》2015年9月22日。
④ 《习近平谈治国理政》第二卷，北京，外文出版社2017年版，第541页。
⑤ 《习近平谈治国理政》第二卷，北京，外文出版社2017年版，第542页。
⑥ 习近平：《为建设更加美好的地球家园贡献智慧和力量——在中法全球治理论坛闭幕式上的讲话》，《人民日报》2019年3月27日。

构建安全体系、实现持久和平,成为摆在世界各国面前难以逃避和忽视的时代课题。在这样的历史节点上,中国将亚洲安全观共享给世界恰逢其时。共同、综合、合作、可持续的新安全观不仅表明了中国坚定致力于维护安全、稳定、发展的真诚意愿,更是将国家安全、区域安全上升到全球层面,丰富了安全观的内涵,扩展了其外延。这就摒弃了冷战思维、集团对抗,摒弃了以牺牲别国安全换取自身绝对安全的做法,对于实现持久和平的世界具有重要意义,必将成为维护国际安全的重要指南。

自从新安全观进入世界视听以来,这一理念已得到越来越多国家的认同。中国作为维护世界和平与发展的坚定力量,不仅是这一安全观的积极倡导者,更是这一安全观的坚定实践者。一方面,中国积极维护亚洲地区安全与发展。如积极开拓更多的以上合组织、东盟、亚信等为代表的区域性多边安全保障机制;主动与邻国合作,共同打击恐怖主义、缉毒、反走私、打击海盗、遏制网络犯罪等;通过"一带一路"扩大与周边国家经贸往来、人文交流等。另一方面,中国积极承担对于全球安全应尽的义务与责任。例如,中国决定设立为期10年、总额10亿美元的中国—联合国和平与发展基金,以期为世界和平与发展作出新的贡献;中国将加入新的联合国维和能力待命机制,为此率先组建常备成建制维和警队,并建设8000人规模的维和待命部队[①];"中国决定在未来5年内,向非盟提供总额为1亿美元的无偿军事援助,以支持非洲常备军和危机应对快速反应部队建设"[②];中国还决定裁撤军队30万人,兑现和平发展的庄严承诺;到2021年3月,中国已经或正在向80多个国家和3个国际组织提供疫苗援助,同时向40多个国家出口疫苗,还同10多个国家开展疫苗研发和生产合作[③]……这些都可谓是践行新安全观的切实行动,无疑为国际社会树立了典范。透过当前新安全观收获的世界反响和中国维护世界和平的坚定立场和实际行动,可以相信并预见,"在不同国家间安全对话与全球复杂安全问题处理过程中,可持续安全观会得到更多国家和国际组织的认同与支持,成为21世纪维护国际安全与世界和平的重要思想指导和行为准则"[④]。

---

① 《习近平谈治国理政》第二卷,北京,外文出版社2017年版,第526页。
② 《习近平谈治国理政》第二卷,北京,外文出版社2017年版,第526页。
③ 于洪君、史志钦:《2021年"一带一路"青年发展报告》,北京,人民出版社2022年版,第106页。
④ 刘江永:《可持续安全观是照亮世界和平的一盏明灯——深入学习习近平同志关于树立共同、综合、合作、可持续安全观的重要论述》,《人民日报》2017年3月16日。

第三节　新合作观：新全球化语境下的外交价值观

当前，经济全球化正处在一个十字路口。一方面，技术进步、产业变革和跨国资本流动推动着全球化进程的进一步深化。另一方面，一系列以保护主义、单边主义为主要代表的逆全球化浪潮在世界范围内强势登场。综合研判世界发展大势，经济全球化是不可逆转的时代潮流，不论是反全球化还是逆全球化思潮都有违时代潮流。但对于这些思潮之所以兴起的背后动因，我们应该深入省察。从外交价值观角度来说，全球化之所以遭到一些国家和地区人们的反对，原因之一就是国际社会中正确合作观缺失，导致义利关系失衡。一般而言，外交价值观是评价、指引一国对外交往行为的重要准则，对国与国之间合作关系、义利关系的观点和看法是一国外交价值观的重要组成部分。中国是世界第二大经济体，同时是成长中的全球性大国，中国在外交中秉持什么样的合作观和义利观，"如何处理自身发展与世界共同发展的关系，不仅关系我国的国际形象，而且关系世界的和平与发展"[①]。在以往的全球经济交往中，中国往往重视的是物质层面的交流而忽视交往理念的输出。在中国提出全球观念而不只是产品之前，西方观念依然在这个世界中占据支配地位。中国凭借廉价产品深入非洲和亚洲国家，但缺乏适合于出口的观念作为这些产品的支撑。这些都呼唤着新全球化时代外交价值观的产生。2013年3月，习近平总书记在访问非洲期间提出新义利观，之后又在周边外交工作会议上进行了系统论述。在此基础上，2018年6月，习近平总书记在上合峰会上提出开放、融通、互利、共赢的合作观，在国内外产生了重大影响。

一、新合作观内涵的全球化阐释

1. 新义利观具有深刻内涵

新合作观的突出特色是新义利观。习近平总书记深刻指明，"义，反映的是我们的一个理念，共产党人、社会主义国家的理念。这个世界上一部分人过得很好，一部分人过得很不好，不是个好现象。真正的快乐幸福

[①] 王毅：《坚持正确义利观　积极发挥负责任大国作用——深刻领会习近平同志关于外交工作的重要讲话精神》，《人民日报》2013年9月10日。

是大家共同快乐、共同幸福。我们希望全世界共同发展,特别是希望广大发展中国家加快发展。利,就是要恪守互利共赢原则,不搞我赢你输,要实现双赢。我们有义务对贫穷的国家给予力所能及的帮助,有时甚至要重义轻利、舍利取义,绝不能惟利是图、斤斤计较"①。因而,"我们要注重利,更要注重义,只有义利兼顾才能义利兼得,只有义利平衡才能义利共赢"②。在这里,利指的是互利,是大家的彼此成就、共同发展、共同繁荣。义指的是道义,是交往关系中的崇尚道德、主张公道、伸张正义。尤其是对发展中国家,中国始终坚持义利并举、以义为先、义大于利。如针对非洲等发展中国家,提出"真实亲诚"的外交理念,表明中国在与非洲国家交往时,"决不走殖民者的掠夺老路,决不效仿资本家的唯利是图做法,也不会像有的国家只是为实现自己的一己私利,而是愿与非洲兄弟共同发展,共同繁荣"③,这也是对中国在非洲实行"新殖民主义"论调的无情驳斥;针对周边国家,讲求"亲诚惠容"的外交理念,强调各个国家在追求本国利益的同时,也应促进与其他各国的共同发展,反对以邻为壑、转嫁危机、损人利己的不道德做法,这是对"以邻为壑""以邻为恶"传统观念的坚决摒弃。

由此观之,新义利观在对义与利的辩证统一关系深刻把握的基础上,向世界传递了中国尚道德、秉持道义、主张公道、伸张正义,义在利先、利在义后的外交价值观念。正是基于这一新义利观,开放、融通、互利、共赢的合作观得到了越来越多的国家和人民的认同,深刻彰显了这一理念在推动构建新型国际关系上的显著作用。总之,新义利观的深刻内涵及其价值观念不仅在习近平总书记倡导的开放、融通、互利、共赢的合作观中得到了具体的、集中的展示,赋予新合作观以深刻的价值内涵,而且找到了破解零和博弈思维的钥匙,是合作共赢的道义原则,也是从中国视角对国际公平正义原则的进一步阐释。

2. 新义利观对旧义利观的超越

当前,不同国家和地区越来越成为你中有我、我中有你的命运共同体,"一荣俱荣、一损俱损"的连带效应日益凸显,这就决定了我们在看待和处理国际关系时,必须坚决摒弃局限在传统的冷战思维和零和思维

---

① 王毅:《坚持正确义利观　积极发挥负责任大国作用——深刻领会习近平同志关于外交工作的重要讲话精神》,《人民日报》2013 年 9 月 10 日。

② 张新平:《中国特色的大国外交战略》,北京,人民出版社 2017 年版,第 167 页。

③ http://politics.people.com.cn/n/2014/0111/c70731-24088336.html。

的"老框框",不能做你少我多、损人利己的行为。然而,长期以来,"利益至上""只有永远的利益,没有永恒的朋友""利益决定了我们应该干什么,实力决定了我们能够干什么"等西式理念被国际社会奉为圭臬,对构建互利共赢的新型国际关系造成重大阻碍。新义利观恰恰是对西方唯利是图的现实主义外交理念的超越。"当前国际政治存在许多风气不正的地方,最大的缺失就是道义,哪个新兴新型大国能够在道义上为世界逐步树立'正'的风气和标准,哪个国家就能聚拢巨大的软实力资源"①。由此,增强中国的亲和力、感召力、影响力,有助于不断巩固深化与其他国家的团结合作,有助于优化、净化、升华当代国际关系。

在零和博弈、相互踩踏、干涉说教、有你无我等陈旧观念还在妨碍着新型国际关系构建时,新义利观无疑对全球性问题给出"中国答案"。"万物并育而不相害,道并行而不相悖。"和平发展是世界大义,合作共赢是世界大利,二者并育不害,相辅相成。全球化之所以遭到一些国家和地区人们的反对,原因之一就是国际社会中重私利轻大义,少数人得利、大多数人失利等现象的普遍存在。义利失衡是当前世界的一大特点,经济全球化版本要升级,迫切需要发挥正确义利观的正能量作用。习近平总书记指出:"我们应该把本国利益同各国共同利益结合起来,努力扩大各方共同利益的汇合点,不能这边搭台、那边拆台,要相互补台、好戏连台。要积极树立双赢、多赢、共赢的新理念,摒弃你输我赢、赢者通吃的旧思维,'各美其美,美人之美,美美与共,天下大同'。"②由此观之,新义利观的提出不仅丰富了中国特色大国外交理论的核心价值体系,还为构建合作共赢的新型国际关系提供了价值指引。必须指出的是,中国"坚持走和平发展道路,但决不能放弃我们的正当权益,决不能牺牲国家核心利益。任何外国不要指望我们会拿自己的核心利益做交易,不要指望我们会吞下损害我国主权、安全、发展利益的苦果"③。

二、新合作观功能的全球化定位

1. 理论功能:贡献了一种新全球化语境下的外交价值观念

习近平总书记倡导的新合作观站在历史和现实的高度,以新义利观为

---

① 苏长和:《习近平外交理念"四观"》,《人民论坛》2014年第6期。
② 习近平:《弘扬和平共处五项原则　建设合作共赢美好世界——在和平共处五项原则发表60周年纪念大会上的讲话》,《人民日报》2014年6月29日。
③ 《习近平谈治国理政》第一卷,北京,外文出版社2018年版,第249页。

理论基石和内核，旨在实现世界各国的互利共赢，为世界各国贡献了一种符合时代潮流和人类发展趋势的合作观，彰显了新全球化语境下的外交价值观念。

一方面，新全球化语境迫切呼唤一种新的外交价值观念。回首历史，不管是两次世界大战还是冷战都给世界人民留下了难以磨灭的悲伤回忆，因分歧、误会、私利而斗而战，人类已经吞下了苦果。审视当下，当今世界已经发生了十分深刻复杂的变化。习近平总书记站在历史与现实的高度，向世界传递了对国际关系演变趋势和人类文明走向的中国判断："这个世界，各国相互联系、相互依存的程度空前加深，人类生活在同一个地球村里，生活在历史和现实交汇的同一个时空里，越来越成为你中有我、我中有你的命运共同体。"[①] 这一新全球化语境下的中国判断意味着传统的旧思维已经过时，已经不能够适应时代发展，甚至阻碍国际社会的共同发展，成为世界和平发展的阻碍，最终要被时代抛弃。从国际关系的发展态势来看，世界各国人民也正在逐步抛弃传统的思维模式和价值观念。彼此之间虽有分歧摩擦，但互信认同合作成为主流，越来越多的人开始期待一种更为符合时代潮流、更具指导性的新合作观、新义利观。从这个意义上来说，新合作观克服了西方国家固守的、占据主流的零和博弈、冷战思维等陈旧观念，打破了非此即彼、以邻为壑的敌对身份标识，遵循"合则强，孤则弱"的古训，主张各国利益的共同发展，是一种新的符合新全球化语境的外交价值观念。

另一方面，大国责任要求对这一时代呼唤作出回应。党的十八大以来，世界在中国倡导的共享发展中一次次地见证了大国责任和大国担当。事实上，对于中国而言，大国责任与担当并非一时兴起的新鲜事物，而是由来已久，流淌在中华民族的文化血脉中，承继于中国外交的优良传统中。可以说，"义"字当先，讲信义、重情义、扬正义、树道义等道德准则和行为规范，是中华民族千百年来一以贯之的涵养与作为。作为负责任的大国对新全球化语境的积极回应，新义利观的提出既是大国责任的内在要求，也是大国责任的再一次凸显，必将成为中国新时代外交的一面旗帜。

2. 实践功能：为构建互利共赢的新型国际关系奠定伦理基石

"当前国际关系中存在着重利轻义，或者说重一国之私利而轻国际之

---

① 习近平：《顺应时代前进潮流　促进世界和平发展——在莫斯科国际关系学院的演讲》，《人民日报》2013年3月24日。

大义的倾向，造成了国际关系的紧张和冲突，南南问题、南北问题、东西问题不仅没有得到较好的解决，反而愈趋严重，冷战思维、零和思维以及相互拆台现象有增无减，使得全球化遭遇重挫。如何扭转国际关系的偏差，使其朝着互利共赢的方向发展，迫切需要正确义利观的指导、规范和引领"[1]。习近平总书记提出的新义利观科学阐明义与利的辩证统一关系，即致力于将功利与道义有机结合起来，既注重建构和维护国际正义与民族道义，又致力于各国福祉共享的增长和互利共赢发展格局的实现，为构建新型国际关系奠定了最根本的伦理基石。

首先，新合作观有助于中国开展特色大国外交，这是构建新型国际关系的前提。党的十八大以来，以习近平同志为核心的党中央深刻把握新的时代条件，继承并不断创新外交思想和理念，创造性地提出树立正确义利观的思想，开辟了新时代中国特色大国外交的新境界：一是发挥稳定大国关系中流砥柱的战略新作用。大国关系和大国战略，关乎世界和国家间的战略稳定，大国乱则天下乱，在当今世界大变局中更是如此。当前大国关系中，尤以中美关系最具战略意义。中美关系不仅攸关两国福祉，而且牵动整个世界。对待中美关系，中国坚持从两国人民根本利益和两国关系大局出发，既强调对彼此核心利益和重大问题的尊重与关切，又主张真诚面对和正确处理双方存在的矛盾分歧，在求同存异的基础上致力于实现合作共赢。二是强化周边环境稳定向好的发展新势头。邻国相亲，则长有国。近年来，中国的迅猛发展使得中国的周边环境发生了重大变化。正如习近平总书记指出："审视我国的周边形势，周边环境发生了很大变化，我国同周边国家的关系发生了很大变化，我国同周边国家的经贸联系更加紧密、互动空前密切。这客观上要求我们的周边外交战略和工作必须与时俱进、更加主动。"[2] 鉴于此，习近平总书记强调坚持与邻为善、与邻为伴，坚持睦邻、安邻、富邻，践行亲诚惠容理念，为强化周边环境稳定向好的发展新势头提供了正确的思想指引。三是谋求与发展中国家的共同发展。当前，中国快速发展的成绩引来许多发展中国家的惊羡，但同时也不可避免地受到他们的疑虑：这样一个发展突飞猛进的中国是否还是发展中国家的一员？是否还愿意与众多发展中国家一道携手并进、共同发展？对此，习近平总书记全面阐述的正确义利观，明确了中国作为发展中国家一员的地位以及处理与发展中

---

[1] 王泽应：《正确义利观：建构当代国际关系伦理的基本精神》，《湖南师范大学社会科学学报》2016年第5期。

[2] 《习近平谈治国理政》第一卷，北京，外文出版社2018年版，第297页。

国家关系的鲜明立场，并通过在重大场合为发展中国家发声，积极向发展中国家提供援助等方式积极践行正确义利观。由此观之，新合作观指导下中国特色大国外交不仅提升了中国外交影响力，而且为世界各国探索相处之道提供新的选择，为构建新型国际关系不断创造条件，增添动力。

其次，新合作观有助于构建开放型世界经济，凝聚更多合作共识和正能量。新合作观拒绝自私自利、短视封闭的狭隘政策，为维护世界贸易组织规则、支持多边贸易体制、构建开放型世界经济提供了方向引领。在世界经济全球化联系日益紧密的时代背景下，世界各国是相互依存、彼此融合的利益共同体，相通则共进，相闭则各退。作为发展中的大国，中国始终致力于与世界各国和国际社会共享时代发展机遇，并欢迎各国搭乘中国经济的"快车""便车"和"顺风车"。在G20汉堡峰会、金砖领导人厦门会晤、越南岘港APEC峰会、第二届"一带一路"国际合作高峰论坛、达沃斯世界经济论坛、博鳌亚洲论坛2022年年会、全球发展高层对话会、第五届中国国际进口博览会、二十国集团领导人第十七次峰会等一系列重大多边外交场合，习近平总书记均旗帜鲜明地主张构建开放型世界经济，构建创新、开放、联动、包容型世界经济。作为负责任的大国，不管是在维护多边贸易体制，推动区域经济一体化，提升双边开放水平还是在打造全球开放合作新平台上，中国始终以带好头、不欺人、敢担当、作表率的形象活跃在国际舞台中，汇聚起越来越多的合作共赢共识，为构建开放型世界经济贡献了中国力量。

最后，新合作观进一步揭示了新型国际关系的核心内涵，为构建新型国际关系明确了价值目标。新合作观以人类命运共同体为基本价值视角，揭示了构建新型国际关系的核心内涵在于互利共赢。基于命运共同体和利益共同体的互利共赢，不是你输我赢、赢者通吃，而是双赢、共赢、多赢，不是独乐乐而是众乐乐，是大家的共同发展。从这个意义上来说，互利共赢与新合作观在价值取向上是内在统一的。进一步说，"只有合乎道义的功利才能有希望走向互利共赢，互利共赢的功利一定是合乎道义的，因此互利共赢就是道义与功利的有机结合，是义与利的辩证统一"[①]。互利共赢与义利关系的辩证统一决定了，只有遵循新合作观与新义利观的基本原则和精神，才能真正建构起互利共赢的新型国际关系。

---

① 王泽应：《正确义利观：建构当代国际关系伦理的基本精神》，《湖南师范大学社会科学学报》2016年第5期。

第四节 新文明观：处理不同文明关系的新视角

20世纪90年代，美国国际政治研究领域的著名学者塞缪尔·亨廷顿提出"文明冲突论"一度引起轩然大波。在他看来，冷战后的世界，国际冲突的基本根源不再是意识形态，而是来自文化方面的差异，主宰全球的将是"文明的冲突"。从当前国际形势来看，中东地区持续动乱，恐怖活动猖獗，巴黎、比利时暴恐事件轰动世界，叙利亚化武事件再起波澜，这些都促使人们不由自主地再次想到美国著名学者塞缪尔·亨廷顿的文明冲突论，好像当今世界形势已经被亨廷顿不幸言中。其实不然，这些现象恰恰从侧面说明世界文明应当是多样的。如果试图将一种文明强行推广到不同的地区，甚至企图取代当地的文明，那样的结果将是灾难性的。今天，站在人类文明的十字路口，应当如何看待和处理不同文明之间的关系？是继续秉持"文明冲突论""文明优越论"，陷入剑拔弩张的对峙和居高临下的征讨中不能自持，还是从文明互补、文明和谐的新的全球视野出发，以平等、谦虚的态度认识和对待人类不同文明，以开放、包容的姿态促进不同文明间的交流互鉴，从而推动人类文明朝着共存、共生、共荣的方向发展？历史和现实一再昭示，前者只能是逆历史而动，后者才是顺势而为。为此，习近平总书记深刻反思当前国际形势，克服了从冲突层面看待世界文明的单一视角，提出并倡导平等、互鉴、对话、包容的新型文明观，真正揭示了文明的特质，为看待世界不同文明的关系提供了一种新视角，并在以后的对外交往中不断发展与深化，为人类文明的和谐发展开辟了新路径。

一、新文明观内涵的全球化阐释

1. 文明是平等的

人类在漫长的历史长河中，创造和发展了多姿多彩的文明。不同文明样态都是历史长河中人类劳动与智慧的积淀，都是点缀在人类文明桂冠上的璀璨宝石，在交相辉映中闪耀着人类文明的灿烂之光，具有其不可替代的独特意蕴。"文明具有多样性，就如同自然界物种的多样性一样，一同构成我们这个星球的生命本源。"[①] 文明的多彩性、多样性作为文明的鲜明

[①] 习近平：《论坚持推动构建人类命运共同体》，北京，中央文献出版社2018年版，第322页。

特征，恰恰是文明魅力之所在。文明的多姿多彩表征着文明之间的异质性、差异性，但并不意味着文明之间存在高低、优劣之别。"各种人类文明在价值上是平等的，都各有千秋，也各有不足。世界上不存在十全十美的文明，也不存在一无是处的文明，文明没有高低、优劣之分。"① 如果固守优劣比较的价值判断逻辑，人为地把文明划分为三六九等，无视文明的平等性，硬要以站在文明制高点自居，搞唯我独尊、文明歧视那一套，并以此为托词将自身文明强加于其他文明之上，结局只能是不同文明之间的矛盾与冲突，并最终阻碍人类文明前进的脚步，给人类社会发展带来灾难性的毁灭。

历史和现实都表明，傲慢和偏见是文明交流互鉴的最大障碍。一个真正自信的民族在不同文明面前，既不应妄自菲薄，也不应傲慢自居，应坚决摒弃对各文明高低、优劣之分的狭隘思维，秉持平等、谦虚的态度看待和对待不同文明。如此，人类文明便获得了交流互鉴的前提，也为文明能以多姿多彩的样态共存提供了前提。

2. 文明是互鉴、对话的

英国哲学家罗素在其《中西文化比较》一文中认为："在往昔，不同文化的接触曾是人类进步的路标。希腊曾经向埃及学习，罗马曾经向希腊学习，阿拉伯曾经向罗马帝国学习。中世纪的欧洲曾经向阿拉伯人学习，而文艺复兴时的欧洲曾经向拜占庭帝国学习。"② 可见，不同文化之间的学习和借鉴是人类文明发展中的常态，也是促进文化进步的重要动力。我们要理解、欣赏、接纳另一种文化，而不应该只是某一文化的单向输出、展示和推广。文明的多样性、平等性和包容性等鲜明特征决定了不同文明之间的接触和遭遇应当是双向的良性互动。诚如习近平总书记指出："每种文明都有其独特魅力和深厚底蕴，都是人类的精神瑰宝。不同文明要取长补短、共同进步，让文明交流互鉴成为推动人类社会进步的动力、维护世界和平的纽带。"③

纵观人类发展历史，文明的繁盛、人类的进步，总是离不开文明的交流互鉴。从某种意义上讲，人类的文明发展史就是一部不同文明之间的交流史。人类文明是多彩的，这种多彩因交流而更加绚烂，因互鉴而更加斑斓。"迄今为止，没有一种文明是在完全封闭的环境中发展起来的，文明

---

① 习近平：《论坚持推动构建人类命运共同体》，北京，中央文献出版社2018年版，第77页。
② [英]罗素：《一个自由人的崇拜》，胡品清译，吉林，时代文艺出版社1988年版，第8页。
③ 习近平：《论坚持推动构建人类命运共同体》，北京，中央文献出版社2018年版，第421页。

的产生和发展过程就是一个与其他文明碰撞、交流、融合的过程"①。正是在这样的过程中，各种文明不断汲取其他文明的精华以丰富自身，进而彰显出强大而持久的生命力和活力。如果将眼光仅仅局限在自身文明内部，排斥、蔑视甚至敌视其他文明，其后果必将是在封闭与孤立中停滞不前，丧失生命力和活力。总之，"要尊重世界文明多样性，以文明交流超越文明隔阂、文明互鉴超越文明冲突、文明共存超越文明优越"②。

3. 文明应当是包容的

当前，世界不同文明之间的碰触、打量、交锋、冲撞日益频繁深入，文明的包容性比历史上任何一个时期更显重要。习近平总书记指出，文明是包容的，人类文明因包容才有交流互鉴的动力。一切文明成果都值得尊重，一切文明成果都要珍惜③，并以"海纳百川，有容乃大"强调文明的包容性。文明的包容性指向一种成熟的文化心态，体现的是一种气度，是一种对其他文明的尊重，对自身文明自信的底气。回望人类文明发展历史，包容共识来之不易，其本身就是文明史不断演进的结果。早在20世纪50年代，莱斯特·皮尔逊就曾警告说："人类正在进入一个不同文明必须学会在和平交往中共同生活的时代，相互学习，研究彼此的历史、理想、艺术和文化，丰富彼此的生活。否则，在这个拥挤不堪的窄小世界里，便会出现误解、紧张、冲突和灾难。"④现在看来，这并非危言耸听。

历史和现实已经一再昭示我们，隔阂与排斥往往与蒙昧相伴，开明与包容总是带来文明之光。人类文明的发展就是包容差异化、个性化的过程。事实上，文明的包容不仅是对其他文明的尊重和认可，也为激发自身文明的活力提供可能和空间，这一点可以在中华文明的发展历程中得到有力印证。中华文明作为世界上唯一没有中断过的文明，其本身的发展历史及其展现出来的强大生机与活力就是对文明包容性所作的最好注解。"和羹之美，在于合异。"2017年1月18日，习近平总书记在联合国日内瓦总部的演讲中强调："文明差异不应该成为世界冲突的根源，而应该成为人类文明进步的动力。"汤一介先生也曾言，相对于"文明的冲突"，"'文

---

① 李慎明：《互学互鉴：形成多元互动的人文交流格局》，《北京日报》2019年5月13日。
② 习近平：《决胜全面建成小康社会 夺取新时代中国特色社会主义伟大胜利——在中国共产党第十九次全国代表大会上的报告》，北京，人民出版社2017年版，第59页。
③ 习近平：《论坚持推动构建人类命运共同体》，北京，中央文献出版社2018年版，第78页。
④ [美]塞缪尔·亨廷顿：《文明的冲突与世界秩序的重建》，周琪等译，北京，新华出版社2010年版，第296~297页。

明的共存'才应是人类社会的出路。"①因此,"我们要坚持求同存异、开放包容,在交流互鉴中取长补短,在求同存异中共同前进,让各个文明都绽放出自己的光彩"②。

二、新文明观功能的全球化定位

1. 理论层面:提供了一种看待世界文明关系的新视角

20世纪90年代,美国国际政治研究领域的著名学者塞缪尔·亨廷顿提出的"文明冲突论",从全球视角来看待世界上的不同文明,并将冷战后的世界文明分为七种或八种,对世界各种文明进行了深入研究和剖析。客观来讲,这不失为一种全球视野下的文明观。但问题是,是否仅仅存在这一从冲突层面看待世界文明的单一视角?答案显然是否定的。平等、互鉴、对话、包容的文明观真正揭示了文明的特质,以其全新的视角解构了所谓的"文明冲突论",建构了一种既符合人类文明发展规律,又得到世界人民认可的新型文明观。

之所以说平等、互鉴、对话、包容的文明观是一种新型文明观,关键在于它与以往文明观在思维模式和视野格局上有着本质的区别。不管是西方文明中心论、文明冲突论还是历史终结论,其思维都难逃"中心—边缘—外围"的"同心圆"式的理论模型和话语模式,都是站在自身文明立场或者不同国族文明关系的对立基础上进行阐述,其本质是偏执僵化的"普世文明观"的具体表现。它所强调的往往是不同文明之间的对抗性和冲突性,将自身文明看作世界文明的中心,以自身文明作为标尺来衡量和评判其他文明,并企图通过将自身文明推广甚至强加于其他文明之上来一统天下,打造文明同质体。相比之下,习近平总书记倡导的新文明观站在世界文明或者人类文明的高度,充分认识到文明多彩、平等、包容的鲜明特质,推动不同文明之间的对话与交流,以促进人类文明和谐共生为旨归,突破以往狭隘偏执的思维范式,为推动世界文明共生、共存、共荣提供了一种全新视野。这种全新视野在充分承认和尊重不同国家、民族、地域之间的文明差异的基础上求同存异,更加追求文明的共性,在竞争中取长补短,在合作中交流互鉴,寻求不同文明之间的共存共荣,在世界范围内形塑了一种正确的文明观,为维护人类文明多样性和应对人类文明进步

---

① 汤一介:《"文明的冲突"与"文明的共存"》,《北京大学学报(哲学社会科学版)》2004年第6期。

② 习近平:《论坚持推动构建人类命运共同体》,北京,中央文献出版社2018年版,第219页。

的新挑战，提供了一种看待世界文明关系的新视角，有助于增进不同文化间的相互理解和认同，以文明交流超越了文明隔阂，以文明互鉴超越了文明冲突，以文明共存超越了文明优越。面对偏执、僵化的所谓"普世文明观"，我们需要通过倡导新型的文明观来予以应对，进而打造文明共同体。文明共同体并不是文明同质体，文明的类型应该是多样、平等、包容的，人类文明因多样才有交流互鉴的价值，因平等才有交流互鉴的前提，因包容才有交流互鉴的动力。"文明二元论"和"历史终结论"无疑会将人类文明引向紧张与冲突的境地。唯有以新型文明观取而代之，并以此作为不同文明之间的相处之道，人类文明和谐共生之路才会更有前景。这就为人类文明的发展与进步指明了前进的方向。

2. 实践层面：为人类文明的和谐共生开辟了新路径

平等、互鉴、对话、包容的新文明观就是"要加强不同文明交流对话，加深相互理解和彼此认同，让各国人民相知相亲、互信互敬"[①]。因此，从实践层面来看，新文明观有助于推动不同文化间的沟通交流，有助于借助现有平台为不同文明的交流合作作出贡献。例如，可以充分发挥"一带一路"的文化交流功能，在建设"一带一路"的过程中应消除疑虑和隔阂，以虚心的态度和包容的精神，学习各国发展的有益经验，吸收借鉴，真正让文明的交流互鉴与创新融合成为推动人类社会进步的动力、维护世界和平的纽带、增进各国人民友谊的桥梁。与此同时，要积极探索并定期举行世界文明对话活动。不同文明没有优劣之分，只有特色之别，文明的对话是平等相待而不是居高临下，是相互欣赏而不是相互贬损，是彼此包容而不是相互排斥。为此，要在对话中充分体现不同文明的平等性，这种平等不是西方意义上同质性的排他性的平等，而是如费孝通所说的"各美其美，美人之美，美美与共"意义上的平等。例如，通过召开世界文明交流对话大会，并以此为依托，加强各国青少年、民间团体、地方、媒体等各界的互动和交流，打造文明交流合作智库网络平台，迸发多样文明的华彩，让全球人民享受更富内涵的精神生活。从这个意义上，"金砖国家为世界文明交流提供了最佳实践。近年来，五国人文交流如火如荼，电影节、运动会、合拍电影和纪录片等老百姓喜闻乐见的活动逐渐铺开，正在

---

① 习近平：《为建设更加美好的地球家园贡献智慧和力量——在中法全球治理论坛闭幕式上的讲话》，《人民日报》2019年3月27日。

五国间架起一座坚实的民心之桥。"① 总之，新文明观在承认不同文明存在差异的前提下，更强调文明之间的交流与互鉴，提出了一条不同文明间共存、共生、共荣的人类文明发展之路，把握了世界文明发展的规律和趋势，更具有吸引力、亲和力与生命力，必将为全球合作发展和打造人类命运共同体注入强劲的文明动力。

第五节　新治理观：新全球化语境下的战略举措

近年来，受国际金融危机的直接影响，全球性挑战和治理难题以及各种形式的"黑天鹅"事件层出不穷，治理失灵现象频发。全球治理赤字的困境迫切呼唤一种新的全球治理理念出现，进而推动全球治理体系的变革和升级，有效破解当今人类社会面临的共同难题。习近平总书记顺应时代潮流，提出共商共建共享的全球治理观，为破解全球治理难题贡献了中国智慧和中国方案。

一、新治理观内涵的全球化阐释

2016年9月4日，习近平总书记在二十国集团领导人杭州峰会上，首次全面阐述了中国的全球经济治理观，为推进全球增长注入强劲动力。之后，习近平总书记在主持中共十八届中央政治局第三十五次集体学习时进一步强调，"要提高我国参与全球治理的能力"②。党的十九大报告正式提出并宣布"中国秉持共商共建共享的全球治理观"③。2019年3月，习近平总书记在中法全球治理论坛闭幕式上强调："我们要坚持共商共建共享的全球治理观，坚持全球事务由各国人民商量着办，积极推进全球治理规则民主化。"④ 同年11月，习近平总书记在金砖国家领导人巴西利亚会晤公开会议上指出："金砖国家应该发挥负责任大国作用，积极倡导共

---

①　习近平：《携手努力共谱合作新篇章——在金砖国家领导人巴西利亚会晤公开会议上的讲话》，《人民日报》2019年11月15日。

②　《习近平谈治国理政》第二卷，北京，外文出版社2017年版，第450页。

③　习近平：《决胜全面建成小康社会　夺取新时代中国特色社会主义伟大胜利——在中国共产党第十九次全国代表大会上的报告》，北京，人民出版社2017年版，第60页。

④　习近平：《为建设更加美好的地球家园贡献智慧和力量——在中法全球治理论坛闭幕式上的讲话》，《人民日报》2019年3月27日。

商共建共享的全球治理观,推动全球经济治理体系变革。"①2020 年 11 月,在二十国集团领导人第十五次峰会第一阶段会议上,习近平总书记指出:"新冠肺炎疫情是一次重大挑战,凸显了全球治理存在的短板。"为此,针对后疫情时代的国际秩序和全球治理以及二十国集团将发挥什么样的作用的问题,习近平总书记强调,"应该遵循共商共建共享原则,坚持多边主义,坚持开放包容,坚持互利合作,坚持与时俱进。二十国集团应该在这方面发挥更大引领作用"②。近年来,就全球卫生治理体系的完善,习近平总书记指出,"要坚持共商共建共享,充分听取发展中国家意见,更好反映发展中国家合理诉求"③。习近平总书记在中国共产党与世界政党高层对话会上指出:"要携手推进全球治理体系改革和建设,推动国际秩序朝着更加公正合理的方向发展,在不断促进权利公平、机会公平、规则公平的努力中推进人类社会现代化。"④

新全球治理观以共商共建共享为其核心要义。"共"字表达出了这一核心要义的核心价值。正如习近平总书记强调:"世界命运应该由各国共同掌握,国际规则应该由各国共同书写,全球事务应该由各国共同治理,发展成果应该由各国共同分享。"⑤这就意味着,全球治理的事情大家一起商量着办,更加完善的全球治理体系大家一起建设,由此产生的成果也将由大家一起分享。具体而言,"共商"即世界各国共同协商、共同制定、共同解决、共同推进,在深化交流和务实合作中增强国与国之间的平等对话与互惠互信。"共建"即世界各国共同参与、共同建设、互利共赢,在协调配合中增进各方共识、扩展共同利益,不断形成合作共赢的紧密利益共同体。身处你中有我、我中有你的地球村,在全球性挑战和危机面前,"各国相互联系、相互依存,全球命运与共、休戚相关"⑥,任何国家都不可能独善其身,只有摒弃传统狭隘思维,通力合作、共同应对,才会有共

---

① 习近平:《携手努力共谱合作新篇章——在金砖国家领导人巴西利亚会晤公开会议上的讲话》,《人民日报》2019 年 11 月 15 日。
② 习近平:《勠力战疫 共创未来——在二十国集团领导人第十五次峰会第一阶段会议上的讲话》,《人民日报》2020 年 11 月 22 日。
③ 习近平:《携手共建人类卫生健康共同体——在全球健康峰会上的讲话》,《人民日报》2021 年 5 月 22 日。
④ 习近平:《携手同行现代化之路——在中国共产党与世界政党高层对话会上的主旨讲话》,北京,人民出版社 2023 年版,第 3~4 页。
⑤ 《习近平谈治国理政》第二卷,北京,外文出版社 2017 年版,第 540 页。
⑥ 习近平:《共同构建人类命运共同体——在联合国日内瓦总部的演讲》,《人民日报》2017 年 1 月 19 日。

同发展。"共享"即世界各国共同分享发展机遇和发展成果,实现世界各国的互惠互利、多赢共赢,推动全球治理更加公正合理。共商共建共享的全球治理观,实际上是中国针对全球治理问题提出的解决思路和方案,共商共建共享作为核心要义所要传递和表达的核心意思就是要平等合作,"也就是全球治理当中遇到的全球性问题需要各个行为体都有机会参与协商,对全球治理体系不完善的改进需要各行为体共同建设,这样产生的全球治理体系才能由大家共享"[①]。

由此可见,共商共建共享的新治理观是对"我们到底需要一个什么样的世界"这一根本性价值命题的回答。它站在人类命运共同体的高度,追求全球善治的真正实现,是一种符合时代发展潮流也被世界人民广泛认可的新型全球治理观。

二、新治理观功能的全球化定位

1. 理论层面:提供了一种推动全球治理体系变革的新制度安排

迄今为止,现存的全球治理体系及其规则大多是由西方国家制定的,其出发点和落脚点都是维护西方国家利益,对当前的广大发展中国家、新兴市场国家来说存在诸多不合理之处。而且随着全球治理的领域越来越宽广、内容越来越多,现行的全球治理体系表现出越来越不能够与之相适应的倾向。因此,推动全球治理体系变革和升级需要既"破"又"立",即原有的规则要变革,新的规则要制定。新全球治理观作为一种新制度安排,强调我们要"着力增强规则制定能力、议程设置能力"[②]。

综观当前世界形势,推动全球治理体系变革和升级已是大势所趋:"这不仅事关应对各种全球性挑战,而且事关给国际秩序和国际体系定规则、定方向;不仅事关对发展制高点的争夺,而且事关各国在国际秩序和国际体系长远制度性安排中的地位和作用。"[③] 因此,"我们不能当旁观者、跟随者,而是要做参与者、引领者,……在国际规则制定中发出更多中国声音、注入更多中国元素,维护和拓展我国发展利益"[④]。早在 2013 年 3 月,习近平总书记在出席金砖国家领导人第五次会晤上就指出:"不管全

---

① 刘志:《浅析习近平的全球治理观》,《党政论坛》2017 年第 4 期。
② 《习近平谈治国理政》第二卷,北京,外文出版社 2017 年版,第 450 页。
③ 习近平:《论坚持推动构建人类命运共同体》,北京,中央文献出版社 2018 年版,第 260 页。
④ 《习近平在中共中央政治局第十九次集体学习时强调　加快实施自由贸易区战略　加快构建开放型经济新体制》,《人民日报》2014 年 12 月 7 日。

球治理体系如何变革,我们都要积极参与,发挥建设性作用,推动国际秩序朝着更加公正合理的方向发展,为世界和平稳定提供制度保障。"① 通过制度建设和制度保障来推动全球治理体系变革既是新全球治理观的重要主张,也是推动全球治理体系变革真正落地的实践路径。近年来,中国在这方面作出了巨大努力和贡献,成效显著。例如,"中国发起成立了亚洲基础设施投资银行、金砖国家新开发银行、丝路基金、南南合作援助基金、中国—联合国和平与发展基金等,提出并稳步推进'一带一路'建设,丰富了全球治理的体制机制"②。正是通过积极参与国际机制的规则制定,提高了中国在全球治理中的制度性话语权,在世界范围内凝聚起越来越多的共识,进而转化为实际行动,并发挥出越来越重要的作用,对全球治理体系的完善不断贡献着中国力量。总之,作为一种新制度安排,共商共建共享的全球治理观有助于找出阻碍全球治理的"病根",并对症下药,开出治理"良方",进而更好地推进世界秩序的深度重塑,从而实现人类命运共同体从理念走向实践,这对于推动全球治理体系变革、引领全球治理体系升级,将具有长久的、根本性的价值指导意义。

2. 实践层面:促进全球治理体系升级的战略举措

全球治理体制变革离不开理念的引领,但仅仅停留在理论层面是远远不够的,还需要在实践层面进行实实在在的体现。当前,中国正致力于成为促进国际体系变革的先导力量,成为完善全球治理的活跃力量。"一带一路"、亚洲基础设施投资银行、"讲好中国故事,传播好中国声音"等战略的实施使得全球化理论思考落地生根,成为践行共商共建共享全球治理观的战略举措。

一是通过"一带一路"搭建国际合作平台。2013年9月,习近平总书记在访问哈萨克斯坦时,提出共同建设"丝绸之路经济带";同年10月,在访问印度尼西亚期间,提出构建"21世纪海上丝绸之路"的战略构想(合称"一带一路")。为进一步落实"一带一路"倡议,2015年3月28日,中国国家发展改革委、外交部、商务部联合发布《推动共建丝绸之路经济带和21世纪海上丝绸之路的愿景与行动》,成为指导"一带一路"建设的战略方案。新时期推进共建"一带一路",秉承古丝绸之路精神,遵循开放合作、市场运作、和谐包容、互利共赢的基本准则,以

---

① 《习近平对世界如是说》,《人民日报(海外版)》2015年11月23日。
② 钟声:《开辟共商共建共享的全球治理之道》,《人民日报》2017年12月5日。

"政策沟通、设施联通、贸易畅通、资金融通、民心相通"为核心内容,努力打造命运共同体统领下的利益共同体、责任共同体,赋予古丝绸之路以全新的时代生命。可以说,"一带一路"倡议的实施体现新全球化发展理念。在当今全球化时代,唯有善意的、注重和平发展、共同发展、合作发展的地缘拓展才符合历史潮流。古代"丝绸之路"不可与现在实施的"一带一路"倡议同日而语,"一带一路"实际上是借用古代丝绸之路的符号意象,承袭、发展传统丝绸之路在文化、经济和宗教等交流层面的积极意义,以互信为前提、互联互通为目标,用开放发展、兼蓄包容的形式,促进沿线国家实现新的全面复兴。"一带一路"不是中国借此推行的地缘政治扩张,更不是霸权国家的全球战略,是中国提出的伟大合作倡议,不仅属于中国,而且属于沿线所有国家,并将会给世界带来巨大发展机遇。"一带一路"不是一个封闭的环,它是开放带,是集经济走廊、经济带于一身的基建、投资、贸易、信息网络,以向南、向西为主向,促使欧亚互联互通,向外延伸至非洲、南太平洋地区,发挥系统联动效应,在进行经济往来的同时,能够促进文明的复兴,而"这种复兴,不只是中华文明的复兴,更是欧亚文明的复兴"[1]。

二是通过亚洲基础设施投资银行,推动区域共同发展。2013年10月,习近平总书记和李克强总理先后出访东南亚,并提出筹建亚洲基础设施投资银行(以下简称亚投行)的倡议,得到许多国家的积极响应和广泛支持。2014年10月24日,中国、印度、新加坡等21个首批意向创始成员国的财长和授权代表在北京签署《筹建亚投资银行的政府间框架备忘录》,共同决定成立亚洲基础设施投资银行,截至2015年4月15日,已有57个国家正式成为亚投行意向创始成员国,涵盖除美日之外的主要西方国家。亚投行作为新全球化语境下的战略举措,具有积极的全球意义。首先,亚投行的设立将是对现有多边开发银行的互补与改进。互补在于,世界银行、亚洲开发银行等多边开发银行强调以减少贫困为主要宗旨,而亚投行则侧重于亚洲基础设施建设这一空白;改进在于,现有多边开发银行在诸多方面尤其是政策保障方面存在相对烦琐、不切实际,以及与业务关联度不高等固有缺陷,亚投行将避免重蹈这些覆辙,从而节约成本和提高运营效率。其次,亚投行具有辐射全球的效应。"对于本地区发展中国家而言,可加强基础设施建设,保持经济持续稳定较快发展;就本地区整

---

[1] 王义桅:《克服"一带一路"的认知风险》,《北京日报》2015年4月17日。

体而言可加快互联互通，不断增强自我发展能力，为经济发展注入持久动力；对于发达国家而言，则能够扩大投资需求，拉动其经济复苏；同时，也有利于扩大全球总需求，促进世界经济复苏"[1]。最后，"一带一路"建设需要充分发挥亚投行、丝绸之路基金等机构的作用，借助它们为沿线国家基础设施建设提供资金援助，"亚投行的主要任务是为亚洲基础设施和'一带一路'建设提供资金支持，是在基础设施融资方面对现有国际金融体系的一个补充"[2]。

三是通过讲好中国故事，进一步传播好中国声音。香港《文汇报》指出："虽然新时期崛起的中国其自身的历史文明、现实文明、发展文明，在本质和理念上都与历史上崛起的帝国例如英德美日帝国有根本的区别。但是中国对自身先进的文明理念、发展理念、崛起理念，在文宣上严重滞后，在传播上严重落后，而且作为世界第二大经济体的话语权缺位，运用更是乏力。"[3] 为此，"讲好中国故事，传播好中国声音"成为全球化时代以习近平同志为核心的新一届中央领导集体实施的战略举措。2013年，习近平总书记在全国宣传思想工作会议上提出"讲好中国故事，传播好中国声音"的重要命题。他还身体力行，在一系列重大场合讲述中国故事、传播中国声音。例如，他在哈萨克斯坦纳扎尔巴耶夫大学演讲时，讲述张骞出使中亚以及阿拉木图冼星海大道的故事，传播"只要坚持团结互信、平等互利、包容互鉴、合作共赢，不同种族、不同信仰、不同文化背景的国家完全可以共享和平，共同发展"[4]的声音；他在中法建交50周年纪念大会上的讲话中讲述中法建交往事以及我国老一辈革命家在法国勤工俭学的故事，传递两国人民心灵相通、感情相亲、守望相助的精神；他在巴西国会演讲时，讲述200年前，首批中国茶农跨越千山万水来到巴西种茶授艺以及中国国画大师张大千曾旅居巴西17年创作一系列精品的故事，提出推动建立平等互利，共同发展的中拉全面合作伙伴关系，推动中拉关系实现大发展的倡议等。可见，我们不能单纯依靠西方话语来解读中国，我们更需要的是主动讲解、认真传播，在东西方互动中进行双向解读，形成共同发声的局面。其实，"一带一路"倡议实施的成功与否，与能否讲

---

[1] 楼继伟：《亚投行是干什么的？》，《海南日报》2014年4月2日。
[2] 王文：《"一带一路"当注重虚实结合》，《人民日报》2015年2月13日。
[3] 习近平：《"避免陷入'修昔底德陷阱'"意义重大》，《文汇报》2014年1月24日。
[4] 习近平：《弘扬人民友谊 共创美好未来——在纳扎尔巴耶夫大学的演讲》，《人民日报》2013年9月8日。

好中国故事，传播好中国声音密切相关。正如习近平总书记指出："国之交在于民相亲，民相亲在于心相通。"民心相通是共建"一带一路"的社会根基，无论是张骞出使西域，还是郑和下西洋，自古以来丝绸之路上各国人民之间就有着非常友好而密切的联系，通过共建"一带一路"也能够进一步促进各国在人文交流领域的合作。丝绸之路是亚欧国家的共同记忆，"一带一路"是沿线国家的共同事业，为了达到共同合作、共担风险、共襄盛举的目标，我们正在努力跳出自身的话语体系，学会运用世界话语传播丝路文化、讲好丝路故事、阐明丝路精神，让沿线国家、沿线人民听得懂、能理解、愿接受，将文化软实力和政策软实力有机结合，形成巧实力，从而使古老的丝绸之路更好在新时代焕发出强劲的生命力。

第四章 人类命运共同体理念的理论定位和现实意蕴

作为"中国叙事"和"中国方案",习近平总书记提出的人类命运共同体理念不仅有着深厚的马克思共同体思想的底蕴,更有着浓郁的中华传统和合文化的智慧,同时以其广阔的全球视野体现着对全球化困境的理性反思和对中国现实境遇的考量,体现了中国对世界作出新贡献的信心和决心。

第一节 人类命运共同体理念的理论定位

从马克思主义的发展谱系来看,人类命运共同体理念是马克思共同体思想的当代实践;从中华传统文化基因的传承来看,人类命运共同体是中华优秀传统文化的现代回响。

一、马克思共同体思想的逻辑延伸和当代实践

从理论逻辑上看,人类命运共同体理念与马克思共同体思想具有价值追求的契合性;从现实逻辑看,人类命运共同体实现了对马克思共同体思想的当代发展。

1. 人类命运共同体理念与马克思共同体思想的价值追求具有契合性

马克思共同体思想遵循大写的共同体逻辑,其价值追求是"自由人联合体",这是人与社会的"真正共同体"。人类命运共同体理念作为与马克思共同体思想的跨时空对话,也是一种价值追求。它站在全人类的角度,以全人类共同的命运为关怀对象,以世界各国人民对美好生活的向往为价值追求。人类命运共同体理念与马克思共同体思想的价值追求是高度

契合的。

青年马克思在对未来职业选择的思考中就明确表露出自己心怀世界、关注人类命运的美好情愫。"人的类特性恰恰就是自由的有意识的活动"[①]，正是因为有了对这一份自由事业的坚决捍卫，有了对通过构建良好的国家体制给予民众幸福生活的美好追求，才为马克思始终致力于国家研究提供了源源不断的内生动力。剖析其共同体思想，本质就是关怀人的发展。回溯历史，"自然共同体"因生产力低下，成员之间相互依附缺乏自由，"我们越往前追溯历史，个人，从而也是进行生产的个人，就越表现为不独立，从属于一个较大的整体"[②]。"市民社会共同体"阶段，私有制条件下的社会生活，广大劳动人民与个人生产资料相分离，工人出现生产越多越加贫困的异化现象，而资本逐利下的强制分工又再次迫使工人惨遭更为残暴的现实剥削，"正是由于特殊利益和共同利益之间的这种矛盾，共同利益才采取国家这种与实际的单个利益和全体利益相脱离的独立形式"[③]，由此，马克思旗帜鲜明地指出，资本主义制度下"国家"是一场为维护私有制的"政治解放"，是只关心资产阶级利益，而抛弃绝大多数人的"虚幻共同体"。问题就在于，只有从彻底消灭万恶之源的私有制入手，才能更好地解决人的异化问题，而实现这一彻底解放，就必须集合最具革命性的无产阶级力量："在那里，每个人的自由发展是一切人的自由发展的条件"[④]这样一个真正共同体。马克思和恩格斯运用唯物史观揭示了人类社会发展的一般规律，明确地论述了"自由人联合体"的内涵，而这恰恰凸显了马克思共同体思想的宏大价值关怀。

自马克思主义诞生以来，人类社会的总体发展方向仍在遵循着马克思构想的"真正共同体"即共产主义社会的方向演进。但是，伴随着全球化发展所带来的人类社会经济、政治、文化、社会等各方面日新月异的变化，当今世界的面貌与马克思所生活的时代有了巨大的变化，当下资本主义世界呈现出许多新的特点。人类命运共同体理念基于当今世界发展的客观现实，在承继马克思共同体思想实现"自由人联合体"价值追求的基础上，为未来实现人类全面自由发展设定了一个当前的、务实的目标。2019年4月27日，习近平总书记在第二届"一带一路"国际合作高

---

① 《马克思恩格斯选集》第一卷，北京，人民出版社1995年版，第46页。
② 《马克思恩格斯选集》第二卷，北京，人民出版社2012年版，第684页。
③ 《马克思恩格斯选集》第一卷，北京，人民出版社1995年版，第84页。
④ 《马克思恩格斯选集》第一卷，北京，人民出版社2012年版，第422页。

峰论坛记者会上的讲话中掷地有声地宣布:"我们的共同目标是,携手努力让各国互联互通更加有效,经济增长更加强劲,国际合作更加密切,人民生活更加美好。"① 作为人类命运共同体的实践平台,"一带一路"以让世界人民生活更加美好为目标,充分体现了人类命运共同体理念的价值追求。历史地看,"古往今来,过上幸福美好生活始终是人类孜孜以求的梦想"②。现实地看,当今世界政治、经济、社会发展极不平衡,全球问题困扰世界各个角落,正是在这样的现实背景下,各国人民对美好生活的现实诉求才日益凸显。习近平总书记深刻指出:"全球发展失衡,难以满足人们对美好生活的期待。施瓦布先生在《第四次工业革命》一书中写道,第四次工业革命将产生极其广泛而深远的影响,包括会加剧不平等,特别是有可能扩大资本回报和劳动力回报的差距。全球最富有的1%人口拥有的财富量超过其余99%人口财富的总和,收入分配不平等、发展空间不平衡令人担忧。全球仍然有7亿多人口生活在极端贫困之中。对很多家庭而言,拥有温暖住房、充足食物、稳定工作还是一种奢望。这是当今世界面临的最大挑战,也是一些国家社会动荡的重要原因。"③ "各国之间的联系从来没有像今天这样紧密,世界人民对美好生活的向往从来没有像今天这样强烈,人类战胜困难的手段从来没有像今天这样丰富。"④ 前瞻地看,只有实现世界各个国家、民族、地区人民对美好生活的向往,才能打通走向"自由人联合体"的通道。习近平总书记强调:"人类命运共同体,顾名思义,就是每个民族、每个国家的前途命运都紧紧联系在一起,应该风雨同舟,荣辱与共,努力把我们生于斯、长于斯的这个星球建成一个和睦的大家庭,把世界各国人民对美好生活的向往变成现实。"⑤ 在这里,人类命运共同体理念以实现世界各国人民对美好生活的向往为价值追求,与马克思共同体思想实现"自由人联合体"的价值追求深度契合。

---

① 习近平:《在第二届"一带一路"国际合作高峰论坛记者会上的讲话》,《人民日报》2019年4月28日。
② 习近平:《携手建设更加美好的世界——在中国共产党与世界政党高层对话会上的主旨讲话》,北京,人民出版社2017年版,第2页。
③ 习近平:《习近平主席在出席世界经济论坛2017年年会和访问联合国日内瓦总部时的演讲》,北京,人民出版社2017年版,第7页。
④ 习近平:《携手推进"一带一路"建设——在"一带一路"国际合作高峰论坛开幕式上的演讲》,北京,人民出版社2017年版,第4页。
⑤ 习近平:《携手建设更加美好的世界——在中国共产党与世界政党高层对话会上的主旨讲话》,北京,人民出版社2017年版,第4页。

2. 人类命运共同体理念是马克思共同体思想的当代实践

从根本意义上说，马克思的共同体思想是关于人的学说，不仅确立了为什么要构建"真正共同体"即"自由人联合体"的价值追求，而且科学地回答了如何建立"自由人联合体"、实现人的全面自由发展这一问题。对于这一问题的回答，马克思所构想的方案是：这一"真正共同体"强调彻底消灭资本主义私有制，并在生产力和物质财富极大发展和丰富，以及世界普遍交往形成的前提下才能真正进入共产主义，这是实现"自由人联合体"的前提条件；暴力革命是实现"自由人联合体"的必经之路。马克思共同体思想不仅勾画了实现人的全面自由发展的蓝图，而且为后继者指明了实现人的全面自由发展的基本方向。从前瞻的视角看，人类命运共同体理念的传播和当代实践，必将为"自由人联合体"的实现提供充分的前提以及新路径、新动能，将推动人类未来朝着"自由人联合体"的方向不断演进。当前，在仍然存在阶级和国家冲突的全球化语境下，人类命运共同体理念为人类社会朝着未来"自由人联合体"的方向前进制定了阶段性方案。从这一意义上说，人类命运共同体不啻为马克思共同体思想的逻辑延伸和当代实践。

一是人类命运共同体促进"自由人联合体"实现前提的充分发展。在《德意志意识形态》中，马克思和恩格斯提出了"自由人联合体"即共产主义社会实现的前提是两个"普遍发展"，即"交往的任何扩大都会消灭地域性的共产主义。共产主义只有作为占统治地位的各民族'一下子'同时发生的行动，在经验上才是可能的，而这是以生产力的普遍发展和与此相联系的世界交往为前提的"①。一方面，人类命运共同体理念及其实践的不断发展必将推动全球经济繁荣发展，促进世界范围内生产力的普遍发展。"一带一路"倡议提出 5 年多以来，已有超过 150 个国家同中国签署共建"一带一路"合作协议，其中既有广大发展中国家，也有意大利等七国集团成员。② 首届"一带一路"国际合作高峰论坛达成的 279 项具体成果，已经全部按计划完成。第二届"一带一路"国际合作高峰论坛达成 6 大类 283 项务实成果。③ 尤其是在保护主义和单边主义抬头的形势下，"一带一路"倡议带动了沿线各国经济的发展，为全球经济增长开辟了更多空间，推动着经济全球化朝着更加包容、普惠的方向发展。另一方

---

① 《马克思恩格斯选集》第一卷，北京，人民出版社 2012 年版，第 166 页。
② http://www.chinanews.com/gn/2019/05-29/8850067.shtml.
③ https://www.xuexi.cn/lgpage/detail/index.html?id=17580901473236510193.

面，马克思共同体思想以世界历史眼光为后继者指明了实现"自由人联合体"的基本条件——世界普遍交往的不断扩大。但是，当今世界反全球化和"逆"全球化趋势上升，严重阻滞了世界普遍交往的进程。人类命运共同体摒弃了零和博弈的思维方式和狭隘阶级民族国家的价值立场，聚焦于人类的命运和前途，以整个人类的大局为着眼点，致力于破解全球化困境，从而不断深化着"历史完全转变为世界历史的程度"。从这一意义上说，人类命运共同体理念的当下实践不断推动世界经济的普遍发展和促进世界交往的不断扩大，从而促进实现"自由人联合体"两个"普遍前提"的充分发展。

二是人类命运共同体开辟了实现"自由人联合体"的新路径。马克思在《资本论》中论述原始资本积累的时候，提出了"暴力是每一个孕育着新社会的旧社会的助产婆"①的论断。恩格斯在《反杜林论》中阐释道，"暴力在历史中还起着另一种作用，革命的作用；暴力，用马克思的话说，是每一个孕育着新社会的旧社会的助产婆；它是社会运动借以为自己开辟道路并摧毁僵化的垂死的政治形式的工具"②。马克思恩格斯认为，资产阶级国家由无产阶级国家（无产阶级专政）代替，不能通过"自行消亡"，根据一般规律，只能通过暴力革命。马克思恩格斯一致认为，只有暴力革命才能为实现"自由人联合体"开辟道路。《共产党宣言》的结尾部分公开声明："共产党人不屑于隐瞒自己的观点和意图。他们公开宣布：他们的目的只有用暴力推翻全部现存的社会制度才能达到。让统治阶级在共产主义革命面前发抖吧。无产者在这个革命中失去的只是锁链。他们获得的将是整个世界。"③马克思恩格斯认为，在通往"自由人联合体"的道路上，暴力革命不可避免。

当前社会主义和资本主义两种制度长期并存，和平与发展仍是时代主题，只有不断巩固社会主义的存在基础并且扩大社会主义的影响力，才能最终实现无产阶级国家替代资产阶级国家、实现人的全面自由发展的目标。人类命运共同体从人类对于和平与发展渴望的现实出发，提出合作、对话、协商的路径，谋求共同发展利益最大化。首先是正视国家间的矛盾冲突，主张求同存异，即通过构建开放包容、兼收并蓄的共同体环境，使各个国家间能够暂时搁置文化、宗教、民族等差异，以探寻合作的可能。

---

① 《马克思恩格斯选集》第二卷，北京，人民出版社2012年版，第296页。
② 《马克思恩格斯选集》第三卷，北京，人民出版社2012年版，第564页。
③ 《马克思恩格斯选集》第一卷，北京，人民出版社2012年版，第435页。

其次是打破原有制度束缚，改变冷战思维，摒弃以往将制度差异作为划分合作标准的做法，改变零和博弈、非此即彼的暴力思维，努力争取双赢乃至共赢。最后是突破宗教文明冲突，必须清醒地认识到，虽然不同国家、民族的文化差异为文明交往带来了一定程度上的困难，但也给世界文明的多样化创造了可能，文化多元化是经济全球化环境下不可逆转的现实。概言之，人类命运共同体主张多元文明求同存异、兼收并蓄，主张从革命到合作、对话与协商，开辟实现"自由人联合体"的新路径。

总之，正如习近平总书记指出："协商是民主的重要形式，也应该成为现代国际治理的重要方法，要倡导以对话解争端、以协商化分歧。我们要在国际和区域层面建设全球伙伴关系，走出一条'对话而不对抗，结伴而不结盟'的国与国交往新路。"① 人类命运共同体开辟了实现"自由人联合体"的合作、对话和协商的新路径。合作、协商、对话在实现人类命运共同体的各个领域都发挥着重要作用。网络命运共同体思想就集中体现了合作、协商、对话的巨大作用。习近平总书记仅在第二届世界互联网大会开幕式上就3次强调要加强对话：一是指出之所以开展对话的现实理由："不同国家和地区信息鸿沟不断拉大，现有网络空间治理规则难以反映大多数国家意愿和利益；世界范围内侵害个人隐私、侵犯知识产权、网络犯罪等时有发生，网络监听、网络攻击、网络恐怖主义活动等成为全球公害。面对这些问题和挑战，国际社会应该在相互尊重、相互信任的基础上，加强对话合作，推动互联网全球治理体系变革，共同构建和平、安全、开放、合作的网络空间，建立多边、民主、透明的全球互联网治理体系。"② 这是基于现有网络空间治理规则自身的不公平性问题，及其治理无效而导致的诸多严重的互联网安全挑战，所以强调通过对话合作以推动互联网全球治理体系变革势在必行。二是具体阐述了在哪些方面开展对话合作以推动互联网全球治理体系变革："中国愿同各国一道，加强对话交流，有效管控分歧，推动制定各方普遍接受的网络空间国际规则，制定网络空间国际反恐公约，健全打击网络犯罪司法协助机制，共同维护网络空间和平安全。"③ 三是指出了如何让网络空间对话合作呈现常态化，并且再次强调应当通过对话制定全球互联网治理规则，以解决现有网络空间治理规则的不公平性问题："各国应该加强沟通交流，完善网络空间对话协商机制，

---

① 《习近平谈治国理政》第二卷，北京，外文出版社 2017 年版，第 523 页。
② 《习近平谈治国理政》第二卷，北京，外文出版社 2017 年版，第 532 页。
③ 《习近平谈治国理政》第二卷，北京，外文出版社 2017 年版，第 535 页。

研究制定全球互联网治理规则,使全球互联网治理体系更加公正合理,更加平衡地反映大多数国家意愿和利益。"① 由此观之,习近平总书记在此次讲话中,从现实必要性、如何开展合作以及重大意义3个维度全面阐述了网络空间对话,这就在互联网全球治理领域找到了一条构建人类命运共同体切实可行的新路径。

二、中华优秀传统和合文化的现代回响

中华传统和合文化蕴含着丰富的共同体基因,人类命运共同体在承继的同时理性升华了中华传统和合文化优秀基因,体现了中华传统文化的现代化,推动中华传统文化与全球化时代的同频共振,使中华传统文化资源得到了进一步传承和盘活,成为在全球化时代构建人类命运共同体的强大文化资源和精神力量。

1. 天下观和大同理想升华为人类命运共同体的价值取向

中华传统文化博大精深,其中,传统天下观集中体现了中国古人博大的胸怀和宽广的世界眼光。在《诗经·小雅·北山》中有文曰:"溥天之下莫非王土"。《康熙字典》引《说文》解释道:"溥,大也。"由此观之,古人眼中的天下与地理意义上具有明确边界的国土并非同一个概念,"天下"概念比有边界的土地具有更加博大的内涵。孟子曰:"人恒有言,皆曰,'天下国家'。"(《孟子·离娄上》)从这句话可以看出中国人常把民族消融在人类观念里面,也常把国家观念消融在天下或世界的观念里面。② "天下"不仅在地理意义上指以汉族居住的中原为中心向外辐射的世界空间,而且更重要的是指具有同质文化价值的文明体系。以文化作为质的规定的"天下"是相对的,没有固定边界、没有确定族群或民族的地域。作为具有5000多年历史的中华文化因其多样性而极具包容性,只要接受中华文化,便可以纳入到文明体系的"天下"范围之内。与西方近代民族国家观相比,天下观以具有较大弹性和包容性的文化作为"天下"的内在规定,突破了以血缘、地域为边界的种族局限性。"海纳百川,有容乃大。"中华传统文化的巨大包容性赋予了天下观博大的视野和胸怀。与博大的天下观相联系的,则是对美好"天下"憧憬的大同社会理想。"大同"一词出自儒家经典《礼记·礼运》篇,儒家具体描述了大同理想社会的各

---

① 《习近平谈治国理政》第二卷,北京,外文出版社2017年版,第536页。
② 许纪霖:《天下主义/夷夏之辨及其变异——兼论近代中国的国族认同》,《近代思想史研究》第10辑。

个层面：在政治层面，天下为公、选贤任能、讲信修睦；在社会生活层面，人与人相互扶助、各司其职，使人人生活有保障。近代以来，以康有为为代表的知识分子详细描绘了未来理想大同社会的蓝图，延续和发展了自古以来对"大同社会"的向往。

当前，在全球化文化多样化发展趋势下，人类命运共同体承继了天下观的宽广视野与博大胸怀，突破了"东方文明中心论"和"西方文明中心论"的桎梏，将基于传统天下观的天下大同理想升华为基于全球人类的世界大同理想。"面对严峻的全球性挑战，面对人类发展在十字路口何去何从的抉择，各国应该有以天下为己任的担当精神，积极做行动派、不做观望者，共同努力把人类前途命运掌握在自己手中。"① "天下兴亡，匹夫有责"。在世界变成"地球村"的全球化时代，各个地区、民族和国家都不应当对世界发展袖手旁观。与此同时，当前人类深陷发展困境，人类命运共同体继承"大同社会"的理想，摒弃狭隘的阶级和民族国家立场，将"大同社会"的理想升华为追求美好生活的价值取向。2019年，习近平总书记在中法全球治理论坛闭幕式上的讲话中指出："人类今天所处的安全环境仍然堪忧，地区冲突和局部战争持续不断，恐怖主义仍然猖獗，不少国家民众特别是儿童饱受战火摧残。我们要秉持共同、综合、合作、可持续的新安全观，摒弃冷战思维、零和博弈的旧思维，摒弃弱肉强食的丛林法则，以合作谋和平、以合作促安全，坚持以和平方式解决争端，反对动辄使用武力或以武力相威胁，反对为一己之私挑起事端、激化矛盾，反对以邻为壑、损人利己，各国一起走和平发展道路，实现世界长久和平。"② "大道之行也，天下为公"，中华传统文化中天下观的博大视野与胸怀和"大同社会"理想追求赋予人类命运共同体反对少数国家损人利己和引领世界长久和平的精神力量与政治资源。"亚洲各国山水相连、人文相亲，有着相似的历史境遇、相同的梦想追求。面向未来，我们应该把握大势、顺应潮流，努力把亚洲人民对美好生活的向往变成现实。"③ "一花独放不是春，百花齐放春满园。"追求幸福生活是各国人民的共同愿望。虽然世界各个地区和国家的人民有着不同的民族、文化和信仰，但是人类对美好生活的追求不会止步。人类命运共同体正是因为彰显了对美好生活的

---

① 《习近平谈治国理政》第三卷，北京，外文出版社2020年版，第460页。
② 《习近平谈治国理政》第三卷，北京，外文出版社2020年版，第461页。
③ 习近平：《深化文明交流互鉴 共建亚洲命运共同体——在亚洲文明对话大会开幕式上的主旨演讲》，《人民日报》2019年5月16日。

价值追求，所以绽放出巨大的精神感召力。

2."和而不同""和合共生"升华为人类命运共同体的重要原则

中国传统文化中饱含着先人从对自然和社会的观察而生发出的处理社会关系的诸多智慧，其中"和合共生""和而不同"集中体现了来自东方的交往智慧。西周末思想家史伯对郑桓公曾说："夫和实生物，同则不继。以他平他谓之和，故能丰长而物归之。若以同裨同，尽乃弃矣。故先王以土与金、木、水、火、杂，以成百物。"(《国语·郑语》)自然界万物得以生成的前提在于"和"而不在于"同"，万物生长的过程是具有差异的"他"与"他"相互作用的"和"的过程。《吕氏春秋》也有云："天地合和，生之大经也。"(《吕氏春秋·有始》)"和合"是变化之源与发展之本，是事物生成与发展的源泉。在社会层面，孔子认为："君子和而不同，小人同而不和。"(《论语·子路》)何晏在《论语集解》解释道："君子心和，然其所见各异，故曰不同。小人所嗜好者同，然各争利，故曰不和也。"[①] 孔子认为理想的君子人格是"和而不同"。"和"是包含着"不同"的"和"，是包含着差别的多样性统一。而将"和而不同"的君子人格运用到处理人际关系和社会关系领域，就形成了"和为贵"思想。"礼之用，和为贵。先王之道，斯为美，大小由之。"(《论语·学而》)就是说，礼的根本，以和最为重要。过去圣王的为政之道，美好的地方就在于此。无论是修身、齐家、治国还是平天下，都应遵守这个原则。以儒家为代表的中国传统文化，将对自然界"和合共生"的基本规律与"和而不同"的理想人格相统一，用于指导和协调复杂的社会关系，凸显了中国古人卓越的社会交往智慧。

中国传统文化中"和而不同""和合共生"的人际交往智慧给处于错综复杂国际关系之中的当下中国以宝贵的智力资源。美国学者塞缪尔·亨廷顿撰写的《文明的冲突和世界秩序的重建》一书，系统地提出了"文明冲突论"。特别是"9·11"事件发生之后，"文明之间的冲突"成为解释全球化时代国际关系的重要理路。究竟是否是不同文明与文化的碰撞导致了国家间和地区间的冲突且难以调和，这个问题成为世界范围内政界和学术界争论不休的话题。2017年习近平总书记在联合国总部的演讲中，引用西晋陈寿《三国志·魏书·夏侯尚传附夏侯玄传》中"和羹之美，在于合异"之说后指出："人类文明多样性是世界的基本特征，也是人类进步

[①] 何晏集解、皇侃义疏：《论语集解义疏》，上海，世界书局出版社1935年版，第137页。

的源泉。世界上有 200 多个国家和地区、2500 多个民族、多种宗教。不同历史和国情，不同民族和习俗，孕育了不同文明，使世界更加丰富多彩。文明没有高下、优劣之分，只有特色、地域之别。文明差异不应该成为世界冲突的根源，而应该成为人类文明进步的动力。每种文明都有其独特魅力和深厚底蕴，都是人类的精神瑰宝。不同文明要取长补短、共同进步，让文明交流互鉴成为推动人类社会进步的动力、维护世界和平的纽带。"[1] "和而不同""和合共生"所蕴含的中华传统文化交往智慧在一代代承继中流传至今，成为当下人类命运共同体的思想资源。全球化时代不同民族、国家、制度、文明与文化存在巨大差异，这恰恰构成了"以他平他谓之和，故能丰长而物归之"的前提。因此，习近平总书记强调："尽管文明冲突、文明优越等论调不时沉渣泛起，但文明多样性是人类进步的不竭动力，不同文明交流互鉴是各国人民共同愿望。"[2] 在正确看待世界多样性的基础上，人类命运共同体将"和而不同""和合共生"的思想理念升华为推动全球交往的求同存异原则。"文明的繁盛、人类的进步，离不开求同存异、开放包容，离不开文明交流、互学互鉴。历史呼唤着人类文明同放异彩，不同文明应该和谐共生、相得益彰，共同为人类发展提供精神力量"。[3] 在世界日益丰富多彩、人类文明多样性日益彰显的全球化时代，人类命运共同体找到了一条在继承"和而不同""和合共生"东方智慧的基础上，以求同存异为原则，变阻力为动力的文明发展之路。

3. "己所不欲，勿施于人"升华为人类命运共同体的伦理底线

"己所不欲，勿施于人"是以"仁"为核心的儒家伦理学说的重要内容之一。在《论语·卫灵公》，子贡问曰："有一言而可以终身行之者乎？"子曰："其恕乎！己所不欲，勿施于人。"意思是孔子的学生子贡问孔子：有没有一句可以终身践行的话？孔子回答说：这就是"恕"道吧！自己所不喜欢的事或物，也不要强迫施加于他人。在《颜渊》篇中，仲弓问"仁"。孔子再次说道："出门如见大宾，使民如承大祭。己所不欲，勿施于人。在邦无怨，在家无怨。"由此可见"己所不欲，勿施于人"在儒家伦理学说中的重要地位。在《论语·公冶长》，子贡曰："我不欲人之加诸

---

[1] 《习近平谈治国理政》第二卷，北京，外文出版社 2017 年版，第 543~544 页。

[2] 习近平:《弘扬"上海精神"构建命运共同体——在上海合作组织成员国元首理事会第十八次会议上的讲话》，北京，人民出版社 2018 年版，第 3 页。

[3] 习近平:《携手建设更加美好的世界——在中国共产党与世界政党高层对话会上的主旨讲话》，北京，人民出版社 2017 年版，第 6 页。

我也，吾亦欲无加诸人。"子曰："赐也，非尔所及也。"当孔子的学生子贡在老师面前表明自己为人处世的原则时，孔子表示这不是子贡所能做到的。因此，在孔子眼中想要做到"己所不欲，勿施于人"是不太容易的。"己所不欲，勿施于人"的原则之所以如此重要，是因为这一伦理原则在处理人际关系时反观诸己，推己及人，回归人性本真，因而能触及人类交往的伦理底线。儒家的"己所不欲，勿施于人"的伦理底线在《大学》中也有明确表述，"所恶于上，毋以使下；所恶于下，毋以事上；所恶于前，毋以先后；所恶于后，毋以从前；所恶于右，毋以交于左；所恶于左，毋以交于右"。其中所说"所恶于"上、下、前、后等，就是"己所不欲"；所谓"毋以使下"等，就是"勿施于人"。战国时期儒家学说代表人物孟子提出："得天下有道：得其民，斯得天下矣。得其民有道：得其心，斯得其民矣。得其心有道：所欲与之聚之，所恶勿施尔也。"（《孟子·离娄上》）孟子不仅继承了孔子处理人际关系"己所不欲，勿施于人"的伦理底线，而且将这一伦理底线运用于国家治理的政治层面。

儒家思想中"己所不欲，勿施于人"的思想强调最低限度的道德，这一思想资源为人类命运共同体所继承并作为伦理底线应用于全球交往，为应对全球生态环境问题、贫困问题和战争与和平困境提供了基本理念支撑。众所周知，大量生活和生产垃圾不仅回收和处理费用极高，而且关键是对生态环境会造成极大破坏。是将难题留给自己，还是将灾难转嫁他人？困扰全球生态环境的垃圾问题，就此转变成全球生态伦理问题。2018年3月20日，习近平总书记在十三届全国人民代表大会第一次会议上的讲话中强调，"我们生活的世界充满希望，也充满挑战。中国人民历来富有正义感和同情心，历来把自己的前途命运同各国人民的前途命运紧密联系在一起，始终密切关注和无私帮助仍然生活在战火、动荡、饥饿、贫困中的有关国家的人民，始终愿意尽最大努力为人类和平与发展作出贡献。中国人民这个愿望是真诚的，中国决不会以牺牲别国利益为代价来发展自己"[①]。这就充分表明，与发达国家嫁祸于人的思维和行为方式截然相反的是，人类命运共同体理念以"己所不欲，勿施于人"的道德伦理底线应对全球问题。与全球生态问题类似，干涉主义、霸凌主义都暴露了当下全球伦理秩序失范的现实。习近平总书记在2018年中非合作论坛上阐释

---

① 习近平：《在第十三届全国人民代表大会第一次会议上的讲话》，北京，人民出版社2018年版，第11~12页。

"中非命运共同体"时指出:"13亿多中国人民始终同12亿多非洲人民同呼吸、共命运,始终尊重非洲、热爱非洲、支持非洲,坚持做到'五不',即:不干预非洲国家探索符合国情的发展道路,不干涉非洲内政,不把自己的意志强加于人,不在对非援助中附加任何政治条件,不在对非投资融资中谋取政治私利。中国希望各国都能在处理非洲事务时做到这'五不'。"① 近代饱受屈辱的中国,推己国及他国,以"己所不欲,勿施于人"的运思方式提出构建中非命运共同体的"五不"原则。由此观之,人类命运共同体将儒家思想中"己所不欲,勿施于人"的人际交往底线上升为全球伦理底线,进而为全球伦理得以重塑提供了支点。

4."穷则独善其身,达则兼善天下"升华为人类命运共同体的道德襟怀

孟子在继承儒学先圣内圣外王思想的基础上提出了"穷达"思想。孟子对"穷达"思想的精确表述始于与宋勾践谈论游说诸侯的对话中,孟子对宋勾践说:"子好游乎?吾语子游。人知之,亦嚣嚣;人不知,亦嚣嚣。"曰:"何如斯可以嚣嚣矣?"曰:"尊德乐义,则可以嚣嚣矣。故士穷不失义,达不离道。穷不失义,故士得己焉;达不离道,故民不失望焉。古之人,得志,泽加于民;不得志,修身见于世。穷则独善其身,达则兼善天下。"② 孟子在教宋勾践怎样才能做到自得其乐时指出,只要尊崇德、喜欢义就能自得其乐了。"士"在困窘的时候不会失去义,在得志的时候不背离道。不得志的时候,就加强自身的修养,得志的时候,就施恩泽于天下。孟子的"穷达"思想既是对待自我的人生态度,又是处理自我与他人、与社会关系的处世哲学。"穷则独善其身"继承了"己所不欲,勿施于人"所代表的遇事反求诸己的运思方式。"士"在不得志之时,不要去过分追究外部环境的影响,而应当将注意力放在加强自身道德修养上。"达则兼善天下"则继承了儒家"修身、齐家、治国、平天下"的抱负理想,认为"士"在能力所及的时候,应当承担使天下"善"的责任,在孟子生活的时代,"善"更多指的是道德层面。如果放在当下的语境中,"善"则可以理解为美好生活。由此观之,"穷达"思想既包含着遇事反求诸己的道德自律,又体现出以天下为己任的博大胸襟。

习近平总书记在中法建交五十周年纪念大会上的讲话中指出:"'穷则

---

① 习近平:《携手共命运 同心促发展——在2018年中非合作论坛北京峰会开幕式上的主旨讲话》,北京,人民出版社2018年版,第3页。
② 焦循:《孟子正义》,北京,中华书局1987年版,第891页。

独善其身，达则兼善天下.'这是中华民族始终崇尚的品德和胸怀。中国一心一意办好自己的事情，既是对自己负责，也是为世界作贡献。随着中国不断发展，中国已经并将继续尽己所能，为世界和平与发展作出自己的贡献。"① 事实上，以"穷则独善其身，达则兼善天下"为代表的中华优秀传统价值观已经作为民族基因深刻影响着一代代中国人的思想与实践。回首近代，中国被动卷入全球化进程，并且经受了巨大的灾难与痛苦。经过一系列艰苦卓绝的斗争后，中国取得了民族独立、建立了新中国，之后在一穷二白的基础上开始社会主义建设。在这一段艰苦奋斗的历程中，中国人民从未有怨天尤人，而是将注意力放在"办好自己的事情"上，这恰恰体现了"穷则独善其身"的精神品格。2019年4月1日，习近平总书记在会见"元老会"代表团时再次表达了"中非命运共同体"的愿景："世界正处于百年未有之大变局。国际合作的前景、全球性挑战的出路、人类社会的未来，引起越来越多有识之士的思考。我们主张，要树立人类命运共同体意识，建设好、呵护好人类共有的地球家园。对人类长远未来，各国都承担着一份责任。中国是一个发展中大国，但我们不回避应尽的国际责任。中国谋求合作共赢，在实现自身发展的同时帮助广大发展中国家谋求共同进步。中国始终奉行正确义利观，在自身还很贫穷的时候就给予了非洲国家无私帮助。我们提出'一带一路'合作倡议，就是为了与各国实现互利共赢。"② 2019年4月26日，习近平总书记在第二届"一带一路"国际合作高峰论坛开幕式上再次表达了建设"一带一路"的初衷："发展不平衡是当今世界最大的不平衡。在共建'一带一路'过程中，要始终从发展的视角看问题，将可持续发展理念融入项目选择、实施、管理的方方面面。我们要致力于加强国际发展合作，为发展中国家营造更多发展机遇和空间，帮助他们摆脱贫困，实现可持续发展。"③ 从某种意义上可以说，"中非命运共同体"和"一带一路"构思的形成与实践，是将中国传统文化中"穷达"思想的人生观与处世哲学放大到全球治理领域，进而升华为构建人类命运共同体所倡导的道德胸襟。

---

① 习近平:《出席第三届核安全峰会并访问欧洲四国和联合国教科文组织总部、欧盟总部时的演讲》，北京，人民出版社2014年版，第26页。
② 《习近平会见"元老会"代表团》，《光明日报》2019年4月2日。
③ 《习近平谈治国理政》第三卷，北京，外文出版社2020年版，第493页。

第二节 人类命运共同体理念的现实意蕴

随着全球化的深入发展，全球性问题日益增多。特别是冷战结束之后，以自由主义、西方"普世价值观"为代表的西方价值理念认为，第三世界国家只要仿照西方建立自由民主体制就可以走和平与发展之路。而在实践中，发达资本主义国家输出西式民主却引发了更多的动荡、冲突乃至战争，人类日益深陷全球化困境之中。人类命运共同体这一中国方案的出场，为全球化的发展指引新的方向。与此同时，源于西方的"中国威胁论""中国责任论"等各种论调甚嚣尘上，成为困扰中国的"崛起中的烦恼"。换言之，中国已经解决了"挨打"的问题，现在要解决"挨骂"的问题。在此语境下，人类命运共同体理念为破解全球化困境和"崛起中的烦恼"提供了东方智慧。

一、全球化困境下的理论突围

自第一次工业革命拉开全球化的序幕以来，全球政治、经济、文化、生态等各方面相继出现一系列难题并时刻困扰着人类。在这种背景下，人类命运共同体不啻为全球化困境下的理论突围。

1. 当下人类命运共同体面临的困境

正如 2017 年习近平总书记在联合国日内瓦总部的演讲中所说："人类也正处在一个挑战层出不穷、风险日益增多的时代。世界经济增长乏力，金融危机阴云不散，发展鸿沟日益突出，兵戎相见时有发生，冷战思维和强权政治阴魂不散，恐怖主义、难民危机、重大传染性疾病、气候变化等非传统安全威胁持续蔓延。"[①] 伴随着全球化的深入发展，人类命运处于巨大困境之中。

一是单边主义和贸易保护主义逆全球化而动，阻滞全球经济复苏。自 2008 年国际金融危机爆发以来，世界经济在曲折中缓慢前行，发展失衡、公平赤字、治理困境等问题更加突出，贸易保护主义急剧抬头。2017 年，美国总统特朗普上台后就退出了跨太平洋伙伴关系协定，推行"美国优先"的贸易保护主义。此后一段时期，中美贸易争端不断升级。美国在未

---

① 《习近平谈治国理政》第二卷，北京，外文出版社 2017 年版，第 538 页。

经世界贸易组织授权的情况下，绕开世界贸易组织争端解决机制，对中国商品大规模加征关税，肆意将单边规则凌驾于国际规则之上。贸易保护主义已成为全球贸易增速进一步下滑、世界经济复苏的阻碍。从根本上看，美国采取的贸易保护主义是困扰人类已久的贫困和发展问题在当代全球化经济发展新形势下的折射与反映。长期以来，西方发达国家在资本主义主导的世界经济秩序中以发展中国家的长期贫困、不发展为代价实现自身的发展。但是，中国在极其不公正的国际经济秩序中实现了突围，成功地走出了一条可持续发展之路。面对外部国际经济政治秩序重构和本国经济发展内动力不足的局面，美国一改以往全球化领导者的面目而采取贸易保护主义政策。

二是霸凌主义和强权政治迅速上升，以人权干预主权，严重破坏国际秩序。在当下世界力量格局快速转变、多极化趋势日益明显、全球问题日益增多、全球规则体系诉求上升的形势下，美国却以单边主义思维在全球各领域施展霸凌主义和新干涉主义。在全球气候治理领域，美国抱持单边主义在多方面产生了恶劣影响。例如，美国于2017年向联合国正式提交退出《巴黎协定》意向书。美国的退出行为虽未直接断送《巴黎协定》，但却致使部分发展中国家应对全球气候变化的态度可能因为资金援助等困难而重新回到观望和"搭便车"的立场上，进而可能致使人类应对气候变化的共同努力付诸东流。与此同时，美国"接连退出联合国教科文组织、联合国人权理事会、万国邮政联盟等国际组织，退出跨太平洋伙伴关系协定、巴黎气候协定、全球移民协议、伊朗核问题全面协议、《维也纳外交关系公约关于强制解决争端之任择议定书》等一系列国际条约，强制要求重谈北美自由贸易协定和美韩自贸协定"，[①] 美国的单边主义行为已经严重破坏了国际规则和国际秩序。

三是传统安全和非传统安全威胁相互交织。当前，军备竞赛、网络空间安全、恐怖主义、核安全、地区军事对抗等传统安全和非传统安全威胁相互交织，影响全球安全的因素日益增多且变得更加复杂，全球安全形势不容乐观。在传统安全层面，军备竞赛和热点地区军事对抗成为影响传统安全的主要因素，其中热点地区军事对抗激烈。尽管近年来美国在全球范围内总体进行战略收缩，但仍没有放松与俄罗斯在叙利亚、伊朗问题上的博弈。在中东地区，大国之间的军事对峙随时都有擦枪走火的危险。总

[①]《国际秩序容不得任性妄为——无视规则必将失败》，《人民日报》2019年5月23日。

体上看，传统安全在国际安全竞争中的分量有所加重，地位和作用不断提高。在非传统安全威胁层面，一方面环境污染、气候变暖、濒危物种灭绝等生态环境威胁和疾病传染病等全球公共卫生威胁时刻影响着人类的命运。另一方面，伴随着新科技革命的深入发展，人工智能、大数据、生物技术等新技术的应用对人类安全的不确定影响日益凸显。特别是恐怖主义、宗教极端主义借助网络进行包装宣传和招兵买马，在网络空间死灰复燃、异军突起，对全球安全构成重大威胁。

自18世纪中叶英国工业革命以来，全球性问题逐渐显露。伴随着全球化进程的深入推进，全球性问题日益增多且更加复杂，以致造成人类命运陷入困境之中。从表面上看，全球化似乎是构成人类命运困境的原因与前提。如何认识全球化与人类命运困境的关系？习近平总书记对于全球化的判断给我们指出了正确的认识路径："把困扰世界的问题简单归咎于经济全球化，既不符合事实，也无助于问题解决。""经济全球化是历史大势，促成了贸易大繁荣、投资大便利、人员大流动、技术大发展……经济全球化的大方向是正确的。"[①] 作为历史大势全球化是一个动态的历史发展过程，"全球化过程本质上是一个内在的充满矛盾的过程，它是一个矛盾的统一体：它包含有一体化的趋势，同时又包含分裂化的倾向；既有单一化，又有多样化；既是集中化，又是分散化；既是国际化，又是本土化。"[②] 从全球化历史进程的事实看，全球化始于以资本主义为主导的单一全球化。尽管十月革命后俄国社会主义制度试图开辟一条新的全球化路径，但是20世纪80年代末90年代初的苏联解体、东欧剧变标志着这条新全球化路径的终结。伴随着第二次科技革命浪潮的到来，资本主义所主导的全球化进程的迅速加快，发达资本主义国家以经济自由化和市场化为掩护大力推进全球资本主义体系的形成。与此同时，中国的改革开放开启了中国特色社会主义融入全球化的历史进程。经过改革开放40余年的发展，中国已经成为世界第二大经济体。"国际金融危机爆发以来，中国经济增长对世界经济增长的贡献率年均在30%以上。"[③] 特别是近年来，中国在人工智能、信息技术、生物技术、航空航天等很多高科技领域不断取得领先世界的新成就。与此形成鲜明对比的是，"从上世纪30年代开始，一些西方国家相继发生多起环境公害事件，损失巨大，震惊世界，引发了

---

① 《习近平谈治国理政》第二卷，北京，外文出版社2017年版，第543页。
② 徐艳玲：《全球化本质的动态透视》，《山东社会科学》2004年第3期。
③ 《习近平谈治国理政》第二卷，北京，外文出版社2017年版，第546页。

人们对资本主义发展模式的深刻反思"①。特别是2008年美国次贷危机引发的国际金融危机影响至今。从根本上看,源于资本主义世界的国际金融危机是放任资本逐利的结果。而资本追求利润最大化的本性导致资本主义的强烈排他性,表现为"资本主义'中心国'的发展,需要有相对落后于它的一大片'外围'的国家或地区,为它提供发展所需要的资金、原料、市场,甚至提供转嫁危机的地方"②。因此,作为发达资本主义国家之首的美国必须始终占据食利者链条的顶端。而一旦出现威胁自身利益的外部力量,美国就会采用关税壁垒、技术封锁、军事干预等各种措施,甚至不惜撕下西方"普世价值观"的虚伪外衣,大行贸易保护主义,逆全球化而动,站到全球化的对立面。由此观之,人类命运面临的一系列困境源于资本主义主导的全球化。当下全球化的本质已经呈现出不同制度和发展模式的竞争、博弈的多元全球化特征。只有实现对资本主义全球化的扬弃,才能在根本上破解当下和未来人类命运的困境。而人类命运共同体理念所导引的全球化正是对资本主义主导的全球化的全面反思与超越,是破解全球化困境的理论突围。

2."人类命运共同体"破解困境的理路

回首180多年前,中国被迫纳入资本主义主导的全球化历史进程中,是被外部世界治理的对象;1949年新中国成立实现了中华民族的独立,但中国仍然是全球治理体系的"局外人"和"旁观者";1978年实行改革开放,开启了中国融入全球治理体系的历史进程;40多年来中国创造了世界发展史上的奇迹,日益走向世界舞台的中心。正如习近平总书记指出:"世界那么大,问题那么多,国际社会期待听到中国声音、看到中国方案,中国不能缺席。"③作为世界第二大经济体,中国理应提出替代全球化方案以破解当下全球化时代人类命运的困境。

首先,以马克思主义总体性原则破解零和博弈思维之困。从思维方式上看,资本主义全球化所导致的当下人类命运的困境在于主客二分的零和博弈思维方式,及其衍生出的独断论认识路径和狭隘阶级与民族国家的价值立场。作为破解全球化时代人类困境的中国方案,人类命运共同体理念坚持马克思主义总体性原则,在思维方式上超越了主客二分的零和博弈思维方式及其衍生的狭隘阶级民族国家价值立场。习近平总书记深刻指出:

---

① 习近平:《推动我国生态文明建设迈上新台阶》,《求是》2019年第3期。
② 徐艳玲:《全球化本质的动态透视》,《山东社会科学》2004年第3期。
③ 《国家主席习近平发表二〇一六年新年贺词》,《光明日报》2016年1月1日。

"当前,世界各国相互联系、相互依存的程度空前加深,人类生活在同一个地球村里,生活在历史和现实交汇的同一个时空里,越来越成为你中有我、我中有你的命运共同体"①;深刻指出"当今世界,各国人民生活在同一个地球村,一荣俱荣,一损俱损,休戚与共"②。人类命运共同体将全人类作为一个你中有我、我中有你的有机体,以马克思主义总体性原则统筹时间与空间的双重维度,将当下与未来、本国与他国、直接与根本的利益全盘综合考量,因而具有深远的理论意义。同时,人类命运共同体理念将总体性原则运用到全球经济发展、全球生态环境、全球治理等各个领域,例如在全球网络空间治理领域,习近平总书记强调:"当今的网络安全,有几个主要特点。一是网络安全是整体的而不是割裂的……二是网络安全是动态的而不是静态的……三是网络安全是开放的而不是封闭的……四是网络安全是相对的而不是绝对的……五是网络安全是共同的而不是孤立的。"③这就表明,马克思主义总体性原则贯穿于人类命运共同体理念从理论到实践的各个方面。

其次,构建开放创新、平衡普惠的发展共同体。当今世界面临最大的问题不是恐怖主义,而是消除贫困,实现发展。包括恐怖主义在内一切全球问题的根源在于贫困与发展困境。习近平总书记指出:"发展是第一要务,适用于各国。"④人类命运共同体聚焦于破解全球贫困与发展困境。"可持续发展是破解当前全球性问题的'金钥匙',同构建人类命运共同体目标相近、理念相通,都将造福全人类、惠及全世界。"⑤人类命运共同体理念以"发展"作为基本理念,以可持续发展和人类共同发展开启了构建发展观的正确路径。"可持续发展是社会生产力发展和科技进步的必然产物,契合世界上绝大多数国家的共同诉求";"大家一起发展才是真发展,可持续发展才是好发展"⑥。要想实现可持续,就必须找到推动发展的持续动力。而开放与创新就是持续发展的前提和动力。"当今世界,开放融通的潮流滚滚向前。人类社会发展的历史告诉我们,开放带来进步,封闭必然落

---

① 《学习习近平总书记重要讲话》,北京,人民出版社 2013 年版,第 77 页。
② 《习近平同希腊总统帕夫洛普洛斯举行会谈》,《光明日报》2019 年 5 月 15 日。
③ 习近平:《在网络安全和信息化工作座谈会上的讲话》,北京,人民出版社 2016 年版,第 16 页。
④ 《习近平谈治国理政》第二卷,北京,外文出版社 2017 年版,第 542 页。
⑤ 习近平:《坚持可持续发展 共创繁荣美好世界——在第二十三届圣彼得堡国际经济论坛全会上的致辞》,《光明日报》2019 年 6 月 8 日。
⑥ 《习近平谈治国理政》第二卷,北京,外文出版社 2017 年版,第 524 页。

后。世界已经成为你中有我、我中有你的地球村,各国经济社会发展日益相互联系、相互影响,推进互联互通、加快融合发展成为促进共同繁荣发展的必然选择。"① 中国 40 余年改革开放的成功实践证明:只有不断扩大开放、坚持创新才能实现本地区、本民族、本国家和世界的可持续发展。

两次世界大战对人类造成的创伤至今历历在目。总结其教训,其中最深刻的教训在于资本主义发展导致世界经济、政治发展不平衡最终引发人类悲剧。当前,以关税壁垒、技术封锁为表现的贸易保护主义成为全球经济发展的最大障碍。列宁早就深刻洞察到,"对资本主义生产来说,要在国内市场和国外市场之间确定任何原则性的区别都是不可能的",因为"实际上关税界限或政治界限对于划分'国内'市场和'国外'市场往往是毫无用处的"②。因此,"如果搞贸易保护主义、画地为牢,损人不利己"③。而要抵制贸易保护主义的侵害,实现大家一起发展,就要坚持平衡普惠的发展理念。作为人类命运共同体理念的提出者,中国愿意以实际行动首先践行平衡普惠地推动全球共同发展的理念。2015 年,习近平总书记向世界庄严宣告,愿意与各国共同分享中国发展的成果,"中国将始终做全球发展的贡献者,坚持走共同发展道路,继续奉行互利共赢的开放战略,将自身发展经验和机遇同世界各国分享,欢迎各国搭乘中国发展'顺风车',一起来实现共同发展"④。2019 年 3 月,习近平总书记在中法全球治理论坛闭幕式上的讲话中再次强调:"坚持互利共赢,破解发展赤字。经济全球化是推动世界经济增长的引擎。当前,逆全球化思潮正在发酵,保护主义的负面效应日益显现,收入分配不平等、发展空间不平衡已成为全球经济治理面临的最突出问题。我们要坚持创新驱动,打造富有活力的增长模式;坚持协同联动,打造开放共赢的合作模式;坚持公平包容,打造平衡普惠的发展模式,让世界各国人民共享经济全球化发展成果。"⑤

再次,构建平等相待、互商互谅的合作共同体。国际社会合作意识以及正确合作观的缺失,导致人类面对一系列全球性问题束手无策、举步维艰。早在 2013 年,习近平总书记在上海合作组织成员国元首理事会第

---

① 习近平:《开放共创繁荣 创新引领未来——在博鳌亚洲论坛 2018 年年会开幕式上的主旨演讲》,北京,人民出版社 2018 年版,第 6~7 页。
② 《列宁全集》第四卷,北京,人民出版社 1984 年版,第 77 页。
③ 《习近平谈治国理政》第二卷,北京,外文出版社 2017 年版,第 543 页。
④ 《习近平谈治国理政》第二卷,北京,外文出版社 2017 年版,第 525~526 页。
⑤ 习近平:《为建设更加美好的地球家园贡献智慧和力量——在中法全球治理论坛闭幕式上的讲话》,《人民日报》2019 年 3 月 27 日。

十三次会议上的讲话中就强调:"受国际金融危机影响,各国经济发展都不同程度遇到困难,进入调整期和恢复期。对这些挑战,任何一个国家都难以独自应对。我们必须加强合作,联合自强。"① 一直以来,以美国为首的发达国家习惯于以人权高于主权为由肆意干涉他国内政,践踏其他国家主权。失去主权平等的基石,合作便无从谈起。因此,要想真正推动合作实践,就要树立平等相待、互商互谅的合作观。"主权平等,是数百年来国与国规范彼此关系最重要的准则,也是联合国及所有机构、组织共同遵循的首要原则。主权平等,真谛在于国家不分大小、强弱、贫富,主权和尊严必须得到尊重,内政不容干涉,都有权自主选择社会制度和发展道路。"② 在人类生活第五疆域的网络空间领域,习近平总书记早在2014年7月16日巴西国会的演讲中就提出尊重每一个国家信息主权的理念,"当今世界,互联网发展对国家主权、安全、发展利益提出了新的挑战,必须认真应对。虽然互联网具有高度全球化的特征,但每一个国家在信息领域的主权权益都不应受到侵犯,互联网技术再发展也不能侵犯他国的信息主权"③。

  最后,构建公道正义、共建共享的安全共同体。面对当下全球传统安全和非传统安全威胁相互交织的复杂局面,全球安全问题牵一发而动全身,没有一个地区、民族、国家可以在动荡的环境中独善其身。以恐怖主义在全球的蔓延为例,2019年3月15日,28岁的澳大利亚籍犯罪嫌疑人塔伦在新西兰克赖斯特彻奇两座清真寺开枪扫射,造成51人死亡。4月21日,斯里兰卡国内共有8处地方发生炸弹袭击,致使253人死亡。两日后,极端组织宣称斯里兰卡连环爆炸是对新西兰"清真寺屠杀"的报复。事实表明,全球已经连接为一个安全共同体。2015年9月,习近平总书记在美国纽约联合国总部举行的第七十届联合国大会一般性辩论时的讲话中指出:"在经济全球化时代,各国安全相互关联、彼此影响。没有一个国家能凭一己之力谋求自身绝对安全,也没有一个国家可以从别国的动荡中收获稳定。"④ 2017年1月,习近平总书记在联合国日内瓦总部的演讲中再次强调:"世上没有绝对安全的世外桃源,一国的安全不能建立在

---

① 《习近平谈治国理政》第一卷,北京,外文出版社2018年版,第339~340页。
② 《习近平谈治国理政》第二卷,北京,外文出版社2017年版,第539页。
③ 习近平:《弘扬传统友好 共谱合作新篇——在巴西国会的演讲》,北京,人民出版社2014年版,第9页。
④ 《习近平谈治国理政》第二卷,北京,外文出版社2017年版,第523页。

别国的动荡之上,他国的威胁也可能成为本国的挑战。"① 那么,如何构建安全共同体?关键在于秉持公道正义、共建共享的基本理念。所谓公道正义,即不偏不倚、大公无私的正义,共建共享则强调世界各个国家、地区共同参与安全治理,共同享受安全的全球环境带来的好处。只有全球共同致力于构建公道正义、共建共享的安全共同体,才能破解人类安全困境。

二、克服中国"崛起中的烦恼"的现实考量

近年来,中国以其迅速崛起的姿态以及对世界历史进程发挥的重大影响成为世界关注的焦点。在全球化语境下,无论西方人对中国崛起持何种态度,在他们眼里,中国的崛起都是一个不争的事实。一方面,中国承受着世界对中国迅速发展的称赞。另一方面,中国也不得不承受"崛起中的烦恼"。"中国威胁论""中国崩溃论""中国责任论"以及各种所谓的"陷阱说"等怪论此起彼伏。人类命运共同体以蕴含的巨大精神能量、崇高的价值追求和实践中的丰硕成果成功破解了缠绕中国的"崛起中的烦恼"。

1. 缠绕中国的"崛起中的烦恼"

一直以来,"中国崛起"都是西方世界的热门议题,一些别有用心的国家、机构、个体趁机大肆宣扬"中国威胁论""中国责任论""修昔底德陷阱""金德尔伯格陷阱"等怪论。这是中国在和平发展道路上遭遇的重大挑战,也是困扰中国已久的"崛起中的烦恼"。

近年来,"中国威胁论"成为质疑中国崛起议题的国际舆论主要论调,进而演变为缠绕中国的"崛起中的烦恼"。伴随着中国综合实力的不断增长以及国际影响力的日益提升,从最初担心中国崩溃而引发西方危机的"中国崩溃论"到"中国威胁论"衍生出许多版本与形式。"中国威胁论"所论及的范围和话题日渐增多,遍及经济、政治、军事、信息网络等各领域。新"政治威胁论"以"债权帝国主义论""新帝国主义列强论""新殖民主义论"面目出现。2017年年底,印度学者布拉玛·切拉尼在他的《中国的债权帝国主义》一文中绘声绘色地描写了中国以主权债务强迫他国"臣服"的"债权帝国主义形象"。2018年2月2日,时任美国国务卿蒂勒森警告广大拉美国家"不要过度依赖与中国的经济关系"。他强调"拉丁美洲不需要新的'帝国主义列强',他们只想为自己的人民赚取利益……中国国家主导的发展模式让人想起过去。这不必成为这个地

---

① 《习近平谈治国理政》第二卷,北京,外文出版社2017年版,第541~542页。

区的未来"①。新"经济威胁论"主要表现为"非市场行为论"。2017年11月，美国政府发布了新版《中国非市场经济地位报告》，拒绝承认中国的市场经济地位。同年澳大利亚一位很有影响力的政治战略风险咨询公司CEO艾伦·杜邦洲在《澳大利亚需要与中国接触并避免两国关系中的风险》一文中指出：澳洲对中国的经济依赖已经达到不健康的比例，澳洲越来越难于反对中国的外交政策，澳洲的国家独立已经受到威胁。"2018年2月21日，美国财政部负责国际事务的副部长马尔帕斯抨击中国经济政策，称中国一方面声称支持自由贸易，另一方面却存在"明显的非市场化行为"，"造成全球其他地区的就业减少"，"正在以非市场方式选择投资，这抑制了全球增长"。自2019年3月以来，欧盟一直将中国称为"系统性竞争对手"。2021年5月，欧盟委员会宣布了在经济战略领域减少对中国依赖的计划。"军事威胁论"也一直是"中国威胁论"的主要议题。自2000年起（除2001年外），美国像冷战时期一样每年都撰写和发布一本《中国军力年度报告》，攻击中国军力的透明度，散布中国军事威胁论。2019年5月2日，美国国防部再次发布2019年度《中国军事与安全发展态势报告》（以下简称《报告》），继续渲染"中国威胁论"，认为中国的"影响力行动"和北极活动对美国军事与安全构成重大威胁。《报告》认为："中国领导人专注于为中国配备'世界一流'军队，确保其大国地位，并试图成为印太地区的超级大国。"② 美国军方的这个判断与部分美国学者的论调是一致的，例如美国学者约翰·米尔斯海默在《大国政治的悲剧》中就写道："权力增强后的中国肯定会用经济实力建立起强大的军事机器，并进而寻求地区霸权，建立起针对美国的门罗主义，中国将比20世纪美国面临的任何一个潜在霸权国都更为强大和危险。"③ 信息网络领域的"中国威胁论"一直以来甚嚣尘上并开始在国家政策领域发挥着重大影响。"中国计算机黑客威胁论"是制造中国信息网络威胁的主要论调之一。伴随着近年来中国在以通信和网络信息技术为代表的高科技领域的迅速发展，长期占据全球高科技领域制高点的美国开始担心中国会威胁到自己的高科技霸主地位，进而影响其全球经济利益。2016~2018年，美国两次制裁国内通信行业第二大厂商中兴。2019年5月，美国政府以国家安全

---

① http://www.sohu.com/a/245463394_425345.
② https://www.163.com/dy/article/EEJEFEGF0511DV4H.html.
③ ［美］约翰·米尔斯海默：《大国政治的悲剧》，王小桅、唐小松译，上海，上海世纪出版社2008年版，第420页。

存在重大风险为由把中国华为及其附属公司列入出口管制的"实体名单"。由此观之,"中国信息威胁论"不仅是西方抹黑中国制造的说辞,更是在战略与政策层面深刻影响了以美国为代表的发达国家政府。

此外,西方学者提出的"修昔底德陷阱说"是"中国威胁论"在学术领域的另一种版本。古希腊历史学家修昔底德在《伯罗奔尼撒战争史》中评论公元前431年到公元前404年雅典和斯巴达长达近30年的争霸战争原因时指出:"使得战争无可避免的原因是雅典日益壮大的力量,还有这种力量在斯巴达造成的恐惧。"[1]2015年,当代美国政治家格雷厄姆·艾利森据此提出"修昔底德陷阱":"当一个崛起大国威胁取代现有大国地位引发的内在结构性压力"[2],认为正在崛起的中国和不断衰落的美国之间将不可避免地发生冲突。"修昔底德陷阱说"是西方学者以西方大国崛起过程中产生冲突的客观史实为借鉴来评判、预测中国发展道路。这一怪论的内在逻辑问题在于,用西方发展的历史来衡量具有不同历史文化传统和实践发展模式的中国,一是用错了分析对象,二是忽视了人类道德价值和理性发展可以克服人类悲剧的可能性。

与火药味十足的"中国威胁论"不同,"中国责任论"则运用了"捧杀"的策略。2005年9月21日,美国前副国务卿佐利克在美中关系全国委员会上发表《中国往何处去——从成员到责任》的演讲,首次提及"负责任的利益相关者"的表述。美国希望中国在国际体系中承担更多责任,这些责任涉及中国内政外交等各个层面,例如要求中国加快政治改革步伐、加强知识产权保护、放松人民币汇率管制、增加军事预算透明度、加大对阿富汗和伊拉克战后重建的投入、增加联合国会费、对朝鲜和伊朗施加更大的压力、改变获取外部能源的方式、处理好与苏丹及缅甸等国家的关系等。此后,"负责任的利益相关者"被各国所引用,并逐步发展出不同的版本。例如欧盟理事会于2006年12月发表"欧中战略伙伴关系",要求中国从全球层面看待双方关系的重要性,呼吁中国在贸易、知识产权保护、人权、援助政策、气候变化、地区安全等领域承担更大的国际责任。2010年5月,美国出台的《国家安全战略报告》中,界定中国为"负责任的领导者",同时还指出:对于中国作为一个负责任的领导者的形象,我们欢迎中国与美国以及国际社会一起,共同促进全球经济的复苏与

---

[1] 修昔底德:《伯罗奔尼撒战争史》,北京,商务印书馆2013年版,第11页。
[2] Graham Allison, Destined for war: Can America and China escape Thucydides's trap? Open Journal of Chinese Political Science (2019)24:707–708.

发展，以及共同应对全球气候变化问题和核扩散问题。具体地说，西方主要在如下方面要求中国承担更多责任：一是"经济责任论"。表现为以美国为代表的西方国家希望中国承担"汇率责任""顺差国责任""债权国责任""储蓄国责任"，提出诸如"人民币被严重低估，至少应该升值40%"等要求。二是"环境责任论"。国际上有一种观点认为"中国破坏了哥本哈根气候变化大会，成为全球应对气候变化行动的最大障碍"[1]，中国理应与发达国家一起承担同样的减少温室气体排放量的国际义务。三是"安全责任论"。在解决朝核问题方面，美、日等国认为中国应当承担更大的责任、发挥更大的作用、采取更多的措施，包括通过各种手段对朝鲜施压。正如时任中国外交部发言人耿爽在例行记者会上回应所说，半岛核问题的解决有赖于相关各方协调配合、群策群力，单方面渲染"中国责任"而无视本国应发挥的作用无益于问题的解决。如果中国没有按照西方国家的要求，就会被贴上"搭便车"不负责任的标签。"搭便车论"认为，美国是当今全球政治经济秩序的设计者和创造者，是国际安全的提供者；在经济方面中国以发展中国家身份搭现行自由主义国际经济秩序的便车，从中谋取巨额的不当得利；在政治安全方面在解决世界热点问题方面没有发挥作用；在全球问题上没有承担起相应的责任。这是典型的"捧杀"策略。

另外，"金德尔伯格陷阱"理论则是由学者所提出的另一种"中国责任论"版本。"金德尔伯格陷阱"最初由美国世界经济史学家、国际政治经济学和国际关系学家查尔斯·P·金德尔伯格提出。他在著作《1929—1939年世界经济萧条》中认为，由于第一次世界大战的爆发，英国国力整体衰退，因而无力承担世界的领导者角色。而作为新兴强国的美国却奉行孤立主义，不想为国际社会提供更多的公共产品。因此，在第一次世界大战之后新旧国际关系领导权交接不畅，进而导致了经济大危机和第二次世界大战。2017年在美国总统特朗普上台之际，哈佛大学教授约瑟夫·奈在欧洲新闻网上发表了一篇题为《金德尔伯格陷阱：特朗普的中国挑战？》的文章，提出要提防中国减少国际公共产品的供给，避免因此而导致全球治理体系崩溃和可能引发世界大战的"金德尔伯格陷阱"。"金德尔伯格陷阱"可以说是"中国责任论"的再版与升级，将中国陷入了"不做不对、做也不对"的两难困境。正如一位学者所说："如果中国提供国际公共产品，就会被认为是'霸权'国家行为，而如果中国不提供，就会

---

[1] https://zixun.3158.cn/20110804/n307481695071127.html.

被认为不负责任。"① 以美国为代表的西方国家将中国责任与从自身国家利益出发的利益要求画上等号，一旦中国的做法不符合这些国家的要求和利益，就会被打上"不负责任"的标签。虽然，"中国责任论"相较"中国威胁论"更加客观地承认了中国崛起这个事实，反映了国际社会希望中国在国际社会中扮演更加积极角色的期待；但是，"责任论"的实质是"希望中国承担西方国家主导的国际体系运行的成本，让中国替西方国家'分忧'。这不仅要求中国认同西方国家的价值观和发展模式，认同西方国家建构的国际体系和国际规则，而且暗含着中国必须完全融入其中，成为它们中的一分子"②。中国要做负责任的大国，是对整个世界而言，是要做对人类命运负责任的大国，绝不是跟在西方国家后边亦步亦趋，为它们分担责任。

2. 人类命运共同体：破解"崛起中的烦恼"之现实考量

人类命运共同体理念继承了中国传统文化中天下观的博大，在表述上采用了中性、温和的概念，具有宏大的空间和时间视野；人类命运共同体理念在方法论上坚持了马克思主义的总体性原则，超越了西方对抗思维与狭隘的阶级国家价值立场，超越了文化、种族、肤色、宗教和不同社会制度的界限，因而具有巨大的精神能量。

一是以马克思主义总体性原则和天下观的博大视野超越西方对抗思维与狭隘的阶级和国家价值立场。人类命运共同体理念既坚持了马克思主义总体性方法论原则，同时又继承了中国传统文化中天下观的博大视野和胸襟，因此能够克服困扰中国"崛起中的烦恼"的对抗思维方式与致思逻辑的困境。从根本上看，以"中国威胁论""中国责任论"为代表的各种怪论，是西方资本主义国家基于主客二分的对立认识方法和错误历史经验主义所形成的以对抗性为特点的思维方式和致思逻辑的产物。尽管二分法的思维方法体现人类的理性，但是面对世界的复杂性，绝不能简单地套用二分法。特别是以零和思维为取向的主客二分法，不仅不会有助于正确认识客观世界，还会得出严重违背历史发展规律的结论。除了主客二分的认知方法，对抗思维与逻辑的形成还源于错误的历史经验主义的双重逻辑错误。西方国家根据近代以来资本主义强国崛起的历史得出一个错误的经验论断，即新兴大国崛起难免会挑战既有的国际秩序，从而为确立本国霸权

---

① 王义桅：《不要被各种"陷阱说"给忽悠了》，《北京日报》2018年1月10日。
② 任洁：《中国和平发展面临的主导性国际舆论环境——从"中国威胁论"到"中国责任论"》，《中国矿业大学学报（社会科学版）》2015年第1期。

扫清障碍。而世界历史发展的事实却证明，一个国家、民族的崛起不必以损人利己的方式出现。之所以出现经验主义的错误，就在于混淆了历史现象与规律。以"修昔底德陷阱""金德尔伯格陷阱"为代表的一系列"陷阱说"，的确描述了新兴国家与守成大国因权力的交接转移和冲突对国际稳定造成深刻影响的现象。但是，现象不等于本质，对历史现象的描述并不等同于对历史规律的把握。用西方资本主义国家发展历程中的错误历史经验来评判、预测具有完全不同历史文化传统和思维方式的中国必然形成时空错位的错误结论。由于无视世界的有机整体性，主客二分的认知方式将自我与世界对立起来，加之错误的历史经验主义必然形成以主体优先性为表征的狭隘阶级和民族国家价值立场。2017年9月，时任美国总统特朗普在联合国大会一般性辩论上发表演讲，阐述了"美国优先论"。他说，美国不会再让其他国家"占便宜"，没有回报的交易美国不会接受，"只要我当总统一天，就会优先捍卫美国利益"[1]。"美国优先论"与"中国威胁论"犹如一个硬币的正反两面，都是对抗思维及其衍生的狭隘阶级国家价值立场的产物。"中国威胁论""中国责任论"等论调不仅深刻影响着西方国家对国际关系和国际秩序的正确判断，更成为中国崛起道路上的重大挑战。

人类命运共同体理念的提出从根本上克服了上述困扰中国"崛起中的烦恼"的思维方式与致思逻辑及其衍生的狭隘阶级和国家价值立场。马克思主义认为，整个社会生活及其历史发展是主客体相互作用的有机整体，统一于感性的实践活动。因此，应当在总体性联系中理解社会生活，而不是将他们变成抽象的对立的极端。虽然马克思没有直接阐述"总体性"概念，但是马克思却运用总体性方法揭露了资本主义的本质并发现了人类社会生活的基本规律。例如，马克思在研究资本主义物质生产时指出："我们得到的结论并不是说，生产、分配、交换、消费是同一的东西，而是说，它们构成一个总体的各个环节，一个统一体内部的差别……不同要素之间存在着相互作用。每一个有机整体都是这样。"[2] 人类命运共同体首先是一个总体性概念，以马克思主义总体性原则作为认识方法，站在人类世界是有机统一整体的高度，看待中国同世界上其他国家一荣俱荣、一损俱损的命运。正如习近平总书记指出："在经济全球化时代，各国安

---

[1] http://www.xinhuanet.com/world/2018-01/11/c_129787757.htm.
[2] 《马克思恩格斯选集》第二卷，北京，人民出版社2012年版，第699页。

全相互关联、彼此影响。没有一个国家能凭一己之力谋求自身绝对安全，也没有一个国家可以从别国的动荡中收获稳定。弱肉强食是丛林法则，不是国与国相处之道。穷兵黩武是霸道做法，只能搬起石头砸自己的脚。"[1] 2015 年，习近平总书记在第七十届联合国大会一般性辩论时发表的讲话中，在引用儒家经典《礼记》中"大道之行也，天下为公"之后，提出倡议"构建以合作共赢为核心的新型国际关系，打造人类命运共同体"[2]。人类命运共同体一经提出就已经内蕴着"天下兴亡，匹夫有责"的博大胸襟与视野。2017 年，习近平总书记在中国共产党与世界政党高层对话会上的主旨讲话中开宗明义地指出："人类命运共同体，顾名思义，就是每个民族、每个国家的前途命运都紧紧联系在一起，应该风雨同舟，荣辱与共，努力把我们生于斯、长于斯的这个星球建成一个和睦的大家庭，把世界各国人民对美好生活的向往变成现实。"[3] 这表明，人类命运共同体理念以实现美好生活的全人类共同理想为现实追求，这就与"中国威胁论"等论调所折射的狭隘的阶级民族国家价值立场形成鲜明对比。

二是以"和平、发展、公平、正义、民主、自由"的全人类共同价值追求全面破解"崛起中的烦恼"。"中国威胁论""中国责任论""修昔底德陷阱""金德尔伯格陷阱"等对中国和平发展道路的误判，不仅表达了西方国家对我国迅速发展的担忧，更为在实践中设置障碍以阻滞我国持续发展提供了理论依据。如果运用西方学者的观点进行分析，制造中国"崛起中的烦恼"无疑是西方国家软实力的组成部分。"软实力说"最早由哈佛大学约瑟夫·奈教授提出，指行为体在没有奖励或惩罚的情况下使别人服从的能力[4]；"而在软实力是所包含的三种元素当中，除了吸引能力和获得关注的能力外，软实力所包含的最为重要元素是说服能力"[5]。"人类命运共同体理念的深度和具体阐释在理论和实践上向世界证明：中国不是一个国际秩序的挑战者，而是一个和平参与者和建设者"；"中国的'和平发展'是作为社会主义国家的中国、作为最大的发展中国家履行的国际责任，给世界各国带来的是机遇而不是'危险'，更不是'威胁'，这就进一

---

[1] 《习近平谈治国理政》第二卷，北京，外文出版社 2017 年版，第 523 页。
[2] 《习近平谈治国理政》第二卷，北京，外文出版社 2017 年版，第 522 页。
[3] 习近平：《携手建设更加美好的世界——在中国共产党与世界政党高层对话会上的主旨讲话》，北京，人民出版社 2017 年版，第 4 页。
[4] Joseph Nye: *Bound to Lead*, New York: Basic Books, 1990; Joseph NY: *Soft Power: The Means to Success in World Politics*, New York: Public Affairs, 2004.
[5] 布兰德利·沃马克：《两次全球危机与中国崛起》，《国际政治科学》2018 年第 2 期。

步证伪了'中国威胁论'"。① 正如习近平总书记指出:"和平、发展、公平、正义、民主、自由,是全人类的共同价值,也是联合国的崇高目标。目标远未完成,我们仍须努力。当今世界,各国相互依存、休戚与共。我们要继承和弘扬联合国宪章的宗旨和原则,构建以合作共赢为核心的新型国际关系,打造人类命运共同体。"② 这就从理论和价值追求上超越了以"中国威胁论"为代表的西方话语所设置的障碍。

关于和平价值理念,习近平总书记在国内国外多种场合,从不同的角度进行了阐发。从文化基因角度看,中华民族是具有爱好和平基因的民族:"中华民族历来是一个爱好和平的民族,爱好和平在儒家思想中也有很深的渊源。中国人自古就推崇'协和万邦'、'亲仁善邻,国之宝也'、'四海之内皆兄弟也'、'远亲不如近邻'、'亲望亲好,邻望邻好'、'国虽大,好战必亡'等和平思想。爱好和平的思想深深嵌入了中华民族的精神世界,今天依然是中国处理国际关系的基本理念"③;从历史角度看,近代以来中华民族所经历的战争苦难更加让中国人民珍惜和平,"从1840年鸦片战争爆发到1949年中华人民共和国成立,中华民族遭受了世所罕见的外族入侵和内部动荡,中国人民遭受了前所未有的苦难,一度到了濒临亡国灭种的危险境地。仅在中国人民抗日战争中,中华民族就付出了3500万人伤亡的沉重代价。近代以后经历了长期苦难的中国人民最懂得和平的宝贵,最懂得发展的重要。中国人民深知,和平对人类就像阳光和空气一样重要,没有阳光和空气,万物就不能生存生长"④。从现实角度看,"走和平发展道路,是我们党根据时代发展潮流和我国根本利益作出的战略抉择……实现我们的奋斗目标,必须有和平国际环境。没有和平,中国和世界都不可能顺利发展;没有发展,中国和世界也不可能有持久和平"⑤。关于"修昔底德陷阱",2015年9月22日,习近平总书记在美国华盛顿州当地政府和美国友好团体联合欢迎宴会上的演讲中深刻指明:"世界上本无'修昔底德陷阱',但大国之间一再发生战略误判,就可能自

---

① 徐艳玲:《人类命运共同体理念:全球化困境下的理论突围》,《人民论坛》2017年第28期。
② 《习近平谈治国理政》第二卷,北京,外文出版社2017年版,第522页。
③ 习近平:《在纪念孔子诞辰2565周年国际学术研讨会暨国际儒学联合会第五届会员大会开幕会上的讲话》,北京,人民出版社2014年版,第3页。
④ 习近平:《在纪念孔子诞辰2565周年国际学术研讨会暨国际儒学联合会第五届会员大会开幕会上的讲话》,北京,人民出版社2014年版,第3页。
⑤ 《习近平谈治国理政》,北京,外文出版社2014年版,第247~248页。

己给自己造成'修昔底德陷阱'。"① 习近平总书记在接受美国《世界邮报》创刊号的专访时强调："我们都应该努力避免陷入'修昔底德陷阱',强国只能追求霸权的主张不适用于中国,中国没有实施这种行动的基因。"② 人类命运共同体理念以和平作为基本价值追求,有着深厚的中华民族文化传统、深刻的历史经验体悟和理性的现实判断依据,这就从根本上破解了"中国威胁论"。

关于发展价值理念,人类命运共同体理念以发展作为基本价值追求,对发展的深刻认识进一步证伪了"中国威胁论""中国责任论"。"中国威胁论"指责中国的发展是具有扩张性和侵略性的"新帝国主义",人类命运共同体理念表明中国"尊重各国人民自主选择发展道路的权利,维护国际公平正义,倡导国际关系民主化,反对把自己的意志强加于人,反对干涉别国内政,反对以强凌弱"③。因此,"中国发展不对任何国家构成威胁。中国无论发展到什么程度都永远不称霸"④。"一带一路"倡议、亚洲基础设施投资建设银行以具体实践回应了"中国责任论"的指责。"以'一带一路'建设为契机,开展跨国互联互通,提高贸易和投资合作水平,推动国际产能和装备制造合作,本质上是通过提高有效供给来催生新的需求,实现世界经济再平衡"⑤。人类命运共同体理念对发展的具体阐释表明,中国的发展做大了世界发展的"蛋糕",扩大了不同国家、地区的共同利益,中国的发展道路上不存在陷阱之困。中国多年来从未间断对欠发达地区提供无偿资金援助,"一带一路"倡议、亚洲基础设施投资银行的建设,都表明中国积极欢迎世界各国搭乘中国经济发展的顺风车,"'一带一路'建设不应仅仅着眼于我国自身发展,而是要以我国发展为契机,让更多国家搭上我国发展'快车',帮助他们实现发展目标"⑥。数据显示,"中国企业已经在 20 多个国家建设 56 个经贸合作区,为有关国家创造近 11 亿美元税收和 18 万个就业岗位"⑦。人类命运共同体理念的实践证明,中国"积极参与经济全球化进程,为推动人类共同发展作出了应有贡献"⑧;"我国

---

① 习近平:《习近平在对美国进行国事访问时的讲话》,北京,人民出版社 2015 年版,第 20 页。
② 徐伟新等:《中国新常态》,北京,人民出版社 2015 年版,第 3 页。
③ 习近平:《在庆祝改革开放 40 周年大会上的讲话》,北京,人民出版社 2018 年版,第 33 页。
④ 习近平:《在庆祝改革开放 40 周年大会上的讲话》,北京,人民出版社 2018 年版,第 34 页。
⑤ 《习近平谈治国理政》第二卷,北京,外文出版社 2017 年版,第 504 页。
⑥ 《习近平谈治国理政》第二卷,北京,外文出版社 2017 年版,第 501 页。
⑦ 《习近平谈治国理政》第二卷,北京,外文出版社 2017 年版,第 510 页。
⑧ 习近平:《在庆祝改革开放 40 周年大会上的讲话》,北京,人民出版社 2018 年版,第 17 页。

日益走近世界舞台中央,成为国际社会公认的世界和平的建设者、全球发展的贡献者、国际秩序的维护者!"①

由上所述,"人类命运共同体理念的提出和深度阐释,对于澄清和纠正西方对中国和平发展道路的误读,打消他国对我国迅速发展的疑虑,为中华民族的伟大复兴创造一个和平、有利的国际环境,具有积极的正能量效应,同时也摒弃了中国近代以来由于被欺凌而导致的'受害者'心态,向世界展示了一个复兴中的泱泱文明大国负责任的大国气度和大国胸襟。"②

---

① 习近平:《在庆祝改革开放 40 周年大会上的讲话》,北京,人民出版社 2018 年版,第 18 页。
② 徐艳玲:《人类命运共同体思想:全球化困境下的理论突围》,《人民论坛》2017 年第 28 期。

第五章　人类命运共同体构建面临的现实新机遇

党的二十大报告指出："中国始终坚持维护世界和平、促进共同发展的外交政策宗旨，致力于推动构建人类命运共同体。"[①]构建人类命运共同体是一个全球性的命题。因此，对构建人类命运共同体面临的现实新机遇分析也不应拘泥于国内范围，而应将之置于世界发展的宏阔背景和人类文明前行的历史方位中，这样才能客观地认识和能动地把握人类命运共同体构建的新机遇。所谓机遇，《现代汉语词典》对它的解释是："时机；机会（多指有利的）。"[②]这种解释非常清楚地表达出机遇的含义，结合时代发展的历史背景，将其放在"人类命运共同体构建面临的现实新机遇"这一命题上来理解，即可简要地转述为：当今世界的发展境况给人类命运共同体建设营造的适合发展的环境以及带来的有利于发展的机会。

第一节　全球经济体系变革带来新契机

世界经济环境是影响人类命运共同体构建的重要变量，每一种国际政策的制定和最终实施都依托于一定的经济背景。因此，从全球经济体系的角度来分析论证人类命运共同体构建面临的现实新机遇就显得尤为重要。现在我们所说的世界经济体系通常是指第二次世界大战后形成的资本主义世界经济体系，包括了世界货币体系和世界贸易体系等。第二次世界大战后，资本主义国家凭借其强大的政治、经济、军事等方面的优势建立起一

[①] 习近平：《高举中国特色社会主义伟大旗帜　为全面建设社会主义现代化国家而团结奋斗——在中国共产党第二十次全国代表大会上的报告》，北京，人民出版社2022年版，第60页。

[②] 《现代汉语词典》，北京，商务印书馆2016年版，第600页。

套以其为主导的至今依然发挥作用的世界经济体系。时至今日，经济全球化仍然是世界发展的潮流，国际货币体系和世界贸易体系的变革为经济全球化提供了良好的经济基础。从宏阔的历史时空来说，经济全球化的历史趋势不可逆，给人类命运共同体的构建提供了宏阔的时代背景和可能性空间。

一、经济全球化的历史趋势不可逆

经济全球化是世界经济发展的内在规律，随着各国经济的发展和进步，必然产生国际范围内经济的联系与合作。习近平总书记在深刻洞察历史演进规律的基础上，阐明了经济全球化的发展大势，深刻指出："世界上的有识之士都认识到，经济全球化是不可逆转的历史大势，为世界经济发展提供了强劲动力。"① 首先，从历史规律看，在世界和平的背景之下，经济全球化可能有波动，但是经济全球化的大方向不会改变。1830~2015 年，经济全球化出现了 3 次持续时间较长的上升阶段（分别是 1830~1879 年、1903~1920 年、1946~2008 年）和 2 次持续时间较长的下降阶段（分别是 1880~1902 年、1921~1945 年），而第一次经济全球化的下降主要是美国爆发独立战争威胁了当时的世界贸易体系。第二次下降主要是全球性的经济"大萧条"、第二次世界大战的爆发等原因。第二次世界大战之后以美国为主导的世界贸易体制持续至今，世界各国的联系不断深化。② 从中我们可以看出，世界经济全球化的发展过程中存在波动，但是世界经济全球化仍然是世界历史发展的主流。"只要世界处于和平时期，经济全球化都会不断深化；只要不发生世界性的战争，经济全球化就不会长期衰退"③。从现状来看，世界范围内虽然存在局部性战争，但是发生大规模战争的可能性不大。和平与发展仍然是当今世界的两大主题，第四次工业革命正在进行，各国谋求和平与发展的意愿较为强烈，这些因素都有利于世界经济更好的发展。在这样的背景之下，世界经济全球化有所波动，但是总的趋势将不会改变。那些反对经济全球化的人只是逆

---

① 习近平：《共建创新包容的开放型世界经济——在首届中国国际进口博览会开幕式上的主旨演讲》，《人民日报》2018 年 11 月 6 日。

② 参见裴长洪、刘洪愧：《习近平经济全球化科学论述的学习与研究》，《经济学动态》2018 年第 4 期。

③ 裴长洪、刘洪愧：《习近平经济全球化科学论述的学习与研究》，《经济学动态》2018 年第 4 期。

世界潮流而为，最终会走向失败。

其次，经济全球化的趋势并没有逆转，新一轮的全球化正在酝酿之中，主要表现如下。一是从国际分工上看，"2013年到2016年几个典型的跨国公司中，大众海外资产占总资产的比重从39.6%上升到45.7%；丰田从68.1%上升到69.7%；壳牌从84.4%上升到85%"[①]。从中我们可以看出，各跨国公司的实力在资本的推动之下仍在世界范围内源源不断地扩张，国际之间的分工协作变得更加深入，全球价值链条在这种分工的作用之下进一步得到强化。这既符合跨国企业自身发展的利益，也符合其资产所在国的发展利益，是一个互利共赢的发展过程。二是从国际直接投资上看，直接投资的变化在很大程度上可以用来衡量国家之间的经济密切程度。联合国贸发会议（UNCTAD）近日发布《2022年世界投资报告》指出，"2021年全球跨境投资较2020年大幅增长64%，达到1.58万亿美元，发达国家吸引外资增长了200%，占全球跨境投资增长的近70%。"[②]报告还显示"2021年流入亚洲发展中国家的外国直接投资（FDI）增长19%，创6190亿美元的历史新高，占当年全球外国投资流入的40%。中国是主要外资流入目的地，其次是中国香港、新加坡、印度、阿联酋和印尼。"[③] 由此可以看出，世界范围内的跨境投资不断增加，各国之间的经济往来仍然频繁。尤其是发达国家接受外来投资不断增加，在经济发展中仍然获得较大的利益。三是从国际贸易上来看，国际贸易是建立在国际分工基础之上的，国际贸易的开展推动了各国经济的发展，使世界各国在合作中实现经济共赢。世界贸易组织2023年4月发布报告预测，"2023年全球货物贸易量将增长1.7%，高于去年10月预测的1%。"[④] 世纪疫情给世界贸易的发展带来了冲击，但在世界各国的努力之下，全球贸易逐渐增加，世界经济发展也逐渐产生新的转机。与此同时，加强贸易合作，避免贸易碎片化，保持贸易自由流动，成为各国经济恢复的重要诉求。四是从国际贸易的内容来看，全球数字贸易在全球贸易中扮演着越来越重要的角色。这一趋势的产生是和网络技术逐渐融入世界经济发展的演化态势相吻

---

① 何伟文：《科学认识逆全球化，推进包容性全球化》，《探索与争鸣》2018年第1期。
② https://www.ndrc.gov.cn/fggz/fgzh/gjzzychyjdt/gjzzyc/202206/t20220629_1329380_ext.html.
③ https://www.ndrc.gov.cn/fggz/fgzh/gjzzychyjdt/gjzzyc/202206/t20220629_1329380_ext.html.
④ https://baijiahao.baidu.com/s?id=1762481484475895769&wfr=spider&for=pc.

合的。"2020年全球数字服务贸易出口高达3.19万亿美元，占全球服务贸易总额的比重由2010年的47.3%上升至2020年的52%，2020年全球数字服务贸易出口对全球服务贸易出口增长的贡献率高达98.3%。"① 由此可见，由数字技术发展引发的数字经济正在成为全球经济和贸易发展的重要引擎。《全球数字贸易发展趋势报告2022》指出当前全球数字贸易呈现"数字贸易成为促进国际贸易复苏的重要引擎""数字贸易呈现一超多强发展格局""数字平台企业正在推动全球产业与贸易格局深刻变革"等九大发展态势，② 这再一次描述了数字经济在全球经济发展中所承担的重要角色。由此可见，世界贸易的结构正在转型优化，新的产业正在为世界贸易的发展注入生机和活力。五是从金融全球化的态势来看，目前形成的全球金融秩序是第二次世界大战后以美国利益为中心建立的，美元的霸权地位是美国谋取自身利益的重要工具。虽然特朗普上台之后推行"美国优先"的对外政策，拜登政府也继承了美国这一"传统"，但是金融全球化的潮流难以逆转。

由此，在现实情况下，世界范围内的有利因素将推动经济全球化深入发展。一是全球价值链的形成提供了基础。"也正是由于当前全球价值链分工网络的复杂性与深刻性，使得个体国家难以像传统贸易模式中通过简单的单边贸易干预措施来达到政策目的"③。全球价值链的形成使得一项生产不再是由一个国家独立完成，而是由多个国家或者地区协作完成，分工变得更加细化，联系变得更加紧密。世界经济逐渐结成一个"命运共同体"，一国想凭一己之力去改变这一状况变得十分困难。二是中国的崛起和各国的支持提供了力量。从历史的经验来看，大国的崛起往往会推动世界经济的发展。工业革命后崛起的英国主导了经济全球化，第二次世界大战后的美国继续推动全球化进程。2008年国际金融危机之后，中国开始引领经济全球化的历史潮流，中国的理性态度和支持力度助力着经济全球化的深度推进，让世界成为一个更为紧密的"共同体"。各国对于经济全球化的支持态度也将有助于推动世界经济的深度融合。例如，在2018年冬季达沃斯世界经济论坛上，以法国、德国、意大利和印度为代表的美国盟友和广大发展中国家对美国特朗普政府提出的反自由贸易政策表示质疑和反对。三是科技的发展带来了新引擎。技术的变革是推动生产力发展的

---

① http://tradeinservices.mofcom.gov.cn/article/yanjiu/pinglun/202111/123469.html.
② 张伟伦：《全球数字贸易呈现九大发展态势》，《中国贸易报》2023年5月16日。
③ 佟家栋等：《"逆全球化"与实体经济转型升级笔谈》，《中国工业经济》2017年第6期。

重要因素。当今世界科学技术迅猛发展，互联网、物联网、5G 网络以及人工智能等极大地推动了生产力的发展，使得各国经济联系日益密切、日趋融合。这些技术的发展使得各国经济往来变得更加方便快捷，节省了大量的中间环节。同时，这也使得更多的小型企业有能力融入到这一潮流之中，经济合作的主体也逐渐增多。四是资本逐利的本性提供了内在动力。"资本主义生产过程的动机和决定目的，是资本尽可能多地自行增殖，也就是尽可能多地生产剩余价值"[1]。资本为了实现不断增殖的内在逻辑就会冲破一切壁垒，打破一切封锁，逐渐走向全世界，去寻找更加廉价的原料和劳动力进行生产，去寻找更加广阔的市场进行销售。这样，全球性的大市场将逐步形成，在资本逻辑的演绎之下全球市场得以进一步扩大和加强。这些有利的因素成为经济全球化必然向前发展的有力支撑，在它们的综合作用之下，各国的经济联系日益密切，经济合作逐渐加强，尽管过程会很曲折，尤其是近年来新冠疫情肆虐一定程度上给全球化带来了巨大的冲击，但是全球化的演进趋势是规律使然，人们也将在疫情中更加深刻地认识到"只有合作，才能共赢"的道理，全球经济一体化的曙光终将出现。

由此观之，人类可以认识和运用历史规律，但无法阻止历史规律发生作用。正如习近平总书记深刻指明："说其是历史大势，就是其发展是不依人的意志为转移的。"[2] 世界经济的大海是每一个国家都不能回避的，想要成为孤立的湖泊或者小河流是不可能的。新一轮的全球化正在酝酿，经济合作将走向一个新的高度，经济共同体的联系也将更加紧密。

二、国际货币体系的多元共鸣展新势

目前，国际货币体系的变革在多方力量的共同博弈中逐渐走向多元，这场深刻的变革将会推动世界货币体系开启新的模式，并对世界经济的稳定和发展产生新的影响。"国际货币制度是各国政府为适应国际贸易与国际结算的需要，对货币的兑换、国际收支的调节等所作的安排或确定的原则，以及为此而建立的组织形式等的总称"[3]。在当今世界货币体系之下，虽然美元依靠其与石油的绑定仍然处于"老大"的地位，但另一方面其他货币力量的兴起之势也推动着世界货币体系朝着多元化的方向发展，具体表现如下。

---

[1]《马克思恩格斯全集》第二十三卷，北京，人民出版社 1972 版，第 368 页。
[2]《习近平谈治国理政》第三卷，北京，人民出版社 2020 年版，第 200 页。
[3] 杨宗麒：《现行国际货币制度的演变、弊端及未来》，《上海金融》1998 年第 9 期。

一是美元的货币霸主之位减弱。在世界货币体系的演变进程中，美元凭借美国的世界霸主地位形成了在世界范围内的主导权，对世界经济的变动具有重要的影响。然而，近年来，随着各国对美元信心的降低，世界范围内掀起"去美元化"的浪潮。美国财政部数据显示，中国、比利时、卢森堡、法国等美债主要海外持有者近期持续减持美债。据美联储数据，截至 2022 年 3 月 22 日的一周，外国投资者持有的美债减少 760 亿美元，这是自 2014 年 3 月来的最大单周降幅。美国财政部日前发布的报告也显示，2023 年 1 月，全球至少有 16 个国家出售了美债。① 随着越来越多的国家开始减少对美元的持有，这使得美元的全球储备占比正在改变。国际货币基金组织（IMF）数据显示，"截至 2022 年四季度，美元占全球外汇储备比重降至 58.4%，是 1995 年以来的最低水平"。② 美国作为全球性大国，滥用金融制裁，不断消耗美元的信任基础，这是"去美元化"的重要原因。尤其是新冠疫情暴发以来，美元不仅没有发挥好世界货币的作用，而且还通过快速地减息和增息来维护自身利益，这导致世界金融市场剧烈动荡。各个国家对待美元态度的转变，使得美元的世界霸主地位逐渐减弱，美国想要依靠美元控制世界经济的梦想正在破灭。

二是瑞典、俄罗斯、日本等国的货币影响之势渐起。早在 2020 年 5 月，瑞典央行就宣布，将使用锚定于本国货币的数字加密货币来支持金融结算，并以区块链技术支持去美元中心化。2022 年 2 月，俄罗斯央行也宣布开始测试数字卢布。2022 年 5 月，日本央行发布报告称，日本的数字货币计划已进入第二次测试阶段。此外，日本财务省和金融厅联合几家大银行，计划主导建立类似于 SWIFT 的国际结算体系。③ 在国际货币体系中，美元虽然处于主导地位，但是一些国家也在逐渐"去美元化"，建立独立的货币支付体系，不断推动世界货币体系走向多元化，这为各国的融资和建设提供了更多元、更有利的选择和保障。

三是新兴经济体变革之声渐起。国际货币基金组织是监察货币汇率和各国贸易情况、为各国提供技术和资金协助、确保全球金融制度运作正常的世界性组织。国际货币基金组织董事会 2010 年 12 月进行份额改革方案，向新兴市场国家和发展中国家转移股份，以便更好地反映这些新兴力量的要求。"改革完成后，中国、巴西、俄罗斯、印度、南非等最大新兴经济

---

① 林子涵：《全球加速"去美元化"探索（环球热点）》，《人民日报（海外版）》2023 年 4 月 11 日。
② 林子涵：《全球加速"去美元化"探索（环球热点）》，《人民日报（海外版）》2023 年 4 月 11 日。
③ 林子涵：《全球加速"去美元化"探索（环球热点）》，《人民日报（海外版）》2023 年 4 月 11 日。

体在 IMF 的表决权份额将增加 4.5% 至 14.3%，其中中国的份额将从原来的 3.72% 升至 6.39%，成为 IMF 第三大会员国。"① 这些变革的产生反映了新兴市场国家的话语权正在提升，世界经济治理体制逐步优化。

四是人民币崛起之态渐强。一方面，人民币的国际支付能力越来越强。中国人民银行发布的《2022 年人民币国际化报告》显示，"2021 年以来，人民币跨境收付金额在上年高基数的基础上延续增长态势。2021 年，银行代客人民币跨境收付金额合计为 36.6 万亿元，同比增长 29.0%，收付金额创历史新高"。② 环球银行金融电信协会（SWIFT）数据显示，"人民币国际支付份额于 2021 年 12 月提高至 2.7%，超过日元成为全球第四位支付货币（前三位为美元、欧元、英镑），2022 年 1 月进一步提升至 3.2%，创历史新高"。③ 这表明，人民币不断走向国际化，在国际舞台上的信任度和支付能力越来越强。国际货币基金组织发布的官方外汇储备货币构成（COFER）数据显示，"2022 年一季度，人民币在全球外汇储备中的占比达 2.88%，较 2016 年人民币刚加入特别提款权（SDR）货币篮子时上升 1.8 个百分点，在主要储备货币中排名第五。2022 年 5 月，国际货币基金组织将人民币在特别提款权中权重由 10.92% 上调至 12.28%，反映出对人民币可自由使用程度提高的认可"。④ 人民币国际化再上新台阶，继续保持在全球货币体系中的稳定地位，在国际上的影响力和认可度逐渐提高。值得注意的是，"一带一路"倡议加速了人民币的国际化进程，"2021 年，中国与'一带一路'沿线国家的人民币跨境收付金额为 5.42 万亿元，同比增长 19.6%"。"2021 年中国与'一带一路'沿线国家的人民币跨境收付金额占同期人民币跨境收付总额的 14.8%。""截至 2021 年末，中国与 22 个'一带一路'沿线国家签署了双边本币互换协议，在 8 个'一带一路'沿线国家建立了人民币清算机制安排。"⑤ 通过建立"亚投行"和丝路基金等方式，人民币的使用也大幅提高，更多的国家愿意支持人民币。例如，"马来西亚、韩国、柬埔寨、菲律宾、尼日利亚等国已将人民币作为外汇储备的一部分，还有更多国家的央行表示愿意持有人民币"。⑥

---

① https://caijing.chinadaily.com.cn/2014-03/27/content_17383203.htm.
② https://www.chinanews.com.cn/cj/2022/09-24/9859814.shtml.
③ http://caijing.chinadaily.com.cn/a/202209/27/WS63329e8da310817f312f004f.html.
④ http://caijing.chinadaily.com.cn/a/202209/27/WS63329e8da310817f312f004f.html.
⑤ https://www.yidaiyilu.gov.cn/xwzx/hwxw/282610.htm.
⑥ 彭红枫、刘志杰：《"一带一路"助推人民币国际化（治理之道）》，《人民日报》2016 年 5 月 31 日。

综上，人类命运共同体的构建需要一个公平公正多元的国际货币体系，良好的国际货币体系可以为人类命运共同体的构建提供有利条件。这主要体现在：一是权力方面。合理的国际货币体系可以提高各个国家在国际事务中的话语权和决策权，这使得国际事务不再是由一个或少数国家决定，而是充分体现对新兴国家意愿的尊重，实现国际大事大家商量着办。二是意识方面。伴随着国际货币体系逐渐走向多元，世界各国经济事务的参与意识和责任意识也会变得越来越强，世界开始逐渐走向更加紧密的合作。这多股力量均可以发声并且声音将会呈现出越来越洪亮的发展趋势，无疑会给人类命运共同体的构建提供更多的可能性空间。

三、世界贸易体系的多重变奏发新声

人类命运共同体的构建需要一个和谐共赢的世界贸易体系，良好的世界贸易体系可以推动世界经济合作的开展、经济贸易的往来以及经济水平的提升。当今世界逐步形成和巩固的以多边贸易为核心保证、以自由贸易为主要补充、以"一带一路"建设为新生力量的世界贸易框架为世界贸易发展提供了坚实的基础，从而为人类命运共同体的构建提供了必要的贸易体系保障。

1. 多边贸易体制为世界贸易提供体制机制保证

以 WTO 为代表的多边贸易体系在世界经济的发展中发挥着重要作用。WTO 的前身是关贸总协定，成立于 1947 年，主要任务是消减关税壁垒，推动世界贸易的自由化。世界多边贸易体制随着时代的变化和发展正走向完善，成为推动自由贸易不可代替的一种力量。

其一，多边贸易体制具有独特优势。这体现为："一是 WTO 原则自由开放，从基本原则看，透明度、非歧视、国民待遇、开放和包容的多边贸易体制是 WTO 的生存之本；二是 WTO 具有灵活性……三是 WTO 争端解决机制是全球各国解决贸易纠纷的权威平台，目前还没有可以取代的。四是 WTO 的审议机制享有其独特的权威优势"[①]。这些独特的优势将成为 WTO 不可取代并将持续发挥作用的重要原因。其二，多边贸易体制在世界经济领域正为世界贸易的开展保驾护航。虽然多哈谈判并没有顺利进行，但是多边贸易体制的作用依然难以否认。例如，在谈判成果上，"2017 年 2 月 22 日，WTO 的贸易便利化协定（TFA）正式生效。TFA 通

---

① 梁艳芬:《金砖国家维护多边贸易体制大有可为》，《中国经济时报》2017 年 9 月 7 日。

过加快货物跨境流动,预计将使全球贸易成本平均降低14%以上。TFA委员会首任主席已经上任并推动协定实施"①。这将有助于降低贸易成本,推动全球贸易更广泛、更高效的开展,从而形成更深度的国际合作。在国际援助上,"2017年7月,WTO举行全球促贸援助审议,2016年的促贸援助支出达到388亿美元,2006年以来的支出合计超过3420亿美元。WTO参与的多机构框架整合正进一步加速,批准了23个新项目以帮助最不发达国家增强贸易能力"②。世界贸易组织长期开展技术援助,为发展中国家和最不发达国家的政府官员提供支持与帮助,"2020年虽受疫情影响,但WTO秘书处仍组织开展了216次能力建设和培训活动,惠及全球近15000人,主要包括面向个人的在线学习和面向团体的课程。"③WTO发挥国际援助的作用有助于解决落后国家的发展难题,改善落后地区人们的经济状况,从而在一定程度上缓解世界贫富分化问题,形成扶贫救困、互帮互助的良好氛围。疫情之下,世界经济遭受严重冲击。在这种情况下,多边贸易体制对推动全球贸易发展依然发挥着基础性作用,维护和发展多边贸易再度受到各方的普遍认同。

综上,多边贸易体制并没有止步不前,相反,它在世界贸易中发挥的作用越来越不可替代,并且正在为世界贸易提供更加完善的体制机制保障,这将会为新的国际经济合作与发展提供有利条件。各国在有利的体制机制推动下发展自身,从而共同推动世界贸易共同体的巩固和发展。

2. 区域贸易为世界贸易提供经验积淀和重要补充

区域贸易主要是区域内比较邻近的国家或者地区通过签订贸易协定的方式,使区域间的贸易走向自由化,从而实现区域经济的合作和互补,推动区域经济的发展,这种贸易自由化的程度远高于其他形式的贸易。区域贸易协定在历史上有3个主要的发展阶段,前两个阶段发生在20世纪,分别是以欧洲经济共同体的诞生为标志的第一阶段和以亚太经合组织成立和北美自由贸易协定为标志的第二阶段。第三阶段开始于20世纪90年代后期一直持续至今,这一次的主要标志是区域贸易协定特别是双边贸易协定的出现。例如,跨太平洋伙伴关系协定和跨大西洋贸易和投资伙伴关系协定等。

区域贸易是多边贸易的重要补充,为世界自由贸易的发展提供条件。

---

① 周密:《多边贸易格局难被双边协定取代》,《中国经济报告》2018年第9期。
② 周密:《多边贸易格局难被双边协定取代》,《中国经济报告》2018年第9期。
③ http://tradeinservices.mofcom.gov.cn/article/news/gjxw/202108/118741.html。

一方面，区域贸易可以推动国家间贸易的发展。从现实情况来看，在短时间内可能较难实现跨地区、跨文化和跨国界大范围的经济联合，并且不同国家之间经济发展水平的不同也为经济联合的实现增加了不利因素。但相邻地区和国家之间由于地理位置比较近，因此，相关政策实施起来也更加灵活，实现合作相对容易。另一方面，区域贸易可以为多边贸易体制的发展提供借鉴。在开展区域贸易的过程中积累起来的经验可以为更大范围的经济合作提供有利的基础，从而有利于实现更大范围内的世界经济自由化。然而面对双边贸易的兴起，一些人认为，这是对多边贸易体制的一种冲击，实际上多边贸易与双边贸易是不冲突的。"2011 年 WTO 的一项研究认为，区域贸易协定和多边贸易体系是相辅相成的，RTA 为 WTO 的发展提供了先导性作用和试验性作用，区域最终会回归多边以重塑 WTO"①。因此，我们要正确地看待两者之间的关系，厘清两者之间的相互作用。双边贸易的发展正在为世界多边贸易的发展提供经验积淀，为世界经济的进一步合作与发展提供机遇。

简言之，区域贸易实际上是小范围的经济合作，在这种合作中，国家之间的联系程度会不断加深，从而为谋求更大范围的合作提供准备。在现阶段，区域贸易正蓬勃发展，作为世界多边贸易的重要补充形式，其为经济发展提供的推动力量以及在经贸合作中积累的丰富经验将为人类命运共同体的构建注入新的元素和活力。

3. "一带一路"为世界贸易注入新生力量

"一带一路"是和平之路、繁荣之路、开放之路、创新之路、文明之路，追求共商共建共享的理念，成为引领全球贸易投资自由化的一种新模式。"一带一路"倡议的实施将推动世界贸易朝着更加公平、合理和普惠的方向转型，进而推动人类命运共同体的构建。

"一带一路"倡议为世界贸易的发展提供了新生力量，这主要体现在以下 3 个方面。一是"一带一路"为世界贸易带来新发展。"一带一路"的主要目的就是通过沿线国家的合作实现互利共赢，它摒弃零和游戏、你输我赢的旧思维，强调兼顾各个国家的利益和关切，寻找各国发展的最大公约数，让每一个国家都能从中获利。"一带一路"通过基础设施的建设让每个国家都体会到幸福感和参与感，通过资金融通，为落后国家的经济发展提供资金支持和保障，从而推动各个国家经济的发展。"未来十年，

---

① 于鹏：《多边贸易体制发展方向在哪儿》，《国际商报》2016 年 7 月 8 日。

'一带一路'将新增 2.5 万亿美元的贸易量,这为全球化的发展提供了强劲动力……按麦肯锡咨询公司的估计,到 2050 年,'一带一路'将会创造 30 亿中产阶级"[①]。可见,"一带一路"的倡议是谋求互利共赢的一条道路,将推动世界贸易的发展。中国欢迎任何国家和地区参与"一带一路"建设,致力于共同发展。二是"一带一路"为世界贸易提供治理新平台。伴随"一带一路"倡议而生的是"一带一路"国际合作高峰论坛,它作为中国发起的多边合作平台,吸引了许多国家的重要领导人参会,在国际社会上具有较高的认可度。通过论坛,各国可以针对世界经济发展问题进行商讨进而凝聚共识,推动世界经济发展问题的共同解决。目前,世界上的一些合作机制,由于各种原因缺乏应有的执行力,而"一带一路"倡议通过设立丝路基金、成立亚投行等为各项倡议的实施提供了资金支持,极大地提高了执行力。三是"一带一路"为全球贸易变革提供新范例。"一带一路"倡议致力于解决世界的发展难题,谋求共同发展,是世界发展的新典范。例如,在理念方面,"一带一路"主张共商共建共享这体现了充分尊重各国利益和共同价值的理念追求;在实施方面,通过加强政策沟通、设施联通、贸易畅通、资金融通和民心相通,使共同发展的目的得以落地生根;在保障方面,成立了丝路基金、亚投行等融资机构保障各项建设的有序推进。可以说,"一带一路"是现有国际贸易秩序的有力补充,充分反映了发展中国家的呼声和诉求,也反映了世界贸易发展的新动向。

"一带一路"对人类命运共同体构建的作用主要体现在。一是树立信心。近年来,"一带一路"建设取得的辉煌成就极大地推动了世界贸易的发展,使得更多人相信人类命运共同体的构建是可能的。二是凝聚力量。"一带一路"倡议有利于凝聚世界致力于和平发展的力量,进而推动融合发展。三是提供抓手。"一带一路"建设为人类命运共同体建设提供重要的抓手和平台,是人类命运共同体构建的初级阶段,为人类命运共同体的建设提供基础力量的保障。可以说,它是迈向人类命运共同体的伟大实践。

第二节　全球政治力量变革带来新主体

如果说世界各国之间博弈背后的动力是经济利益,那么政治就是各国

[①] 刘志中:《"一带一路"倡议与全球贸易治理机制变革》,《东北亚论坛》2017 年第 6 期。

在世界范围内谋求自身利益的保证力量。近年来，随着各国经济实力的变动，尤其是新兴国家力量的兴起，他们要求在国际政治中拥有更多的权力。各国力量之间的博弈和制衡，为世界政治的变革带来新主体。这些新生主体的出现有利于打破大国强权，推动世界格局的多元化和合理化；有利于世界权力中心的转移，助推世界的变革和发展；有利于大国间权力的平衡，为世界局势的和平与安定提供保障。世界范围内这些有利的政治因素为人类命运共同体的构建提供了政治层面的可能性空间。

一、世界格局在新兴力量中走向多元

从历史的角度看，世界政治格局从诞生起经历了五次较大的变动，相应地形成了五大主要格局，分别是：17世纪40年代形成的"威斯特伐利亚体系格局"、1815年形成的"维也纳体系格局"、第一次世界大战后建立的"凡尔赛——华盛顿体系格局"、第二次世界大战后形成的"两极格局"以及20世纪80年代末至90年代初形成的一直持续至今的多极化格局。世界政治局势的不断变化反映了世界各国力量的变动，当一个国家或者多个国家力量兴起之后就会推动世界政治的主导力量发生改变，新的世界格局就会形成。如今，政治多极化是国际政治的主要特征，新兴国家力量的不断增强推动着世界朝着更加多元平衡的方向发展。

众所周知，以美国为首的西方大国之所以能长期掌握国际话语权，在国际上拥有更多的领导权，很大程度上就是因为其具有较强的经济实力。然而就目前来看，这些世界大国的经济实力正在被赶超并将继续被赶超。在过去的几年中，作为"富国俱乐部"的西方七国集团的经济总量在世界经济中所占的比重逐渐下降，而金砖五国所占的比重却不断增加，这样的变化是历史上从来没有过的。"国际货币基金组织认为以购买力平价（PPP）衡量，中国在2014年年底已经超过美国"[①]。而发达国家和发展中国家之间的差距还将会不断缩小。《全球趋势2030：变换的世界》一书预计，"于2040年至2050年间，金砖四国（俄罗斯、中国、巴西和印度）占全球国内生产总值的份额将赶上先前的七国集团所占的份额"[②]。伴随着科学技术的发展，世界经济的联系愈发密切。新兴国家抓住历史机遇，发

---

① 〔印度〕阿米塔·阿查亚、傅强：《"美国世界秩序的终结"与"复合世界"的来临》，《世界经济与政治》2017年第6期。

② 美国国家情报委员会编：《全球趋势2030：变换的世界》，中国现代国际关系研究院美国研究所译，北京，时事出版社2013年版，第5页。

展正当其时，经济正在顺势"赶超"西方大国。当然这种赶超局面的形成不是说发达国家在世界中变得不重要了，而是说世界的权力逐渐向新兴市场国家转移，一国或多国想要主导国际决策变得越来越难了。

其实，世界格局走向多元不仅体现在经济发展总量的增加和实力对比的变化，而且还体现在经济增长范围的逐渐扩大。全球权力的转移不再只是发生于几个新兴国家之间，世界的其他地区也在"崛起"。从历史的增长状况来看，据联合国开发计划署估算，"世界商品贸易中南南贸易的比重从1980年不足8%跃升到2011年超过26%"[1]。从未来的增长趋势来看，据经济合作与发展组织估计，"到2060年，全球南方国家所占全球GDP的比重将达57%"[2]。从中可见，这些南方国家贸易增长迅速并展露出继续增长之势，这更加充分地说明了世界权力逐渐向多元主体转移，世界力量对比更加均衡，西方国家"一家独大"的局面将会被打破。

更重要的是，新兴市场国家在世界中扮演的角色更加重要。以中国为代表的广大发展中国家，在争取自身平等国际权利的过程中，取得了一定成效。在2010年国际货币基金组织的改革中，新兴市场国家和发展中国家的份额获得提升，中国跃升为国际货币基金组织第三大份额国，以中国为代表的新兴市场国家国际话语权逐渐增强。在这个过程中，国与国之间的地位逐渐走向平等将成为一个重要的价值追求。从总体上来说，能够反映国际力量变化的表征还有很多，但它们都反映了一个共同的趋势：西方发达国家的主导地位正在被削弱，新兴市场国家正在快速崛起，国际力量的对比正在趋于平衡，世界正朝着更均衡、更合理的方向发展。这些新兴力量大范围的崛起以及其良好的未来发展态势，必将要求获得更加平等的国际权力进而来提升自身对国际事务的参与能力，这将会为人类命运共同体的构建提供新的力量。

二、中西实力对比变化助力全球变革

历史地看，随着资本主义的产生和扩张，世界经济体系逐渐形成，在世界分工逐渐细化的过程中，那些具有较强经济实力的国家就可以凭借其先天的优势获得更多的利益，进而这些国家就成为世界权力中心。根据世

---

[1] 〔印度〕阿米塔·阿查亚、傅强：《"美国世界秩序的终结"与"复合世界"的来临》，《世界经济与政治》2017年第6期。

[2] 〔印度〕阿米塔·阿查亚、傅强：《"美国世界秩序的终结"与"复合世界"的来临》，《世界经济与政治》2017年第6期。

界体系理论的主要观点,世界体系形成于16世纪的欧洲,当时的世界中心区是以大不列颠为核心的欧洲地区,在20世纪,世界霸权从大不列颠转移到美国,世界中心区也随之扩大,包括欧洲和北美洲。① 如今,随着中国的发展,世界权力中心逐渐向亚太转移,中国开始走向世界舞台的中央,承担起必要的国际责任,体现出大国应有的担当,这为中国提倡构建人类命运共同体提供了机遇。

1. 中西实力对比发生重大变化

实力不同决定了国家在世界的影响力不同,话语权不同。中西实力的对比使得中国在国际中的地位越来越高,话语权也越来越大,议题的设置也更容易得到世界各国的支持和响应,从而为人类命运共同体的建设提供了现实的可能性。

实力的对比主要包括经济和军事这两个方面。一方面,从经济实力上来看,一国经济实力的扩大是其国际政治权力、军事实力和科技实力等扩大的基础。自改革开放以来,中国国内生产总值始终保持中高速增长,对世界经济的发展作出了巨大贡献。中国对世界经济增长的平均贡献率超过30%,成为世界经济增长的第一引擎。在全球抗疫的过程中,中国率先按下复工复产的"重启键",成为引领世界经济复苏的"引擎"。中国GDP总量于2010年超过日本,成为世界第二大经济体,与美国之间的差距不断缩小。另一方面,从军事实力上来看,军事实力是稳定发展的重要保障,有利于维护国家主权和世界和平。伴随着我国经济实力的不断增强,我国也开始加强军队建设,整体实力有所提升。根据最新数据,"2023年全国一般公共预算安排国防支出1.58万亿元,比上年执行数增长7.2%"。② 我国军事实力的增强不仅体现在军费开支上,而且还体现在军事装备的突破与发展上。例如,国产航母、驱逐舰、核潜艇以及战斗机等先进军事武器的研发与生产,进一步增强了我国的军事硬实力。

综上,中国的综合实力不断增强,这为中国提倡构建人类命运共同体提供了有力的保障。一方面,中国较强的综合国力使得中国的国际话语权不断增强,这使得中国提出的主张受到更多国际上的关注,有助于为人类命运共同体的构建赢得广泛的国际支持。另一方面,中国综合实力的不断增强为人类命运共同体的构建提供更强的实力保障。中国经济和军事实力

---

① 参见王逸舟:《西方国际政治学:历史与理论》,上海,上海人民出版社1998年版,第563页。
② http://www.mva.gov.cn/sy/xx/gfxx/202303/t20230307_74212.html。

的增强能够为人类命运共同体的构建提供资金和安全的保障,这使得人类命运共同体的构建不仅是一种倡议,而且更能落实为一种现实。

2. 中国对外战略变革助力全球发展

党的十八大以来,中国继续积极践行独立自主的和平外交政策,开展了丰富的外交活动,形成了系统的体现中国特色、具备中国风格的外交理论与外交实践。这不仅深化了中国的外交理论,丰盈了中国的外交实践,而且为世界和平发展作出了巨大的贡献。进入新时代,面对国内外局势的变化,肩负中华民族伟大复兴的历史重任,我国外交发生了一系列新的变化。

一是提供经济支持。从"一带一路"的建设上看,截至2021年,"中国与171个国家和国际组织,签署了205份共建'一带一路'合作文件"①,推动实现沿线国家的设施联通、贸易互通、资金融通等。在新冠疫情最严重的时候,中国对"一带一路"沿线国家的贸易额也并没有减少,反而保持增长,成为推动沿线国家在"逆流"中复工复产的重要力量。"一带一路"建设体现了互利共赢的原则,对沿线国家的发展作出了重要贡献。除此之外,中国还加大对非洲等落后国家的经济援助,致力于解决世界贫困问题,体现了守望相助、互利共赢的精神。

二是改善多国关系。中国积极改善和加强同其他国家的友好合作关系,既包括加强传统战略合作伙伴关系,还包括积极改善同其他国家的关系。例如,中国与俄罗斯建立了平等信任、相互支持、共同繁荣、世代友好的全面战略协作伙伴关系。在国际上,两国通过联合国、二十国集团、金砖国家等多边机制进行有效协商。在地方层面上,两国合作也逐渐加强,双方建立了多对友好省州、友好城市,推动地方直接的交流和对话。中国还与欧盟建立了全面战略伙伴关系,共同致力于中欧构建和平、增长、改革、文明四大伙伴关系,通过建立磋商和对话机制加强合作。又如,2016年1月习近平总书记对中东地区进行国事访问,弥补了中国在中东外交的弱势,加强了中国同中东地区之间的合作,凝聚了更多的世界力量。此外,中国还积极发展同东盟、非洲、拉美、阿拉伯等国家的友好关系,开辟了中国外交的新局面。

三是开展国际合作。中国积极主办多边合作会议,开展国际协商,号召各方针对全球性问题的解决展开讨论以谋求更好的解决之道。2016年

---

① http://fec.mofcom.gov.cn/article/fwydyl/zgzx/202102/20210203040640.shtml.

9月，G20峰会在中国杭州召开；2017年5月，在北京举行"一带一路"国际合作高峰论坛；2019年4月，在北京举行第二届"一带一路"国际合作高峰论坛。这两次论坛受到许多国家的广泛关注，各国政府、地方、企业等达成一系列合作共识；2012年6月和2018年6月分别举办上海合作组织成员国元首理事会，为成员国之间的相互合作作出了贡献；2018年9月中非合作论坛北京峰会在北京召开，加强了中非之间的交流与合作；2019年3月博鳌亚洲论坛2019年年会于中国海南博鳌举行，商讨共同行动、共同发展的问题。除了这些国际合作会议的举办之外，中国还与许多国家或地区签署了大量的自贸协定，探索合作新机制，推动共同发展。

综上所述，中国积极转变对外发展战略，同各国建立友好合作关系。这一系列措施的实施有利于推动人类命运共同体的建设，主要体现在：一是增强认同。中国通过对外经济支持有利于塑造良好的国际形象，体现了大国的担当意识，进而可以争取更多国家对人类命运共同体理念的认同。二是聚集力量。通过改善多边关系，有利于凝聚更多的建设力量，进而为号召更多的国家共同构建人类命运共同体奠定基础。三是提供平台。通过举办各种国际多边会议既可以有更多的机会向各国倡导人类命运共同体意识，也可以有利于世界各国为破解全球性发展难题建言献策，这无疑是为构建人类命运共同体搭建的一个很好的平台。

三、国际力量在大国博弈下趋向制衡

当今世界大国之间的博弈很大程度上决定着未来世界的走向。因此，在构建人类命运共同体的过程中必须对之加以审慎考量。如今，大国之间虽然偶有摩擦，但总的趋势还是趋向制衡。各国想要取得更长远、更持久的发展必须寻求合作机制，这为人类命运共同体的构建提供了新机遇。

1. 大国制衡提供了稳定的外部环境

人类命运共同体的构建需要良好的国际环境作为外在保障。而世界范围内大国之间的制衡恰恰保证了国际局势的稳定，为人类命运共同体的构建提供了稳定的外在环境保障。

在此，我们对世界主要大国之间的关系稍加探析。一是中欧关系的春天。中欧积极推动全面战略伙伴关系的建立，在解决全球气候、能源、安全等方面具有广泛的共识。同时，中欧积极挖掘双方的合作潜能，致力于国家之间的合作互利。2017年9月中欧四大智库联合发布《中国—欧盟经济关系2025：共建未来》报告指出，"尽管中欧在文化、制度、发展

阶段和具体国情等方面存在差异，但中欧是重要战略合作伙伴而非竞争对手，并提出了 8 条建议"①。这为中欧继续深化友好合作、协商共赢的关系描绘了光明前景。二是中俄关系的暖流。目前，中俄关系正处于历史上最好的时期，是新型国际关系的范例。习近平总书记高度评价中俄关系："中俄建立和发展的全面战略协作伙伴关系树立了相互尊重、公平正义、合作共赢的新型国际关系的典范。"② 两国之间签订的一系列条约也成为进一步加深合作的有力保障。例如"两国元首先后签署了……7 个联合声明，批准了《〈中俄睦邻友好合作条约〉实施纲要（2013 年至 2016 年）》。双方还签订了包括经贸、外交、军事、教育、科技、海关、媒体、体育、人文等数十个领域及经济、基础设施、技术创新、金融、能源、高铁、投资、电力、交通、航空、汽车等一百多个合作规划和合作协定"③。从中可以看出，双方之间的合作范围逐渐扩大，相互依赖程度和相互依存关系逐渐加深。三是中美之间相互依存。中美关系是当今世界大国关系的重中之重，备受世界各国关注。中美贸易战成为影响中美关系友好推进的最大威胁，也是影响世界经济政治格局稳定发展的重大障碍。美国首先发动贸易战，高举贸易保护主义的大旗，这种行为是违背历史潮流且不符合双方共同利益的，最终结果只会导致两败俱伤。而要实现两国的共同发展必须要携手构建"不对抗、不冲突、相互尊重、合作共赢"的中美新型大国关系，这既有利于双方的共同发展，也有利于世界的和平和进步。美国挑起的贸易战严重损害了中美两国企业和民众的利益，因此难以长久。尽管未来中美双方的合作之路可能会并不平坦，但是利用现有的合作机制谋求共同发展将会是未来的趋势。其他诸如美日、美欧、日欧等国的关系也对世界格局的发展具有重要影响，各大国出于自身发展需要的考虑都不会轻易发生大规模的争端和冲突。大国的发展谁也离不开谁，通过对话形成普遍能够接受的世界问题解决方案是未来大国关系的发展前景。

从本质上讲，大国之间短暂的矛盾冲突也好，长久的合作机制也罢，这都是为了实现自身利益的最大化。经济全球化已经把各个国家连在一起，想要一国独自搞建设是不可能的、更是行不通的。因此，大国之间只能通过对话合作去谋求自身利益的最大值，而不是用冲突的方式牺牲自身

---

① 刘海霞：《大国关系调整的新态势与中国特色大国外交》，《红旗文稿》2018 年第 1 期。
② 《习近平会见俄罗斯总统普京》，《人民日报》2017 年 11 月 11 日。
③ 殷卫国：《试析习近平主席关于中俄关系的外交思想及实践成果》，《俄罗斯东欧中亚研究》2017 年第 2 期。

利益，这就为人类命运共同体的构建提供了一个良好的外部环境。

2. 大国合作提供了强大的内生动力

如果说大国之间的权力制衡为人类命运共同体的构建提供了稳定的外部环境，那么大国内部谋求合作的要求就为人类命运共同体的构建提供了内生的动力，内外力共同作用推动了人类命运共同体的构建。长期以来，谋求合作是各大国发展的内在需要。例如，中俄之间的合作主要体现在：一是全面战略协作伙伴关系进一步加强。中俄两国通过一系列联合声明、条约的签订，加强了两国之间的全面战略协作伙伴关系。二是经贸合作进一步务实。进入新时代以来，中俄之间的贸易合作不断增长。"2017年俄中前5个月贸易额为2231亿元人民币，同比增长33.7%。其中，中国对俄罗斯出口总额同比增长29.5%，中国自俄罗斯进口总额同比增长37.7%"[1]。据统计，"2020年中俄双边货物贸易额1077.7亿美元，连续三年突破千亿美元大关。"[2] "2023年1至4月，俄中贸易额增长41%以上，超过730亿美元"。"俄罗斯当局认为，今年两国双边贸易额将突破2000亿美元大关，未来可能达到2500亿美元。而且，目前莫斯科和北京约七成的结算使用卢布和人民币。"[3] 同时，中俄两国积极利用"一带一路"开展对话合作，在能源、水电、煤炭、5G、云服务、智慧出行等领域开展了广泛深入的合作。又如，中欧之间的合作也不断加强，这具体体现在：一是双边贸易不断增强。"2022年，中国与欧盟贸易额达8473亿美元，同比增长2.4%，意味着中欧平均每分钟贸易往来超160万美元。"[4] 中国保持欧盟第一大贸易伙伴地位，欧盟继续成为中国第二大贸易伙伴。双方之间致力于深化互利共赢的合作，使得相互之间的沟通和联系不断增强。二是资金融通不断加深，"截至2022年底，中欧双向投资存量已超2300亿美元"。[5] 同时，丝路基金、亚投行、欧洲复兴开发银行、欧洲投资银行等金融机构为中欧企业的发展提供了融资保障。三是设施联通不断增加。"2022年，中欧班列全年开行1.6万列，同比增长9%，南向通道成功开通，提供了对欧运输新方案。"[6] 这有效促进了中欧企业之间的贸易

---

[1] 王丽娟、武晓光、辛巍巍：《人类命运共同体构建背景下的中俄关系研究》，《现代交际》2018年第9期。

[2] https://news.cctv.com/2021/01/29/ARTIJYW2dN7RVMX5hTKWwieK210129.shtml.

[3] https://baijiahao.baidu.com/s?id=1765561158676207633&wfr=spider&for=pc.

[4] https://www.gov.cn/lianbo/2023-05/05/content_5754261.htm.

[5] https://www.gov.cn/lianbo/2023-05/05/content_5754261.htm.

[6] https://baijiahao.baidu.com/s?id=1765471128631043853&wfr=spider&for=pc.

往来，为民众创造了大量的就业机会。

质言之，大国关系是构建人类命运共同体过程中必须要面对的关系。大国之间紧密联系和相互合作是人类命运共同体构建的有利条件。一方面，大国之间的权力制衡与世界范围内的和平稳定为未来人类命运共同体的构建提供了有利的外部环境。另一方面，大国谋求合作发展的内在需求会使他们积极推动现有体制机制的改革，努力创建更多的合作平台推动交流会晤，进一步深化合作，这为人类命运共同体的构建提供了强大的内生动力。

第三节　全球文化交流交融带来新助力

世界文化多种多样各有特色，文化之间的交流与融合有利于人类命运共同体的构建。西方经济学家斯蒂芬·玛格林曾说，"文化多样性可能是人类这一物种继续生存下去的关键"①,可见文化多样性在人类发展过程中的重要性。习近平总书记也多次强调要尊重文化多样性，他指出："应该推动不同文明相互尊重、和谐共处，让文明交流互鉴成为增进各国人民友谊的桥梁、推动人类社会进步的动力、维护世界和平的纽带。"② 文明共同体的构建是构建人类命运共同体的重要内容，不同文化之间的交流与融合有利于文化的相互吸收和借鉴，可以为人类命运共同体的构建提供文化方面的助力。

一、文化主权的重视使得全球文化日渐多样

冷战结束后，文化因素在国际关系中的地位变得越来越重要。有学者指出，"国际关系回归文化和认同的势头远没有结束"③。美国以其自身强大的实力作为后盾，积极向外推销自身文化，一时间美国文化风靡全球。各主权国家因为经济、政治、军事等方面的落后，常常面临文化上被同化或弱化的危险。各国在全球化的过程中，虽然表面上实现了国家主权独立

---

① 联合国教科文组织：《世界文化报告（2000）：文化的多样性、冲突与多元共存》，关世杰等译，北京，北京大学出版社2002年版，第159页。
② 《习近平谈治国理政》第一卷，北京，外文出版社2018年版，第262页。
③ ［美］约瑟夫·拉皮德、［德］弗里德里希·克拉托赫维尔：《文化和认同：国际关系回归理论》，金烨译，杭州，浙江人民出版社2003年版，第15页。

和经济自由，实则一直处于被动服从的地位。面对外来文化入侵和隐蔽的文化殖民倾向，世界各国高度重视维护自身的文化主权和保持自身的文化独立，形成了维护文化多样性的潮流，这为人类命运共同体的构建提供了新机遇。

1. 国际联合为文化多样性提供了基本保障

文化多样性的保护绝对不是一个国家的主张，而是世界范围内达成的共识。各国的联合有利于汇集更多的国际力量参与到文化保护之中，形成保护合力。这为反对别国的文化渗透、维护世界文化多样性提供了基本保障。

国际范围内各种文化保护力量联合的形式十分多样。例如，1995年联合国教科文组织通过了《宽容原则宣言》，确定了关于国家间、民族间、人际交往间的一个大的交流原则；2001年联合国教科文组织通过了《世界文化多样性宣言》，国际社会以法律的形式将文化多样性定位为人类共同的文化遗产，承认它与生物多样性具有同样的重要性；2005年联合国教科文组织通过《保护文化内容和艺术表现形式多样性国际公约》，同年又正式通过《保护和促进文化表现形式多样性公约》。从中可以看出，国际范围内关于文化多样性的保护不断深入和完善。除此之外，国际社会还通过发布报告、设置基金、举办论坛、开展宣传等方式来维护世界文化的多样性。例如，2016年联合国教科文组织发布的《文化：城市未来》全球报告，从城市发展的角度向人们介绍文化的意义；2017年联合国教科文组织举办全球领导人峰会，峰会对各国领导人交换意见、达成维护文化多样性的共识具有重要作用。中国成功举办中国共产党与世界政党高层对话会、亚洲文明对话大会，不断推动不同文明之间的沟通和对话。2023年3月15日，习近平总书记在中国共产党与世界政党高层对话会上首次提出全球文明倡议，为推动人类文明发展和构建人类命运共同体贡献中国方案。全球文明倡议作为中国贡献给世界的又一重要公共产品，充分展现了中国推动多元文明共同发展、谋求世界和平繁荣的天下情怀。

综上，我们不难发现，国际范围内以联合国为主导的国际组织正通过宣言、论坛、报告等形式维护全球文化的多样性。他们是世界范围内文化多样性的倡导者、维护者和建设者。他们提出的一系列观点和主张展示了世界人民维护文化多样性的热情和决心，昭示着文化多样性的浪潮正滚滚向前，其对人类命运共同体构建提供的新机遇主要体现在：一是形成构建文化共同体的国际氛围，条约的签署和活动的开展等使更多的国家开始意识到文化多样性的重要性，这有利于在国际上营造一种维护文化多样性的良好氛围，推动文化共同体的构建；二是提供构建文化共同体的国际保障，世界范围内维护文化多样性的公约、组织以及活动等为人类命运共同体的构建提供了重要的文化保障；三是汇集构建文化共同体的国际力量，这有利于号召各国力量共同维护文化多样性，推动人类命运共同体的构建。

2. 各国行动为文化多样性提供了实践保障

当今世界，国家文化主权变得愈发重要，引发世界各国的高度重视。文化渗透和文化殖民是和平年代中进行"侵略"的主要方式，它不同于传统战争的形式，但是危害却不容低估。基于此，世界各国积极采取措施保护自身文化，抵御外来侵略，为维护文化多样性提供了实践保障，使得文化霸权行为在很大程度上被遏制。

在维护本国文化主权方面，比较典型的是法国。"1993年，在关税和贸易总协定乌拉圭回合多边贸易谈判中，美国提出要求欧洲开放文化产品市场，对此，法国主张'文化例外'，要求对文化产品贸易加以限制"。① 由此可见，法国对于维护文化主权采取的态度十分坚决。2001年，希拉克在联合国教科文组织大会上将"文化例外"正式改为"文化多样性"，并将有关文化产品及其贸易问题的讨论从世界贸易组织转向联合国教科文组织。其他国家也高度重视文化主权的重要性，例如自1980年以来，日本官方愈加重视媒体文化在外交中扮演的角色；俄罗斯也通过签署文件，推动文化外交，坚决抵制国际社会的文化"遏制"；韩国政府也推动席卷亚洲的"韩流"，以捍卫自身的文化主权。

由此观之，各个国家都在尽其所能反对文化霸权，维护世界文化的多样性。各国积极维护本国文化主权的实践对于构建人类命运共同体的重要作用主要体现在：一是推动了文化交流，各国在维护文化主权的过程中，都积极将本国文化推向世界，这加强了文化之间的交流与互动；二是促进了文化繁荣，各国在维护文化主权的过程中加强了对自身文化的挖掘、保护、包装以及传播，这使得人类共同的文化艺术得以保存，世界文化不至于过于单一而是走向多元。不论是文化的交流，还是文化的繁荣，这些都是人类命运共同体构建的基本要求，将推动世界文化存在样态的多样化。

3. 网络建设为文化多样性提供了新平台

伴随着互联网的发展，网络文化作为一种新兴的文化形态进入了人们

---

① [法] P.M. 得法尔热：《国际社会与文化多样性》，灵隐译，《国外社会科学》2004年第1期。

的视野，对人们的文化生活产生了潜移默化的影响。"网络文化是以网络为载体和媒介，以获取、传播、交流、创造文化信息为核心，并影响和改变现实社会中人的行为方式、思维方式的文化形式总和"。[1]可见，网络文化的主要载体是媒介，主要内容是文化信息，主要目的是改变人的行为方式和思维方式。网络文化是人类文明在互联网时代的进一步延伸和拓展，是展现人类文明一种新的形态。文化传播经网络赋能具有了更多新的特点，例如便捷性、交互性、开放性等特点。

随着网络文化传递信息、休闲娱乐、改变观念以及激发创造等功能变得越来越突出，各国也纷纷加强了网络文化的建设。具体表现在：一是加强网络监管。网络文化在发展的过程中难免会泥沙俱下，可能会存在一些用心不良的个人、集团或者国家通过网络发布不良信息，侵害他国政权。因此，各国都较为重视网络监管，营造健康的网络文化。目前，美英等国已经建立起比较完善的网络文化监督体系。"20世纪70年代以来，美国政府各部门先后提出130项法案，如《计算机安全法》《儿童在线隐私保护法》等"[2]，这从法律层面保证了美国的网络安全。"在技术保障方面，美国、英国和以色列等国家大力发展防火墙、入侵检测和防御系统、VPN、漏洞扫描、病毒防护以及网络隔离等信息技术开发和应用"[3]，这从技术层面保障了网络安全。二是重视网络文化人才培养。人才是建设的保障，要发展网络文化必须要有建设型人才的供给。因此，网络人才的培养便成为国家建设的迫切需要。其中比较典型的是印度，"从人才培养来讲，印度在20世纪80年代便提出发展信息技术教育的政策。1998年提出'信息技术超级大国'发展战略目标，颁发了《印度信息技术行动计划》文件，明确提出'要建立国家信息技术教育理事会，为各级学生开设信息技术教育课程，建立SMART学校，培养学生的信息技术技能和价值观等'"[4]。同时，印度还通过各种措施引进人才，为网络文化建设提供人才保障。三是重视国际立法合作。国际的立法合作能够凝聚更多的力量进行网络文化的建设，提升建设成效。例如，"2012年3月，在网络犯罪领

---

[1] 参见于文秀等著：《当下文化景观研究》，北京，人民出版社2007年版，第136页。
[2] 赵惜群、许婷、翟中杰：《国外网络文化建设的经验及其启示》，《当代世界与社会主义》2013年第1期。
[3] 赵惜群、许婷、翟中杰：《国外网络文化建设的经验及其启示》，《当代世界与社会主义》2013年第1期。
[4] 赵惜群、许婷、翟中杰：《国外网络文化建设的经验及其启示》，《当代世界与社会主义》2013年第1期。

域全球性监管方面，俄罗斯与奥地利加强合作。俄罗斯向联合国大会提交《保障国际信息安全领域行为规则文件》，提出要尊重所有国家的主权、领土完整和政治独立，建立多方、透明民主的互联网管理机制。2011年11月，俄罗斯安全互联网中心加入了欧盟国家安全互联网网络"[①]。除此之外，各国在网络文化安全教育、违法犯罪行为的打击等方面都取得了不错的绩效。

综上，各国通过网络文化的建设、管理体系的完善可以很大程度上防止网络犯罪、网络暴力等行为，从而营造一个较为良好的网络环境。人们可以在网络上享受更为健康和绿色的文化资源，这能够促进文化之间的健康交流，使构建网络共同体成为可能。

二、文化交流的深入促使全球文化日益繁荣

地理大发现之后，伴随着欧洲人对世界的探索，欧洲文化也开始传到世界各地，全球文化开始交流碰撞，逐渐联系成为一个持续互动的共同体。美国人类学家R·林顿早在1936年所写的《人的研究》一书中便描写道，"美国人的床的样式源于近东，丝绸源于中国，软皮拖鞋是印第安人发明的，浴室里的装置是欧洲人和美洲人发明的混合物……报纸的印刷符号是由古代闪米特人发明的，而印刷的流程则是由德国人发明的，等等"[②]。西方文化中有较多非洲文化的元素,南非德班地区的建筑和食物有很多印度文化的痕迹。可见，文化之间的交流互鉴和相互融合在世界范围内较为普遍。伴随着经济全球化的进一步发展，全球文化之间的交流非但没有停止，反而交流的程度变得越来越深，覆盖的范围变得越来越大。不同层面文化之间的交流推动了世界文化的互相借鉴和学习，推动着人类命运共同体的形塑。

1. 政府文化外交推动了文化交融

政府间的文化外交是当今世界文化交流的重要方式之一。国家通过文化外交不仅能表达政治上的友好互信，增强合作交流，而且可以推动文化之间的互相学习，实现共同进步。文化外交作为外交的一种重要方式，更加具有"温情"的色彩，因此，能够达到较好的国与国之间交流的效果。近年来，世界各国广泛开展文化外交，交流的形式也多种多样，为文化互

---

① http://www.xinhuanet.com//politics/2014-11/27/c_1113432490.htm.
② 何星亮:《文化多样性与文明互补》,《中山大学学报（社会科学版）》2007年第3期。

鉴提供了良好的条件。例如，俄罗斯已经与印度、法国、中国、意大利、西班牙、保加利亚等国家互办了"国家年"或"语言年"活动，不仅增进了相互之间的认识和友谊，而且也巩固了合作的文化基础。又如，法国文化中心在世界各地拥有多家分支机构，主要负责传播法国的电影和视觉文化遗产，组织开展"文化季""文化年""文化节"等文化交流活动，协调和促进法国地方政府的对外文化行动，这为法国文化的国际传播提供了有利的条件。

近年来，我国政府也积极开展对外文化交流活动，通过各种各样的全球文化交流活动，向世界传递中国声音、传播中国文化，塑造了和善友好的国家形象，提高了中国在国际上的知名度和认可度。当前，利用"一带一路"促进文化传播成为新时代中华文化外交的一大亮点。在旅游方面，截至2022年7月，"我国已与149个共建'一带一路'国家中的142个国家签署了文化和旅游领域的协定或谅解备忘录；建立健全中国—东盟、中国—中东欧等双边、多边合作机制，牵头成立丝绸之路国际剧院联盟等，发展国内外成员单位539家"。[①] 这些协定的签署明确了国家之间在相关领域的合作框架和努力方向，有力地促进了中国与其他国家在经济、文化、旅游等方面的合作与交流，丰富和深化了国家合作的内涵，也为国家之间加强经济文化合作提供了一定的保障。在节日交流方面，中国还积极以"一带一路"建设为契机，运用"丝绸之路（敦煌）国际文化博览会""丝绸之路国际艺术节""海上丝绸之路国际艺术节"等节日载体，加强"一带一路"沿线地区的文化交流与互鉴，促进民意融通。文化节作为文化交流的重要载体，能够让人们更加深入地了解不同文化之间的差异，感悟多元文化的魅力，进而树立文化平等、文化多样的心态。在教育方面，中国出台相关政策支持沿线教育事业的发展，将"鲁班工坊"打造成为中国职业教育的知名品牌；通过建立孔子学院，在沿线国家推行汉语教育；通过设立"丝绸之路"奖学金计划，推动留学工作的开展，深化人文之间的交流。除此之外，我国也积极依托"一带一路"，推动与沿线国家科技、体育、卫生等方面的合作，这使得中国文化对外交流的领域不断拓宽，中国对外文化交流的程度不断加深。

每一个国家的文化都有其独特的魅力，都是人类思维智慧和精神财富

[①] 范朝慧：《深化文旅合作　共建"一带一路"——2022丝绸之路城市文化和旅游发展国际论坛综述》，《中国旅游报》2022年7月28日。

的积累和总结，人类社会也因为有多种多样的文明而变得多姿多彩。政府主导的文化交流推动了不同文化之间的相互学习，对人类命运共同体的构建具有重要意义，主要体现在以下两个方面。一是为国家间的文化互鉴提供了政治保障。因为政府能够为文化交流学习提供更多的资金、人才和制度等保障，因此运用政府力量推动文化传播、参与文化交流对于文化之间的互鉴具有重要作用。政治主导下的文化协定的签署、政府对外文化机构的设立等也为中华文化走向世界提供了坚实的保障。二是为政府间的政治合作提供了有利条件。文化外交是政府开展外交的一种方式，通过开展多样的文化外交活动可以加强不同文明之间的谅解，促进相互之间的尊重，为国家政治上的紧密合作和友好往来奠定基础。这有利于促进不同国家之间的深入融合，为人类命运共同体的构建提供深厚文化土壤。

2. 民间文化交流推动了文化交融

在世界文化交往中，民间文化交流自古就是国与国关系的一项重要内容，起着沟通各国关系的重要作用。国与国之间以文化为载体进行民间交流实际上是把两国关系具体化，致力于寻求一种彼此可以产生共鸣的通道。这种基于人与人之间的情感交流更容易被双方所接受，进而可以推动相互之间更好地交流学习，巩固两国人民友好交流的根基。因此，民间文化交流十分重要。

近年来，各国之间开展了较多的民间文化交流活动，成为世界文化交流不可忽视的组成部分。民间文化交流主要体现在以下3个方面。一是旅游方面，旅游是现代人休闲娱乐、放松身心和了解世界的一种方式，国际旅游在不知不觉中承担起文化交流的媒介作用。自新冠疫情暴发以来，各国为促进旅游复苏采取了一系列的措施，全球旅游经济呈现稳步恢复态势。"国际航空运输协会（IATA）数据显示，2022年全球航空客运量较2021年激增64.4%，恢复到2019年新冠疫情前水平的68.5%。联合国世界旅游组织（UNWTO）数据也显示，2022年全球国际游客抵达人数是2021年的两倍，达9亿人次，恢复到疫情前水平的63%。"[①] 旅游作为人文交流的重要方式，能够让不同国家的人民超越地域和时间的限制，在领会异域风情、多元文化中感受到多元文明所具有的美丽，进而能够有效地实现民心相通，为文明之间的理解和尊重奠定坚实的基础。二是留学生的交流方面，留学生对于文化之间的交流学习所起的作用是双向的。一方

---

① https://www.ndrc.gov.cn/fggz/gjhz/zywj/202302/t20230223_1349278.html.

面，留学生进入别国可以通过自己的言行举止和亲身经历传播本国文化。另一方面，留学生长时间融入异国文化，能够更加深入地感受到别国文化的独特之处。因此，各国政府都比较支持和鼓励本国学生留学，通过教育交流提高学生的综合素质。在政府的支持鼓励下，"从1999年到2019年，全球学生跨国流动人数增长了近2倍。""加拿大和澳大利亚留学人数于2019—2020学年迅速增长，但2020—2021学年也受边境政策影响稍有回落。相反，英国、法国、俄罗斯和德国有所上升，受疫情影响较小。"[1]中国也有较多学生选择出国留学，接受国外的教育，留学去向也比较多元。《中国留学发展报告（2022）》蓝皮书显示，"2019—2020年度，中国仍然是最大的留学生来源国，有100余万学生在境外高等教育机构就读，前五大留学目的国为美国、澳大利亚、英国、加拿大和日本。"[2]留学生出国留学是通过教育交流的方式来增进文明之间的深度对话，留学生队伍在多元文明的交流互鉴中发挥着重要的作用。三是活动开展方面，除了民间旅游和留学生交流，相关机构也会开展一些交流活动。例如，韩国积极利用民间优势和民间力量开展文化外交，主要活动有：派遣海外市场开拓团、建立海外商社展览馆、参加国际展览会暨博览会。除此之外，还有韩语教育、国际学术会议、青少年交流、文艺演出、友好交流竞赛等活动。这些活动的开展进一步架起了韩国与世界沟通和交流的桥梁。

  民间文化交流是跨文化交流的一种重要方式，这些多样的文化交流为人类命运共同体构建提供的新机遇主要体现在以下两个方面。一是推动文化的深层融合。民间文化交流能够推动不同文化之间更深入的了解和学习，从而更好地推动共同体的建设。历史上，民间文化交流曾对文化的互通互融起到十分重要的作用。例如，佛教传入中国走的便是民间路径。不同文化之间通过旅游、留学等方式能够让不同国家的人民更加深入地了解异国风情，这就使得人们对于多元文化的认知不是仅仅停留在文字、语言、视频等层面，而是可以从亲身体验中获得更为真切的感受。二是提供构建人类命运共同体的群众力量。民间文化交流是发生在人民群众内部之间的交流，充分发挥了人民群众的主观能动性，让更多的人了解到不同文明的璀璨光辉。这些民间文化交流活动增强了普通大众对世界文化多样性的认同，凝聚了更多的群众力量支持文化多样性，进而为人类命运共同体

---

[1] http://www.ccg.org.cn/archives/71812.

[2] http://www.ccg.org.cn/archives/71812.

的构建提供了群众基础。

3. 语言文化交流推动了文化交融

语言的出现在人类文明史上发挥着重要的作用。一方面，语言可以记录文明。不同文明创造的成果得以延续主要是得益于语言文字的记载。语言文字能够把人类几千年的文明成果记录下来，给后人留下了无比珍贵的财富。另一方面，语言可以传播文明。语言文字是记录文明的载体，同时又是传播文明的媒介。语言文化带来的文明传播不仅发生在同一文明内部，也发生在不同文明之间。隶属于不同文明背景的人可以通过学习对方的语言文化进而更加深入地了解其文明的真正内涵，实现文明之间的对话互通。

当今时代，各个国家都十分注重向世界推广自身的语言，采取各种措施推广自身语言文化，搭建学习交流的桥梁。在不同民族语言文化的学习中，不同国家、地区以及民族之间的了解逐渐加深，世界的联系日益密切。例如，日本国际交流基金调查显示，虽然受到疫情的影响，但是 2021 年度还是大约有 379 万人在 141 个国家和地区的教育机构学习日语。[①] 2011 年 2 月 7 日，俄罗斯联邦政府第 164 号文件国家政府通过并批准《联邦"俄语"目标纲要（2011—2015）》，2015 年 5 月 20 日，由俄罗斯总理梅德韦杰夫正式签批《联邦"俄语"目标纲要（2016—2020）》方案，围绕这一方案，俄罗斯制定实施了详细的细化方案，目的就是向世界推广俄语，开展俄语教育。中国也积极向世界推广自身的语言文字，通过开办孔子学院、开设孔子课堂的方式向世界传播中国语言和中华文化，让世界更加了解中国。

由此观之，世界语言文化的交流变得越来越普遍。语言文化的传播为人类命运共同体的构建提供了有利条件。一是为文明的相互对话提供了更加直接的工具。不同国家都有属于自己的语言文字，这是民族的特色和标志，但也会成为文明之间交流的障碍。各国向外推广自己的语言文化，能够使不同国家的人掌握其语言文字，进而可以更好地叩开不同文化的大门，实现文明之间的对话。二是为文明的相互学习搭建了更加便捷的桥梁。各国在语言文化推广中所选取的内容必然是自身文化的精华，这使得学习者能够更加便捷高效地了解他国文化中最精粹的部分。

---

① http://japan.people.com.cn/n1/2022/1205/c35421-32581016.html.

三、文化贸易的发展推进全球文化日趋融合

"文化贸易是指国际间文化产品与服务的输入和输出的贸易方式,是国际服务贸易中的重要组成部分。贸易一方向另一方提供文化产品和服务并获得收入的过程称为文化产品和服务出口或文化产品和服务输出,购买外方文化产品和服务的过程称为文化产品和服务进口或文化产品和服务输入"[①]。一方面,文化贸易有助于提升文化的经济功能。随着知识经济的出现,人们对文化产品的需要越来越广泛,文化市场成为各国经济发展的必争之地。另一方面,文化贸易可以传播文化理念,加强文化之间的交流融合。文化产品是文化贸易的主要载体,这些产品中融入了带有民族特色、民族风格和民族理念的文化因素,势必会对人们的思想观念产生潜移默化的影响。因此,各国都高度重视对外发展文化贸易,开展了大量的国际文化贸易活动,这为人类命运共同体的构建提供了重要载体。

1. 政府的重视为文化交融提供了政策支持

各国都看到了文化贸易对于经济发展和文化传播的重要作用,因而通过政策引导的方式鼓励开展国际文化贸易成为许多国家政府的选择。政府政策支持为文化交融提供了重要的制度保障。

一般而言,各国对于文化贸易的支持主要体现在法律法规的制定上。例如,韩国政府1997年制定了《创新企业培育特别法》支持和鼓励数字等领域文化产业的发展。1999年制定了《文化产业促进法》,明确规定了建设文化产业的具体内容、目标和步骤,为文化产业的发展设计了清晰的行动方案。自1998年提出"文化立国"的战略后,韩国又先后制定或修订了《文化产业振兴基本法》《影像振兴基本法》《著作权法》《电影振兴法》《演出法》《广播法》等多部法律,为韩国文化贸易的开展提供了法律保障。另外,韩国对文化输出部门进行调整和优化,设置了文化产业局、文化产业振兴委员会、文化产业振兴院等,积极开拓海外文化市场。又如,日本也通过立法手段来支持文化产业的发展。"据数据统计,迄今为止日本政府出台的与文化相关的法律共计613件"[②]。这些法律条文的颁布使得日本文化产业的发展走向制度化、规范化,推动了文化产业的发展。

中国政府一直以来也高度重视对外文化贸易的发展,相关政策也随着

---

① 李小牧、李嘉珊:《国际文化贸易:关于概念的综述和辨析》,《国际贸易》2007年第2期。
② 参见张建立:《试析日本文化软实力资源建设的特点与成效》,《日本学刊》2016年第2期。

时代的发展而不断更新和完善。2000年，党的十五届五中全会审议通过了《中共中央关于制定国民经济和社会发展第十个五年计划的建议》，这是我国第一次以中央文件的形式提出"文化产业"这一概念，文件中还提到"完善文化产业政策，加强文化市场建设和管理，推动有关文化产业发展"等内容。自"十五"计划之后，我国的各类文化政策开始涉及开拓国际市场，文化交流和贸易开始被写入中央政策文件。2001年，关于《"十五"期间文化建设的若干意见》和《文化部关于深化文化事业单位改革的若干意见》中提出，在"十五"期间要积极应对加入世界贸易组织的机遇与挑战，为文化产业的发展提供良好的政策环境。[①]2014年，专门印发了《国务院关于加快发展对外文化贸易的意见》，为对外文化产业的发展提出建议。2016年，《"十三五"国家战略性新兴产业发展规划》进一步主张形成具有世界影响力的数字创意品牌，支持中华文化"走出去"。2016年，《文化部"一带一路"文化发展行动计划（2016—2020年）》提出，支持"一带一路"沿线地区根据地域特色和民族特点实施特色文化产业项目。[②]2022年8月，中共中央办公厅、国务院办公厅印发了《"十四五"文化发展规划》号召加强中外文化的交流和文明对话，进一步提升中华文化的国际影响力。这一系列政策的颁布顺应了时代发展的要求，推动了中国对外文化贸易的发展，为中华文化走向世界提供了制度保障。

通过以上分析可以看出，各国政府对于文化贸易的支持和保护逐渐走向完善，对外文化贸易也越来越走向规范化和全面化。政府推动对外文化贸易使得世界文化日益交融，并且这为人类文明的进一步交流提供了有力的政策保障，为人类命运共同体的构建提供了重要支持。

2. 文化贸易的开展为文化交融提供了现实支持

文化的交融需要在现实的文化贸易中进行，而文化贸易又为文化交融提供了现实支持。各国之间开展广泛的文化贸易活动推动了文化之间的融合。从韩国的情况来看，韩国文化贸易发展前景良好。韩国文化体育观光部《2021年韩国内容产业调查》显示，"2021年韩国内容产业出口额再度创下历史新高，达到124.5亿美元，同比2020年的119.2亿美元增长4.4%"。《2022韩国游戏白皮书》显示，"2021年韩国游戏行业出口额高

[①] 参见陈柏福、邓子璇、杨建清：《改革开放40年以来我国对外文化贸易政策变迁研究》，《中国软科学》2018年第10期。

[②] 参见陈柏福、邓子璇、杨建清：《改革开放40年以来我国对外文化贸易政策变迁研究》，《中国软科学》2018年第10期。

达 86.7287 亿美元，同比增加了 5.8%。游戏出口年产值超过了电动汽车、显示器面板等韩国出口的代表性行业"。①从中可见，韩国对外文化贸易取得显著绩效，具有较大国际影响力。伴随着韩国文化产业的发展，韩国文化在世界范围内也较受追捧，尤其是韩剧深受中国人的喜爱，例如《大长今》《太阳的后裔》《来自星星的你》《继承者们》等。其他国家如美国、日本等也积极发展对外文化贸易，美剧、日本动漫等在国际上都具有很大的影响。

从我国的实践来看，我国文化产业的实力也不断增强。根据 2016 年 3 月联合国教科文组织发布的《文化贸易全球化：文化消费的转变——2004—2013 年文化产品与服务的国际流动》报告，"2013 年，中国文化产品出口总额已达到 601 亿美元，成为世界第一大文化产品出口国，高出排名第二的美国（279 亿美元）一倍多"②。从中可以看出，我国文化产业的国际竞争力在显著提升，发展水平迈上了一个新的台阶。近年来，中国对外输出的文化产品也在国际上广受认可。例如《战狼Ⅱ》《甄嬛传》《欢乐颂》《媳妇的美好时代》等影视作品很受外国观众的喜爱。新冠疫情暴发以来，我国文化贸易的发展依然保持增长态势。"2021 年，我国对外文化贸易额首次突破 2000 亿美元，同比增长 38.7%"。③我国的网络文学、影视剧、创意产品出口至国外，广受欢迎。与此同时，我国对外文化进出口的贸易伙伴也逐渐多元化，美国、爱尔兰等成为中国内地文化服务的主要贸易国。

文明没有高下之分，也没有优劣之别。各国之间的文化贸易使得不同民族的文化借助人们喜闻乐见的载体开始融入到他国人民的生活当中，这种方式使人们不知不觉地受到了他国文化的影响和熏陶，世界文化的交融也在文化贸易中进一步加深。各国文化贸易的发展为人类命运共同体构建带来的新机遇主要体现在以下两个方面。一是为文化交流沟通打开了新的渠道。在全球化时代，不同文化、不同文明之间的冲突与碰撞，是引发诸多民族矛盾、族群纠葛、区域纠纷的重要因素之一。影视、图书等特色文化产品包含着不同文明的价值选择和行为逻辑，有助于普通民众直观地感受到不同文化主体间思维方式和价值观念的差异，以更客观开放的心态面

---

① https://new.qq.com/rain/a/20230220A096FO00.
② 李怀亮：《从市场占有率到价值引导力　中国对外文化贸易的新趋势》，《人民论坛》2018 年第 15 期。
③ https://www.gov.cn/xinwen/2022-07/21/content_5702102.htm.

对差异，消除文化偏见和误解，从而实现民心相通。二是为文化合作共赢提供了新的动力。跨文化交流的本质在于通过文化互通寻求理念共识，进而为国家之间实现互利合作奠定良好基础。多样性的文明蕴含着巨大的合作价值，为国家间通过经济联系推进文化贸易提供了动力，又通过文化贸易发现文化间的共同点，有利于团结各文明应对全球性问题，为构建人类命运共同体注入文化力量。

第四节　全球网络空间扩大带来新平台

在人类社会发展史上共经历了四次信息技术革命。第一次信息技术革命是人类创造了语言和文字。语言文字的出现结束了人们单纯依靠肢体语言表达感情和传递信息的阶段，打破了信息传递时空的局限，使得长期生产过程中积累的经验和知识得以保留和传递。第二次信息技术革命是造纸技术和印刷技术的出现。这次革命结束了长期以来人们单纯依靠抄写传递信息的时代，使得知识可以大量地生产、广泛地传播以及长期地储存，进一步扩大了信息交流的范围。第三次信息技术革命是电报、电话以及其他通信设备的发明和应用，这是一场关于信息传播媒介的革命，信息不再依靠人力或者畜力来进行传播，大大提高了信息传播的速度。第四次信息技术革命是电子计算机在现代社会的运用，尤其是人工智能和大数据等技术的发展和运用。在今天这个全球化时代，第四次信息技术革命的发展持续改变着我们的生活，给人类命运共同体带来了新的平台。习近平总书记指出："数字技术正以新理念、新业态、新模式全面融入人类经济、政治、文化、社会、生态文明建设各领域和全过程，给人类生产生活带来广泛而深刻的影响。"[1]信息化、智能化和数字化的发展是时代发展的潮流，为人类命运共同体的构建提供了新平台。

一、信息化使经济发展更加绿色和高效

第二次世界大战后，鉴于第三次科技革命的浪潮成为推动人类社会变革的巨大力量，西方国家掀起了开发和利用信息资源促进经济发展的高潮，揭开了工业化社会向信息化社会迈进的序幕。相应地，美国、日本等

---

[1] 《习近平向2021年世界互联网大会乌镇峰会致贺信》，《人民日报》2021年9月27日。

国家开始实施"信息高速公路建设工程",推动本国信息产业的发展。在短短的几十年内,信息成为推动以知识为基础的经济增长的新动力。我国政府也于20世纪末认识到信息化的重要性,并实施了"以信息化带动工业化"发展战略。世界各国对信息网络的高度重视推动了经济朝着绿色、高效和高质量的方向发展。

1. 信息化促进了绿色发展

工业现代化的推进在带来经济高增长的同时,也带来了能源、资源和生态危机。例如,"第二次世界大战以后,尤其是20世纪50年代中期至70年代,西方工业发达国家在廉价石油的特殊历史背景下,完成了从煤炭到石油的能源转换,促使许多工业发达国家实现了经济腾飞。经济的快速增长又导致对石油需求的迅猛增加,但基于开采、加工、运输等条件的滞后,先后两次爆发了以石油为主的世界能源危机"[1]。直到今日能源仍是各国的必争之地。一份研究报告指出:"每当一定的有效能量被消耗掉,周围环境的混乱就会增加。现代工业社会巨大的能量流通,给我们居住的世界带来了极大的混乱。技术现代化的进程越快,能量转换的速度也就越高,有效能量就耗散得越多,混乱程度也就越大"[2]。因此,经济的发展也必然导致能源和资源的消耗以及环境的污染和生态的破坏。西方著名未来学研究机构罗马俱乐部在1972年提出的第一个研究报告《增长的极限》认为:"如果在世界人口、工业化、污染、粮食生产和资源消耗方面现在的趋势继续下去,这个行星上增长的极限有朝一日将在一百年中发生"[3]。不管是国家之间的资源争夺,还是能源消耗导致的风险,抑或是对星球极限的预测,这都在警示我们:资源是有限的,各国都必须处理好环境保护和经济发展的重大难题,谋求可持续的发展。

随着社会信息化的不断加深,信息资源作为一种非物质资源,逐渐登上历史舞台,在很大程度上减少了物质资源的运用,降低了物质资源在运输和加工过程中的消耗和产生的不必要浪费,很好地解决了工业社会发展带来的难题。正如奈斯比特所说:"随着信息社会的到来,我们的经济才

---

[1] 赵萍、徐艳玲:《全球化视域下我国自然生态风险的困境及出路》,《中州学刊》2014年第2期。

[2] [美]杰里米·里夫金、特德·霍华德:《熵,一种新的世界观》,吕明、袁舟译,上海,上海译文出版社1987年版,第71页。

[3] 徐艳玲:《论整合发展观提出的方法论、背景及其意义》,《石油大学学报(社会科学版)》2001年第2期。

有史以来第一次可以建立在一种不仅可再生而且可自生的重要资源上，再也不会发生资源枯竭问题"①。信息资源作为一种资源，它与自然资源有显著不同。信息资源具有可再生性，在使用的过程中不但不会被消耗，还会在信息的交融和碰撞中不断"增值"。更重要的是，它作为一种清洁资源，并不会对环境带来污染，可以很大程度上缓解人与自然的紧张关系，这使得可持续发展成为一种现实的可能。由此观之，社会信息化是生产力的巨大变革，是对以高耗能换取经济增长的传统发展方式的突破。信息化使得经济发展不再是建立在大量能源消耗的基础上，节约了资源、保护了环境，可以实现绿色、低碳、循环、可持续的发展，这为构建一个低碳、美丽的世界提供了一定现实基础。

2. 信息化加快了高效发展

伴随着社会信息化而生的是第四次工业革命，将带来一场新的变革。继三次工业革命之后，以人工智能、清洁能源、机器人技术、量子信息技术、虚拟现实以及生物技术为主的全新技术革命——第四次工业革命正向我们阔步走来。2014年4月7日至11日，共有全球65个国家和地区的5000多家厂商参加德国汉诺威工业博览会，中国以近600家参展商规模成为东道主德国以外的最大参展国。为期5天的展会使"工业4.0"概念受到关注，推动了"第四次工业革命"的诞生。"德国与欧盟提出了'工业4.0'，率先实现产品研发制造模式的个性化与智能化；美国提出了'工业互联网'，通过打造高度智能化的信息系统，实现了大数据与智能生产的无缝对接；日本提出了'工业智能化'，大量使用智能机器人，建成了遍布制造业各个领域的'无人工厂'。适应时代潮流，我国也提出了旨在推动制造业转型升级的《中国制造2025》行动纲领，正式开启制造业智能化升级国家战略，成为少数几个正在推进制造业智能化的国家之一"。② 伴随着第四次工业革命的到来，社会信息化的程度逐渐加深，经济发展变得更加高效。

一方面，就企业内部生产而言，生产自动化使得企业的生产效率逐渐提高。社会信息化打破了企业生产时间和空间的束缚，提高了生产效率。由于信息成为劳动的主要资源，所以生产过程主要由计算机来自动操控，在整个生产过程中人工的元素越来越少。机器的一体化生产不仅可以

---

① [美]约翰·奈斯比特：《大趋势》，北京，中国社会科学出版社1984年版，第22页。
② 张建刚：《第四次工业革命浪潮与我国制造业的转型升级》，《光明日报》2018年1月23日。

超越时间的限制，实现全天工作，而且可以超越空间的束缚，实现信息资源的远距离快速传输，最大限度提高资源的利用率，减少不必要的中间成本。据美国科学院对该国在 CIMS 技术方面处于领先地位的 5 个公司的调查，结果发现采用 CIMS 技术可使产品质量提高 200—500%，生产率提高 40—70%，设备利用率提高 200—500%，人力费用减少 5—20%。①

另一方面，就国家经济发展而言，各国制造业的生产效率显著提升。波士顿咨询公司发布的以德国制造业为研究对象的《工业 4.0——未来生产力与制造业发展前景》的报告中指出："未来 5—10 年，工业 4.0 将带来以下四方面的收益：将使得德国制造业产值提升 900—1500 亿欧元，以加工成本计算的生产率将提升 15—25%；将为企业带来每年 300 亿欧元的新增收入，相当于德国 GDP 的 1%；将带动就业人数提高 6%；预计带动 2500 亿欧元的投资"②。从中可见，收益的 4 个方面包括了制造业产值、企业收入、就业以及投资，这都是经济发展过程中的重要组成要素。在这场革命的浪潮中，中国经济也将获得快速发展。该报告预计，"未来 5—10 年间，工业 4.0 将使得中国制造业的生产附加值（不包括材料成本）提升 15—25%，考虑材料成本后的数据约为 5—8%；以制造业累计产品销售成本 85 万亿元计算，中国工业总体生产效率存在 4—6 万亿元的提升潜力"③。由此可见，新技术的发展对于经济变革具有革命性的意义，它将会使经济发展水平获得质的提升。

信息化时代的革命无论是对于企业而言，还是对于世界经济发展而言，都是一场翻天覆地的革命。这场由技术发展带来的生产力革命，将会推动世界经济出现新一轮的增长，进一步释放社会创造力和经济发展活力，为构建一个繁荣的世界提供科学技术层面的准备。

3. 信息化推动了高质量发展

经济的发展不仅要考虑速度而且要考虑质量。只追求 GDP 的增长是经济增长而不是经济发展。信息化在推动经济增长的同时进一步推动了产业结构的优化升级，促进了经济高质量发展。产业结构的优化升级主要体现在原有产业的升级、战略性新兴产业的发展等。

一是原有产业的升级换代。原有产业具体指农业、工业和服务业领域。农业逐渐走向规模化和集约化，信息技术极大地提高了农业的科技含

---

① 阿雪：《CIMS——中国工业迈向辉煌的"助推器"》，《科技信息》1995 年第 11 期。
② http://money.people.com.cn/n1/2016/0518/c42877-28361028.html。
③ http://money.people.com.cn/n1/2016/0518/c42877-28361028.html。

量和农业资源的利用效率，推动了农业领域的变革；制造业将发生两个根本的变化：其一，生产的方式由原来的流水线生产变成了个性定制化生产；其二，生产进一步强化为消费者服务的职能。第三产业逐渐网络化，人们的生产和生活服务如教育、医疗、国防、气象等行业逐渐采用先进的信息网络技术来实现。例如，斯坦福大学的计算病理学家发现了被忽视的乳腺癌标志物，而人工智能正在凭借其惊人的速度和创造力来降低成本并改进诊断方式。

二是战略性新兴产业的发展。社会信息化的发展推动出现了一些战略性新兴产业。"战略性新兴产业，是以重大前沿技术突破和重大发展需求为基础，对经济社会全局和长远发展具有重大引领带动作用的产业"[1]。例如，节能环保、新能源、新材料、新医药、电子信息、高端装备制造等。战略性新兴产业发展的作用主要表现在：一是为经济发展提供新动能。加快发展战略性新兴产业既可以为人们提供新服务和新供给，也可以培育新需求和发现新市场，能够抢占新一轮经济和科技发展制高点。二是为现代化经济体系建设提供新引擎。建设现代化经济体系必须要以创新为引领，战略性新兴产业代表着目前经济发展的新方向，创新发展战略性新兴产业可以建立完善的现代经济体系。数据显示，"2016—2019 年，战略性新兴产业工业增加值年均增速为 10.5%，快于同期规模以上工业 4.4 个百分点；战略性新兴服务业营业收入年均增速为 15.2%，快于同期服务业营业收入 3.9 个百分点。""从太空量子通信技术，到重组埃博拉病毒病疫苗，再到国产大飞机 C919……我国部分战略性新兴产业实现了跟跑到并跑、并跑到领跑的超车。"[2]《中国战略性新兴产业发展指数 2022》报告指出："经过 10 余年努力，我国战略性新兴产业取得良好发展态势，发展实力、发展潜力、发展支撑和发展环境均有所提升。"[3] 从中可以看出战略性新兴产业发展的磅礴之势。

信息化带来的高质量发展为人类命运共同体的构建创造了重要机遇。一方面，信息化为经济可持续发展提供了新的动力。新兴产业的发展和突破将会带来经济体系的完善和新的经济增长，这将为未来经济的发展提供

---

[1] 陆娅楠：《战略性新兴产业 支撑高质量发展 2008 年至 2017 年，平均每年带动 GDP 增长超过 1 个百分点，增长贡献度接近 20%》，《人民日报》2018 年 11 月 28 日。

[2] http://opinion.people.com.cn/n1/2020/0926/c427456-31875963.html。

[3] 《中国战略性新兴产业发展指数发布 涉及 4 项一级指标、10 项二级指标》，《人民日报》2023 年 1 月 3 日。

新动力。另一方面，经济的可持续发展又为构建繁荣绿色的共同体奠定了经济基础。社会信息化推动了传统经济的转型升级，带来了经济的绿色、高效和高质量发展，使共同体的构建建立在一定的物质基础之上。

二、智能化使公共决策愈加科学和民主

推动国家治理的变革和完善一直是人类社会变革中重要的议题，它指引和规范着人类社会朝着更加健康合理的方向发展。科学技术的发展带来了大量的数据信息，通过计算机网络技术进行智能化的数据分析和处理可以使政府的决策和服务更加科学，人民的政治参与更加便捷。

1. 智能化提升了科学决策水平

领导科学理论认为，"信息是科学决策的支持系统，占有全面性信息和分析信息能力，是发挥领导力科学决策的基本前提"[①]。可见信息在领导决策中的重要性。在传统的国家治理中，国家治理决策的基础主要是西蒙提出的"有限理性说"。在这种治理方式下，定性研究和定量研究是人们采用的两种研究方法，决策者通过对局部的社会现实进行分析，进而推断出大多数人的实际需要来进行决策。这种研究虽然在一定程度上为决策提供了资料来源，具有一定的合理性和可信度，但还是难以破解信息不对称和不完整的难题，决策的科学性不可避免地会受到影响。

大数据时代，科学技术的运用为科学决策提供了坚实基础。"政府部门利用射频识别（RFID）、传感器等方法，结合物联网、NewSQL 等技术能够掌握大量的数据信息，全面感知社会事项及公众所需"[②]。在大数据时代以前，我们的信息相对比较匮乏，信息收集的手段也比较简单和低效。而如今，网络技术的运用使得信息可以得到更加全面的收集，信息也因之而变得更多元、更丰富。维克多·迈尔-舍恩伯格列举了一个例子来说明大数据发展的特点："大数据时代和传统数据时代的区别，就像分辨率在 200 万像素的旧数码照片一下子提高到 2400 万像素那样。后者是一个非常大的文件，它可以提供更多细节"[③]。在大数据时代，人工智能、云计算等新技术的出现为全面、综合和科学地分析挖掘数据提供了技术支持。在这样的时代里，信息实现了"采集—传递—分析—应用—反馈"的自动化运行。这使得信息的采集更加全面，信息的传递更加快捷，信息的分

[①] 申小蓉、李怀杰：《用大数据提升领导力》，《光明日报》2018 年 4 月 26 日。
[②] 谭海波、孟庆国：《政府 3.0：大数据时代的政府治理创新》，《学术研究》2018 年第 12 期。
[③] 田晓玲：《大数据时代带来更理性、更可靠的决策》，《文汇报》2013 年 3 月 11 日。

析更加权威，信息的应用更加高效，信息的反馈更加及时，推动了政府的决策向"数据驱动"的精准治理转变。目前，大数据已成为观察人类社会的"显微镜""透视镜""望远镜"，为政府从事医疗、卫生、教育、交通运输、经济管理、政府现代化治理等方面决策提供了重要参考。例如，现在一些网络平台挖掘网络中产生的海量数据，公布"1号店快速消费品价格指数""阿里巴巴网购核心商品价格指数"和"阿里巴巴网购价格指数"等，为政府了解居民的消费情况提供了真实有效的信息。又如，2016年，杭州市政府和阿里集团共同发布了"杭州城市数据大脑"交通治堵项目。通过云计算、大数据、人工智能等技术对各类交通关联数据进行多维的分析，并吸取人工经验为城市交通提供辅助决策信息。运行一年多后，"治堵效率显著，试点道路平均延误分别下降15.3%。2017年，杭州城市拥堵排名已降至第48位，缓解城市拥堵趋势位列全国第一"[1]。

由此观之，智能化发展使得决策建立在海量大数据的基础之上，这为人类命运共同体的构建提供了有力的技术支持。一是可以为各国决策提供帮助。运用人工智能、云计算等进行分析，各国可以更好地了解目前本国政治、经济、文化、民生等各个领域的状况，政府可以在综合研判的基础上作出更加合理的政策抉择。二是可以为国际决策提供支持。一方面，智能化的发展能够让国际组织更加了解世界的贫困问题、污染问题、难民问题以及恐怖问题等，可以为国际决策提供更丰富的信息。另一方面，智能化也可以对国际事务进行全方位、全天候的监督，促进决策更好落实。这既为各国的发展提供了条件，又为各国高效地解决国际问题、推动国际治理的变革提供了帮助，为人类命运共同体的构建提供了技术条件。

2. 智能化增强了高效服务能力

高效的服务能力主要体现在工作效率、服务质量、风险防范等方面。智能化推动了政府服务能力的提升，有利于人类命运共同体构建所需要的政府职能转型。

首先，技术变革提高工作的效率。智能化对工作效率的提高主要体现在以下3个方面。一是信息传输方面。智能化的发展降低了信息传输过程中所要消耗的时间成本、资金成本和人力成本。二是信息处理方面。智能化将大量原来需要人工进行处理的信息和资料交给计算机，使人从常规性

---

[1] 江小涓：《大数据时代的政府管理与服务：提升能力及应对挑战》，《中国行政管理》2018年第9期。

的工作中脱离出来。三是信息交流方面。网络技术极大地消除了政府内部以及政府与公众之间沟通和交流的障碍,使政府管理和服务更加精简高效。例如,政府可以通过汇集信息为公众提供一站式服务,进而让百姓少跑腿、数据多跑路,保障和改善民生,提高服务的质量。据麦肯锡咨询公司的研究报告证实:"欧盟各国政府部门由于大数据的应用可能减少15%~20%的行政开支。美国的医疗管理部门测算表明,每年由于大数据的有效利用其获得的潜在价值超过3000亿美元而节省的医疗卫生开支超过8%。"[1] 可见,技术变革对于资源节约和工作效率的提高意义重大。

其次,科学分析优化服务的精度。在传统的服务中,由于政府不能全面地了解实际情况,第一时间把握社会的需要,因而具有一定的滞后性,经常会造成政府服务与社会需要之间矛盾的出现,导致资源浪费现象的发生。智能化的发展使得政府能够精准把握民众需要,提供个性化服务成为可能,这为提高服务质量和公众满意度提供了空间。

最后,预测未来,减少可知的危害。人工智能和云计算可以通过对海量历史数据和实时数据的分析,预测事件的未来走向,提供风险防范的有效方案。特别是一些对于世界影响重大的事件,通过数据预测提前防范能够最大限度减少破坏的产生,控制不良影响的蔓延。例如,联合国的"全球脉动计划"就是在对全球范围内推特和脸谱的数据与文本信息进行大数据分析的基础上,为疾病、动乱、种族冲突提供早期预警。[2]

综上,智能化的发展和大数据技术的运用对于优化政府服务具有重大作用,它将推进国家治理进入一片新天地。同时,智能化的效能也为人类命运共同体的构建带来了新机会。一是提高全球治理的科学性。智能化的发展可以更及时、更精准地了解世界人民的个性化需要,能够为世界性组织提供全方位的信息资料来源和优质的解决方案,推动全球治理的科学性和高效性。二是增强全球治理的预防性。目前,危害世界的全球性问题屡有发生,成为威胁人类命运共同体构建的重要阻碍。大数据的运用可以对这些全球性问题进行智能化的预测和防范,助力问题的解决,推动构建一个更加安全的世界。

3. 智能化促进了治理民主

人类命运共同体的构建首先需要国家治理更加民主和有效。治理的民

---

[1] 徐继华等:《智慧政府:大数据治国时代的来临》,北京,中信出版社2014年版,第15页。
[2] 参见周文彰:《以大数据促进国家治理现代化》,《光明日报》2015年11月25日。

主化受很多因素的影响，其中公民的参与度和政府的透明度可以说是十分重要的两个考核指标。公民的参与度使得国家治理更能知民情、体民意，政府的透明度使得权力运行更阳光、更清明。

一方面，信息智能化提高了民众的政治参与度。随着智能化的发展，每一个公众都可以在自媒体平台上较为自由地表达自己对于公共事务的看法和诉求。政府在决策的过程中也越来越重视公众的意愿和建议。例如，政府通过网络问政于民，使得政府与民众的距离逐渐被拉近，民众的意愿受到尊重。同时，智能化的发展使政府可以将自身信息在网络上及时向社会、市场公开，人们能够快速地了解政府的政务信息，提高政治参与的积极性。通过这种方式，不但公众可以了解政府的行为，而且政府自身决策的科学性也会得到进一步加强。

另一方面，信息智能化增强了政府的政治透明度。智能化的发展可以使政府权力运行处于全方位的监督之下，进而实现政府工作透明度的提高。大数据技术在政府部门的应用可以使权力运行的全过程被实时地记录和分析，实现将权力关进"数据铁笼"，一定程度上可以实现政府的自我监督。例如，我国贵阳推出的"数据铁笼"行动计划，依托网络平台，实现了政府权力运行全程记录，保证了权力在阳光下行使。

综上，智能化推动了国家治理的民主化，实现了更大程度的公众政治参与。不仅如此，智能化的发展为更加民主化的国际治理格局的实现提供了许多有利条件。一是世界公众的民主观念逐渐增强。智能化的发展让民众有了更多政治参与的机会，在参与的过程中公众的民主意识得以提升。二是国际组织的公正廉洁日益成为可能。信息技术的发展为政务的公开提供了技术可能。目前各国政务公开的实践探索为国际组织的政务公开积累了经验，提供了范例，为构建更加合理公平的国际治理秩序提供了更多可能。

三、数字化使价值观念越加多元和丰富

数字化是指以数字编码形式将文字、图片、图像、信号等信息进行储存、传输、加工、处理和应用的过程。数字化是信息存储方式的一种变化，数字化的信息主要以网络载体进行储存，突破了原有纸质媒介的束缚。信息数字化促使人们从劳动中解放出来，开始逐渐重视知识，同时也使共享理念更加深入人心。

1. 数字化形成了知识价值观

西方社会的启蒙运动使人类从封建神学的统治当中解放出来，人获得了自由和解放，但也在西方社会中形成了占统治地位的理性观和进步观。在这种观念的影响下，人类的活动具有以下两个特征：一是把经济利益最大化作为终极追求；二是缺乏对自然应有的尊重和敬畏，缺乏对自然资本的尊重和敬畏。由此，人们放弃对生活意义、价值目标的追求而片面强调工具理性。为了满足基本的生活需要人开始沦为机器的奴隶，备受体力劳动的折磨，普遍处于异化的状态。

数字化发展带来的人工智能、物联网、大数据、云计算等技术，在较大程度上把人从体力劳动的世界里解放出来。一方面，生产的自动化推动了物质财富的极大增长，可以使人们从重复繁杂的体力劳动中解放出来。另一方面，人工智能超强的学习能力也将在很大程度上取代人类的脑力劳动，社会发展显现出向共产主义社会过渡的前兆。在逐渐摆脱体力劳动的束缚之后，人们开始重视精神生活的丰富、人生意义的追求以及自然与社会的和谐共处，人的本质得以实现，价值理性得以回归。以消费观念为例，消费者在消费的过程中会更加注重精神层面的满足。

从终极意义上说，人类命运共同体是马克思共同体思想的当代体现，构建人类命运共同体的最终目的就是要实现"自由人联合体"，实现人的自由而全面的发展。信息数字化有利于实现人的解放，使人们有更多的精力来思考人生意义的获得和自身价值的实现，这也是人类命运共同体追求的价值目标。

2. 数字化形成了共享价值观

传统社会中的信息共享和物品互借是共享观念最早的体现。当时由于受时空的限制并没有产生很大影响。步入信息化时代，信息的数字化使得信息能够借助互联网这一平台实现快速的共享，这也使人们的共享观念得以加强，这主要体现在以下两个方面。

一方面，信息资源的共享。在传统的物质和资源的所有方式中，物质和资源基本不具有共享性，一方资源的获得必然意味着另一方资源的失去。然而信息资源及其产品具有易复制、成本低、传播升值等特点，能够被广泛、重复、叠加使用，具有较高的边际效用和正外部性。这一特点决定了分享之后信息占有方不会失去原有信息，信息的共享更具现实基础。"同一组数据不仅可以在合理合法的前提下以较低成本提供给不同使用方，使单一数据服务多个主体；而且还可以针对不同目的、使用不同方法进行分析，使单一数据产生多样价值。"① 由此，信息在共享中产生的倍增效益进一步实现了信息的价值。同时，在信息数字化的时代，拥有共享的观念也有利于形成自身的竞争优势。例如，淘宝用免费的模式打败了易趣；360的免费杀毒软件使它受到欢迎；免费的邮箱、相册、视频服务；等等，让人们享受到了信息数字化带来的"共产主义"。这种免费模式的进一步推广也会更大程度上让共享的价值观念走进人们的心中。

另一方面，闲置资源的共享。共享经济的发展使得经济活动由传统"劳动者—企业—消费者"商业模式转向"供给者—共享平台—消费者"的共享模式"②。通过第三方平台，人们将自己的闲置物品信息资源分享给陌生人，实现了陌生人之间的个性化产品交易。伴随着人们共享意识的增强和共享平台的出现，共享经济快速发展。"据EMarketer2017年7月的统计数据显示，在美国已有5000余万共享经济用户，占到了全体成年网络用户的26%"③，可见共享经济的影响之大。《中国分享经济发展报告2017》预测，"未来几年共享经济仍将保持年均40%左右的高速增长，……到2025年占比将攀升至20%左右"。《中国分享经济发展报告2022》显示，"2021年我国共享经济继续呈现出巨大的发展韧性和潜力，全年共享经济市场交易规模约36881亿元，同比增长约9.2%；直接融资规模约2137亿元，同比增长约80.3%"。④。因此，未来共享经济会继续成为发展的大趋势。共享经济的发展会促使更多的闲置资源被充分利用，有助于进一步强化人们的共享观念。

习近平总书记在日内瓦发表的主旨演讲中郑重宣告，为世界秩序探索提供的"中国方案是：构建人类命运共同体，实现共赢共享"⑤。可见，实现共赢共享是构建人类命运共同体的应有之义。数字化所形成的共享价值对人类命运共同体中共享意识的培育具有重要作用。一是信息数字化形成的共享深化了人们的共享理念。数字化让信息的共享成为可能，人们可以在信息的共享中获得分享的快乐和收益，进而更大程度地发挥信息的价值。而在分享的过程当中，人们的共享的观念会得以强化。二是信息数字

---

① http://www.cac.gov.cn/2018-08/02/c_1123212672.htm.
② 苏剑：《共享经济：动因、问题和前景》，《新疆师范大学学报（哲学社会科学版）》2018年第2期。
③ 苏剑：《共享经济：动因、问题和前景》，《新疆师范大学学报（哲学社会科学版）》2018年第2期。
④ http://www.sic.gov.cn/News/557/11278.htm?eqid=e68b7195000f86400000000664379b8b.
⑤ 《习近平谈治国理政》第二卷，北京，外文出版社2017年版，第539页。

化形成的共享经济为实现共享提供了现实的基础。共享经济的发展是现实中人们践行共享理念的重要体现，信息数字化为共享经济的进一步发展、共享领域的进一步扩大、共享效率的进一步提高以及共享世界的构建提供了广阔的可能性空间。

第六章　人类命运共同体构建面临的现实新挑战

当下人类命运共同体构建面临的境遇是双重的，不仅包括现实的新机遇也包括新挑战。一般而言，在挑战面前有两种态度：一种是临战退缩，消极应付，这时候挑战就转换成危险；一种是及时回应，大胆迎接挑战，这时候挑战就转换成新机遇。因此，我们需要对新挑战有深刻的认知和审慎的把控。人类命运共同体的构建面临的现实新挑战是复杂的、多维的、具体的，唯有对此保持深刻的认知和审慎的把控，才能在人类命运共同体构建的过程中处变不惊，从容应对，行稳致远。

第一节　逆全球化思潮兴起带来新挑战

"经济全球化"这一概念最早是由 T·莱维在 1985 年提出的，但实际上，经济全球化的趋势早已产生。以 15 世纪的地理大发现为开端，世界经济就已经开始进入全球化进程。在经济全球化的发展过程中，与之相伴而行的则是逆全球化进程。"逆全球化是指与经济全球化相背、国际合作和相互依赖逐渐消减的全球性发展趋势"①。在 2008 年的国际金融危机影响下，新一轮逆全球化潮流席卷世界，给人类命运共同体构建带来了现实的新挑战。为此，必须摒弃单一视角考察的传统思维框架，对新一轮逆全球化的本质进行多维透视。

---

① 吴志成、吴宇：《逆全球化的演进及其应对》，《红旗文稿》2018 年第 3 期。

一、经济之维：对资本贪婪本性之溢出效应的一种回应

从经济之维进行反思，新一轮逆全球化思潮是对资本贪婪本性之溢出效应的一种回应。历史地看，无论是近现代以来由淡渐浓的全球化，还是当前逆全球化思潮汹涌，均由发达资本主义国家所主导。"资产阶级，由于开拓了世界市场，使一切国家的生产和消费都成为世界性的了。"① 可见，经济全球化本身即是资产阶级开拓世界市场的产物。资本主义生产方式控制下的全球化以资本为主导，但资本贪婪本性在全球范围内追求"利润最大化"则需要通过"成本最小化"来实现。于是，早发资本主义国家便借助全球化进程中资本和劳动力的国际流动，纷纷寻求摆脱国内高昂人力、物力成本的出路，将大量制造业转移到劳动力价格低廉且资源丰富的欠发达国家或地区，久而久之，便造成了本土制造业不断外流即实体经济的"空心化"现象，这可以看作是资本贪婪本性的溢出效应。问题在于，由于科技创新源于生产，逐渐流失的实体经济会影响高端技术产业的研发、生产、营销，导致本国高端技术产业创新能力减弱。同时，资本价值增殖的贪婪本性驱动信用扩张和虚拟资本膨胀，正如马克思所深刻指明的："诱人的高额利润，使人们远远超出拥有的流动资金所许可的范围来进行过度的扩充活动。"② 资本运行的逻辑是：利润来者不拒，岂管洪水横流。为了攫取更多的利润，发达资本主义国家推行新自由主义体制，逐步放松对金融业的调控与管制。金融资本凭借信息全球化在战后的几十年间获取巨大利益，以金融为核心的虚拟经济逐步替代了创造价值的实体经济，造成了发达资本主义国家内部的"虚拟经济膨胀"，这也可以看作是资本贪婪本性的溢出效应。正是这些溢出效应带来了以金融和房地产为代表的金融产品过剩和房地产泡沫，最终引爆了 2008 年肇始的全球性金融危机。现如今，距离该次全球性金融危机的爆发已有 10 余年，发达资本主义国家仍无力走出产业结构失衡、经济增长乏力、跨国贸易投资低迷的阴霾。"在全球化发展的'周期律'中，每一个周期都开始于'实业的春天'，发展于'产业的盛夏'，转折于'金融的秋季'，最终陷入'危机的冬季'"③。

---

① 《马克思恩格斯文集》第二卷，北京，人民出版社 2009 年版，第 35 页。
② 《马克思恩格斯文集》第七卷，北京，人民出版社 2009 年版，第 459 页。
③ 郑一明、张超颖：《从马克思主义视角看全球化、反全球化和逆全球化》，《马克思主义与现实》2018 年第 4 期。

近年来，为了抵御"产业空心化""虚拟经济膨胀"等资本贪婪本性的溢出效应，以美国为代表的发达资本主义国家开始对现存以虚拟经济为主导的资本增殖体系加以反思，并为了维护自身利益而不惜抛弃曾经极力推崇的全球体系，转而推行贸易保护主义、再工业化等带有"逆全球化"色彩的经济政策，推动资本向本国实体产业回流，以此恢复本国资本扩张的疲软状态。

一方面，以美国为代表的发达资本主义国家高举贸易保护主义大旗，旨在相对孤立的发展环境中保护本国利益，进而推动"逆全球化"向新的方向发展延伸。其一，贸易保护主义的手段更加多元。金融危机后发达国家出台的贸易保护措施还未取消，且新政策陆续出台并呈现多元化趋势，"由关税转到非关税措施，包括技术壁垒、绿色壁垒、市场准入壁垒、认证认可壁垒等"[①]。其二，贸易保护主义的针对性更加明确。发达资本主义国家为了巩固本国产品的垄断地位，在产品进口方面选择最具有竞争力、价格最具优势的产品类型进行限制，而且为了防止本国核心竞争产业"流失在外"和保护本国高新科技和知识经济产业的领先地位，在产业投资、出口的限制方面将矛头直指中国等新兴国家经济体。自 2018 年以来，美国针对中国发起的贸易战就是贸易保护主义的突出表征，这场贸易战实质就在于遏制中国制造业的蓬勃发展、减缓中国高新技术产业的优化升级，最终迫使《中国制造 2025》战略计划付诸东流。其三，贸易保护主义的内容更加复杂。贸易保护主义不仅对厂房、机器、设备、原材料等不变资本加以限制，而且对资本家购买劳动力的可变资本亦加以约束。贸易保护主义在各个方面限制进口，这就需要政府出面促进制造业归国。特朗普政府频繁"退群"，通过取消自由贸易协定、降低企业所得税等手段吸引制造加工本土化生产，从而带动资本和劳动力回流。其四，贸易保护主义关涉的范围更加广泛。为了完成"让美国再次伟大""本国利益优先"的许诺，美国政府开始无原则、无底线地升级贸易战，认为其他国家的发展都占了美国的便宜，理应向各国索要利益、追回损失，从最初的发展中国家辐射到美国自己的盟友，贸易摩擦从中美两大经济体蔓延到全世界。"作为特朗普认为世界'对不起'美国的一部分，他以前所未有的力度对盟友索要利益，用贸易战手段逼迫欧洲国家站队，对加拿大、墨西哥、欧洲盟友钢铝进口课税；对极力追随的安倍政府直接排除关税豁免，简直就是羞

[①] 郭强：《逆全球化：资本主义最新动向研究》，《当代世界与社会主义》2013 年第 4 期。

辱；今年的西方七国会议上其他六国一直抨击特朗普关税政策，简直开成了 6+1 会议"①。直至美国单方面撕毁伊核协议，对与伊朗进行合作的银行、企业实行"连坐制裁"，迫使欧洲银行撤资、企业违约亏损，甚至让欧洲承受中东局势恶化带来的难民潮和恐怖主义风险，彻底让欧洲伙伴感受到"疼痛"。其五，贸易保护主义的"政策"更加极端。特朗普政府不顾国际贸易规则，公然违反 WTO 多边贸易体制规定，企图将本国的贸易政策上升为"贸易法"，即要求其他国家的关税以美国的关税水平为基准，认定美国的贸易逆差、就业岗位流失等问题都"有失公允"，并在中美贸易争端中妄图"以国内法取代国际法"，实行所谓的"公平贸易"政策。美国此举是基于本国利益优先而非基于构建公平的国际贸易准则，本质上是对当前国际秩序的破坏，给全球化进程蒙上了一层阴影。

另一方面，发达资本主义国家大力倡导通过"制造业回流""本土化制造""再工业化"等经济政策，力图调动一切资本、资源和劳动力来维护本国利益，重塑发达资本主义国家在实体经济领域的竞争力，同时通过实体经济的产品支持继续占据高端技术领域的"龙头地位"。例如，美国贸然向中国发起贸易战，既企图扩展在华利益、占据中国市场，又贪婪地想要保护本国制造业和高新技术产业不流失在外，不愿共享市场和技术资源，这种单边主义行径尽显资本家的自私心理和贪婪本性。一定程度上而言，美国历届政府无不具有逐利性特质，既想为美国资本在他国市场争取利益最大化，又想通过政策和税率调整促进本国企业回流，以此避免他国共享美国市场、技术、能源。为此不惜"对外采取贸易保护政策，通过取消自由贸易协定、采取更加严厉的贸易制裁措施和提高贸易壁垒等方式，促使美国制造业重返美国本土"②。对此，有学者一针见血地指出，大量西方资本的回流，必然会对一些高负债的国家造成强大压力甚至致使其经济泡沫破灭，这也有利于西方资本将来廉价收购一些国家的资产。而这些"制造业回流"现象，与其说是全球化的逆转现象，不如说是发达资本主义国家为了扭转资本流失等不利局面而采取的暂时性的"退守"。

由此观之，资本逐利的贪婪欲望致使发达资本主义国家自噬"产业空心化""虚拟经济膨胀"的恶果，而又迫于改变利益受损局面采取"贸易保护主义""制造业回流"等逆全球化措施。发达资本主义国家的身份之

---

① 李庆四：《特朗普对华贸易战的原因及影响》，《现代国际关系》2018 年第 6 期。
② 乔松涛：《中美经贸关系的战略思考及应对》，《经济论坛》2018 年第 9 期。

所以由全球化的倡导者逐步转变为以保护主义、本土主义为标志的"逆全球化"的鼓吹者也就不难理解了。

二、政治之维：发达资本主义国家国际利益趋弱的一种反映

从政治之维进行反思，新一轮逆全球化思潮是基于全球化利好局面被打破后发达资本主义国家国际利益趋弱的一种反映。在全球化进程中，发达资本主义国家原本占据先发优势，掌控全球市场体系的制定权和国际事务的话语权。然而，随着21世纪以来全球化进程的推进，资本主义国家独占全球化利好的局面被日益崛起的发展中国家打破，这让一贯胜利的发达资本主义国家一时无法适应本国国际利益趋弱、国际地位下降而中国等发展中国家加速兴起的落差，以期通过"逆全球化"改变甚至毁坏现有的全球规则，力图恢复其在全球化进程中的主导地位和最大受益者身份。

因而从本质来看，发达资本主义国家实行的贸易保护主义政策的真正目的并不是放弃全球市场转向"孤立主义"，而是阻断新兴国家产业转型、产品升级所需的高端技术和经验，扭转新兴国家因全球化获益增多、话语权增强的局面。特别是，美国蓄意挑起的贸易战，表面从贸易保护入手，通过限制中国商品进口以减轻对本国商品的竞争，实则是美国针对中国崛起而产生战略焦虑的体现：担忧《中国制造2025》战略的实施威胁美国在先进制造业和科技领域的"龙头地位"、"一带一路"倡议的推进抢占美国在亚欧大陆的既得利益、人民币境外流通的扩大化撼动美元在国际货币体系中的领导地位，中国GDP的增速和科技创新的能力取代美国世界第一经济体的地位等。此举旨在遏制中国经济实力、国际地位的上升态势，防止中国获得高新技术以动摇美国的国际霸主地位。除了发动贸易战，美国为了扭转经济疲软、国力透支的现状，在世界范围内实行大规模的战略收缩，逐步淡化世界警察角色，不惜挑起局部争端甚至热战，破坏第二次世界大战后建立的地缘战略秩序。2018年5月8日，特朗普宣布退出伊核协议，直接造成了伊朗经济发展困难重重，全球石油价格起伏不定，更重要的是间接导致中东地区陷入伊以、伊沙对峙甚至核战乱的风险。美国挑起地区混乱甚至战争，一方面意在破坏新兴国家崛起所需的和平发展环境，干扰其与中东地区的经贸往来，妄图扭转新兴国家在全球化进程中的获益状态，以此改变自身发展颓势；另一方面则借机转移国内民众对本国经济发展迟缓、贫富差距拉大的不满情绪，缓解当局者的政治压力。特朗普为在美国中期选举中取得连任，急需用强硬的外交政策和坚定的执政立

场履行竞选承诺、消除选民质疑。美国在国际舞台的种种保护主义行为，与其说旨在增添经济利益，不如说是巩固其政治资本更为贴切，方法是通过对别国极限施压让其放弃自身核心利益和正当权益。欧洲方面则是通过国家立法强制施行金融服务收缩战略，切断新兴发展中国家谋求发展所需的资金支持，让发展中国家陷入非稳局势，改变其在全球化利益格局中的受益身份，从而进一步加速资本和利益流回发达资本主义国家。大量金融资本回流，还会造成部分高负债国家或企业因资金断流而濒临破产，让发达资本主义国家"坐收渔翁之利"，以低廉的价格收购这些国家或企业的资产。然而，无论是美国的战略收缩、地缘争端乃至中美两大经济体的贸易摩擦，还是欧洲的金融服务、对外投资转向，这种只考虑本国利益而转嫁危机的做法，其本质不是放弃全球市场和全球霸主地位，而是打着"逆全球化"旗号，企图重塑发达资本主义版本的全球化。

由此观之，新一轮逆全球化思潮是发达资本主义国家为维护自身利益而倡导的，其实质是发达资本主义国家国际利益趋弱的一种反映。问题在于，近年来发达资本主义国家在全球化进程中利益趋弱，导致其全球治理意愿也逐渐减弱。以美国为代表的发达资本主义国家高举"本国利益优先"的旗帜，不愿自身利益被国际事务牵绊，不愿承担全球治理的责任，致使全球治理方面出现"碎片化"特点。美国等发达资本主义国家在经济上推行贸易保护主义以及对自身有利的双边贸易战略，在外交上接二连三地频繁"退群"，致使全球一体化进程暂停甚至发生逆转，多边国际合作道阻且长，集中表现为由其主导并建立的国际贸易体系和区域经济组织受到来自自身的质疑和否定。例如，美国为改变其在全球体系中贸易逆差和主导权流失的现状，宣布退出商讨数次的跨太平洋伙伴关系协定，修改生成多年的北美自贸协定；为逃避高额的环境治理费用强硬退出全球气候协同治理的《巴黎协定》；为避免缴纳拖欠会费，宣告以观察员而不是组织者身份参与联合国教科文组织；为强硬推行被世界贸易组织多边贸易体制所禁止的单边政策，多次扬言退出世界贸易组织；为巩固在中东地区的霸主地位、巩固与以色列、沙特等国家的同盟关系、攫取更多的政治经济利益、进一步制裁伊朗，单方面撕毁伊核协议；为逃脱国际法和国际秩序的约束，威胁退出《维也纳外交关系公约》中涉及国际法院管辖问题的相关议定；为推卸全球治理责任，以"公平""人权"为由退出联合国人权理事会；为维护自身在国际组织的领导地位和现实利益，发布有意退出万国邮政联盟的新闻。可见，美国正试图把"门罗主义"渗透到当今全球化的世界。在欧洲方面，2016年英国公投脱欧，反映了英国民众对全球化和欧洲一体化造成的社会贫富差距拉大、欧洲难民潮等后遗症的不满，使得英国民众逆全球化情绪在欧洲不断涌动，从而引发了"羊群效应"：荷兰民众呼吁脱欧、意大利修宪公投失败、奥地利右翼政府宣誓就职、法德两国关系扑朔迷离、整个欧洲国家采取强硬的难民政策和严格的移民政策等，这些都无疑给欧洲一体化进程带来了新的挑战。然而，无论是美国还是欧洲部分国家的逆全球化举动，均表明发达资本主义国家再也没有底气继续主导全球化进程、驾驭全球化战车、维系全球多边体系，导致其对现有全球体系排斥、解构等应激反应。

　　同时应该看到，新一轮逆全球化思潮的兴起也为新兴发展中国家带来了新机遇，为建立更加公平的全球化利益格局提供了新的可能性空间。其一，逆全球化思潮反映了发达资本主义国家治理模式和治理能力的不足，打破了美国苦心经营的"世界警察"和"救世主"幻象，推翻了其一直宣扬的"普世价值"和契约精神，特别是美国到处升级贸易战、践踏国际规则、扰乱全球秩序，彻底与负责任、有担当大国形象划清界限，给全世界展现了一个蛮横专断、唯我独尊的霸凌主义形象。加之资本主义国家内部经济发展迟缓、民众怨声载道给执政者增添了巨大压力，这就间接为发展中国家赢得了探索自主执政、独立治国道路的时机，重新思考和选择符合本国国情、历史文化传统和广大人民利益的发展模式渐成潮流和趋势。其二，逆全球化思潮反映了发达资本主义国家在全球治理中主观意愿趋弱，其主动退出原本建立的全球规则体系和多边合作组织的行为虽然严重影响了其在全球治理中的话语权和主导权，给现有的国际组织和机制留下政治真空，但也为新兴市场国家和发展中国家主动肩负起全球治理的重任提供了历史性契机。特别是在"逆全球化"语境下，已悄然走进世界舞台中央的中国旗帜鲜明地反对单边主义和本土主义，为建立新型全球治理体系贡献出了中国智慧和中国方案，进一步提升了其在全球治理中的发言权。其三，"逆全球化"思潮暴露了发达资本主义国家企图搅乱发展中国家和平发展局势并趁火打劫获取利益的野心，这就启示发展中国家不仅要认清部分资本主义国家所推行的单边主义的实质，对资本主义国家所实行的对立、封锁、以邻为壑的"逆全球化"行为予以强烈谴责，对不合理的贸易制裁在多边贸易规则下据理力争、维护权益；而且要在发达资本主义国家的封锁包围中，反思自身经济结构和发展模式的缺陷，找到促进本国经济发展新的增长点和生力素，不断创新经济发展方式，改革不适应新时代发展要求的机制体制；还要继续扩大对外开放的宽度和广度，在共商共建共享原则的基础上推动构建人类命运共同体，在"一带一路"倡议推进的过程中建立互利共赢的对外开放新格局，以此降低"逆全球化"所产生的负面效应，为全球化版本升级、促进全球治理体系变革提供新模式和新经验。

三、社会之维：缓解草根阶层与精英阶层矛盾的一种体现

从社会之维进行反思，全球化过程中精英阶层与草根阶层之间的矛盾是新一轮"逆全球化"的动力。"逆全球化"既是草根阶层利益受损的体现和止损诉求的彰显，也是统治精英为缓和精英阶层与草根阶层矛盾的一种权宜之计。历史地看，全球化进程中资本和人员的自由流动导致发达资本主义国家内部长期存在利益分配不均的问题，特别是精英阶层与草根阶层的分化与矛盾。可以直接或间接参与世界市场和跨境合作的群体，像是资本所有者、高级技术工人、职业白领等精英阶层，能够在全球范围内实现资源的优化配置，并通过跨国公司在全球组织生产，规避本国严格的法律与环境政策的约束，利用发展中国家低廉的人力物力和广阔的消费市场获取更多利润，因此获益的精英阶层成为全球化的倡导者。而不能直接或间接参与世界市场和跨境合作的群体，像是传统产业工人、非技术工人、蓝领劳工等草根阶层，则对工作环境和待遇不得不作出更多的让步，他们被看作受教育程度低、技术不熟练的弱势群体，在全球产业转移的过程中容易被其他低廉的跨国劳动力所取代，因而被认为是全球化进程中的"输家"。其中，跨国公司利用全球化在国外进行大规模生产所造成的国内产业"空心化"，使本国草根阶层面临失业的风险。同时，不断涌入的难民、移民挤占了该群体的教育、医疗、住房等资源，出现了与其历史文化传统不相容的"排异反应"，还带来了难民潮、恐怖主义等一系列潜在危机，这些问题直接影响了该群体的利益。加上国内媒体话语权被精英阶层牢牢掌握，草根阶层成为失去话语权的"沉默的大多数"。直至2008年全球性金融危机的爆发，彻底激化了精英阶层与草根阶层的矛盾。精英阶层"将金融危机转嫁给草根民众，甚至中产阶层，而大资产阶级特别是金融大资本家不但丝毫未损反而大获其利。这样就造成社会阶层贫富差距加大，社会严重分裂。而标榜'政治正确'的执政的精英集团无视于这种社会分化现象，却热衷于政治斗争和党派斗争"[①]，导致草根阶层对精英阶层及其所

---

① 吴兴唐：《动荡与分化的世界形势呈现的新特点》，《当代世界》2017年第2期。

持的传统政治体制、框架进行批判，社会分裂成两大阵营。而原本持中立态度的中产阶级也因受到全球性金融危机的损害沦为草根阶层，与底层民众共同抵制现存政治体制和全球体系。由此可见，当前新一轮的"逆全球化"是草根阶层利益诉求的彰显，其逆动并不是否定全球化将"蛋糕"做大的事实，而是否定因全球化进程中"蛋糕"分配不均的现象。

由此观之，新一轮"逆全球化"也是统治精英为了缓解精英阶层与草根阶层尖锐矛盾所作出的策略性调整，是民间"逆全球化"呼声向政府全球化战略收缩的转变过程。草根阶层期望当局者可以遵循"本国优先"原则出台相应政策，保护其既得利益免遭损害。因此，一旦总统候选人亮出保护主义、本土主义、孤立主义的底牌，就会赢得草根阶层的广泛支持。而统治精英迫于选举和执政压力，将自己包装成草根阶层的代言人，力挺其带有"逆全球化"色彩的政治诉求，在竞选及日后执政的过程中放出"反对移民""反对传统精英政治"等言论，甚至恶意放大全球化带来的消极作用，夸大移民涌入的影响，为草根阶层岗位流失找借口，其真正目的不在于保护草根阶层的利益，而是为了争取选票、赢得大选、巩固统治。例如，在2016年的美国总统选举中，特朗普充分意识到国内草根阶层面对全球化带来的失业、收入下降、身份认同低的焦虑心理以及对美国国际地位日益下降的不安心理，发出"让美国再次伟大"的口号，宣称在美国制造、雇用美国工人、购买美国产品，不会让美国民众屈服于全球化，并提出具有"逆全球化"倾向的政策主张：在经济政策方面，增设贸易壁垒，推行贸易保护主义和单边贸易制裁，召回在外投资设厂的部分产业，圈建TPP、TTIP，力图打造更适合本国发展的经济圈，短期内解决了草根阶层的就业问题；在社会政策方面，特朗普坚持"美国优先"原则，提出优先雇用美国工人、优先发展本国制造业等主张，为工作不稳定的草根阶层增添安全感，同时采取紧缩性移民、难民政策，声称要"阻止伊斯兰教的传播与扩散""在美墨边境修边墙"，提高草根阶层的身份认同感和归属感；在外交政策方面，特朗普政府无心建构全球治理体系，并下令削减美国在全球事务管理和公共产品提供方面的开支，甚至逐步推行全球性战略收缩，降低了参与战争的高额成本以及战争滋生的恐怖主义风险，在一定程度上改善了草根阶层的生活环境。

问题在于，统治精英为缓和社会矛盾提出的"逆全球化"主张，尽管可能短期会给草根阶层带来一定的就业机会，缓和其与精英阶层的敌对态势，但从长远来看，"逆全球化"不仅无法解决草根阶层的利益受损问题，反而会加速草根阶层利益受损进程。其一，草根阶层多为缺乏知识、技术、管理经验的低技能劳动者，其就业竞争力本就低于掌握资金、科技的高技能劳动者，即精英阶层，这就决定了无论草根阶层是否参与全球化，或者说发达资本主义国家是否推行"逆全球化"，都无法改变草根阶层因"技不如人"而在全球化竞争中利益受损的命运。其二，发达资本主义国家推行的孤立主义、保护主义政策，虽然可以暂时地缓解草根阶层的就业压力，提高劳动在要素收入分配中的比例，但"逆全球化"思潮引发的国际投资贸易萎缩等问题，必然会造成整个资本主义国家陷入经济低迷、利益缩水的困境，一旦做的"蛋糕"变小，即使草根阶层分到的比例有所增加，其获得的实际收益仍然可能减少。更有甚者，美国升级贸易战引发了国际"信任危机"，使美国面临全球和区域投资贸易"边缘化"，美国的工人、农民、中小资产阶级等草根阶层也将被挡在全球市场的门外。其三，由于发达资本主义国家增设贸易壁垒，限制来自新兴经济体的中低端商品进口，使性价比高、价格低廉的商品被本国市场"拒之门外"，导致本国物价上涨，致使草根阶层不得不面对生活成本增加的难题。其四，以资本所有者为代表的精英阶层越来越担忧执政者采取的一系列保护主义政策会使其面临生产成本提高、市场拓展受阻、产品大量滞销等问题，2018年，在美国对中国出口的商品加征25%关税后，中国政府相应采取反制措施，同样对美国的大豆、汽车、化工产品加征关税，令美国的金融业、实体产业受到不小打击，进一步加深了精英阶层的担忧，因而精英阶层试图通过暂停岗位招聘和产品投资等方式向政府和草根阶层施压，迫使统治精英重新代表精英阶层发声、保护其既得利益，使草根阶层认清其与精英阶层被雇佣与雇佣的关系、服从与执行的身份差别。从这一意义上说，"逆全球化"不仅不利于草根阶层福利的改善，反而会刺激发达资本主义国家的利好更加偏向资金、技术、知识占优的精英阶层。

四、文化之维：西方社会非理性主义思潮的一种折射

从文化之维进行反思，由于全球化过程中不可避免地存在薄弱环节，不可规避地出现认同性危机、合法性危机，因而容易引发非理性主义思潮。非理性主义思潮具有反市场经济、反全球化价值的倾向。从这一意义上说，新一轮"逆全球化"思潮也是西方社会非理性主义思潮的一种折射。"由西方开启的现代化进程，是世俗的理性化的过程，致力于将个体

从神权统治之下解放出来,由此发展出原子式的个人主义"①。个人是超越社会、民族、国家独立的存在,具有理性认识和解释世界的能力,人可以利用自己的理性把握事物变化发展的规律,能准确地探求世界的一切本质和真相。然而,随着全球化进程的深入推进,移民、难民的大量涌入造成发达资本主义国家白人失业率提高、社会福利减少、生活质量下降,进而诱发身份认同危机和合法化危机;恐怖主义在世界范围内流动,例如中东地区的"颜色革命"、伊斯兰国原教旨主义复兴运动等,破坏了发达国家内部的安全与稳定;金融危机让发达国家社会阶层的贫富分化愈演愈烈,致使中下层民众的经济不安感、身份焦虑感与日俱增。当人们越来越感受到社会现实与理性认知之间的差距时,他们便不再坚持理性主义者认为的"理性解释一切"的乐观态度,非理性主义思潮悄然兴起。非理性主义思潮作为全球化、现代化的产物,本身与全球化格格不入,具有"逆全球化"的倾向,具体表现为以下几点。其一,"非理性主义反对传统理性主义的哲学方法,就是反科学、反逻辑的直觉、体验、欲念等"②,这些非理性因素自身具有失序性、失控性、破坏性的倾向,易诱发暴力情绪蔓延,在短时间凝聚为一种张扬个人利益的"街头政治"。当民众对自身经济水平、生活环境不满时,便会打着"人权""平等""公正"的幌子上街游行示威、张贴标语、阻碍通行、占领广场,致使社会充斥着非理性暴力抗争行为,影响国家的正常运行和社会的安定有序,这与全球化崇尚的理性精神、和谐理念相悖。其二,非理性主义是利益受损群体对现实生活状况不满后无奈地抱怨和发泄。他们获得感低,深受全球化背景下利益分配不均、就业机会减少、社会福利下降等问题的困扰,长期陷入不安感和被剥夺感的恐惧无法自拔。而获利的精英阶层不仅没有同情或帮助利益受损者,还变本加厉地远离、鄙夷甚至剥削他们,将他们视作没有能力只会叫嚣的"可怜虫",激发了他们反智主义、反精英阶层的强烈情绪。其三,非理性主义倡导"大众政治",对当权者只谋私利而全然不顾大众诉求深恶痛绝,甚至对传统政治框架和国际秩序的调整重建不再抱有信心,从而只是专注于解构权威主义、传统建制、传统经济秩序而疏于重构,最终陷于为破坏而破坏的民粹主义情绪而不能自拔,就像勒庞在《乌合之众》一书中所指出的,"个人一旦成为群体的一员,他所作所为就不会再承担责

---

① 杨俊峰:《西方民粹主义与身份认同政治》,《科学社会主义》2017年第1期。
② 李小兵:《资本主义文化矛盾与哲学非理性主义》,《中共中央党校学报》2010年第6期。

任，这时每个人都会暴露出自己不受到约束的一面。群体追求和相信的从来不是什么真相和理性，而是盲从、残忍、偏执和狂热，只知道简单而极端的感情"①，这与全球化强调的个人主义、权威主义相对立。

事实上，在非理性主义思潮助推下的"逆全球化"思潮既有积极一面，也有消极一面。非理性主义不仅关注全球化进程中利益受损群体的愿望和诉求，把广大民众的需求和利益作为考虑问题的出发点和落脚点，而且揭示全球化引发的一系列全球性问题的真相，让民众看清全球化招致的资源耗损、环境破坏、难民问题、恐怖袭击、宗教异端、贫富差距、文明冲突、道德沦丧等弊病，为建立公正、合理、普惠、共赢的"新全球化"指明了思考方向，因而具有一定的积极意义。但与此同时，西方社会的非理性主义思潮及其引发的"逆全球化"思潮也存在严重问题。

第一，非理性主义思潮造成西方社会发展的扭曲性态势，容易诱发民粹主义情绪，由此使"逆全球化"思潮带有极大的破坏性。"民粹主义的基本含义是其极端平民化倾向，即极端强调平民群众的价值和理想，把平民化和大众化作为所有政治运动和政治制度合法性的最终来源，以此来评判社会历史的发展。它反对精英主义，忽视或者极端否定政治精英在社会历史发展中的重要作用"②。然而，一味迁就平民群众、仇视精英阶层的主张严重打击了精英阶层的积极性和创造性，引发大量精英外流，致使本国经济增长缺乏生机活力，社会发展愈发畸形扭曲。同时，民粹主义自身情绪性、盲目性、非理性的特点，一旦形成民粹势力上台执政，其遵守国际规则的散漫性、无序性、反常规性极易诱发各种形式的贸易保护主义，形成各种排他性的利益小团体，出现各种为谋求一己私利而不顾规则秩序的恶意竞争，对本国和国际社会招致更多危害和风险，致使由此引发的"逆全球化"思潮具有破坏性特征。

第二，非理性主义思潮倾向于排他性的民族主义，不利于社会团结稳定和国家对外往来，由此也使"逆全球化"运动带有狭隘性特征。非理性主义强调身份认同和民族认同，主张个人要考虑其与国家、民族、宗教、文化方面的归属关系。这种基本价值在面对全球化进程中移民涌入、难民危机、恐怖主义造成的福利挤占、社会不安等威胁时，便会走向民族主义、排外主义、种族主义的误区：对内表现为以维护民族、国家利益

---

① ［法］古斯塔夫·勒庞:《乌合之众：群体心理研究》，杭州，浙江文艺出版社 2015 年版，第 4 页。
② 俞可平:《全球化时代的民粹主义》，《国际政治研究》2017 年第 1 期。

为由，歧视并排斥非本民族族裔、宗教、种族，例如穆斯林清除计划、美墨边境"修边墙"以及美国政府打击非法移民的"零容忍"政策，这些对民族团结、社会安全和国家安定造成潜在威胁，甚至使美国面临"人道主义"危机，加剧了整个社会和民族间的分裂；对外表现为奉行"本国至上"原则，将是否满足自身利益看作国际交往的唯一标准，具有明显的本土主义、本族主义倾向。例如特朗普政府以"保护国土安全"为由恶意放大移民、贸易问题，以墨西哥移民穿越美墨边境走私毒品为借口"修边墙"，无根据指控中国操纵汇率、窃取知识产权、不公平贸易，并以此为由按"301条款"对"中国不公平的贸易行为"进行处罚。美国这种霸凌主义行为一方面扰乱了全球供应链和国际关系交往，造成大国间贸易摩擦、冲突对峙现象增多，另一方面这种破坏国际规则、搞垮世界经济的非理性主义"回旋镖"随着美国人越来越意识到贸易战造成本国部分产业出现破产、大规模裁员、产品浪费等不良后果，民众反对的声音将开始高涨。由此可见，非理性的、狭隘性的"逆全球化"运动注定不得人心。

第三，非理性主义思潮反建制的特点容易被统治精英加以放大和利用，造成政府失灵、政治失序甚至走向极端化，由此使其施行的"逆全球化"政策缺乏科学性和长效性。一方面，非理性主义崇尚满足自我需要、不顾边界责任和纪律的自由，在这种非理性、盲目性、冲动性心理的推动下，一些社会问题将会过度政治化，加之面对金融危机、难民潮、恐怖主义等风险，越来越多的选民转而支持具有民粹姿态、呼吁"人民主权"、偏向保守的激进右翼政党，像是英国独立党、奥地利自由党、德国选择党等，为政治极端化推波助澜。另一方面，统治精英为了赢得大选、提升公民对政府的信任度，开始曲意逢迎并放大社会非理性情绪，提出取悦民心的政策方向和任期愿景，甚至在医疗保健、增减税收、养老保险、用人标准等具体政策的制定上都要揣度民心、谨小慎微，造成政府在面对国际事务和重大社会问题时无法独立作出决断，政治公信力和政府治理能力下滑，致使其推行的"逆全球化"政策受民粹主义情绪左右，导致科学性和长效性不足。

质言之，发达资本主义国家推动的新一轮"逆全球化"思潮，其象征意义远远大于实际意义：它是资本贪婪本性之溢出效应的一种回应，是发达资本主义国家国际利益趋弱的一种反映，是缓解草根阶层与精英阶层矛盾的一种体现，是西方社会非理性主义思潮的一种折射。这对人类命运共同体的构建带来了新挑战。习近平总书记指出，"经济全球化是社会生产力发展的客观要求和科技进步的必然结果",[①]有助于促进"贸易大繁荣、投资大便利、人员大流动、技术大发展"。[②]相反,"搞贸易保护主义、画地为牢"最终将"损人不利己"。而当前贸易保护主义指导下的"逆全球化"会带来多方面的负面影响,这无疑会成为"推动建设一个开放、包容、普惠、平衡、共赢的经济全球化"的严重阻碍,制约着"建设一个共同繁荣的世界"的进程。其一,"逆全球化"会减弱全球经济增长势头,减缓全球贸易额增长速度。世界贸易组织发布的有关 G20 贸易措施的第 21 次监测报告中显示,"从 2018 年 10 月中到 2019 年 5 月中期,G20 经济体共采取了 20 项新的贸易限制措施……这一新贸易限制措施的规模创下历史第二高,是该统计自 2012 年 5 月实施以来,平均值的 3.5 倍以上,共有 3359 亿美元国际贸易商品受到波及。"[③]WTO 公布的数据显示,1990~2007 年,全球贸易量平均增长 6.9%,2008~2015 年平均增长为 3.1%。2016 年,世界商品贸易量增长率仅为 1.8%。2017 年全球贸易量增长率为 4.7%,这虽然是 2001 年以来全球贸易量增长率首次超过 3%,但是与经济危机前 10 年的平均贸易量增长率 6.7% 相比仍有很大差距。其二,"逆全球化"会加剧贸易摩擦和金融危机风险。"逆全球化"给全球货币与金融市场带来诸多风险,特别是一些国家对全球货币和金融市场的干预更是加剧了汇率的波动,情况严重时甚至会导致金融危机的发生。如果贸易保护主义和"逆全球化"继续发展下去,由 2008 年金融危机引发的经济衰退可能会周期性出现。各国的贸易、投资、货币和金融在全球化的进程中日益紧密地联系在一起,而"逆全球化"会抑制、阻碍甚至是割裂这种联系,加剧全球经济波动的危险。因此,一些国家的财政政策和货币政策的实施效果会受到影响,对经济活动的调节效力也会有所减弱甚至失效。一些国家奉行本国利益至上的理念,为维护本国经济利益,会制定和实施将经济风险转嫁至他国的政策,这无疑会加剧国家间的矛盾与摩擦,从而对世界经济的持续健康发展产生极为不利的影响,不利于实现人类命运共同体所提出的"坚持合作共赢,建设一个共同繁荣的世界"的行动倡议。其三,"逆全球化"会减缓甚至阻滞经济全球化的发展进程。经济全球化旨在促进资金、技术和人员在全球范围内的自由流动和优化配置,但是一些欧美国家的贸易保护主义倾向却人为地为这些生产要素的流

---

① 《习近平谈治国理政》第四卷,北京:外文出版社 2022 年版,第 464 页。
② 习近平:《论坚持推动构建人类命运共同体》,北京,中央文献出版社 2018 年版,第 420 页。
③ http://chinawto.mofcom.gov.cn/article/dh/janghua/201906/20190602876657.shtml.

动和配置设置了重重障碍,降低了国家之间的依赖和联系的密切程度,减少了国家之间的经济和科技合作。"逆全球化"还会引发社会政治运动,导致社会失序和社会动荡。一旦这些运动不受控制地大范围蔓延,将会极大地加剧世界经济运行的整体风险,从而导致政治危机和社会矛盾的加深和激化,对人类命运共同体的构建产生更大的反作用。

第二节 政治极端主义盛行带来新风险

极端主义是一个宽泛的概念,政治极端主义是其重要表现。当下,政治极端主义的突出表征是极端民族主义和国家中心主义,政治极端主义盛行给人类命运共同体的构建带来了一系列现实新风险。

一、极端民族主义带来新风险

"民族"一词最早来源于拉丁语"Natio",意思是"诞生"。"民族是由文化、政治和心理因素等促成的复杂现象"[1]。近代民族国家的概念出现在18世纪晚期。西方新兴资产阶级为了扫除资本主义发展的障碍,发动了资产阶级革命,最终推翻了封建王朝的统治,建立起现代民族国家,从而催生了现代民族的产生。斯大林曾用4个"共同"对民族进行了定义,即"民族是人们在历史上形成的一个有共同语言、共同地域、共同经济生活以及表现在共同文化上的共同心理素质的稳定的共同体"[2]。而极端民族主义是"对民族主义偏激情绪和极端表现的一种约定俗成的概括"[3],是"民族主义与政治扩张野心相结合的变种"[4]。民族极端主义是唯我独尊的民族优越感和强烈的排他意识极度膨胀的产物,鼓吹民族歧视,煽动民族仇恨。它将本民族的利益置于至高无上的地位,视他族利益于无物。它以独裁专断的态度对待外来移民,主张驱逐国内的非世居人口,甚至宣称应对国家和民族的敌人发动战争,对一些少数民族人口、外来人员和本族内

---

[1] [英]安德烈·海伍德:《全球政治多棱镜》,白云真、罗文静译,北京,中国人民大学出版社2016年版,第152页。
[2] 《斯大林选集》上卷,北京,人民出版社1979年版,第64页。
[3] 郝时远:《极端民族主义与法西斯主义——纪念世界反法西斯战争胜利50周年》,《世界民族》1995年第1期。
[4] 朱虹:《极端民族主义——威胁世界和平的不稳定因素》,《中国党政干部论坛》2002年第10期。

部主张和谐共存、和平和解的人士采取暴力措施，甚至是通过制造屠杀这种极端途径引发国内国际矛盾和冲突，以实现民族分离。

1. 极端民族主义的表征

近年来，在日本，极端民族主义的势头又开始燃起。日本人的民族意识和民族观念一直极为浓烈，他们自诩大和民族是"世界上最优秀的民族"，这种极端情绪是第二次世界大战期间日本侵略行为的极大诱因。而靖国神社"是一个巨大的、培养国民'大和魂'的祭殿"[1]，在第二次世界大战爆发前，它是唯一一个用来祭奠为国牺牲者的国家祭祀场所，战后美国为了打压日本的军国主义，废除了靖国神社与国家之间的关联，尤其是 14 名甲级战犯和 2000 多名乙、丙级战犯合祀入靖国神社后，这里俨然成为一个宣扬"侵略战争合法化"的祭祀庙宇。小泉纯一郎在担任首相期间，曾经 6 次以首相身份公然参拜靖国神社，引发了爱好和平、痛恨战争的世界人民的极大不满。小泉的行为标志着日本极端民族主义的泛起。2013 年 12 月 26 日，继小泉纯一郎参拜靖国神社 7 年后，安倍晋三就再次以首相身份"迫不及待"地参拜了靖国神社，这一行为引发了世界各地的反对声音。之后，安倍虽未继续参拜，但是每年逢靖国神社祭祀时，都会向靖国神社供奉祭品或是祭祀费。2017 年 8 月 15 日是日本战败 72 年的纪念日，众多日本党派和政客前去参拜靖国神社。参拜靖国神社，"膜拜"战争和战犯，向妄图歪曲、篡改历史的右翼势力"致敬"，这是对曾经遭受过巨大战争创伤的国家的蔑视，更是对死在日本侵略者屠刀下无辜人民的挑衅。安倍本人虽然没有亲自参拜，但却对自己未能到场的行为表达了歉意，他内心是想要去的，但是碍于目前的身份暂时不能够实现，其用心可见一斑。2019 年 4 月 21 日，安倍晋三不顾国内众多和平主义者和整个国际社会的强烈抗议和反对，再次以"内阁总理大臣"的身份向靖国神社供奉祭品。2022 年 8 月 15 日是日本战败投降 77 周年。当天，日本经济安全保障担当大臣高市早苗、复兴大臣秋叶贤到靖国神社进行参拜。日本首相岸田文雄虽没有前往靖国神社参拜，但却以"自民党总裁"的名义向靖国神社供奉了"玉串料"（祭祀费）。日本"频频在历史问题上开倒车，加紧推进自身军事松绑，极力拉拢域外国家在地区搞对抗……种种错误做法悖逆历史正义，损害亚太和平稳定，引起地区国家和国际社会

---

[1] 闫华芳：《安倍晋三与靖国神社参拜》，《洛阳师范学院学报》2014 年第 10 期。

和平力量的高度警惕。"①

极端民族主义的滥觞是多种因素共同作用的结果。民族主义产生的直接原因是极度狂热近乎偏执的民族情绪或民族情感。共同的历史渊源、文化传统和心理认同让每一个成员都有着身处民族大家庭的安全感和自豪感，这是民族情感的正常化状态。但是，一些民族成员的民族情感却变得畸形，他们认为，本民族是世界上最为优秀杰出、不可超越的族群，这是不容置喙的。对于本民族的极端情感冲昏了他们的头脑，他们蔑视、贬抑甚至是中伤其他民族的信仰和价值，为保全自己民族的利益可以压制、阻抑其他民族的发展。为此，极端主义者会采取诸如阻断族际交往、实行种族歧视等措施向自己的民族表示忠诚。极端民族主义产生的中层原因是不同民族之间存在的政治边界。一般来说，同一个民族内的成员文化异质性较弱，心理距离较小，对彼此的警觉和防范意识较弱。但是不同民族之间可能存在巨大的文化差异和信仰差别，所以心理隔阂较为明显、警惕心更为强烈。个人的安全感与社会的稳定程度是成正比的。社会愈是稳定，个人的安全感愈强，不同民族之间才能更友好地相处，个人想要借极端民族主义浪潮实现自己企图的可能性越小，反之则越大。法国爆发的"黄背心"运动就是由于社会分层结构、民族关系结构发生紊乱导致的大规模摩擦、骚乱和冲突。而当社会关系结构严重失衡的时候，极端民族主义可能会触发"达摩克利斯之剑"，陷入战争的泥淖。

深究极端民族主义爆发的根本原因，还是不同民族之间对有限资源的争夺。人的需求是永无止境的，但是自然所能提供的资源是有限的。每个民族以共同的文化心理认同为纽带，以极端民族主义为动员工具，对域内的资源和机遇进行激烈的争夺。竞争的激烈程度与极端民族主义泛起的规模具有正相关的关系。在整个社会被极端民族主义思潮所笼罩的时候，最大的受益者就是一些别有用心的政治组织和机会主义者，他们利用民众的情绪可以轻易地模糊社会问题出现的根源，将民众的注意力转移到对外族人的仇视和敌对上，在此过程中将人民作为工具为自己政治意图的实现服务。

2. 极端民族主义的影响

如前所述，极度狂热近乎偏执的民族情感、不同民族之间的政治边界以及不同民族对于有限生存资源的争夺是引发极端民族主义的基本原因。

---

① 《开历史倒车者，必将走入歧途（钟声）》，《人民日报》2022年8月15日。

极端民族主义是人类命运共同体构建的严重障碍，也对和平与发展这一时代主题构成了严峻的挑战，我们只有认清了极端民族主义的危害，才能为人类命运共同体的构建扫清障碍。

一方面，极端民族主义威胁世界和平与安全。一是极端民族主义威胁着民族国家的主权和利益。极端民族主义者主张民族边界与政治边界完全符合，这实际上是"一个民族一个国家"这种不切实际的政治理想的反映。世界上的多数国家都是由多个民族组成的，只包括一个民族的国家颇为少见。但是，极端民族主义者总是怀揣着"民族—国家"这种传统观念，认为每一个民族都应当组建和成立属于自己的国家。在这种观念的驱使下，一些极端民族主义者就会动用各种恐怖手段，制造各种事端，以瓦解现有政权、分裂现存国家，并最终实现建立一个新国家的目标。国际社会公认的行为主体是主权国家和国际组织，民族共同体并没有独立参与国际事务的资格。所以，极端民族主义是对国家主权和利益的挑战。局势复杂的中东地区除了巴以冲突之外，还存在着同样棘手的库尔德问题。库尔德是一个生活在库尔德斯坦的跨界民族，其要求实现民族自治、建立独立国家的要求不被域内任何一个国家所采纳，反而受到了极大的打击和残酷的镇压。为此，库尔德人一次次爆发起义反抗政府的血腥镇压，前后已持续了近百年的时间，成为长期困扰中东地区经济社会发展、令域内各个政府极为头疼的问题。二是极端民族主义加剧国家间的对抗和冲突。极端民族主义的泛起会使国内的民族发起反对分裂国家的社会运动，并且有可能波及周边国家。有些极端民族主义组织已不单单只局限于一国之内，而是分布在不同的国家和地区，这就使得许多国家都面临着极端民族主义带来的威胁和挑战。这也为一些大国打着"调节"的旗帜，实则是在为干涉其他国家内政提供机会和借口。极端民族主义者将本族利益置于国家的整体利益之上，忽略时代的发展和国家的实际情况，反抗国家和政府的管理和统治，从而有可能被一些大国所利用和操纵，造成该地区局势动荡和形势复杂。习近平总书记曾强调，"国家和，则世界安；国家斗，则世界乱"[①]，"各国安全紧密相关，没有哪个国家可以独善其身，也没有哪个国家可以包打天下"[②]。人类命运共同体应该是由一个个独立的国家所构成的，如果一个国家的主权和利益都无法得到保证，又何谈参与到人类命运共同体的

---

① 习近平：《论坚持推动构建人类命运共同体》，北京，中央文献出版社2018年版，第418页。
② 习近平：《论坚持推动构建人类命运共同体》，北京，中央文献出版社2018年版，第370页。

建设中来呢？三是损害他族利益，制造民族问题。极端民族主义者为了自身的利益，可以无视道德、法律和人性大肆随意践踏、毁灭他族的利益，阻断各民族之间正常的来往，甚至制造有预谋、有目的的种族屠杀和清洗以驱逐境内的外来人员。这恶化了民族之间的关系，从而引发民族矛盾。例如，俄罗斯的"光头党"以"外族人滚出俄罗斯"为口号，法国"国民阵线"多次组织将移民驱逐出境的示威游行，英国"国民党"要求国内只应该允许白种人生活，其他一切有色人种都应该被驱赶出英国。极端民族主义者狭隘到无法容忍任何异族生存于他们的国家之内，又怎么可能会有超越民族、致力于实现全人类同进退的宏大视野和宽广胸怀呢？四是极端民族主义暗藏引发战争的危险。深思曾给人类带来巨大伤害和损失的第二次世界大战的缘起，可以说与极端民族主义有着密切的联系。冷战结束后，极端民族主义仍旧是一些局部战争发生的重要诱因之一。东欧、巴尔干、中东等多个民族共存的地区，民族关系极为复杂，在极端民族主义的影响下，成为随时有爆炸危险的"火药堆"。在跨界民族中兴起的泛民族主义，例如"泛突厥主义""泛伊斯兰主义"等极端民族主义势力，妄图推行暴力极端化和路线国际化，以加剧局势的恶化。一些大国中的极端民族主义泛滥，总是力图插手和干预他国事务，参与他国纷争，致使他国的局势更加动荡不安。历史上，极端民族主义曾引发世界大战。现实中，极端民族主义仍是引起局部战争的重要因素。正如习近平总书记说的那样："世界仍很不太平，战争的达摩克利斯之剑依然悬在人类头上。"[1]所以我们要想牢固树立人类命运共同体的意识就要克服"带来灾难和痛苦"[2]的"偏见和歧视、仇恨和战争"[3]。

另一方面，极端民族主义阻碍世界的整体进步和发展。世界的发展要以经济的进步为基础，而当今经济全球化进程正受到极端民族主义的严重制约。极端民族主义使得国家的经济建设缺乏和平安宁的外部环境和社会条件，极大地延缓了经济建设的速度，使得本国的经济发展差距与其他国家越来越大。极端民族主义蔓延到国际上，又进一步阻碍了地区经济合作。以人力资源为例，经济和科技的进步必须要有优秀人才作支撑和后盾，但是极端民族主义极为排斥外来人员的流动与进入，这使得国家内部的其他民族自身安全与生存这些最基本的需要都不能得到保障，自然无法

---

[1] 习近平：《论坚持推动构建人类命运共同体》，北京，中央文献出版社2018年版，第230页。
[2] 习近平：《论坚持推动构建人类命运共同体》，北京，中央文献出版社2018年版，第230页。
[3] 习近平：《论坚持推动构建人类命运共同体》，北京，中央文献出版社2018年版，第230页。

发挥优势为国家的经济建设贡献力量。构建人类命运共同体，需要走"相互尊重、平等相处、和平发展、共同繁荣"①的"人间正道"，而极端民族主义完全与之背道而驰，这是对构建人类命运共同体的重大挑战。

二、国家中心主义带来新风险

国家中心主义也可以被称为"国家主义"。国家中心主义的内涵非常丰富，从不同的角度对其进行界定，可以得到国家中心主义的多种定义。实际上，"国家主义是针对两个参照系而言的"②。一方面，以个人为参照系，在国家内部个人在处理与国家的关系时应将国家利益置于首位，也可将之称为"国内政治意义上的国家主义"。当国家利益与个人利益发生冲突时，个人利益应当让位于国家利益，以国家利益为重。另一方面，以全球为参照系，在国家与国际社会的关系中应将国家置于核心地位。这种国家中心主义的落脚点在于国家利益的至高无上性，应当通过各种途径和方法去维护国家利益不受侵蚀和损坏，甚至可以为了实现这个目标而不择手段。

1. 国家中心主义的表征

在当今全球一体化进程不断推进的时代背景下，国家间的利益联系日益紧密，一个国家的荣辱兴衰也会对其他国家的发展产生联动效应。为了在全球化的时代背景下实现"国家利益最大化"，一些国家的国家中心主义倾向愈加明显。如今，国家中心主义思想复归的最突出表现当数时任美国总统特朗普上台后的一系列施政措施以及英国的"脱欧"问题。

自 2016 年特朗普上任以来，"美国利益优先"的战略目标日益清晰，"让美国再次强大"的施政路线日益明确。在本质上，其实是对奥巴马政府"让美国再次领导世界一百年"的美国梦的延续和升级。这些执政目标和理念的根本目的是使美国的发展着力点从国外向国内转移，从而保证美国"国家利益至上"的基本原则进一步得到落实。2017 年 12 月 18 日，特朗普政府发布了执政以来首份《美国国家安全战略》报告，详细论述了美国安全的四大支柱和今后的地区战略。这份报告与之前的国家安全战略报告在执政理念、战略目标、对华定位等方面有了重大的转变。在执政理念上，美国政府将特朗普竞选时的口号"让美国再次伟大"逐步落实到施

---

① 习近平:《论坚持推动构建人类命运共同体》，北京，中央文献出版社 2018 年版，第 230 页。
② 蔡拓:《全球主义与国家主义》，《中国社会科学》2000 年第 3 期。

政观念和政策纲领上。2017年版的《美国国家安全战略》在第一页，就开门见山地指出："本国家安全战略将美国放到第一位，'美国优先'是美国政府的责任。"在作为美国安全四大支柱之一的领土安全的内容中，经济安全被列为维护国家安全的一项重要内容。在战略目标上，2017年版的《美国国家安全战略》将亚太地区列为美国六大地区战略的重点，认为亚太地区正在展开一场"关于塑造自由还是压迫的世界秩序的地缘政治"，并从"政治、经济和军事"三方面制定了进一步的具体行动措施。在对华定位上，2017年版的《美国国家安全战略》对中国的定位较之克林顿、小布什和奥巴马政府的"建设性伙伴关系"和"建设性关系"发生了很大的转变，那就是多次将中国与俄罗斯一同视为"修正主义国家""战略竞争者""对手国家"，认为中俄正在挑战美国的实力和利益，威胁美国的安全与繁荣。此外，美国政府后续出台的《美国国防战略》以及特朗普的2018年国情咨文演讲明确将中俄视为"战略竞争对手"。

同时，为了深度贯彻"美国利益优先"这一执政理念，特朗普先后退出了一系列国际组织。2017年1月23日，特朗普上台3天，就以"保护美国制造业"为由退出了奥巴马政府曾经用尽心思、耗尽心力才达成的跨太平洋伙伴关系协定；2017年6月，退出了曾被奥巴马政府积极倡导和推进应对气候变化的《巴黎协定》；2017年10月，退出联合国教科文组织；2017年12月，退出全球移民协议；2018年5月，宣布退出伊朗核协议；2018年6月，宣布退出联合国人权理事会。虽然，拜登政府上台后，美国又重新申请加入一些国际组织，但是，从中不难看出其背后所隐藏的"美国至上"的国家中心主义逻辑。

2. 国家中心主义的影响

国家中心主义经历了长期的发展过程，具有悠久的历史传统。"国家主义滥觞于古希腊和古罗马，在中世纪得以发展，并在文艺复兴和古典时期得到充分彰显，在现代时刻更是伴随着与自由主义的博弈再次勃兴"[1]。在新兴资产阶级领导的资产阶级革命过程中，掀起了建立民族国家的浪潮，这种浪潮进一步推动了国家中心主义的发展。随着一个个民族国家的建立，自由主义逐渐兴起并开始挑战国家中心主义的核心地位。同时，保守主义也与自由主义相伴而生。自由主义不是国家中心主义的对立面，而是希望通过合理划定个人与国家的权力界限，以推动宪政的施行。无论是

---

[1] 于浩：《国家主义源流考》，《浙江社会科学》2014年第3期。

保守主义还是新保守主义，都注重社会秩序的维护，而具有确保社会秩序稳定这种强大权威的只有国家。国家的存在，使人贪得无厌的趋利心理受到约束，从而使社会机器得以正常运转。"以全球为参照系的国家主义是国际政治意义上的国家主义"①。1648年《威斯特伐利亚和约》的签订标志着近代国际关系史上第一个国际体系——威斯特伐利亚体系的诞生，以条约的形式赋予国家中心主义某种法律意义。在此之后，人们制定的维也纳体系、凡尔赛—华盛顿体系以及雅尔塔体系，均遵循了《威斯特伐利亚和约》规定的国家主权独立和平等的原则。现实主义是国家中心主义的理论支撑。在现实主义看来，国际社会处于无政府状态，每个国家都依靠自身努力追求权力和利益的最大化，同样存在于国际社会的国际法与之相比则存在感较弱。因此，国家才是国际社会最主要的行为体，国际关系的内容是国家间利益博弈的结果。新现实主义强调非国家行为体在国际社会中发挥的作用日益增强，但是并没有离开对国家地位的肯定和对国家中心主义的坚持。全球化的发展，没有从根本上改变主权国家在国际社会中的地位，"正如德里克所指出的，'除了最天真幼稚的人外，再无人想指出民族国家已成为过去的事件，或者它再也无法在抵消全球化的影响方面起任何作用了'"②。

由此观之，国家中心主义曾经在历史上发挥过重要的作用，但主权国家对国家中心主义的过度推崇和奉行会成为构建人类命运共同体的阻力。我们必须认清当今国家中心主义复归的本质，才能为人类命运共同体的构建寻找到正确的前进路向。一些发达国家立足于国家中心主义的立场，为维护自身的利益和在国际社会中的地位，不惜牺牲其他国家的国家利益和发展环境，通过制造各种事端来遏制一些发展势头迅猛的国家。而广大的发展中国家，为避免遭到国际社会中侵犯其利益、损害其主权的不公正待遇，也坚守国家中心主义立场。对祖国的极度热爱使得国民滋生出高度的优越感，认为本国在世界上处于最高的地位。在这种极端情绪的支配下，许多单纯的爱国之心被利用，变成了对他国的憎恨。两次世界大战中，众多的热血青年被这种极端国家中心主义所利用，不仅使自己的身心受到毁灭性的伤害，也制造了人类历史中永远难以抹去的伤痛和灾难。哲学家拉兹洛认为，固守民族国家这个传统观念，"就使得社会组织的进程冻结在

---

① 蔡拓:《全球主义与国家主义》,《中国社会科学》2000年第3期。
② 转引自蔡拓:《全球主义与国家主义》,《中国社会科学》2000年第3期。

一个武断规定的层次上,好像就没有高于或低于这个层次的重要组织了。在历史上的所有时期,社会都倾向于在更高层次的系统中会聚,而在目前这个时期,这种发展趋势已促使社会大大超过了单个民族国家的组织层次"①。如果每个国家设定的发展蓝图始终只有自己,无法容纳任何其他国家,那么在这种蓝图的指引下,国家制定的政策措施、采取的行为方式必然始终以自身利益为重。任何对自身有益处的事情,奉行绝对国家中心主义的国家都会蜂拥而上,想尽各种方法、用尽各种手段将其他竞争者排挤出去,从而为自己争取到最大的利益;而当面临对自身无益甚至有害的事情时,这些国家又会将"趋利避害"的心理放大到极致,为了减少自身的损失,甚至会将其他实力较弱、难以与之抗衡的国家作为牺牲品,进行损失的转嫁。这无疑会使一些实力较弱的国家更加畏惧自身利益受损,希求通过紧闭国门保障自身利益,在无形之中加剧了保守主义倾向。习近平总书记强调,构建人类命运共同体应当做到"世界命运应该由各国共同掌握,国际规则应该由各国共同书写,全球事务应该由各国共同治理"②。因而,过度推崇国家中心主义与人类命运共同体倡导的共商共建共享的发展理念是背道而驰的。

第三节　民粹主义兴起带来新困扰

民粹主义的内涵极为丰富,若想从形式多样的具体民粹主义现象中抽象出民粹主义的普遍特征,从而得出一个全面而准确的民粹主义概念无疑具有很大的难度。正如从事民粹主义研究的著名学者保罗·塔格特所言:"民粹主义无论作为一种观念或作为一种政治运动,很难对其进行归纳性描述,更不用说给他下一个面面俱到的普遍的定义了。"③学界曾有很多学者尝试对民粹主义进行界定,有人根据民粹主义的核心特征曾将民粹主义的基本概念定义为"民粹主义是一种信仰人民的意识形态,主张人民主权,号召以人民的名义改造精英统治"④。除此之外,理论界还有多种民粹

---

① [美]E·拉兹洛:《决定命运的选择》,李吟波、张武军、杨志康译,北京,生活·读书·新知三联书店1997年版,第135页。
② 习近平:《论坚持推动构建人类命运共同体》,北京,中央文献出版社2018年版,第417页。
③ [英]保罗·塔格特:《民粹主义》,袁明旭译,长春,吉林人民出版社2005年版,第2页。
④ 佟德志:《解读民粹主义》,《国际政治研究》2017年第2期。

主义的定义。虽然这些定位的具体表述不尽相同,但是都包含着对于民粹主义共性的认识。作为一种意识形态,人民在民粹主义的理论和实践中永远居于核心地位。民粹主义将平民的利益视为最高的价值要求,一种政治制度是否具有合理性与可行性的根本衡量标准就是是否符合平民的诉求和立场。作为一种政治理念,民粹主义强调"人民至上""人民主权",民粹主义认为人民是从事社会变革的唯一可靠力量,政治精英在政治运动中所起的作用是极为有限的。因此,极端的平民化趋向就成为民粹主义最为显著的特征。由此推之,任何群众参与的政治运动都带有民粹主义的色彩,可以被划入到民粹主义的范围之内。"希尔斯指出,民粹主义的本质是精英与大众间的对立,或者说是由于精英长期垄断权力、财富和教育从而引起了大众的不满情绪"[1]。民粹主义作为一种政治动员形式,经常容易与其他思潮相结合,成为一些政客和政治团体操纵和利用人民的工具。一些政治组织通过声称"人民是最伟大的"来掩盖其不可告人的真正目的,从而化身人民利益的忠诚捍卫者,以唤起人民的情感共鸣,让人民认为"救世主"已经降临,以期获得民众不遗余力的支持。"因此之故,民粹主义在不少人的眼中几乎完全等同于政治家的蛊惑鼓动技巧"[2]。

一、新一轮民粹主义兴起的表征

新一轮民粹主义的兴起有很多具体表现,如英国的脱欧公投。早在2013年,时任英国首相的卡梅伦第一次提及脱欧公投,2015年卡梅伦表示原定于2017年进行的公投有可能提前举行。2016年6月23日,持续了15个小时的全民公投开始进行。最终,投票的结果显示,支持脱离欧盟的票数占到51.9%,支持留欧的票数占48.1%。因此,脱欧支持者以微弱的优势胜出,英国脱离欧盟。"很显然,这次英国脱欧公投的结果是英国民粹民族主义的一场胜利"[3]。仔细分析公投的结果可以发现,脱欧支持者多是英国的中下层民众,留欧支持者多是英国的精英阶层。原因在于,自2004年欧盟东扩以来,新加入欧盟的东欧国家的劳工大量进入西欧,包括英国在内的西欧国家接纳了众多的东欧移民。这些移民的进入加剧了西欧国家劳动岗位的竞争激烈性,再加上国家没能把经济这块"蛋

---

[1] 费海汀:《民粹主义研究:困境与出路》,《欧洲研究》2017年第3期。
[2] 俞可平:《现代化进程中的民粹主义》,《战略与管理》1997年第1期。
[3] 叶江:《全球化退潮及民粹民族主义兴起对现代世界体系的影响》,《国际观察》2017年第3期。

糕"越做越大，反而有变小的倾向，这就导致西欧国家的中下层民众的生活更加艰难。而西欧精英的思考角度与普通大众不同。企业家们认为东欧移民增加了劳动力的数量，在劳动力需求整体变化不大的情况下，劳动力的价格会呈下降趋势，这样就可以节约生产成本。在政客眼中，允许移民的进入有利于为自己的政绩添彩；而欧盟东扩可以减弱俄罗斯对东欧国家的控制，从而有利于维护欧洲的安全局势。可以说，公投的结果是英国普通大众在民粹主义的鼓动下，希望走与欧洲一体化和全球化相反道路的结果。在他们看来，欧盟实施的政策对英国来说弊大于利，英国脱离欧盟走上独立的道路不失为一种更好的选择，这样英国的独立性会大大增强，所受的制约会越来越少，从而可以运用国家的力量而不是国际机制的力量来解决一些重大问题。

在美国，已经发生了多起民粹主义色彩浓重的事件。早在1773年的北美为反抗英国的高税收政策，制造了"波士顿倾茶事件"，当时的事件参与者被称为"茶叶党"。2009年，奥巴马就任总统后，不但没有落实他在竞选时提出的减税主张，反而采取了扩大财政赤字、提高征税力度的政策以应对金融危机的冲击，这使得国人极为愤怒，反奥巴马情绪高涨。在美国广播公司电视主持人桑特利发出"茶叶党"再现的倡议后，很快"茶叶党"得以重生，发起了"以小政府、低税收、少打扰（私营经济）等为目标的群众运动"[①]。2009年4月15日，新生的"茶叶党"举行全国性的示威活动，上百万民众走上街头参与了这次活动。他们以"反对高税收、高支出和医保改革"为口号，要求政府减少对经济的干预，这就是有名的"茶党运动"。2011年，作为美国资本主义制度和金融体制象征的华尔街，爆发了一场由数千名民众发起的示威运动。他们以互联网为联络载体，以"反对美国政治的钱权交易、社会不公"为口号，希望通过这次示威活动来脱困。10月8日，"占领华尔街"运动呈现升级趋势，在之后约一个月的时间里逐渐演变为席卷全美的群众性社会运动。人们认为华尔街对2008年国际金融危机的爆发负有不可推卸的责任。危机发生后，美国政府输入大量资金来挽救华尔街。但华尔街元气有所恢复后，不仅没有体恤民众的疾苦，很多大银行反而提高民众的账户费用以降低经营成本。这种自私自利的行为引起了美国人民的强烈不满。美国政府给予了银行大量的救助，但却对成千上万因失业而苦苦挣扎在温饱线上的民众置之不顾。

---

① 周穗明：《21世纪民粹主义的崛起与威胁》，《国外理论动态》2016年第10期。

这让人们在谴责金融精英的同时，也将批判的矛头指向助纣为虐的政治领袖。美国一贯坚持自由主义传统，但是很多美国人认识到美国的发展方向出现了根本性的错误，"美国梦"不再是每一个普通人的梦想，而是那部分数量虽少但却掌握巨额财富的精英的梦想。2016年，美国总统大选中以民主党身份参选的桑德斯出人意料获得大量支持、特朗普击败希拉里成为新一任美国总统是美国民粹主义的最新表现。桑德斯的竞选主张主要围绕提高富人税征收税率、改变财富严重不均的现状提出，具有鲜明的左翼民粹主义倾向。与其他竞选者相比，桑德斯没有年龄优势和巨额资金支持，但他仍宣布拒绝任何企业和个人的捐赠，凭借着人均27美元的小额捐赠坚持到预选最后一刻。根据投票结果显示，约有1300万人将选票投给了他，全美50个州中23个州也将自己的选票投给了他。桑德斯的支持者中有很多是出生于2000年之后的"千禧一代"，这些年轻人尤其是在校大学生对桑德斯的主张表现出了极大的认同和热情。而特朗普的胜出则代表着右翼民粹主义的强势复兴。特朗普的两个竞选口号"美国第一"和"让美国再次伟大"都充满着民粹主义色彩。特朗普是一个没有任何从政经历的商人，连他自己都认为参加总统竞选只不过是一个"重在参与"的过程，那为何特朗普能够击败具有多年从政经验的希拉里呢？这在很大程度上是由于特朗普提出的反移民、反自由贸易、反"政治正确"等一系列主张与美国中下层民众的政治期望相契合。支持特朗普的选民分为两部分：一部分是支持共和党的选民，它们构成了选民的主体；另一部分则是白人蓝领和乡村白人，而这部分选民投出的选票是特朗普成功的关键。这部分人之所以选择支持特朗普，是因为他们正处于经济和文化的双重困境中。近半个世纪以来，美国的中产阶级和白人蓝领阶层不断萎缩。"美国中产阶级的比例从1971年的61%到2015年已经降低到49.9%，而低收入者从1971年的25%上升到2015年的29%。在最近20多年里，多数美国人的实际收入基本上处于停滞状态"[①]。随着全球化的深入发展，美国制造业在国民经济中所占比重越来越低，这就使得学历不高、以出卖劳动力为生的劳工阶层丧失了许多就业岗位和工作机会。白人蓝领认为大量外来人员的进入让自己"反主为客"，而他们的生活应该得到保障，不受外来影响。相比于城市的低收入白人群体，乡村白人对外来移民的态度就更

---

① 付随鑫：《美国的逆全球化、民粹主义运动及民族主义的复兴》，《国际关系研究》2017年第5期。

加强硬。因为他们较少与外来移民发生直接接触，所以一经政客的怂恿，他们就很容易把移民当作引起经济和社会问题的根源，从而生发出对移民的排斥和厌恶情绪。

在法国，也爆发了总统选举风波和"黄背心"运动。2017年，备受瞩目的法国总统大选尘埃落定。依据法国宪法的规定，总统选举要经过两轮投票。在第一轮投票中，"不左不右"的中派"前进运动"候选人埃马纽埃尔·马克龙、极右"国民阵线"候选人玛丽娜·勒庞、右翼共和党候选人菲永和激进左翼党候选人梅朗雄按照得票率由高至低位列前四名进入第二轮投票。在第二轮投票中，马克龙以超过65%的得票率击败勒庞，在大选中获得最后胜利。作为右翼民粹主义代表的"国民阵线"领导人勒庞在首轮投票中获得高支持率并毫无悬念地进入第二轮投票，使得这次选举凸显了不同于以往选举的一大特色，即民粹主义盛行。虽然这不是"国民阵线"第一次赢得首轮投票，但是这和15年前的总统选举有着完全不同的性质。2002年，时任"国民阵线"的领导人是让－马里·勒庞，即玛丽娜·勒庞之父，在首轮投票中出人预料地击败对手进入第二轮投票，与希拉克进行最后争夺。虽然老勒庞进入第二轮投票纯属偶然，但是无疑给法国政坛带来了海啸般的冲击。为防止法国走上极右翼道路，法国人民向传统的左右翼政党施压，要求他们联合起来对老勒庞予以激烈的抵制，最终推动希拉克胜出。而2017年的选举，"国民阵线"进入第二轮投票成为必然。根据选举前的民调显示，民众对于勒庞会毫无悬念进入第二轮投票的说法表示赞同。不同于2002年老勒庞进入第二轮投票引起的一片哗然，这次勒庞进入第二轮投票没有激起大的波澜。可见经过这些年的发展，民众都亲眼见证了"国民阵线"实力的增长。从前被边缘化的极端势力不再坐"冷板凳"，而是重回大众视野，并且其强劲的发展势头越来越引人注目。而2018年11月17日爆发的"黄背心"运动可以说是法国民粹主义的最新表现。这场运动是法国巴黎50年来发生的最大一次骚乱，对法国经济造成重创。这场运动以抗议政府增加燃油税为序幕发展到以"马克龙下台"为口号，以法国为起点蔓延至其他国家，以法国人民为火种燃起了其他国家人民的反抗运动。联系马克龙在大选中胜出的原因进行思考，不难发现，民众选择马克龙是因为他及其组建的"前进运动"政党不是传统的左翼或右翼政党，而是一个"非左非右"的中间派政党。传统的左翼和右翼政党逐渐失去民众的信任和支持，于是人民寄希望于马克龙这张新面孔，希望他能够改变人民的生活状况。但是马克龙在执政一年多的时间里推行的政策并没有让人民感到满意，而是给民众留下了一种高高在上、一意孤行的"富人总统"印象。既然人民选出的总统无法满足人民的期望，那人民只能走上街头试图以直接民主的形式捍卫自身的利益。除此之外，德国、意大利、芬兰、挪威等其他欧洲国家的民粹主义也呈现出卷土重来之势。

二、新一轮民粹主义的影响

新一轮民粹主义的产生是多种因素综合作用的结果。从历史上看，民粹主义具有一系列从古延续至今的特征，可以将之概括为"四反"，即反多元、反精英、反代议制和反建制。民粹主义者的人民观着重强调人民的同质性，所以民粹主义的一个重要特征就是反多元。民粹主义强调人民构成的纯粹性，所以对于族群和移民问题总是站在排外的保守主义立场上。现在的西欧就是典型的例子，西欧尚未完全摆脱2008年全球金融危机的阴影。时至今日，西欧经济的整体发展前景仍不乐观、发展形势仍不明朗，再加之大量的移民涌入，更是引发了资源和环境危机等社会问题，民众的不满情绪日益加重。于是，民粹主义者将这些危机的发生归咎于外来移民的进入。他们把移民看作"本土文化的威胁"[1]和"'社会和经济问题'的制造者"[2]。在美国，特朗普出任美国总统后开始兑现他在竞选时许下的承诺。在对待外来移民的问题上，特朗普决心在美墨边境修建一堵实体隔离墙以阻挡非法移民的进入，甚至因为政府没有批准用于建墙的50亿美元预算而把政府关停。2017年1月27日，特朗普签署了一份名为"阻止外国恐怖分子进入美国的国家保护计划"的行政命令，因为这份行政命令主要针对穆斯林国家，也被称为"禁穆令"。这些都是民粹主义反多元思想指导下的具体措施。

民粹主义的人民观也决定了民粹主义对全球化持反对和拒斥的态度，因而在实践中也会采取更多反对全球化的政策措施，这对于全球化的推进无疑是一种很大的阻力。反精英立场也是民粹主义的一个重要特征。民粹主义认为，人民本应是权力的真正行使者，但是精英却运用各种卑鄙的手段拥有了本该属于人民的权力。不仅如此，他们还运用自己手中的权力剥削和压榨失去权力的人民。当各种问题凸显、民主理念遭到普遍质疑的

---

[1] 佟德志：《解读民粹主义》，《国际政治研究》2017年第2期。
[2] 佟德志：《解读民粹主义》，《国际政治研究》2017年第2期。

时候，人们渐渐地发现，那些自己亲手选举出来的代表不仅没有为人民发声和代言，而是在背地里进行一些不可告人的利己勾当，人民在他们眼中只不过是被利用的工具和被愚弄的对象。人们揭掉精英的虚伪面具后异常愤怒，对这种背叛和出卖行为厌恶到极致。人们再也不相信精英作出的承诺，而是要亲自参与政治，行使自己的权利。但矛盾的是，人民反对精英，同时又希望有一个才能非凡、极富魅力的领导人来领导他们走出困境、实现解放。但这个领导人与精英有着本质上的区别，他是人民的一员，能够真正做到从人民利益出发，而且能够通过具体行动来搭建联系人民的桥梁。

民粹主义带有明显的反代议制特征。之前发生过民粹主义的发展中国家和处于发展早期的发达国家，没有经历过完整的民主政治发展过程。而最近出现的这次民粹主义浪潮主要发生在民主制度已经较为完善的发达国家，已经拥有代议制多年实行历史的国家却出现反代议制倾向的现象发人深思。民粹主义者认为，真正的民主应当与人民的直接表达画等号，但是代议制却阻断了人民政治意图和主张的直接表达，所以民主政治的实现要采取更为合理的形式。人民可以采取直接行动而不是诉诸现有的体制和程序安排来改变现状，比如全民公投。公民可以就关乎国家未来发展走向的重大政治问题发表自己的见解，而不是通过代表来代为传达。民粹主义者认为人民与领导人之间应当建立直接而稳定的联系，所以一切阻碍这种直接联系的组织、机构，包括这些组织、机构制定的原则和程序都没有存在的必要，应当予以废除。反建制是民粹主义程序安排的重要特点，民粹主义者对当前普遍实行的代议制民主颇为不满。他们认为涵括于代议制框架体系中的各种具体制度和流程、议会和政党等政治组织和利益集团也无法准确完全地传达人民的意愿。因此，民粹主义者主张取消代议制，建立起"人民—领导人"式的制度取而代之。这实际就是向现有的体制机制、制度安排宣战，具有浓厚的反建制主义色彩。民粹主义者同时也对现有的宪法和法律提出批评，他们认为权力不应被宪法和法律所束缚，"人们想要的就应当落实为公共政策，而人民的意愿就是法律"[①]。

从现实上看，当代国家治理能力不足引发的治理危机是民粹主义重生的内在根源。全球化的深入推进给国家带来了新问题和新挑战，而国家未能提出足够有效的应对措施引发了各种危机。在经济方面，新科技革命极

---

① 佟德志：《解读民粹主义》，《国际政治研究》2017年第2期。

大地促进了生产力的发展和财富的增长。但是国家的制度安排没有完全跟上生产力的发展步伐。再分配制度本应将初次分配造成的分配差距进行有效的调整，但是再分配制度并没有发挥应有的调节作用，致使"富人越富，穷人越穷"的马太效应愈加明显。近些年来，欧美国家中间阶级扁平化的现象普遍出现。中间阶级的绝对人数不断减少，在总人口中所占的比重呈下降趋势，而且中间阶级的绝对收入水平不增反降。尤其是2008年金融危机爆发后，欧美国家经济陷入衰退，政府未能采取有力的措施来医治金融危机带来的重创。国内失业人数猛增，失业率居高不下，贫富差距不断拉大，两极分化更为严重。衣食住行各个方面带来的经济压力使民众焦躁不安。在政治方面，西方各国对已经发生重大变化的世界局势还没有形成足够清晰的认识，在对其他国家的政治体系评头论足的时候却忽略了自身的制度安排正面临着重大的挑战，且拿不出一套切实可行的令民众满意的治理方案。民主不是一劳永逸的代名词，任何具体的民主制度不能够因时而变也会丧失生命力，国家治理能力的提升和治理体系的完善永远不会终结。而现实情况是，政治精英不是体察民众的疾苦，而是忙于为自己争权夺利；不是优化国家的民主体制，而是固守着"政治正确"的教条，将注意力集中于党派斗争。这使得民众的诉求无法得到有效的回应，政治被资本所绑架的趋势无法得到有效的遏制，政府承担的维护社会公正的功能无法得到有效的发挥，这让民众逐渐丧失了对政治精英的信心与期待，开始走上了"为自己代言"的民粹主义道路。在文化方面，人们对多元文化主义产生了越来越多的质疑。多元文化主义倡导极端平等主义，但这种平等在民众看来，已经偏离了美国建国之初所提出的平等观念的原意。美国文化中的平等主义强调文化的多元和包容，但多元文化的交流与融合必须要建立在坚持本民族文化认同这个重要的基础上，过度的平等反而是一种不平等。民众的这种看法并非无本之木、无源之水。伊斯兰国的暴徒运用文化多元这个武器制造了骇人听闻的件件惨案，大量非法移民不劳而获、占用社会福利资源，这种种事实印证了民众对于多元文化主义的怀疑具有一定程度的合理性。

全球化的负面效应是民粹主义复兴的外部诱因。矛盾分析法要求我们看问题要一分为二、分清主次。全球化是历史发展大势，是时代进步的趋势，全球化带来的益处是矛盾的主要方面。但世界上不存在完美的事物，任何事情都是利弊兼有之。因此，全球化在客观上也带来一些负面效应，这属于矛盾的次要方面。全球化的发展模糊了国家间的界限，国家的自主能力受到侵蚀，治理体系受到冲击。而愈是在全球化浪潮中未能实现制度更新的国家，其治理结构受到的冲击愈大，而这种冲击更使国家的治理能力被削弱，也就更难把更大的力量投入到制度的创新之中，从而陷入一个无解的死循环之中，成为全球化的输家。

综上，民粹主义浪潮的泛起是由于其反多元、反精英、反代议制和反建制的历史传统以及当代国家治理危机出现的现实原因共同引发的。新一轮民粹主义的兴起给人类命运共同体的构建带来新的困扰，只有深入分析民粹主义为人类命运共同体的构建带来的阻力，才能更好地推进人类命运共同体的构建。民粹主义是一种非理性的极端主义，无论是左还是右，都裹挟着巨大的危险，带有极大的盲目性和破坏性。民粹主义虽然能够提供表达民意的通道，但是却不能作出理性而专业的政治决断。当前，民粹主义带来的危险主要有以下 3 个方面。

第一，民粹主义全盘否定多元文化主义的主张，阻碍"一个开放包容的世界"①的建设。文化多元主义本身并没有错误，而是错在一些国家或政治领袖对文化多元主义的错误理解和运用上。"人类文明多样性是世界的基本特征，也是人类进步的源泉"，"每种文明都有其独特魅力和深厚底蕴，都是人类的精神瑰宝"②。2019 年 5 月 15 日，习近平总书记在亚洲文明对话大会开幕式上发表的重要讲话中再一次强调了运用文明力量推进命运共同体的构建，"文明因多样而交流，因交流而互鉴，因互鉴而发展。我们要加强世界上不同国家、不同民族、不同文化的交流互鉴"③，并提出"坚持相互尊重、平等相待，美人之美、美美与共，开放包容、互学互鉴，与时俱进、创新发展"④四点主张促进亚洲文明和世界文明的交流融通。2022 年 10 月 16 日，习近平总书记在党的二十大报告中进一步真诚呼吁："世界各国弘扬和平、发展、公平、正义、民主、自由的全人类共同价值，促进各国人民相知相亲，尊重世界文明多样性，以文明交流超越文明隔阂、文明互鉴超越文明冲突、文明共存超越文明优越，共同应对各种全球性挑战。"⑤如果花园里只种植一种鲜花，无论花开得多美多艳，也会有花

---

① 习近平：《论坚持推动构建人类命运共同体》，北京，中央文献出版社 2018 年版，第 421 页。
② 习近平：《论坚持推动构建人类命运共同体》，北京，中央文献出版社 2018 年版，第 421 页。
③ 《习近平出席亚洲文明对话大会开幕式并发表主旨演讲》，《人民日报》2019 年 5 月 16 日。
④ 《习近平出席亚洲文明对话大会开幕式并发表主旨演讲》，《人民日报》2019 年 5 月 16 日。
⑤ 习近平：《高举中国特色社会主义伟大旗帜　为全面建设社会主义现代化国家而团结奋斗——在中国共产党第二十次全国代表大会上的报告》，北京，人民出版社 2022 年版，第 63 页。

期结束、满园荒凉的一天；如果地球只生活着一种生物，无论它们繁衍得有多兴旺，也难免产生孤独之感；如果世界只有一种文明存续，无论它曾经在人类历史中写下多么浓墨重彩的辉煌篇章，也终会面临丧失动力之源的危险。

第二，民粹主义是全球化进程中的一股逆流，正在对全球化形成遏制和逼退之势。在欧洲，英国脱欧使得作为全球化重要过渡阶段的区域一体化——欧洲一体化进程笼罩在阴影之中，各国民粹主义盛行，"脱欧"口号层出不穷，欧盟的发展前景令人担忧。在美国，特朗普频频挥起保守主义的"大棒"，反对自由贸易，美国退出各种国际组织和协定，逃避美国应当承担的大国责任。构建人类命运共同体是在全球化深入发展和推进的时代背景下中国提出应对全球治理危机的良方良策，其根本目标是通过人类命运共同体的构建更好地适应全球化潮流，帮助各个国家抓住全球化带来的发展机遇，同时也让各国搭乘中国经济发展的快车，实现全人类的共存共荣。而民粹主义却以"反全球化"为旗帜，想要通过紧闭国门来固守利益，势必将对人类命运共同体的构建产生反作用力。习近平总书记曾在多个场合强调合作的重要性，"一花独放不是春，百花齐放春满园"[①]，只有"树立命运共同体意识，真正认清'一荣俱荣、一损俱损'的连带效应，在竞争中合作，在合作中共赢"[②]，才能"让每个国家发展都能同其他国家增长形成联动效应，相互带来正面而非负面的外溢效应"[③]。

第三，民粹主义会加剧国家间的博弈，进而对全球安全造成威胁。民粹主义如果成为政治发展的主流，并与民族主义、国家主义融合在一起，国家之间的合作意向必然大大减弱，造成国际关系的紧张和国际局势的复杂化。民粹主义引发的局部矛盾和冲突不断升级也有可能发展为全面战争。尽管人们认为，人们不会轻易忘记两次世界大战带来的伤痛，并且现代民主制度也蕴含着止战功能，即使民粹主义者上台，在制度的约束下也不会成为下一个希特勒。但是民粹主义向来与集权主义如影随形，谁又能够拍着胸脯、信誓旦旦地保证民粹主义发展到极端，不会出现一个像希特勒一样的野心家呢？民粹主义有可能使国家间的相处模式回到霍布斯在《利维坦》中描述的状态："国王和最高主权者由于具有独立地位，始终是

---

① 习近平：《论坚持推动构建人类命运共同体》，北京，中央文献出版社 2018 年版，第 39 页。
② 习近平：《论坚持推动构建人类命运共同体》，北京，中央文献出版社 2018 年版，第 38 页。
③ 习近平：《论坚持推动构建人类命运共同体》，北京，中央文献出版社 2018 年版，第 38 页。

互相猜忌的,并保持着斗剑的状态和姿势……而这就是战争的状态"①。这是民粹主义对人类命运共同体构建带来的最大隐患。

第四节 全球利益分配不均带来新危险

全球化给世界各国的发展带来诸多有利发展条件的同时,在客观上也拉大了发达国家与发展中国家的差距,使得全球化收益不平衡更加凸显。国际援助与发展组织乐施会(Oxfam)于2018年1月发布的调查报告显示,世界上最富裕的1%人口掌握着全球82%的财富。2010~2017年,全球亿万富豪的财富以每年13%的高速增长率快速增长,比普通工人每年2%的工资增长率快6倍还要多。瑞士信贷银行(Credit Suisse)发布的2018年《全球财富报告》数据显示,2017年7月至2018年6月,相较于之前,全球财富总额已经增长至317万亿美元,增长幅度为4.6%。而通过分析数据,信贷银行还得出一个结论:全球的贫富差距进一步拉大,全球财富分配不均的状况有进一步扩大的风险,最富有的人数量仅占全球总人数的1%,而他们坐拥的财富却相当于全球半数以上家庭拥有的财富总和。全球最富有的10%的人的财富在全球财富总量中占据85%的席位;而处于全球财富金字塔顶端的1%的人拥有近一半的全球财富。贫富差距不仅在世界范围内拉大,国家内部的贫富差距也在随之扩大。在美国,"最富有的1%的家庭收入上升幅度达到31.4%,而其他99%的家庭收入增长仅为0.4%"②。这表明无论是在世界范围还是在国内,世界财富分配格局并不平衡。

一、全球利益分配不均的原因

第一,相较于发展中国家,发达国家的经济调控能力和应对市场危机的能力较强。发达国家的市场经济起步较早,在发展市场经济的过程中积累了丰富的经验,对于市场经济中出现的各类问题建立了较为完善的应对机制。而大多数发展中国家在历史上曾经是殖民地或半殖民地,殖民国家将其作为原料供应地和商品倾销地,使得发展中国家的经济结构单一、经

---

① [英]霍布斯:《利维坦》,黎思复、黎廷弼译,北京,商务印书馆1985年版,第96页。
② 周淼:《日益扩大的全球贫富鸿沟与未来全球局势的演变》,《红旗文稿》2015年第7期。

济基础较为薄弱。当发达国家的市场经济快速发展时，发展中国家还在为实现民族独立和解放进行斗争；当发达国家已经建立了较为完善的市场经济体制时，发展中国家的市场经济可能刚刚进入起步阶段。发展中国家的市场经济管理者缺乏足够的经验，对适合本国国情的市场经济的建设工作还处于摸索和试验阶段。这是由历史造成的客观存在的南北现实差距。在市场经济条件下，由于信息不对称经常容易引发市场失灵。发达国家的市场经济信息化程度很高，凭借其完备的信息网络和高效的信息管理体系，有关部门能够快速收集到相关信息，并及时作出反馈，使得市场失灵能够在最短时间内得到调节。而发展中国家，"由于信息传播和利用能力以及人们对信息价值本身的认识与发达国家相去甚远，因此发展中国家调控市场的政策措施难以发挥作用"[1]，这就导致市场经济对资源配置的效率大大降低，无法产生更多的经济效益。

第二，发达国家的经济民族主义情绪渐强，阻碍了发展中国家的经济发展。当前，发达国家经济民族主义情绪最明显的表现是一种矛盾状态，既希望各个国家能够广开国门，扩大其"自由贸易"的领域，使本国商品在全球范围内流通和销售，但同时又推行贸易保护政策，制造贸易壁垒，以增大他国商品进入本国市场的阻力。并且，发达国家向发展中国家出口的商品多是一些技术含量较低的产品，对一些核心技术则采取严格的限制出口措施。近年来，发达国家对于外来人口的移民限制加强。之前，劳动力在全球范围内的流动较为自由，发展中国家的劳动力进入富裕国家工作、就业，学习先进的生产技术和管理经验，再将积累的财富和经验带回自己的祖国，以推动祖国的建设和发展。而现在，发达国家不断提高移民的门槛，普通劳动人员进入的难度大大提高，只有那些高素质人才才有可能符合条件，这样又导致发展中国家的人才流失。

第三，不合理的国际经济政治旧秩序仍旧产生着不良影响，发达国家和发展中国家在全球经济组织中所处的地位不平等。全球性的经济组织是在发达国家的主导下建立和运行的，这些组织在制定经济规则和制度时，必然会以发达国家倡导的价值观为理念，以保护发达国家的利益为出发点，以发达国家内部已有的经济规则为蓝本，为发达国家争取到最大利益，而鲜少考虑发展中国家的处境。虽然，世界经济形势不断变化，经济组织的规则也因时而变，但是这些变化是在不损害发达国家利益的大前提

---

[1] 韩民春：《从"数字鸿沟"看世界经济发展与贫富差距》，《太平洋学报》2001年第1期。

和框架内发生的,而不是为了保障发展中国家的利益。可以说,发达国家既是经济赛场上的"运动员",又承担着判定输赢的"裁判"角色,还是制定比赛规则、裁决是非纠纷的"委员会",发展中国家想要争取公平竞争机会的难度可想而知。

第四,信息技术的发展在推动全球化的同时,也造成了新的不平等关系。这种不平等主要体现在以下3个方面。其一,发达国家凭借已有的技术优势牢牢把握住了信息技术发展带来的机遇,仍旧紧握发展主动权,通过对技术的垄断控制发展中国家的技术发展,使得发达国家与发展中国家之间的技术差距不减反增。其二,南北信息占有和享用不平衡。发达国家在信息传播载体的数量、信息传递量上拥有明显的优势,影响较大的主流媒体也多分布在欧美国家,这就为其价值观和文化在世界范围内的传播和渗透提供了渠道。其三,世界经济已经步入知识经济时代,世界利益格局的形成和变化在未来将会由各个国家知识资源拥有量来决定。一个国家若想在世界市场中占有较大份额、获取更多利益,就必须要增强自身的知识资源优势。而发达国家在这方面无疑具有极大的优势,发展中国家想要在互联网的应用和普及、科学技术的进步等方面在短期内达到发达国家已经盘踞的高度的确不易。

二、全球利益分配不均的新危险

习近平总书记深刻指出:"利益融合,是世界经济平衡增长的需要。平衡增长不是转移增长的零和游戏,而是各国福祉共享的增长。"[①] 但发达国家与发展中国家不同的经济调控能力、发达国家经济民族主义情绪的爆发、不合理的国际经济政治旧秩序的存在、信息技术在不同国家不同的发展程度以及知识经济的发展使得世界利益分配格局愈发不平衡等,给人类命运共同体的构建带来了新危险。

一方面,利益分配不均会导致严重的不平等。2014年,法国学者托马斯·皮凯蒂发表了《21世纪资本论》一书,在世界范围内引发了广泛的讨论和巨大的反响。该书运用工业革命到现在几百年中一些西方发达国家各个方面的历史数据包括资本、收入等,对国家的收入结构进行分析,从而发现了一个规律性的结论:资本主义中存在着根深蒂固的"不平等",并且这种不平等会一直存在,并不会随着经济的发展和资本主义制

[①] 习近平:《论坚持推动构建人类命运共同体》,北京,中央文献出版社2018年版,第38页。

度的完善而消失。根据世界银行发布的《国民财富的变化（2018）》可知，1998~2018 年，全球财富量总体上呈现出不断增加的趋势，但是每个不同的具体国家因为经济发展水平和收入水平以及分配政策的差异，其人均财富出现了或停滞不前或有所下降的趋势。这份报告与其他报告的不同之处在于，没有采用 GDP 这一经常性的指标反映世界各国的经济发展状况，而是用财富作为衡量国家经济发展的质量和可持续性。报告发现，全球财富较之前增长了六成，但是不同国家之间的差异很大，增长不平等情况严重。这不仅使得"穷者愈穷，富者愈富"的局面更加严峻，发展中国家也会陷入到贫困落后的恶性循环之中，世界的贫困化形势也就愈加难以改变和好转，反而有可能更加严重。同时，发展中国家的贫困化会引起一系列连锁反应，特别是会对发展中国家的政治局势造成不良影响。历史反复证明，愈是贫困落后的国家，其政治局势就更容易动荡，就更可能爆发冲突甚至是战争，这就给一些发达国家干涉其内政、插手其内部事务提供了机会和借口。

　　另一方面，贫富差距的扩大会加剧阶级间的分化。第二次世界大战结束后，西方国家进入发展"黄金期"。经济结构的变动导致产业工人的数量有所减少，从事更高级工作的白领工人增多，整个工人阶级的生活条件得到改善，有的甚至已经向中产阶级转化，但是工人阶级生活资料的丰富并不能改变他们不占有生产资料的事实。而且，工人阶级或一部分中产阶级占有的财富虽有所增长，但相较于手中握有巨额财富的资产阶级来说，他们其实变得更加"无产阶级化"，"中产阶级危机"随之出现。2008 年的金融危机使得本已有所缓和的贫富差距进一步扩大，受到最大打击的其实是中产阶级。中产阶级背负着极重的负担，一面是失业导致生活来源被切断，另一面是巨大的信贷压力，许多人面临着破产的境地，西方整个中产阶级都出现了不同程度的萎缩情况。在德国，工资收入在整个劳动者群体中处于中间部分的劳动者数量占总人口的比例在 2000 年接近六成，而 2008 年金融危机发生后，这一比例降低至五成。英国前副首相约翰·普雷斯科特 1997 年曾经满怀信心地表示："我们都是中产阶级"[①]。然而 15 年之后，根据 2013 年"英国社会态度调查"显示，全国约有 60% 的人认为自己是工人阶级。同样的情况也发生在加拿大。2013 年的一项调查报

---

　　① 转引自宋丽丹：《西方社会"中产阶级危机"的真相》，《当代世界与社会主义》2014 年第 5 期。

告显示,在 10 年之前,有接近 2/3 的人认为自己属于中产阶级,而仍旧持有这一观点的人在 10 年后已经不到一半。在美国,2015 年,皮尤民意调查中心曾经发布了《美国的中产阶级正在减少》,根据这份调查呈现的数据进行分析,美国的中产阶级正显现出萎缩态势,平均每 10 年以 2.5% 的速度在减少。2016 年,美国国家统计局对 2015 年美国的家庭收入进行了分析,并且发布了《2015 年美国家庭收入和贫困报告》。"报告显示,2015 年美国中产阶级的收入占总收入的 45.8%,相比 1968 年,加权通货膨胀,实际减少了近 8%。"[1] 中产阶级不仅在数量上体现出萎缩的趋势,在生活质量上也随之下降:"2008 年时,横扫全球的通货膨胀与欧洲大陆长期停滞的工资互相交织,使'欧洲梦'遭受威胁。曾享受了欧洲自视甚高的生活质量的家庭省吃俭用,额外消费如看电影和国外度假被取消。"[2]

第五节　全球化安全格局带来新威胁

"当前,世界之变、时代之变、历史之变正以前所未有的方式展开"。习近平总书记在党的二十大报告中对世界局势作出全面而准确的判断,他在肯定当今世界"和平、发展、合作、共赢的历史潮流不可阻挡"时,也没有忽视"恃强凌弱、巧取豪夺、零和博弈等霸权霸道霸凌行径危害深重,和平赤字、发展赤字、安全赤字、治理赤字加重"等人类社会面临的前所未有的传统安全方面的挑战。[3] 苏联剧变和东欧解体标志着冷战的结束,但是冷战的结束并不意味着普遍和平的到来,全球各地依然爆发着大大小小的冲突,不仅人民颠沛流离、生活在水深火热之中,而且也破坏了构建人类命运共同体所需的稳定的国际环境。

一、传统安全领域问题依然突出

传统安全领域冲突问题频现。不同学者从不同角度对冲突作出了各种定义。詹姆斯·多尔蒂将冲突定义为"某一可认同的人群(不论是部落群体、种族群体、具有相同语言的群体、具有相同文化的群体、宗教群体、

---

[1] 徐艳秋、崔晓红:《是什么撕裂了美国社会》,《人民论坛》2017 年第 5 期。
[2] 宋丽丹:《西方社会"中产阶级危机"的真相》,《当代世界与社会主义》2014 年第 5 期。
[3] 习近平:《高举中国特色社会主义伟大旗帜　为全面建设社会主义现代化国家而团结奋斗——在中国共产党第二十次全国代表大会上的报告》,北京,人民出版社 2022 年版,第 60 页。

社会经济群体政治群体还是其他群体）有意识地反对一个或几个其他可自我认同的人群,原因是它们追求的目标相互抵触或看上去相互抵触"[①]。这个概念强调冲突是由于双方目标对立而导致的有目的、有意识的对抗行为。刘易斯·科赛则认为,冲突是一场"争夺价值以及稀有的地位、权力和资源的斗争"[②]。这个定义指出了对立双方发生冲突的具体原因。一般而言,"国际冲突是指国际行为主体间为争夺权力、地位和资源而彼此矛盾、对立和对抗的状态,或压制、伤害或消灭对方的一种行为"[③]。根据马克思主义哲学原理,矛盾存在于一切事物发展过程的始终,因而,只要国际社会中还有国家等国际行为主体存在,他们之间的分歧和差异就会存在,国家间的对立与冲突就不会停止。所以,国际冲突在国际社会中是一种普遍现象。国际冲突是国际社会的基本构成要素,影响着国际社会的进化路向,是国家利益对立的客观表现。

  冷战结束后,全球范围内大大小小的冲突时有发生。叙利亚自2011年持续至今的战争、俄罗斯与乌克兰之间的冲突是冷战结束后较为典型的冲突。2000年巴沙尔·阿萨德上台后,为改变国内现状积极推行被誉为"大马士革之春"的一系列改革,这些改革在刺激叙利亚经济有所发展的同时,也造成了许多社会问题。在国内失业率居高不下的情况下,政府却大幅削减在教育、医疗、食品、住房等民生领域的财政投入,导致社会底层人民的生活无法得到有效的保障。2011年3月,位于叙利亚南部边境的城市德拉爆发反政府示威游行,继而引发连锁反应。由于巴沙尔没有及时积极回应反对改革派的呼声,对立情绪被极大地激发,反政府示威活动随之演化为武装冲突。叙利亚反对派要求巴沙尔下台,并且拒绝了巴沙尔的和谈要求,随后便针对叙利亚政府军和民兵组织发动了多次恐怖袭击。之后,美国、沙特、土耳其等国家通过向叙利亚反政府武装提供武器弹药、人道主义援助等方式参与到叙利亚战争中,使得叙利亚的局势更加错综复杂。战争的爆发给叙利亚和其周边国家造成了许多损失。战争造成包括叙利亚在内的许多国家的大量经济损失的同时,也导致叙利亚境内多处公共和私人设施被损毁,多个家庭受到破坏,众多无辜平民和士兵失去了宝贵的生命,多处历史悠久的古迹也遭到毁坏,人民正常的生存需要和安

---

① ［美］詹姆斯·多尔蒂、小罗伯特·普法尔茨格拉夫：《争论中的国际关系理论》,阎学通、陈寒溪译,北京,世界知识出版社2003年版,第200页。
② ［美］L·科赛著：《社会冲突的功能》,孙立平等译,北京,华夏出版社1989年版,第2页。
③ 李学保：《西方国际冲突研究：视角、内涵与趋向》,《社会主义研究》2008年第6期。

全保障无法得到最为基本的满足和实现。除此之外，叙利亚内战还引发了汹涌的难民潮。战争的爆发使得叙利亚人民无法继续在国内过上正常的生活，于是大量难民涌向叙利亚周边国家和西欧一些国家。难民的涌入也给这些国家带来了许多社会问题，引发了更深层次的社会矛盾和动荡。

历史地看，人类社会冲突爆发的根本原因要从根源上去寻找。从根源上说，马克思和恩格斯认为"一切历史冲突都根源于生产力和交往形式之间的矛盾"[1]，而且这种矛盾"每一次都不免要爆发为革命，同时也采取各种附带形式，如冲突的总和，不同阶级之间的冲突，意识的矛盾，思想斗争，政治斗争"[2]。生产力较为活跃，处于不断的变化之中，生产关系则相对稳定。当生产力发展到新的阶段时，生产关系也需要随之发生变革，以适应生产力的发展要求；当生产关系无法继续满足生产力的发展要求时，生产力就会冲破原有生产关系的桎梏，建立新的生产关系取而代之。在生产关系的变化与变革中、在生产力与生产关系相互适应的过程中，就会产生各种冲突，这就是冲突爆发的根本原因。

现实地看，局部冲突爆发的具体原因是根本原因在现实中的具体表现。一是经济因素。冲突是由各个国家或地区为了争夺生存和发展所需的资源、空间和利益而引发的。经济实力是一个国家综合国力的核心部分，国家的强大必须有雄厚的经济实力作支撑。当今世界经济的联系更加密切，国家之间对经济利益、市场份额、科学技术的争夺也更加激烈，由此产生的贸易摩擦和纠纷更多。在一定条件下，经济摩擦有可能升级为更高程度的冲突，演变为武装冲突甚至是爆发战争。例如巴基斯坦和印度的克什米尔问题、日本和韩国的独岛问题等大多是由经济因素引起的冲突。这些冲突表面上看起来是领土争端，但是其实是在争夺这些区域蕴含的丰富的自然资源。二是民族因素。不同民族之间在语言、文化、观念上都存在差异，再加上多民族国家或政府实行的处理民族关系的政策不够恰当，不同民族之间关系紧张，发展机会、拥有资源等方面均不平衡，就会引发冲突。一些民族就会发出民族自决的口号，希望能够建立一个独立的民族国家，这就是民族分离主义。而有一些民族分散在不同的国家，在泛民族主义思想的影响下，一个国家内部的民族分离运动会获得其他国家内同族人民的支持，这也是冲突爆发的原因之一。冷战结束后，世界范围内的民

---

[1] 《马克思恩格斯选集》第一卷，北京，人民出版社2012年版，第196页。
[2] 《马克思恩格斯选集》第一卷，北京，人民出版社2012年版，第196页。

族冲突包括：分离主义冲突，如俄罗斯的车臣问题；不确定性民族冲突，如非洲的胡图族与图西族之间的矛盾引发的卢旺达种族大屠杀；传统地区型冲突，如巴尔干地区由民族矛盾引发的冲突。三是宗教因素。纵观古往今来大大小小的争端，由宗教因素引发的冲突始终占据一席之地。无论是哪种宗教，其教义大都倡导人们虔敬、向善，但是"当宗教无法挣脱与种族、利益、集团势力的结合时，那种巨大的差异性和矛盾基因就使宗教具有了强烈的政治归属性"①。宗教因素并不直接导致冲突，而是冲突的发起者多是一些极端的宗教教徒。宗教因素在国际冲突中所起的影响作用源于宗教极端势力与国际恐怖主义的结合。恐怖主义活动一方面无视国际法和行为准则的约束，"既不尊重敌国的主权，也不尊重保护它的盟国的主权。这使受害国在正当防卫的名义下，明目张胆地采取行动侵犯那些被指控为支持恐怖主义活动的国家的主权"②。这种恐怖活动造成大量的平民受伤，更加剧了民族、种族之间已有的矛盾。另一方面还会影响人们的思想观念。西方价值观的传播和输出，使得许多地区的人们产生反感和抵触心理，尤其是穆斯林教徒聚居区。这些地区的人民虽然拒斥西方文化的渗透，但是由于自身力量不足以与其抗争，只能寄希望于本地的极端宗教势力，希望通过这种方式来保持自身所信奉宗教的崇高地位。

总之，冲突的爆发是经济、民族和宗教等因素综合作用的结果，只有认清引发冲突的根源，我们才能为人类命运共同体的构建找到更加契合的切入点。习近平总书记强调："安全问题解决不好，人类和平与发展的崇高事业就难以顺利推进。"③无论何种程度的冲突，一旦爆发，轻则加剧国家之间关系的紧张程度，重则引发暴力冲突和战争，造成人员的伤亡和财产的损失，引起周边地区甚至是国际局势的动荡。当今全球化深入发展，世界各地的联系极为密切，一个地区发生冲突可能会引发"多米诺骨牌"效应，对其他国家和地区也会产生较大的负面影响。诚如习近平总书记所强调的，"任何一个国家的安全短板都会导致外部风险大量涌入，形成安全风险洼地"④，因此，"没有哪个国家能够置身事外而独善其身，也没有哪个国家可以包打天下来实现所谓的绝对安全"⑤。人类命运共同体的构建

---

① 姜安、李东晏：《国际冲突导因分析》，《政治学研究》1998年第2期。
② [美]斯坦利·霍夫曼：《全球化的冲突》，刘慧华译，《世界经济与政治》2003年第4期。
③ 习近平：《论坚持共同构建人类命运共同体》，北京，中央文献出版社2018年版，第484页。
④ 习近平：《论坚持共同构建人类命运共同体》，北京，中央文献出版社2018年版，第484页。
⑤ 习近平：《论坚持共同构建人类命运共同体》，北京，中央文献出版社2018年版，第484页。

需要一个相对稳定的国际大环境,大规模冲突的发生是人类命运共同体构建的极大阻力,因此各国应当充分认识到冲突带来的连环效应,秉持"求同存异"的观念,尽量减少冲突带来的损失。

二、非传统安全与传统安全相互交织

当今世界在受到传统安全威胁的同时,也面临着非传统安全的严峻挑战。习近平总书记强调,"恐怖主义是人类公敌","既要治标,更要治本"[①]。恐怖主义可以被界定为"暴力实施者基于政治目的对非武装人员(包括军队非战斗人员)有组织地使用暴力或以暴力相威胁的行为,其目的是以特殊的手段把一定的对象置于恐怖之中,逼迫其做原本不会做的事情"[②]。人们一般认为,恐怖主义这个概念出现于法国大革命时期。当时的雅各宾派采取了残酷的血腥镇压措施以夺取皇室权贵手中握有的权力,制造了"红色恐怖"。当时的革命党领导人罗伯斯庇尔认为"恐怖"是一种同民主一般高尚而值得追求的社会理想。"热月政变"发生后,革命党人的统治被推翻,"恐怖"开始作为一个贬义词被使用。

近些年来,世界各地的恐怖主义组织制造了多起恐怖主义袭击事件。在美国,危害最大、影响最广的恐怖主义袭击当属"9·11"事件。虽然这个事件已经过去了二十几年,可是人们依旧谈之色变,它已经成为美国人民心中难以消除的阴影和心病。2001年9月11日上午,3架原定于飞往洛杉矶的飞机被恐怖分子劫持后,在约一个小时的时间内,先后撞向世贸中心的两座楼和五角大楼,造成了楼毁人亡的重大惨剧。另一架飞往旧金山的飞机被恐怖分子劫持后,由于机上乘客的英勇反抗,恐怖分子的计划没有达成,否则会造成更加难以预料的严重后果。这起震惊世界的恐怖主义袭击具有鲜明的隐蔽性和突发性特点。恐怖分子花费了相当长的时间准备这场袭击,筹划过程的保密措施到位,使得拥有最先进的情报侦查技术和手段的美国情报机构虽在事前已经知悉本·拉登将会采取行动,但却无法知晓行动的具体内容。处于"敌人在暗我在明"的境地中的美国政府,参照之前基地组织曾经制造的恐怖主义事件做了尽可能完备的预防措施,甚至向全球发出警告,但是依然没有预料到基地组织具体的行动方式。同时,也由于事发突然,在短短的两个小时左右的时间里,4架飞机

---

① 习近平:《论坚持共同构建人类命运共同体》,北京,中央文献出版社2018年版,第419页。
② 王逸舟:《恐怖主义溯源》,北京,社会科学文献出版社2010年版,第10页。

先后遭到劫持并坠机,这一些操作使得有关部门难以快速制定有效的解决方案,因而造成了大量人员的伤亡,产生了至今都难以消除的巨大影响。"9·11"事件产生的影响至今难以消除,不仅仅是在短时间内造成的近3000人死亡、占美国生产总值2%的近2000亿美元的经济损失,更为严重的后果是人们长久以来建立的安全感被打破,使得整个美国社会都处于一种人人自危的气氛之中。而世界人民眼观作为超级大国的美国竟然都遭受到如此沉重的打击,更是加剧了其恐惧心理,对恐怖势力的忌惮更深一层。

自"9·11"事件后,美国先后发生多起大大小小的恐怖袭击事件。美国当地时间2013年4月15日,在波士顿举行的国际马拉松赛场的终点线处,当人们正要为即将冲线夺冠的选手欢呼时,赛场却响起了连环爆炸声。爆炸造成3人遇难,其中还包括一名中国公民,共有100多人受伤。爆炸现场血肉横飞,惨不忍睹。这场恐怖袭击给民众带来了肉体和精神上的长期伤害,许多人提及这件事时仍心有余悸。2016年6月12日,在佛罗里达州奥兰多的一家酒吧发生了继"9·11"事件之后死伤最为惨重的恐怖主义袭击事件,这起事件造成近50人死亡,几十人受伤。12日凌晨两点,约有300人正聚集在一家名为"Pulse"的酒吧内。这时,案件凶手——29岁的奥马尔·马丁持手枪、突击步枪和一些疑似爆炸物的物品,击退酒吧保安后进入了酒吧内部,对毫无防备的人群肆意开枪扫射。因为当时酒吧内的人员密集,再加上凶手在短短数秒内连连开枪,人们完全来不及反应和躲避,一时之间酒吧俨然成为人间炼狱,绝望的尖叫声不绝于耳。之后,警察赶到与凶手发生交火,凶手被迫退回酒吧并劫持几十人做人质。凌晨5时,特警和战术部队攻入酒吧解救人质,将凶手当场击毙。据后来警方调查,凶手父母为阿富汗移民,其父有着明显的"极端主义"倾向。凶手在袭击前还曾拨打过911的电话,声称自己效忠"伊斯兰国"。2017年10月31日下午,在纽约市曼哈顿下城,又发生了一起致8人死亡、数十人受伤的袭击事件。纽约市长将这次袭击定性为恐怖袭击事件。一辆卡车以极快的速度在自行车道上行驶,路上的行人接连受到撞击,而这辆卡车在撞击数人后又与一辆校车相撞才停下。司机下车后,又手持仿制枪械向两人射击。后来,凶手被警方开枪击中和逮捕。事后经调查,犯罪嫌疑人是2010年来到美国的乌兹别克斯坦移民,此次是他一人作案,属于"独狼式"恐袭。

在被称为"世界竞技场"的中东地区,近些年兴起了一个臭名昭著的恐怖组织——"伊斯兰国",虽然 2017 年年底该组织已经基本被剿灭,但是该组织曾经惨无人道的野蛮行径和毫无人性的残暴行为已经在世界范围内产生了极为恶劣的影响。"伊斯兰国"前身原是基地组织的一个分支,在 2011 年美军撤出伊拉克之后,该组织迅速发展,并萌发了"建国"野心。后来它与基地组织产生分歧后分道扬镳,转而与叙利亚反政府武装力量"胜利阵线"合作,并于 2014 年正式更名为"伊斯兰国"组织。该组织以残暴著称,为实现其野心,将暴力作为扩展领域、打击对手、震慑人民和扩大影响的主要手段。该组织曾制造过多起绑架人质案,将许多无辜人员作为谈判筹码,在其开出的条件没有得到满足时,就对人质处以斩首等极刑。同时,该组织还鼓动和教唆其信众充当"人体炸弹",在人群密集处制造"自杀式袭击"事件。更令人发指的是,该组织不仅残害什叶派穆斯林、暗杀政治对手,还将魔爪伸向无辜的平民。2016 年 1 月,该组织对叙利亚东部省份一个村庄内 300 多名平民痛下杀手,遇难者多是手无寸铁的老人、妇女和儿童。这些平民并非其对手和敌人,也未有对其不利的行为,因此该组织制造这起屠杀的目的更多是要起到震慑效果,迫使人们屈从于其淫威之下。

在西欧,恐怖袭击事件也层出不穷。2004 年 3 月 11 日,西班牙马德里发生连环爆炸案。这次爆炸共发生了 10 次,造成近 200 人死亡,数千人受伤。这次爆炸发生在马德里市内的 4 列短途旅客列车上。凶手事先将 10 多枚炸弹藏在书包内并留在列车上,然后通过远程遥控的方式引爆炸弹。当时正是上班高峰期,列车上挤满了赶着上班的民众。爆炸造成的后果异常严重,被炸弹炸过的列车均面目全非,许多尸体已经被炸得残缺不全,即使是在爆炸中幸存下来的人也在送医后因伤势过于严重离世。因为这次爆炸的发生时间正好是美国"9·11"事件发生后的 911 天,所以有关人士推测这次爆炸的幕后黑手有可能是与基地组织有联系的伊斯兰恐怖组织,在之后的调查取证过程中人们又发现了有力的证据,从而进一步证实了这种猜测的正确性。继而,2005 年 7 月 7 日,英国伦敦的地铁和巴士相继发生爆炸事件。这次爆炸造成包括案件制造者在内的近 60 人死亡,700 余人受伤。有关人士认为这次爆炸案的始作俑者仍有可能是基地组织,因为这次爆炸与之前的马德里爆炸案在作案手法和实施方式上极为相近。2011 年 7 月 22 日,挪威发生了自第二次世界大战以来最为骇人听闻的严重暴力犯罪事件。挪威人布雷维克分别在挪威首都奥斯陆市中心和附近的于特岛引发爆炸和制造枪击事件。爆炸导致 8 人死亡,首相官邸和其他几座政府办公楼受损严重，几乎所有的玻璃都被震碎，爆炸现场到处都是玻璃碎片，可谓一片狼藉。爆炸发生后，凶手随后赶往于特岛，残忍射杀了几十名正在参加夏令营的青少年。2016年7月14日是法国的国庆夜，在位于地中海沿岸的法国城市尼斯，人们正在著名的"英国人大道"上燃放烟花庆祝节日。这时，一辆白色大卡车快速向人群冲来，从各个角度和方向忽左忽右地碾向人群，来不及躲闪的人被卷入车轮之下，很多人为躲避卡车的冲撞无奈跳入大海求生。同时，卡车驾驶者在冲撞人群时，还向着人群不断开枪。这起袭击造成至少84人死亡，200多人受伤。极端组织的兴起曾经对全球安全局势造成极大的威胁，它在世界各地制造大大小小、各种各样的恐怖袭击事件，发生在尼斯的这起恐怖袭击只是其中之一。很显然，这起案件的制造具有强烈的政治意味，并不是单纯针对普通民众开展的报复行动，而是为了制造令广大民众集体陷入恐慌的效果，由此导致法国政府乃至整个国际社会都背负上巨大的压力。

在东南亚，2019年4月21日是复活节，人们本应在开心快乐的节日氛围中度过享受的一天，而恐怖分子却选择在这样一个美好的日子制造事端。21日上午，在斯里兰卡首都科伦坡的3家教堂和3家酒店内几乎同一时间发生6起爆炸，而事发时，人们正会集在教堂内庆祝复活节。之后，科伦坡又相继发生数起爆炸。由于爆炸发生的时间和地点的特殊性，这次爆炸造成的伤亡也极为惨重。在造成200多名当地民众死亡、数千人受伤的同时，还有若干外籍人士也在这次事件中死亡或受伤。在这次爆炸中，根据中国驻斯里兰卡大使馆收到的信息显示，有6名中国公民在此次爆炸中失去了宝贵的生命、5名中国公民受伤。4月22日，斯里兰卡政府发言人表示这起袭击事件的元凶是当地的一个伊斯兰极端组织——NTJ。

从近年来世界范围内发生的这些恐怖主义事件中可以看出，恐怖主义呈现出一些新的发展态势。首先，在发生空间上，恐怖主义呈现出全球化的趋势。恐怖主义不再是某些地区的局部地域性现象，而是逐渐成为在全球范围内扩散的重大安全威胁。恐怖主义策源地不断增多，恐怖主义组织的数量不断增加，美国国务院反恐局在2011年认定的"恐怖主义天堂"有14个，仅仅6年之后，在2017年就达到了18个，埃及、叙利亚和利比亚3国位列其中。与此同时，恐怖主义的重心出现了转移趋势。"9·11"事件可以说是国际恐怖主义活动的一个分界点，此后中东地区和伊斯兰世界逐渐成为恐怖主义活动高发区。一般来说，恐怖主义活动多发生在东南亚、西亚等地区，但是近年来，一些较少发生恐怖主义活动的地区，比如西欧、中西非等地区也面临着愈益严重的恐怖主义威胁。以欧洲为例，因为毗邻中东，再加上境内的右翼势力和民粹主义势力不断扩大，欧洲各国面临的恐怖主义局势仍然严峻。根据有关数据显示，"2016年，经合组织国家因恐致死265人，占全球因恐致死人数的1%，而2010年这一比例仅为0.1%"[①]。发生在西欧和北美地区的恐怖主义袭击多为"独狼式"恐袭。所谓"独狼"，是指通过网络等渠道接受激进思想，运用手中的自治器具实施恐怖主义袭击的个人。随着美国等国反恐力度的加大，恐怖主义组织想要实施大规模的恐怖主义袭击难度很大，于是他们将战术改为"独狼"战术，因为这种战术较为隐蔽，情报机构还未制定出完备的应对方案，这种战术大大地提高了恐怖主义活动的成功率，因而也使得欧美国家面临的恐怖主义威胁更加严重。

其次，恐怖主义活动呈现出网络化发展趋势。当今信息技术的高速发展，催生了网络恐怖主义的出现，网络在为人们带来巨大便利的同时，也为恐怖主义的发展提供了新的平台。网络本身具有的虚拟性、隐蔽性和扩散性特征，不仅扩大了恐怖主义的活动空间，更成为恐怖组织传播极端思想、发展组织成员、作出行动指示等其他活动的重要工具。最早运用网络开展恐怖活动的是"基地"组织，"伊斯兰国"对于利用社交媒体传播恐怖主义极端思想已经形成了较为成熟的一套操作方案。他们借助Twitter、Instagram、Facebook等社交媒体工具注册了大量的账号。虽然政府关闭了不少的账户，但是在这些社交平台上仍然有大量恐怖分子申请的账号。近年发生的一些恐怖主义事件，尤其是"独狼式"恐袭，并不都是恐怖主义组织派出的组织成员，而是一些国内的普通人员。这些人由于各种原因，生活状况糟糕，通过网络受到恐怖分子的仇恨教育，逐渐将自身的遭遇归咎于社会或政府。在恐怖分子长期的思想荼毒下，不断滋生怨恨情绪，最终根据恐怖分子的授意，化思想为行动，将情绪的爆发口对准了无辜的民众。

最后，恐怖主义活动的袭击对象更加具有不确定性。为了达到最大的威慑效果，恐怖组织在选择袭击目标的时候会选择一些政治家、政治集团的代表人物，或是毁坏具有政治象征意义的建筑物，等等。这样做的理由

[①] 转引自唐志超：《当前国际恐怖主义演变趋势及中国应对策略》，《中国人民公安大学学报（社会科学版）》，2018年第1期。

一方面是可以直接消灭敌人，改变国家的政治进程，另一方面是能够产生较为轰动的效应，减弱民众的信任感。而如今的形势却发生了变化，各个国家对于政治人物的各项安保措施更加严格，在反恐问题上达成共识，联合起来对恐怖主义活动进行打击，这就使得恐怖分子在袭击对象的选择上更加泛化、更加具有随机性。因为一来普通民众人数众多，针对每个人都进行全方位无死角的安保并不现实，所以更容易得手；二来针对平民的袭击同样会产生极大的震慑效果，并且会让更多的普通人生活在恐惧之中，时时刻刻担心自己的人身安全，担忧自己会不会有同样的悲惨遭遇。本·拉登在同美国 ABC 电视台记者谈话时说："我们对穿制服的人和平民不加区别。他们都是这个教令中的进攻目标。"[①] 也就是说，恐怖分子可能会将世界上任何一个人作为目标，因此恐怖主义站在了全人类的对立面，成为无法忽视的"21 世纪的政治瘟疫"。

　　恐怖主义是由多重因素相互交织产生的。首先，选择恐怖主义作为手段可以说是恐怖分子理性思考的结果。为了实现自己的企图，恐怖分子必须要采取一定的行动才能达到自己的目的，而在采取行动之前，恐怖分子势必要对行动的实施方式进行选择。在进行选择时，恐怖分子就要对各种方案进行评估和比较，从而找到"风险损失最小化、回报收益最大化"的方案。而最终选择恐怖主义道路，是因为他们经过思考和讨论商议后，认为不存在比恐怖主义手段能更好实现打击既定目标的方式。在评估的过程中，必不可少的一个步骤就是要将恐怖分子自身所属组织的实力与袭击目标的实力作出对比，以及对行动实施后引发的社会反响进行预想。因为恐怖分子在决定实施恐怖主义行动之前，必须重点考虑的问题就是在当今的形势下采取这种行动达成目标是否能够起到预期的效果。因为恐怖主义行动会引起整个国际社会的强烈反应，如果没有把控好力度，超出了国际社会的忍耐限度，有可能引发全世界的集体讨伐，不仅不会实现目标，反而可能招致联合绞杀之祸，使其"事业"遭到毁灭性打击、难以为继。而现今恐怖主义活动频发，是因为恐怖分子多是以一个组织的力量反对一个或多个国家，也就是"弱者"反对"强者"，因此为了以弱胜强，开展恐怖活动可以说是最为便利的选择。对此，威尔金森分析指出，恐怖主义变得普遍的"一个主要原因就是，对于任何群体或政权来说，它都被证明是一

---

① 中国现代国际关系研究所反恐怖研究中心：《国际恐怖主义与反恐怖斗争》，北京，时事出版社 2001 年版，第 17 页。

种低成本、低风险，并且可能是一种高收益的斗争方式"[1]。因为在网络极为发达的今天，恐怖分子针对对手或者是无辜平民发动袭击，各种传播媒介就会迅速把这个消息传递到世界上各个角落，引起巨大的轰动效应。这样远比组织一支正规军队与敌人进行正面交锋要容易得多。其次，恐怖主义的产生有其社会根源。恐怖分子制造各种恐怖主义事件，归根结底是要表达自己对一个社会的不满、敌对甚至是仇视情绪。这种情绪有可能是对其他教派、民族或当权者的不满，也有可能是对自己在社会中所处的地位和所受的待遇不满。阿尔及利亚的伊斯兰原教旨主义者开展的反政府恐怖活动、20 世纪 90 年代活跃在美国的极右派民兵组织，就是社会危机引发的恐怖主义。最后，恐怖主义的产生还有其心理层面的原因。有些恐怖分子自诩为"神的子民"，是实现"神"的意旨的不二人选，他们才是"真正的信徒"，凡是站在自己对立面的势力都应该被消灭。他们偏执地认为自己的所思所想、所作所为均是正当和正确的，在这一点上他们从未有过任何质疑，也从未思量过他人的观点也许才是正确的。他们把暴力作为完成使命的"合理化"手段，所以暴虐而残忍，对生命没有敬畏感，认为凡是与自己持不同见解的人都不应该存活于世。一般的世俗恐怖主义分子是对现有体系的某个部分不满，解决方法就是将这个部分进行重构或者是建立更好的取而代之。而极端恐怖分子更加偏执，他们头脑中构想的世界太过理想化，可以说与现实格格不入，所以现有的一切体系必须被彻底否定和推翻，并建立一个全新的体系。

  由此观之，恐怖主义的蔓延和扩大对人类命运共同体的构建产生了极大的不良影响。只有深刻剖析和追溯恐怖主义的现实表现和发生根源，才能做到"透过现象看本质"、为人类命运共同体的构建开出"一针见血""药到病除"的良方良策。同时，共建"一带一路"是推动构建人类命运共同体的重要举措和实践，而恐怖主义却对"一带一路"计划的实施造成严重阻碍。2013 年 9 月和 10 月，习近平总书记在出访中亚和东南亚国家期间，先后提出共建"丝绸之路经济带"和"21 世纪海上丝绸之路"的重大倡议。几年来，中国政府大力推动"一带一路"建设，也取得了许多成果，但是其中存在的一些隐患我们也绝不能掉以轻心。"'一带一路'沿线的地缘政治关系和民族宗教矛盾错综复杂，各国发展目标和利益诉求

---

[1] 王逸舟：《恐怖主义溯源》，北京，社会科学文献出版社 2010 年版，第 23 页。

差异巨大，国内风险、跨境威胁和大国博弈相互交织"[①]。据不完全统计，"2014年世界各地共爆发58场武装冲突，涉及44个国家，其中56场发生在'一带一路'周边和辐射地区，涉及41个'一带一路'周边和辐射国家"[②]。因此，要想将"一带一路"向更深程度推进，就必须着力分析恐怖主义造成的威胁，为寻找正确的措施"对症下药"提供方向。

第一，恐怖主义对"一带一路"沿边沿线国家安全产生着威胁。"一带一路"途经阿富汗、巴基斯坦这两个恐怖主义活动的集中发生地，尤其是与这两个国家相毗邻的新疆地区更是丝绸之路的核心地区，活跃于此的恐怖势力对新疆的整体安全造成了负面影响。突厥斯坦伊斯兰党是"东突"势力最具危害性的分支之一，该组织的阴谋旨在将新疆分裂出去，变为一个独立的国家。土耳其是中国的重要贸易投资地区，截至2016年双方的贸易额已经接近200亿美元。根据中华人民共和国商务部数据显示，2022年中土双边贸易进出口总额已经达到385.5亿美元。[③]然而，土耳其长期以来或明或暗地容许"东突"势力在境内的反华活动。2009年"7·5"事件发生期间，土耳其将中国政府采取的制止恐怖主义活动的正当行为歪曲为"种族屠杀"，误导不明真相的民众。由于土耳其的支持态度，一些恐怖分子通过各种方式偷渡到土耳其，借此发展自己的势力。

第二，恐怖主义对从事"一带一路"建设的人员安全造成威胁。近几年，一些"一带一路"沿线的重大工程项目参与人员，或是一些从事相关贸易的商人被劫持、绑架的事件经常被报道。"截至2015年年底，中国公民在巴基斯坦遭遇恐怖袭击20起，死亡45人，受伤21人"[④]。兴盛一时的"伊斯兰国"组织，还曾经控制过叙利亚这个作为"中国—中亚—西亚"经济走廊的重要地区。2017年年底，"伊斯兰国"组织覆灭，但是仍有若干"漏网之鱼"出逃到其他地区，这些残余势力再次兴风作浪也不无可能。一旦他们卷土重来，目标不仅仅指向叙利亚等国家，更是可能将矛头指向全世界，对全球的稳定构成威胁。2015年，"伊斯兰国"组织残忍杀害一名中国公民，这就意味着参与中东地区的"一带一路"建设人员

[①] 邹磊：《中国"一带一路"战略的政治经济学》，上海，上海人民出版社2015年版，第306页。

[②] 汪习根、李曦光：《"一带一路"视角下法治服务体系的优化——基于法律价值理念的分析》，《武汉大学学报（哲学社会科学版）》，2018年第1期。

[③] http://tr.mofcom.gov.cn/article/zxhz/202302/20230203392811.shtml.

[④] 王奇、梅建明：《中巴经济走廊沿线恐怖威胁分析及对策》，《南亚研究》2017年第4期。

的生命安全仍然受到威胁。

第三，恐怖主义容易造成国家的经济利益损失。通过对美国马里兰大学的"全球恐怖主义数据库"、美国国务院发布的《全球恐怖主义形势报告》以及澳大利亚的经济与和平研究所发布的《全球恐怖主义指数报告》等3个报告公布的数据进行综合分析后，可以得出一个基本结论：当前恐怖主义事件频发、恐怖分子活动猖獗的国家和地区基本都是"一带一路"的沿线国家。伊拉克、阿富汗、叙利亚和巴基斯坦等国家每年都会发生大量的恐怖主义事件，这些事件导致了数万人的死伤以及高达数十亿美元的经济损失。"《2017年全球恐怖主义指数报告》显示，2016年的恐怖主义活动主要发生在伊拉克、阿富汗、尼日利亚、叙利亚和巴基斯坦。以上这些国家发生的恐怖主义事件所造成的人员伤亡占该年度全球恐怖主义事件伤亡总人数的3/4"[1]。《2022年全球恐怖主义指数报告》显示，南亚仍然是2021年全球恐怖主义指数平均得分最低的地区。但是2021年巴基斯坦仍然排在受影响最严重的10个国家中，该国恐怖活动致死人数达275人，相比2020年的263人增加了约5%。巴基斯坦是"一带一路"建设的重要伙伴，中巴双方一直进行着友好贸易往来。2013年，中国提出建设"中巴经济走廊"，该项目于2015年启动。为了保证中方人员的生命和财产安全，"巴基斯坦内政部发布公告，宣布成立由1.2万人组成的'中巴经济走廊'特殊安全部队（Special Security Division），专门负责'中巴经济走廊'200多个项目和近1.4万名中方人员的安全"[2]。但是，活跃于巴基斯坦境内的恐怖势力对一些建设周期长、施工难度大的项目仍可能会实施破坏行动，这一点应引起高度重视。

---

[1] 转引自阿地力江·阿布来提、古丽阿扎提·吐尔逊：《"一带一路"沿线国家的恐怖主义风险分析及我国的对策》，《中国人民公安大学学报（社会科学版）》，2018年第2期。

[2] 张杰、徐瑞：《试析巴基斯坦对"中巴经济走廊"的立场及对策》，《当代世界》2018年第1期。

第七章　人类命运共同体构建的基本进路

作为人类命运共同体理念的倡导者、践行者、维护者，中国提出人类命运共同体理念是为了解决当今世界在发展中遇到的诸多难题，倡议各国携手打造"持久和平、普遍安全、共同繁荣、开放包容、清洁美丽的世界"[①]。尽管目前还没有足够的客观条件促进人类命运共同体的实现，但"走向实践"是人类命运共同体构建进程中最有意义的一种价值追求。

第一节　基本理念

当下，人类命运共同体构建必须遵循一些基本理念，例如共同体精神、全球意识、多边思维、公共外交等。共同体精神是构建人类命运共同体的精神支柱，全球意识与多边思维看似矛盾实则统一，前者侧重于世界各国的整体性，后者倾向于尊重他国差异，这3个要素的合成目标就在于达成人类命运共同体的精神家园；人类命运共同体理念需要传播，发展公共外交便是传播的具体途径，为三者提供了载体。

一、坚持共同体精神

人类命运共同体理念由中国提出，但构建人类命运共同体仅凭中国一己之力不可能实现，需要各国民众和国际社会组织通力合作，而合作的前提是共识。当前，各国在利益和目标上未能达成共识，有的国家执着于追求本国利益，尚未意识到人类命运共同体构建的重要性。人类命运共同体构建需要世界各国首先在思想上达成共识，用精神支柱支撑起共同体。

共同体精神是满足人类精神层面需要的基本方式，也是建设人类美好

[①] 习近平：《论坚持推动构建人类命运共同体》，北京，中央文献出版社2018年版，第491页。

家园的精神支柱。共同体精神会形成对自己的群体的强大凝聚力，共同体中的成员具有很强的归属感和认同感。共同体精神具体可细分为国际主义精神、共同价值等，其基本理念都囊括于共同体精神中，又根据时代特点不断丰富发展共同体精神的内涵。

坚持共同体精神，需要坚持公认的国际关系准则与国际主义精神，发挥现有国际组织的作用。在人类文明的演进中，为了解决战争、贫困、恐怖主义、霸权主义、贸易保护主义等世界问题，国际社会制定了一系列的准则。随着时代的变迁，当今世界的环境与过去相比已大相径庭，但过去存在的诸多问题仍然没有解决，严重影响着人类社会的生存与发展，构建人类命运共同体必须坚持公认的国际关系准则和国际主义精神。《联合国宪章》精神确立了国际关系的基本准则，各国主权平等、不得干涉他国内政、和平解决争端、禁止使用武力或以武力相威胁等基本准则符合人类整体利益，构建人类命运共同体必须坚持《联合国宪章》的宗旨原则，根据时代变化进一步丰富其内涵。《威斯特伐利亚和约》确立的平等和主权原则、日内瓦公约确立的国际人道主义精神、万隆会议倡导的和平共处五项原则，互利、互信、平等、协商、尊重文明多样性、谋求共同发展的"上海精神"和丝路精神等都是国际社会的基本遵循，这些准则的提出都符合人类整体利益，我们要坚决反对主张抛弃国际基本准则的行为。此外，国际组织在解决全球重大问题上发挥着重大的作用。联合国是最具代表性和权威性的全球性国际组织，是人类命运共同体构建的基础平台，联合国在处理国际事务、进行国际援助等方面有着不可替代的作用。东盟、欧盟、上海合作组织等地区性组织在解决地区性问题上为各国发展提供了良好的借鉴。

坚持共同体精神，内在地要求坚持共同价值。共同价值是人类命运共同体的基石，是主权国家共同行动的基础。"共同体"即"人们在共同条件下结成的集体"[①]。对于人类命运共同体而言，没有共同价值，就没有共同命运；价值是一个基本的尺度，它规定着人类前进的方向。共同价值是达成共识的基础，命运共同体是利益、责任、价值共同体的统一：利益是各国结成共同体的前提条件，各种同盟体系的建立归根结底是为了本国的利益，但是仅仅为了利益结成的共同体并不会持久，当共同利益实现时，原先的伙伴就会变成敌人。改变"只有永恒的利益，没有永恒的朋

[①] 中国社会科学院语言研究所词典编辑室编：《现代汉语词典》，北京，外语教学与研究出版社2002年版，第687页。

友",就需要共同价值的引领,各国只有在共同价值的引领下才能理性认识共同利益实现的方式和遵循的原则。国际社会目前存在的国际组织,如世界银行、国际货币基金组织、亚洲银行,都是基于共同的利益诉求建立起来的,但之所以这些国际机构运转良好,是因为它们在追求利益时有着共同价值。责任共同体是指各国在构建人类命运共同体时勇于承担责任,不能坐享其成,但责任共同体的形成也必须有共同价值的引领,否则各国难以主动承担责任,最终也不能实现利益的最大化。在这里,坚持人类共同价值,必须同西方的"普世价值"划清界限。"普世价值"是西方文明的独特产物,美国学者塞缪尔·亨廷顿曾指出:"普世文明的概念有助于为西方对其他社会的文化统治和那些社会模仿西方的实践和体制的需要作辩护。普世主义是西方对付非西方社会的意识形态。"[①]"普世价值"是少数西方资本主义国家倡导的,这些国家用人本主义的幌子鼓吹西方文明论,企图成为霸权主义强国。"普世价值"把自由、民主、人权、法治等价值观作为"普世价值"文明,但是这些理念意在维护西方发达国家的利益,这与以和平、发展、正义等为价值观的共同价值是截然不同的。共同价值尊重各国利益,尊重世界文明多样性,主张构建以合作共赢为核心的新型国际关系。人类命运共同体理念是对西方现代化道路、理论、制度的超越,是主张站在全人类的角度提出的关于未来美好社会的一种构想。

需要强调的是,共同价值的内涵也会随着时代的发展不断变化。"价值共识不是脱离各个民族的价值而独立存在的抽象共识,而是在人类文明进步中、在各民族文化交流中逐渐形成的对某些基本价值的认可"[②]。从原始社会、奴隶社会、封建社会到资本主义社会,共同价值由共同劳动、追求财富、崇尚权力转变为强调个人利益,现今国际社会"各国相互联系、相互依存的程度空前加深",人类"越来越成为你中有我、我中有你的命运共同体"[③]。为此,习近平总书记在第七十届联合国大会一般性辩论时的讲话中进一步强调,"和平、发展、公平、正义、民主、自由,是全人类的共同价值"。这无疑可以作为人类命运共同体的价值依托。

[①] [美]萨缪尔·亨廷顿:《文明的冲突与世界秩序的重建》,北京,新华出版社2010年版,第45页。

[②] 陈先达:《论普世价值与价值共识》,《哲学研究》2009年第4期。

[③] 《习近平谈治国理政》第一卷,北京,外文出版社2018年版,第272页。

二、培养全球意识

全球意识的产生是多种因素相互作用的结果,根据社会存在决定社会意识、社会意识反作用于社会存在的原理,随着全球化的发展,世界紧密相连,共同利益越来越多,但是人类社会面临的资源短缺、生态环境恶化、霸权主义、恐怖主义等问题也日益凸显,这需要人类站在全球的角度来看待世界,把全球意识作为构建世界新秩序理念的出发点和归宿。德国学者卡尔·曼海姆指出:"共同体不仅(有可能像在我们的第一阶段论述之中所出现的那样)是某种由共同的生活行动结合而成的总体性;它同时也是由那些在它内部出现、包含着它的集体生活之结晶的精神形成过程结合而成的总体性。"[①] 各国由于地缘差异、文化背景、发展模式、意识形态等方面的差异,形成真正共同体是困难重重的,这就需要各国树立全球意识,实现精神上的统一。

从很大程度上可以说,全球意识是随着全球化浪潮的兴起而产生的一种积极产物,全球意识区别于国家意识。全球意识主要有两层含义:第一,强调世界的整体性和共性,从国际角度出发,站在全人类的角度思考问题、解决问题;第二,强调世界的差异性,主张超越传统意识形态和社会制度的差异。全球意识主要体现为以下4个意识。一是共存意识,"过去那种地方和民族的自给自足和闭关自守状态,被各民族的各方面的互相往来和各方面的相互依赖所代替了"[②]。人类只有一个地球,我们要摒弃本国利益至上、为了维护本国利益不惜损害他国利益的观念,树立整体观念,要从人类社会整体发展和长远利益出发处理不同国家、不同民族的事务。二是包容意识,地球现有80多亿人口、200多个国家,不同国家语言各异,都有自己独特的文明,只有坚持开放包容,尊重世界文明多样性,才能实现文明的和谐共生。三是开放意识,主动向世界打开本国的大门,凝聚全球力量,利用全球资源发展自身的同时也实现互惠互赢。古今中外的历史证明,闭关自守只能是死路一条,对外开放才能带来国家与民族的繁荣。坚持开放意识最好的证明便是中国,1978年党的十一届三中全会作出了对外开放的伟大历史性决策,40多年来中国不断扩大对外开

---

① [德]卡尔·曼海姆著:《文化社会学论要》,刘继同、左芙蓉译,北京,中国城市出版社2001年版,第337页。
② 马克思主义政治经济学概论编写组:《马克思主义政治经济学概论》,北京,人民出版社2011年版,第392页。

放的广度与深度，加强同世界的交流与合作，2010年成为世界第二大经济体，全球外汇储备规模位居第一。中国用实践告诉世界，只有开放才能实现更好的发展。四是发展意识，这里的发展更多地指涉的是可持续性发展。环境问题一直是国际关注的重点，全球环境变化、森林破坏、臭氧层破坏、生物多样性锐减等全球环境问题严重影响人类的生存，只有世界各国树立可持续发展理念，荣辱与共，合作共赢，走出一条人与自然和谐相处之道，才能实现经济、社会、环境的全面、协调、可持续的发展。

三、坚持多边思维

习近平总书记强调："我们要坚持多边主义，不搞单边主义；要奉行双赢、多赢、共赢的新理念，扔掉我输你赢、赢者通吃的旧思维。"[①] 多边思维倡导的是一种合作共赢的理念，在多边思维影响下形成的多边主义代表了国际社会关系民主化和平等化的走向，破除一元、二元的传统思维。多边思维更注重差异性、多元性，尊重各个国家和民族的独特性，尊重不同文明的多样性，倡导文化的多元化，反对将本国意识形态凌驾于他国之上。长期以来，西方的个人主义与个体本位思想深深影响着国际社会的思维方式，个人主义是西方国家价值观的核心，个体本位是西方公民的价值取向。时至今日，诸多西方国家把西方文明视为优越文明，把自身理念强加于他国。但是今天的世界已经不再是一个价值观就可以独霸国际话语权的时代了，多元化的思维在不断碰撞中迸发着智慧的火花。

一般而言，多边思维主要表现在外交和国际机制两方面。构建人类命运共同体要以多边外交为平台，传统的思维认为只要在与本国利益相关时才需要与某个国家建立外交关系，外交的范围十分受限，但在全球化的时代，各个国家都是紧密联系的，传统的外交思维已落伍于世界潮流。21世纪以来，中国致力于通过多边舞台促进我国的多边外交，加强同其他国家的互利共赢。习近平总书记在中央外事工作会议上指出："要切实推进多边外交，推动国际体系和全球治理改革，增加我国和广大发展中国家的代表性和话语权。"[②] 习近平总书记在党的十九大报告中指出："全面推进中国特色大国外交，形成全方位、多层次、立体化的外交布局，为我国发展营

---

① 《习近平谈治国理政》第二卷，北京，外文出版社2017年版，第523页。
② 《习近平谈治国理政》第二卷，北京，外文出版社2017年版，第444页。

造了良好外部条件。"① 牢固树立多边外交的思维方式才能牢固树立人类命运共同体意识，更好地惠及世界各国各民族。这就意味着，构建人类命运共同体要发挥多边机制的作用。一方面，要加强联合国、金砖国家、二十国集团等传统多边机制的配合与合作。另一方面，要创新合作机制，搭建更多的合作平台。新的权力主体的出现改变着世界格局，跨国公司、非政府组织、国际媒体等权力主体由传统国家扩展到非传统国家，"一带一路"、丝路基金、亚投行等都是中国倡议的合作新平台，新权力主体的出现打破了西方大国的霸权统治，为人类命运共同体的形成注入了活力。

四、坚持公共外交

在全球化时代，传统的外交方式已让位于新型外交，新型外交内涵更加丰富。国之交在于民之亲，国家之间的合作，离不开民众的支持，拓展公共外交，加强人文交流，有利于国家关系的改善、中国国际影响力的提高。在构建人类命运共同体的过程中，提高人类命运共同体的国际话语权是一个重大课题。迄今为止，对于国际体系演变的基本概念、研究方法都源于西方，人类命运共同体的提出是中国共产党的创造性理念，但国际社会对此反对的声音一直存在，中国提出"一带一路"建设，西方认为这是中国在搞新殖民主义，是新马歇尔计划，中国的发展成了西方人口中的"中国威胁论""金德尔伯格陷阱"等。针对国际上的误解，中国应该调动各方力量，扩大公共外交，消除误解，早日达成共识。发展公共外交与人文交流，要实现政党与民间、国内与国外、传统与现代的结合。加强顶层设计、扩展交流渠道、改变外交方式。

一方面，人类命运共同体理念的提出，要对人类命运共同体理念的传播进行战略规划。当前，我国对外宣传工作存在的主要问题就是议题设置滞后，缺乏提高国际话语权的战略谋划。习近平总书记强调："要着力加强对周边国家的宣传工作、公共外交、民间外交、人文交流，巩固和扩大我国同周边国家关系长远发展的社会和民意基础。关系亲不亲，关键在民心。要全方位推进人文交流，深入开展旅游、科教、地方合作等友好交往，广交朋友，广结善缘。要对外介绍好我国的内外方针政策，讲好中国故事，传播好中国声音。"② 构建人类命运共同体是中国的机遇，要化被动

---

① 习近平：《决胜全面建成小康社会　夺取新时代中国特色社会主义伟大胜利——在中国共产党第十九次全国代表大会上的报告》，北京，人民出版社2017年版，第7页。

② 《习近平谈治国理政》第一卷，北京，外文出版社2017年版，第298~299页。

为主动,努力彰显人类命运共同体理念独特的吸引力、凝聚力、感召力。

另一方面,要扩展公共外交新路径,起码包括以下几个方面。一要发挥政党的积极作用。中国共产党是世界上最大的政党,中国共产党所具有的影响力是中国软实力的重要组成部分。改革开放前,我国的政党交流主要是在发展中国家中进行,随着改革开放进程的加快,政党交流的范围已扩展到所有国家。2023年,中国举办的中国共产党同世界政党高层对话会以"现代化道路:政党的责任"为主题,"来自150多个国家的500多个政党和政治组织的领导人出席会议"。[①] 我国首次提出全球文明倡议,展示了中国的责任担当,极大地加深了世界对中国的认识。中国将政党关系与国际关系联系起来,把中国共产党与世界政党高层对话会实现机制化,有利于把共产党的理念传达好,达成国际共识。构建党的对外话语体系必须做到真诚,多方达成共识。政党部门要坚定人类命运共同体理念,将理念化为行动,主动把人类命运共同体构建中出现的问题同世界各国、各国际组织积极进行交流、沟通,实事求是阐明中国的观点,力求得到国际社会的理解,达成广泛共识。二是要发挥中国学者的"智库"作用。深化中国特色社会主义理论、道路、成果的学理研究,超越西方学理局限性,构建具有中国特色的学术体系、学科体系,这是中国学术界"主体性"的表达,也是中国学者的历史责任和担当。学术界要认真钻研"人类命运共同体"的丰富内涵,创造出更多可以被国际社会认可、引起世界人民共鸣,从而促进人类命运共同体形成的理论研究成果,用全新的话语体系向世界阐明中国是维护世界和平的坚定力量。由于东西方文化的差异,中国的一些话语不能被国际社会所理解,而国际社会话语又不能很好地揭示人类命运共同体的内涵,这就需要中国学者博采众长,打造易于为国际社会所理解和接受的新表述。三是要发挥民间团体对全球重大问题的联合攻关作用。民间团体在扩展公共外交方面有其独特作用。在欧美同学会成立100周年庆祝大会上,习近平总书记鼓励广大留学人员"充分发挥自身优势,加强内引外联、牵线搭桥,当好促进中外友好交流的民间大使,多用外国民众听得到、听得懂、听得进的途径和方式,讲述好中国故事,传播好中国声音"。[②] 民间团体较之官方组织传播理念更易为大众所接受,中国对外友协及中国公共外交协会与海外各国共同举办"中国文化年"、在世界各地设

[①] 《习近平出席中国共产党与世界政党高层对话会并发表主旨讲话》,《人民日报》2023年3月16日。

[②] 习近平:《在欧美同学会成立100周年庆祝大会上的讲话》,《人民日报》2013年10月22日。

立"孔子学院"、建立海外中国文化中心等,都促进了共同体思想的传播。要进一步加快人才培养力度,通过企业、协会、大学等民间团体向世界宣传人类命运共同体的理念,将这一理念融入中国与世界各国交往的方方面面。四是要发挥中国传媒主动"发声"的作用。中国传媒应主动提升自身的全球媒介沟通和传播能力,通过报纸、网络等与世界各国、各民族进行沟通交流,更加积极主动地向世界宣传人类命运共同体理念,重新塑造对外话语的传播体系。目前,中国的对外宣传方式较为官方,比较刻板,容易忽略受众的接受程度。要想重新塑造对外话语体系必须做到语言上通俗易懂,宣传方式要让国际社会容易接受,从而消除国际社会对人类命运共同体理念的误解。习近平总书记在全国宣传思想工作会议上强调:"关键是要提高质量和水平,把握好时、度、效,增强吸引力和感染力,让群众爱听爱看、产生共鸣,充分发挥正面宣传鼓舞人、激励人的作用。在事关大是大非和政治原则问题上,必须增强主动性、掌握主动权、打好主动仗,帮助干部群众划清是非界限、澄清模糊认识。"[1] 在这里,习近平总书记虽然是针对国内传播讲的,但对对外传播也同样适用。在对外传播中,中国传媒应当提高应对国内外不同受众的习惯和特点的能力,把"我们想讲的"和"国外受众想听的"、"陈情"和"说理"、"自己讲"和"别人讲"相结合。在传统媒体时代,以《华尔街日报》《纽约时报》等为表征的西方媒体在世界新闻界可谓呼风唤雨,操控着国际舆论,掌握着全球媒体80%以上的话语权,对中国进行了诸多不实报道。对此,我们要主动发声,防止错误的声音误导民众。比如,针对国际媒体对我国领导干部选任制度进行了不实宣传,我国通过动漫短片《领导人是怎样炼成的》向世界介绍中国领导人选拔制度,对国际社会的不实报道进行了有力回击。

第二节 基本原则

构建人类命运共同体的基本原则是中国基于共同体的实践路径而提出的一些公认的、行之有效的行为准则,这有利于凝聚人类共识,以获得"最大公约数"。人类命运共同体的基本原则为人类命运共同体的构建提供了基本遵循与前进方向,其构建应在基本原则的指导下进行,在实践进程

---

[1] 《习近平谈治国理政》第一卷,北京,外文出版社2018年版,第155页。

中要坚持以原则为行动指南,在基本原则的框架内行动。和平共处五项原则是国际社会的基本准则,合作共赢是构建目标,循序渐进是构建过程中的基本要求,三者着重点不同,但统一于人类命运共同体的构建实践中。

一、坚持和平共处五项原则

和平共处五项原则是构建人类命运共同体的基石。众所周知,这一原则是周恩来1953年接见印度代表团时为了解决西藏问题提出的,1957年毛泽东在莫斯科宣布中国坚决主张一切国家实行和平共处五项原则。1988年,邓小平提出以和平共处五项原则为准则,建立国际政治经济新秩序的主张。和平共处五项原则提出的60多年来逐步为各国所认可。诚如习近平总书记所强调的:"和平共处五项原则已经成为国际关系基本准则和国际法基本原则。和平共处五项原则精辟体现了新型国际关系的本质特征,是一个相互联系、相辅相成、不可分割的统一体,适用于各种社会制度、发展水平、体量规模国家之间的关系。"① 和平共处五项原则不仅是中国同发展中国家处理国际关系的基本准则,更应成为所有国家处理国际关系的基本遵循。"互相尊重主权和领土完整、互不侵犯、互不干涉内政、平等互利、和平共处"这5条是一个统一体,是不断深化趋向统一的过程,是构建人类命运共同体最基本的遵循。

其一,国家主权关乎民族国家利益的底线。现今的主权原则仍然是在360多年前《威斯特伐利亚合约》的框架之下,主权民族国家体系自从17世纪中叶形成以来一直是国际体系得以有效运转的基础。"互相尊重主权和领土完整、互不侵犯、互不干涉内政"这3个"互"体现的就是主权原则,强调的是主权国家的独立性,所有主权国家不论大小、贫富、强弱都一律平等,没有高低贵贱之分。习近平总书记指出:"主权原则不仅体现在各国主权和领土完整不容侵犯、内政不容干涉,还应该体现在各国自主选择社会制度和发展道路的权利应当得到维护,体现在各国推动经济社会发展、改善人民生活的实践应当受到尊重。"② "互不侵犯、互不干涉内政"就是要不随意侵犯他国,其他国家都无权干涉本国内政问题。"互"字体现了一个主权国家既要坚定地维护本国利益,保证本国领土完整、不受侵犯,拥有独立处理本国事务的权利,同时也要尊重其他国家、不侵犯

---

① 习近平:《论坚持推动构建人类命运共同体》,北京,中央文献出版社2018年版,第129页。
② 《习近平谈治国理政》第二卷,北京,外文出版社2017年版,第523页。

他国，不把本民族的发展建立在损害他国利益之上。进而言之，主权国家也是构建人类命运共同体的基本单元。一方面，共同体的形成需要主权国家的加入，人类命运共同体就是所有主权国家自愿加入其中，休戚与共，构建人类命运共同体并不是要消灭国家，命运共同体的构建需要得到主权国家的许可。可以说，主权国家是共同体赖以形成的基础，没有主权国家，就没有人类命运共同体。另一方面，主权国家的发展又离不开人类命运共同体的充分保障，共同体是为所有主权国家谋求福利的，它建立的目标就是使所有主权国家得到更好的发展。

其二，"平等互利、和平共处"。主张各国在尊重其他国家主权的基础上，平等地进行交往，达到和谐的状态。平等在国际上表现为国际关系民主化，国际关系民主化要求国家之间相互尊重、平等相处，在重大问题上共同商量。所有主权国家不论大小、强弱、贫富，在国际上都处于平等的地位，都应有平等的国际话语权。在国家的交往中，在平等的基础上主权国家进行交往，互惠互利的效果会更为显著。和平共处不仅是和平共处五项原则的落脚点，也是人类命运共同体所追求的理想状态。人类命运共同体是中国倡导的，中华民族讲究"和"为贵、天人合一的宇宙观、协和万邦的国际观、和而不同的社会观、人心向善的道德观，正是这种和合理念使中国日益强大，习近平总书记强调："和平共处五项原则中包含四个'互'字、一个'共'字，既代表了亚洲国家对国际关系的新期待，也体现了各国权利、义务、责任相统一的国际法治精神。"[1] 构建人类命运共同体需要世界各国把和平共处五项原则落实到行动上。

二、坚持合作共赢原则

"合作共赢"是习近平总书记在外交工作中使用频率最高的词汇之一，是中国外交的基本原则。习近平总书记在党的二十大报告中指出："只有各国行天下之大道，和睦相处、合作共赢，繁荣才能持久，安全才有保障。"[2] 合作，就不能目中无人，要尊重其他国家，尊重他国利益。当今世界联系日益紧密，信息化高速发展，没有任何国家可以独善其身、闭门造车，各国的命运是紧密相连的，关起门来自己搞建设在全球化的今天是不可能的。在以往的国际交往中，竞争往往占据主导地位，随着和平与发展

---

[1] 习近平：《论坚持推动构建人类命运共同体》，北京，中央文献出版社2018年版，第128页。
[2] 习近平：《高举中国特色社会主义伟大旗帜 为全面建设社会主义现代化国家而团结奋斗——在中国共产党第二十次全国代表大会上的报告》，北京，人民出版社2022年版，第62页。

成为时代的主题,越来越多的国家意识到合作的重要性,竞争和合作是一对矛盾体,两者相互依存、相互斗争,两者都不会消失。倡导构建人类命运共同体需要各国更多的合作,这是有益于全人类的,但我们也不会主张消灭竞争,而希望所有国家认识到合作比竞争带来的效益会更大,主张把竞争放在从属地位。每一时代的不同社会经济关系通常最先以利益形式体现出来,合作追根溯源便是为了谋求本国利益的最大化。共赢,就要抛弃你输我赢、赢者通吃的狭隘观念,"不能这边搭台、那边拆台,而应该相互补台、好戏连台",弱肉强食、丛林法则早已不是人类生存之道,国家之间需要弘义融利,现代社会强调可持续发展,如果继续固守零和博弈的思维,以邻为壑、转嫁危机,为了追求本国利益不择手段,最终只会阻碍本国的发展。合作是手段,共赢是目标,仅仅为了自身利益采取合作手段而不体现共赢的话,合作也不会可持续。根据唯物史观的基本原理,合作共赢首先体现在经济方面,国家之间走向合作的可能性只能首先从在当中起决定性作用的经济基础中去寻找。今天,各国能否积极主动地加入人类命运共同体中,关键在于参与此进程所能达到的预期获益效果的评估与实践是否满足这些国家的需要。 事实上,构建人类命运共同体需要坚持合作共赢的原则,最好的证明便是"一带一路"建设。"一带一路"在给沿线各国人民带来可观的经济收益和多彩的文化效益的同时,也为中国、"一带一路"沿线各国和更大范围内的世界发展提供了难得的时代新机遇。合作共赢是构建人类命运共同体的基本原则,要用合作共赢的金钥匙打开人类命运共同体的锁链,合作共赢原则应体现在各国交往的政治、经济、文化、安全等各个方面,渗透到海、陆、空、网等各个领域,让人类命运共同体真正"落地生根"。

三、坚持循序渐进原则

人类命运共同体的形成并非是一蹴而就的,就像罗马帝国不可能是一天建成的。辩证唯物主义认为,任何事物的变化发展都有一个过程,人类命运共同体的形成过程就如同人类社会形态的演进一样,需要主客观条件的成熟。习近平总书记强调:"一个时代有一个时代的问题,一代人有一代人的使命。虽然我们已走过万水千山,但仍需要不断跋山涉水。"[①] 构建人类命运共同体必将是一个漫长的过程,需要无数代人的不懈努力。

---

① 习近平:《论坚持推动构建人类命运共同体》,北京,中央文献出版社2018年版,第524页。

当今国际社会在政治经济文化等方面存在着巨大的分歧，国际关系错综复杂：旧秩序下霸权主义、强权政治、冷战思维、军国冒险主义、新干涉主义、民族仇恨情绪，经贸关系中的孤立主义、保护主义根深蒂固，文明冲突、集团结盟屡见不鲜，人类命运共同体的形成必然是一个漫长的过程。各个国家自愿结合成共同体需要一个长期的过程，人类命运共同体的构建并非仅凭中国之力就可完成，需要整个国际社会凝聚共识、通力合作，决定优先目标和分解任务，在各自尽力和共同努力中共同前进。但是各国在合作方面存在着诸多疑虑，各国增信释疑需要很长的时间，在这期间会受到获益多少、相互依赖强弱、沟通顺畅与否、互惠互利程度、国家实力悬殊、参与主体数目等多重因素的干扰。

人类命运共同体的长期性、综合性、不确定性决定了其构建必须坚持循序渐进的原则。人类命运共同体是规模庞大的全球性治理工程，仅"一带一路"建设就需要投入至少10年的时间，尚处在起步阶段的人类命运共同体还无法预料最后完成需要多久的时间。人类命运共同体超越了传统的政治经济合作，它是全方位、多层次的人类工程，它的定位、目标、内容都具有综合性；人类命运共同体是一个史无前例的壮举，在环境、资源、目标、手段等要素上都存在诸多的不确定性。同时，人类命运共同体的建构需要分阶段分步骤进行。在构建顺序上，首先打造周边命运共同体。习近平总书记强调："做好周边外交工作，是实现'两个一百年'奋斗目标、实现中华民族伟大复兴的中国梦的需要，要更加奋发有为地推进周边外交，为我国发展争取良好的周边环境，使我国发展更多惠及周边国家，实现共同发展。"[①] 在构建内容上，首先打造经济和安全共同体；在层次上，首先形成一批具有示范性的成果，如"一带一路"建设还在如火如荼地进行着。当前人类命运共同体还处在起步阶段，理念上还不够成熟，这是一项史无前例的壮举，涉及全人类的利益，在实践的过程中也会遇到各种棘手的问题，需要各国通力合作。

第三节　基本战略

战略的正确与否，决定着构建人类命运共同体的未来命运。战略具有

[①] 《习近平谈治国理政》第一卷，北京，外文出版社2018年版，第296页。

全局性、方向性、对抗性、预见性和谋略性等特点,把人类命运共同体理念付诸实践必须进行战略的顶层设计,以避免在实践过程中的前后脱节。这就要求,人类命运共同体的构建要更为注重战略规划,树立大局观,在构建过程中强调有机体之间的良性互动;准备足够的战略预案,坚持两点论与重点论的统一,赋予人类命运共同体切实可行的战略规划与实施路径。当前,统筹人类命运共同体的各个要素,可从结构、层次、内容、路径等多个维度入手,相互关联,统筹设计,为人类命运共同体的构建谋篇布局。

一、人类命运共同体的主体、客体和中介,协同构建

从人类命运共同体的结构剖析,人类命运共同体的构建需要主客体和中介的协同发力。构建人类命运共同体的主体担负着设定构建目的、操作构建中介、改变构建客体的任务。构建人类命运共同体需要发挥主体的客观能动性,把所有能利用的资源相整合,调动所有积极因素为人类命运共同体的构建提供智慧。

一是发挥主体主观能动性。正如实践的主体包括个体主体、群体主体、人类主体3种基本形态,构建人类命运共同体的主体也主要包括3种形态:主权国家、区域国家、国际社会。构建人类命运共同体的主体从理论上说是全人类,但具体来说,既包括主权国家,也包括各种非国家行为体,各种非国家行为体既包括政府间组织,又包括国际非政府组织,但主权国家和政府间国际组织是构建人类命运共同体的中坚力量。首先,推动构建人类命运共同体,"大国"要主动承担更多责任。人类命运共同体是中国共产党人基于世界和平发展的潮流大势、合作共赢的大局提出的,是中国针对全球治理提交的"中国方案"。中国是构建人类命运共同体的"领队",积极推动构建人类命运共同体,中国推动国际秩序变革,积极解决全球热点问题,为国际社会提供公共产品,把"坚持推动构建人类命运共同体"作为新时代中国特色社会主义的基本方略之一。美国作为一个超级大国,在国际社会上有着不可撼动的地位,对世界的发展与前进起着引导作用,构建人类命运共同体也要得到美国的支持与认同。西方发达国家在发展程度上,尤其是经济发展水平上要远高于其他国家,在国际上拥有更多话语权,所以西方发达国家要勇担责任,转变理念,积极参与到共同体建设中,在共享人类命运共同体早期成果时注重公平分配。其次,构建人类命运共同体需要国际社会的通力合作。国际社会需要共同商量当前构建人类命运共同体的议题、目标和任务,就人类社会当前面临的问题制定

出公共的议程，提出解决方案。国际社会要共同努力纠正人类社会的不平等现象，尤其是贫富差距问题，要加强南南合作，推进南北合作；要凝聚力量，加强共识，努力促进人类命运共同体这块惠及全球的"大蛋糕"做大做好。最后，非政府组织具有一定的超地区性、开放性与包容性，对于全球问题能够以较为温和的方式处理，可以限制一国政府过分追求本国利益，在公众舆论方面也可监督政府间国际组织的行为。民间团体应具有国际视野、全球眼光、战略思维，坚持共商共建，针对全球问题确定议点，展开讨论，碰撞思维，找到解决问题的可行之策。

二是整体把握客体。构建人类命运共同体的客体是指在构建过程中人们运用工具所作用的对象，包括政治、经济、文化、生态、网络等各个方面，涉及海、陆、空、网等各个领域。政治方面，主张"建立平等相待、互商互谅的伙伴关系"[①]；经济方面，要利用好国内国际两个市场两种资源，推动经济全球化进程；文化方面，要树立平等、互鉴、对话、包容的文明观；安全方面，要以通盘考虑兼顾安全问题的历史维度和现实状况，多管齐下，实现普遍安全、共同安全、包容安全、合作安全；生态方面，遵循天人合一、道法自然的理念，坚持绿色低碳，建设一个清洁美丽的世界；网络方面，利用好互联网这一"加速器"，同时必须制定相关法律法规应对网络风险。"今天几乎所有人类都接受同一套地缘政治体系；使用同样的经济制度；采用一样的法律制度；也接受同样的科学体系"[②]。构建人类命运共同体也不容忽视制度、法律、互联网等人为客体，发挥其积极作用。

三是发挥中介"纽带"作用。构建人类命运共同体的中介从机构组织上看，包括联合国、东盟、欧盟、上海合作组织、金砖国家、二十国集团等。东盟和欧盟分别致力于发展东南亚地区和欧洲各国的经济；上海合作组织、金砖国家、二十国集团主要用于加强中国与周边国家关系，加快成员国的经济发展，牢固打造周边命运共同体、发展中国家命运共同体。从实践平台看，包括"一带一路"、亚投行、世界银行等。亚投行是中国首个倡议设立的政府间的亚洲多边金融机构，主要用于支持亚洲国家的基础设施建设，代表着亚洲国家的共同利益。这与"一带一路"提出的目的一致，致力于同亚洲国家解决好本地区的现实问题。世界银行是通过向成员

---

① 习近平：《论坚持推动构建人类命运共同体》，北京，中央文献出版社2018年版，第254页。
② ［以］尤瓦尔·赫拉利著：《人类简史：从动物到上帝》，林俊宏译，北京，中信出版社2014年版，第165页。

国提供贷款与投资,帮助这些国家摆脱贫困,促进国际贸易的均衡发展。推进亚太经合组织,要建立互信、包容、合作、共赢的亚太伙伴关系,打造开放型亚太经济格局,推动开放型经济新体制和区域合作构架的形成,共同谋求发展;金砖国家要牢固打造利益共同体,落实金砖国家经济伙伴战略,加强同其他新兴市场国家和发展中国家的合作……这些中介构建的出发点不尽相同,各方成员国在其中所处的地位也有所差异,但是不可否认这些中介在全球化发展中起着不容忽视的作用,发挥其积极作用应成为国际共识。在发挥现有国际组织和实践平台作用的基础上,各国要寻求更多的合作方式,助力构建人类命运共同体。

需要强调的是,人类命运共同体的主体、客体和中介的协同构建特别要注重凝聚世界政党的力量。"马克思主义认为,政党本质上是特定阶级利益的集中代表者,是特定阶级政治力量中的领导力量,是由各阶级的政治中坚分子为了夺取或巩固国家政治权力而组成的政治组织"[①]。至今,在全球200多个国家与地区中,政党成为绝大部分国家政治生活的基本组织和重要力量。中国共产党坚持对外开放,积极同世界各国政党发展关系,目前已经同世界上160个国家和地区的600多个政党或政治组织开展了不同形式的交流与合作。国际政党交流合作中,由于各国政党的阶级属性、意识形态、政治立场等存在差别,很难确立一种包括各国政党的统一的组织形式,也很难搭建像联合国一样固定的经常性的规范的工作平台,对此只能具体问题具体分析,应就共同关注的不同问题,采取不同的交流合作形式,搭建不同的协商解决平台。特别是应发挥好世界各国政党高层对话会、国际政党对话机制的作用,携手攻克世界难题。

二、从中华民族共同体到周边命运共同体再到区域性命运共同体最后到人类命运共同体,合力打造

从人类命运共同体的层次剖析,构建人类命运共同体,需要中国本身形成中华民族共同体,逐步扩散到周边国家、发展中国家、西方国家,所有范围形成合力便是人类命运共同体。

打造中华民族共同体是中国推动构建人类命运共同体的战略基础和保障。人类命运共同体是中国倡导的新理念,但"打铁还需自身硬",要想

[①] 崔耀中:《不忘初心 走向复兴:新时代新思想新征程》,北京,人民出版社2018年版,第224页。

把人类命运共同体理念落到实处,中国首先要把自身的事情办好,中国自身发展得越好,变得越强大,在国际上就越有话语权,倡导构建人类命运共同体就更有底气。习近平总书记强调:"我们一定要抓住机遇,集中精力把自己的事情办好,使国家更加富强,使人民更加富裕,依靠不断发展起来的力量更好走和平发展道路。"① 打造中华民族共同体要坚定维护领土主权。中国坚持走和平发展道路,但中国的和平发展是有底线的,我们坚决维护我国核心利益。"中国决不会以牺牲别国利益为代价来发展自己,也决不放弃自己的正当权益,任何人不要幻想让中国吞下损害自身利益的苦果。"② 这是中国的底气。香港、澳门虽早已实现了回归,但是由于其采用资本主义制度,并实行高度自治,在一些方面可能被西方国家操纵,为此,要坚决贯彻"一国两制"方针,积极推动香港、澳门同大陆协同发展,积极防范和遏制外部势力干预港澳事务。台湾是中国的一部分,台湾问题属于中国的内政问题,但在意识形态上同中国大陆处于对立形态,在安全方面也和美国等西方大国保持密切联系。"两岸经济同属中华民族经济,在亚太地区经济发展新形势下,双方只有加强合作,才能更好应对挑战"③。然而,民进党在发展两岸关系上表现出消极的态度,美国、日本等个别国家不断虚化掏空一个中国原则,从政治、经济、军事等方面同"台独"势力勾结,两岸和平发展并没有任重道远。最终台湾问题的解决,归根结底还是要靠中国综合国力的日益强大。"两岸是不可分割的命运共同体。民族强盛,是两岸同胞之福;民族弱乱,是两岸同胞之祸。实现中华民族伟大复兴,与两岸同胞前途命运息息相关。"④ 台湾真正回归的那一天,必将是中华民族伟大复兴的日子。为此,要始终把维护国家主权、安全和发展利益作为出发点和落脚点,坚决遏制"台独""藏独"等分裂势力渗透到我国境内。

打造周边国家命运共同体。人类命运共同体以利益共同体为基础,需要考虑到地缘、安全等问题,中国与周边国家有着地缘优势,毗邻的地理位置使得双方在安全上命运与共,中国与周边国家有着强烈的价值共识,中国也一直非常重视周边外交,把它作为中国外交战略布局的关键环

---

① 习近平:《论坚持推动构建人类命运共同体》,北京,中央文献出版社2018年版,第2页。
② 习近平:《决胜全面建成小康社会 夺取新时代中国特色社会主义伟大胜利——在中国共产党第十九次全国代表大会上的报告》,北京,人民出版社2017年版,第59页。
③ 《习近平谈治国理政》第一卷,北京,外文出版社2018年版,第232页。
④ 《习近平谈治国理政》第二卷,北京,外文出版社2017年版,第432页。

节。要实现"两个一百年"奋斗目标和中华民族伟大复兴的中国梦,需要一个和平稳定的周边环境。习近平总书记强调:"做好新形势下周边外交工作,要从战略高度分析和处理问题,提高驾驭全局、统筹谋划、操作实施能力,全面推进周边外交。要着力维护周边和平稳定大局。走和平发展道路是我们党根据时代发展潮流和我国根本利益作出的战略抉择,维护周边和平稳定是周边外交的重要目标。"[1] 周边是我国安身立命之所,我国周边外交的基本方针,就是坚持以邻为伴、与邻为善,坚持睦邻、安邻、富邻,突出亲、诚、惠、容的理念。东南亚、中亚国家是我国周边外交的战略重点,同时是我国海外利益集中、交往密切、对外辐射影响力较强的国家。中国打造了中国—巴基斯坦、中国—越南、中国—哈萨克斯坦、中国—吉尔吉斯斯坦、中国—柬埔寨、中国—缅甸、中国—印度尼西亚、中国—孟加拉国、中国—韩国等共同体,牢固了周边命运共同体。我国坚定致力于实现朝鲜半岛无核化目标,致力于维护半岛和平稳定,坚持中日四个政治文件精神和四点原则共识,致力于通过对话协商解决问题。坚持同东南亚各国的友好发展,支持东盟在东南亚区域发挥主导作用。中国构建周边命运共同体要做到深化和周边国家的互利合作、增进共识、促进共同繁荣。但中国与周边国家的具体情况有所不同,在构建共同体上采取的策略具有针对性。中国与老挝"共同推动中老全面战略合作伙伴关系不断发展,携手打造牢不可破的中老命运共同体[2]",中国与哈萨克斯坦"全面加强务实合作,将政治关系优势、地缘毗邻优势、经济互补优势转化为务实合作优势、持续增长优势,打造互利共赢的利益共同体[3]"等,这些共同体倡议体现了中国打造周边命运共同体的决心。2020年,在中国新冠疫情严重期间,周边国家纷纷向中国致电慰问,捐赠抗疫物资。"投我以木桃,报之以琼瑶。"在国内疫情得到有效控制后,中国政府向周边国家派遣抗疫医疗专家组,捐赠医用防护物资,国内企业向巴基斯坦捐赠口罩生产线帮助其抗击疫情,种种举措牢固了周边命运共同体,也再次用实践证明打造周边命运共同体势在必行。

凝聚区域性命运共同体。构建区域性命运共同体主要是指中国同发展中国家的交往,中国通过坚持政治上平等互信、经济上合作共赢、文化上交流互鉴、安全上守望相助、国际事务上团结协作打造中非命运共同体;

---

[1] 《习近平谈治国理政》第一卷,北京,外文出版社2018年版,第298页。
[2] 《东南亚大事记》,《东南亚纵横》2016年第6期。
[3] 习近平:《论坚持推动构建人类命运共同体》,北京,中央文献出版社2018年版,第44页。

坚持通过对话交流，与中巴等不同社会制度、不同文化传统的国家平等相处；通过加强文化交流，坚持"美人之美，美美与共"，打造中拉命运共同体等地区性命运共同体，在构建人类命运共同体上作出积极努力。新冠疫情发生以来，中国高度关注非洲疫情形势，积极向非盟和非洲国家提供抗疫物资援助，组织专家视频会议交流经验，中国企业和民间机构也纷纷向非洲国家伸出援手，帮助非洲国家渡过难关。中国与拉美保持密切沟通，以召开视频会议、协助商业采购、提供防疫物资捐助等多种方式，帮助拉美国家抗击疫情。"独行快，众行远"，不同区域之间相互帮扶，互通有无，构建人类命运共同体才会行稳致远。

总之，构建人类命运共同体作为一项长期规划，落实必须立足于自身发展逐步向外辐射。"推进命运共同体，关键是要看到变、把握时、突出合、强调联、注重建。要行善立德，立规谋势，顺势塑局。"[①] 从中华民族共同体到人类命运共同体，必须谋篇布局，加强联合。

三、从政治、经济、安全、文化、生态、网络，全方位构建

从人类命运共同体的内容剖析，构建人类命运共同体是全方面、多层次的。党的十九大报告指出建设"持久和平、普遍安全、共同繁荣、开放包容、清洁美丽"的世界，这是从政治、经济、文化、安全、生态5个方面对人类命运共同体内涵所作的阐述。此外，全球化时代，互联网已经渗透到了人类各个领域，构建人类命运共同体不容忽视网络问题。因此，人类命运共同体是政治共同体、经济共同体、安全共同体、文化共同体、网络共同体的"六位一体"的共同体。

政治共同体是基石。构建政治共同体要坚持以下几点。第一，坚持平等相待，世界上的事务由所有主权国家平等参与，以相互协商、互商互谅的方式解决。第二，"大国之间相处，要不冲突、不对抗、相互尊重、合作共赢。大国与小国相处，要平等相待，践行正确义利观。义利相兼，义重于利"[②]，真正做到聚同化异，国家无论大小、强弱、贫富，涉及大家的事情要共同商量。大国尤其是资本主义国家应该为推动世界的和平与民主进程作出更大的贡献。第三，用国际法治为政治共同体提供保障。"各国和国际司法机构应该确保国际法平等统一适用，不能搞双重标准，不能

---

① 王帆：《命运共同体的理论意义与实践推动》，《当代世界》2016年第6期。
② 《习近平谈治国理政》第二卷，北京，外文出版社2017年版，第523页。

'合则用，不合则弃'，真正做到'无偏无党，王道荡荡'"[1]，推动各国共同维护法治权威。

经济共同体是核心。目前，全球经济获得巨大发展的同时也遭遇着诸多挑战，国际金融危机仍影响着全球经济。共同体的构建首先要妥善处理好各方的经济利益问题，必须采取坚实的措施"努力塑造各国发展创新、增长联动、利益融合的世界经济，坚定维护和发展开放型世界经济[2]"。第一，要解决全球经济问题，单凭市场的自发调节作用与大国的强制干预是不可能解决的，要坚持发展创新，打造富有活力的增长模式。通过积极的结构改革激活市场活力，提高经济竞争力，增强各国发展的联动效应，防止负面外溢效应。第二，积极扩大共同利益，促进利益融合，在发挥本国优势的同时，促进资源在全球内合理流动，完善全球产业链，培育惠及各国的全球大市场，实现互利共赢。第三，加强全球经济治理。在遭遇逆流、贸易保护主义和民粹主义沉渣泛起的国际背景下，中国始终坚持开放合作、互利共赢，强调与其他国家、国际组织合作联动，倡导普惠共赢的多边贸易体制，扩大与国际社会的利益交汇点，提振全球经济。第四，着力构建更加公正合理的国际经济秩序，强调各国积极参与、平等协商，共同制定更加切实有效的国际经济规则，变革国际贸易体制，消除贸易保护主义。第五，要充分发挥国际性、区域性经济组织的调节推动作用，打破现行西方发达资本主义国家在国际经济事务中享有绝对话语权的桎梏，增加新兴发展中国家在全球经济治理体系中的话语权，提高发展中国家在国际经济事务中的参与度。

安全共同体是底线。当今世界，传统安全和非传统安全、国土安全和国际安全相互交织，全球性安全问题愈演愈烈，安全领域的威胁层出不穷，没有任何国家可以在联系日益紧密的国际环境下脱离世界而依靠自身的力量实现绝对安全，应该看到，每个国家的自身安全都是与其他国家安全休戚与共的，那种只顾自身安全而全然罔顾他国安全，甚至是牺牲他国安全的想法与作为，最后都只能自食其果。中国在维护世界安全方面作出了很好的典范，中国是安理会5个常任理事国中派出维和人员最多的国家，在推动解决叙利亚、阿富汗、伊朗等热点问题上发挥了建设性的作用，为建设安全共同体作出了巨大贡献。覆巢之下无完卵，构建安全共同

---

[1] 习近平：《论坚持推动构建人类命运共同体》，北京，中央文献出版社2018年版，第417页。
[2] 习近平：《论坚持推动构建人类命运共同体》，北京，中央文献出版社2018年版，第37页。

体需要各国携手并进，各司其职，发达国家要依靠自身的先进性与创新性发展，为国际和地区的安全发展承担责任、贡献力量；发展中国家要广泛参与全球安全治理。"各国政府和政府间组织要承担安全治理的主体责任，同时要鼓励非政府组织、跨国公司、民间社会积极参与，形成安全治理合力。要改革完善全球治理体系，运用先进的理念、科学的态度、专业的方法、精细的标准提升安全治理效能，着力推进社会治理系统化、科学化、智能化、法治化，提高预测预警预防各类安全风险能力，增加安全治理的预见性、精准性、高效性。"[1]

文化共同体是特色。文化差异固然是最根深蒂固的，但是文化交流也是最柔和与高效的方式。要在危机中孕育发展契机，在困局中开拓时代新局，就必然要求着眼于不同国家、不同制度以及不同文明之间的复杂关系，以文化的交流、融合与创新，浇灌孕育国家友好关系和人类文明进步的常青之树的沃土。要坚持"以文明交流超越文明隔阂，以文明互鉴超越文明冲突，以文明共存超越文明优越"[2]，让文明成为增进各国人民友谊的催化剂。构建人类命运共同体是一项立足全球、放眼未来的重大课题，各国人民是建设者、参与者，也是受益者。构建文化共同体需要发挥孔子学院的传播作用，孔子学院正处于延展内涵广度、挖掘思想深度、提升品牌高度的关键时期，它对引导世界范围内更多民众和国家为推动树立人类命运共同体意识、推动构建人类文明共同体的作用日益显现。孔子学院作为中华文化日益走向世界舞台中央的重要载体，其发展壮大生动彰显出中华文明与世界文明高度互动的文化成果，讲述着不同文明相遇相知相识、互学互鉴互进的美好故事，这是构建人类命运共同体的"通心""暖心""信心"工程，也是成就人类"各美其美、美美与共"的千古佳话。

生态共同体是底色。绿色健康可持续发展，无论是现在还是将来，无论是发达国家还是发展中国家，都应该是全球发展在时间跨度和空间维度上必须始终着力的重要议题。过去惨痛的历史教训已经深刻警示我们，环境污染，只会带来"一损俱损"。污染的环境将威胁到各肤色各民族的人的健康安全。目前，推进生态法治建设是治理全球生态环境问题的最佳途径。由于单个国家的力量有限，要保障人类命运共同体的顺利建构，必须采取全球协调配合的生态法治行动。在《之江新语》中，习近平同志提出

---

[1] 习近平：《论坚持推动构建人类命运共同体》，北京，中央文献出版社 2018 年版，第 486 页。
[2] 习近平：《论坚持推动构建人类命运共同体》，北京，中央文献出版社 2018 年版，第 533 页。

了关于人类对于生态环境保护认识的3个由浅入深的阶段,第一阶段是只顾眼前、不顾长远;第二阶段是以邻为壑、不顾他人;第三阶段则是认识到生态问题没有国界,是人类共同的威胁。环境保护应坚持共同但有区别的责任原则。习近平总书记认为:"发达国家和发展中国家对造成气候变化的历史责任不同,发展需求和能力也存在差异。"① 习近平总书记用赛车就这个问题进行了巧妙作比,指出如果用统一尺度去限制车速的做法是不适当的,也是不公平的。针对这个问题,习近平总书记强调要坚持共同但有区别的责任等原则,呼吁发达国家承担更多的责任,多做表率,同时发展中国家也应该在自身的能力范围和责任区间下积极作为。中国在生态环境保护方面为他国已经作出表率,如在《强化应对气候变化行动——中国国家自主贡献》中,提出将于2030年左右使二氧化碳排放达到峰值并争取尽早实现。在气候变化国际合作方面,中国政府认真落实南南合作中关于气候变化的政策承诺,支持发展中国家应对气候变化挑战。同时,中国积极督促发达国家承担更大责任,兑现减排承诺。

  网络共同体是保障。国际社会必须正视互联网这一"加速器",从人类命运共同体的高度认识构建国际互联网治理体系的重要性,"推动互联网全球治理体系变革,共同构建和平、安全、开放、合作的网络空间,建立多边、民主、透明的全球互联网治理体系"② 应成为国际共识,让互联网成为阿里巴巴的宝库,而不是潘多拉魔盒。首先,要尊重网络主权。主权平等的原则不仅适用于国家之间各个领域的交往,网络空间同样适用。由于"网络无国界"的说法广泛流传于国际社会,部分发达国家利用技术上的优势大搞互联网"军备竞赛",窃取他国情报信息,破坏他国网络设施,给他国网络安全带来巨大损害。2010年伊朗境内的大概3万个互联网终端受到了"震网"电脑病毒袭击,2013年,美国中情局特工斯诺登爆料的"棱镜门"计划……一系列网络问题的出现给网络主权国家敲响了警钟。针对网络主权问题,习近平总书记指出:"我们应该尊重各国自主选择网络发展道路、网络管理模式、互联网公共政策和平等参与国际网络空间治理的权利,不搞网络霸权,不干涉他国内政,不从事、纵容或支持危害他国国家安全的网络活动。"③ 这是构建网络共同体的中国主张,尊重各国网络

---

① 《习近平关于社会主义生态文明建设论述摘编》,北京,中央文献出版社2017年版,第132页。
② 《习近平谈治国理政》第二卷,北京,外文出版社2017年版,第532页。
③ 习近平:《论坚持推动构建人类命运共同体》,北京,中央文献出版社2018年版,第305页。

主权应成为国际共识。其次，维护网络安全。各国应主动承担起维护网络空间安全的责任，推动制定公认的网络空间国际规则，制定网络空间国际反恐公约，坚持依法治网。最后，推动网络合作，实现互利共赢。针对互联网治理中的薄弱环节要多予重视，摒弃意识形态的"信息霸权"思维，加大对发展中国家的网络技术支持力度，培育发展中国家参与全球治理的基本能力，搭建更多的互联网合作平台，通过扶持"互联网+教育""互联网+医疗""互联网+文化"等为国家和地区人民提供更多更好的信息服务，从而"创造更多利益契合点、合作增长点、共赢新亮点"[①]。

四、从达成共识到顶层设计到实施落地再到保障机制，层层推进

从人类命运共同体实现的路径来看，是达成共识到顶层设计到实施落地再到保障机制的一整套完整方案，这也是构建人类命运共同体的战略思路。

达成共识是构建人类命运共同体的基础。中美关系便是一个典型，"美国优先"的声音在国际上不绝于耳，美国由于意识形态和社会制度等方面与中国存在巨大差异，中国模式影响的扩大令美国深感威胁，对中国的经济、信息、安全等都进行了"攻击"。美国一手挑起中美贸易摩擦，究其根源在于特朗普政府只看到了美国当前面临的危机与挑战，却没有认真思考"人类命运共同体"同样可以给美国发展带来新的机遇。美国极度排斥人类命运共同体的构建，它认为这会损害本国利益。中美目前在诸多领域存在分歧，尚未达成共识，中美需继续加强沟通，管控分歧。在新冠疫情的巨大挑战中，由于共同体意识缺乏，一些西方政客利用疫情在国际上大做文章，把新冠疫情作为政治斗争的手段，抹黑世界卫生组织，对中国展开言语攻击，将新冠病毒称为"中国病毒"，部分欧洲国家媒体大肆炒作中国口罩质量问题，诸如此类的做法不仅无益于控制本国疫情，甚至会影响国际社会共同抗击疫情的积极态势，给国际联防联控造成阻力。从总体上说，构建人类命运共同体需要各国增强战略互信，消解疑虑，才能实现共同发展；需要统筹谋划，把理念付诸具体实践。

顶层设计是构建人类命运共同体的谋略。习近平总书记在谈到改革开放时指出："要加强宏观思考和顶层设计，更加注重改革的系统性、整体

---

① 习近平：《论坚持推动构建人类命运共同体》，北京，中央文献出版社2018年版，第305页。

性、协同性。"① 这个思想同样可以用于中国构建人类命运共同体的外交方面。构建人类命运共同体是一项浩大的世界性工程，只有坚持系统思维和科学统筹，才能为更好把握"牵一发而动全身"的关键问题，从而形成强大社会合力。习近平总书记指出："我们观察和规划改革发展，必须统筹考虑和综合运用国际国内两个市场、国际国内两种资源、国际国内两类规则。"② "全面推进新形势下的对外工作，必须加强党的集中统一领导，改革完善对外工作体制机制，强化对各领域各部门各地方对外工作的统筹协调，加大战略投入，规范外事管理，加强外事干部队伍建设，为开创对外工作新局面提供坚强保障。"③ 加强顶层设计，是中国外交决策机制的重大创新。构建人类命运共同体，统筹国内国际两个大局需要加强顶层设计，统筹各方利益需要加强顶层设计，明确人类命运共同体的具体实现途径和手段需要也需要加强顶层设计。

　　大道至简，实干为要。马克思曾言："一步实际运动比一打纲领更重要。"④ 构建人类命运共同体不仅要进行总体谋划，加强顶层设计，还必须求真务实、真抓实干，坚持马克思主义实事求是的观点，踏踏实实，不好高骛远，代代接力奋力实现人类命运共同体的美好愿景。构建人类命运共同体，中国首先要把自身发展好，解决好国内存在的诸多难题，落实2050年把我国全面建成富强民主文明和谐美丽的社会主义现代化强国的目标。只有自身足够强大，才能提高我国在国际上的话语权。我国应当积极推动人类命运共同体诸主体达成共识，制定阶段目标和长期目标，理清各阶段的构建路径，寻求利益汇合点，制定可操作的政策。当前，构建人类命运共同体从理念到现实最可行、最有效的平台是"一带一路"，必须发挥好"一带一路"的牵导和引领作用。

　　构建人类命运共同体的过程中会出现各种各样的问题，需要制定好保障机制。构建人类命运共同体是一个系统性工程，需要统筹谋划、相互配合、协同发力，发挥现有国际制度和国际规则的作用。国际制度和国际规则大体可划分为3个部分：一是正式的多边规则与制度安排，例如联合国、世界贸易组织；二是非正式的机制安排，例如七国集团；三是地区性的制度安排，例如东盟、中盟。同时，资金、人员、技术3个方面的供

---

① 《习近平谈治国理政》第一卷，北京，外文出版社2018年版，第68页。
② 《习近平谈治国理政》第二卷，北京，外文出版社2017年版，第442~443页。
③ 《习近平谈治国理政》第二卷，北京，外文出版社2017年版，第444页。
④ 《马克思恩格斯选集》第三卷，北京，人民出版社2012年版，第355页。

给必须充足，发达国家要发挥自身优势，给予发展中国家更多帮助。在这方面，从理念走向实践，显然还有很长的一段路要走。

第四节 基本策略

对人类命运共同体的构建谋篇布局之后，我们需要细化其实践路径，即制定好构建人类命运共同体的基本策略。"一带一路"是中国外交布局的重大创新，范围广、内容全、意义深远，是人类命运共同体构建的重要抓手和平台；主动设置议程是宣传我国大国形象、彰显国际责任的重要方面；发展新型大国关系是构建人类命运共同体的根本途径；建立全球治理格局，实现共商共建共享是构建人类命运共同体的不懈追求。以上4个基本策略是基于当前国际社会存在的主要问题并借鉴以往外交经验总结出的，将随着人类命运共同体构建中实践提出的新要求而不断丰富和完善。

一、继续推进"一带一路"建设

"一带一路"是党的十八大以来习近平总书记统筹国内国际两个大局，统筹和平与发展，立足周边、放眼全球而提出的重大策略，是当下构建人类命运共同体最主要的平台。"一带一路"最初是用于发展周边外交而提出，但在实践的过程中，越来越多的国家参与其中，在推进我国周边外交的同时，为我国与发展中国家的合作提供了一个新平台、一种新模式。人类命运共同体与"一带一路"密不可分。人类命运共同体是理念，"一带一路"是具体实践；构建人类命运共同体是终极目标，推进"一带一路"是重要手段；"一带一路"是浓缩版的人类命运共同体版图，集中体现着人类命运共同体的深层意蕴。

"一带一路"从基础、模式、机制、目标等各个方面推动人类命运共同体从思想发展为行动，全方位为人类命运共同体提供有力支撑。2013年，习近平总书记在访问中亚和东南亚国家期间，先后提出构建"丝绸之路经济带"和"21世纪海上丝绸之路"的倡议，短短几年，已经有100多个国家和国际组织参与其中，中国同30多个沿线国家或国际组织签署了共商共建协议。"一带一路"涉及政策沟通、设施联通、贸易畅通、资金融通、民心相通五大领域，不仅对于提高我国国际影响力具有重要意义，而且对于人类命运共同体的构建发挥着关键作用。这五大领域与人类命运共同体在经济、政治、文化、社会、生态5个方面的建设遥相呼应。"政策沟通"为中国构建全球伙伴关系和国际安全格局搭建了对话平台,"设施联通"为中国全方位外交的开展提供了硬件支持,"贸易畅通""资金融通"使中国与各国共建经济走廊、共享发展成果,"民心相通"促进了各国的文化交流、兼收并蓄。从某种意义上说,"一带一路"建设是构建人类命运共同体的试验田,是浓缩版的人类命运共同体。构建人类命运共同体,必须继续推进"一带一路"建设。

1.深化"五通"发展

第一,深化政策沟通。积极同参与"一带一路"建设的有关国家加强政策的沟通协调,实现政策对接。俄罗斯提出欧亚经济联盟、东盟提出互联互通总体规划、土耳其提出"中间走廊"、英国提出"英格兰北方经济中心"等倡议的落实都需要国家间政策的协商。第二,加强设施联通。基础设施互联互通,是"一带一路"建设的优先领域。基础设施建设是中国改革开放以来经济成就的一部分,中国已经把这个经验推广到了"一带一路"建设之中。目前,"一带一路"建设进入新阶段,需要进一步加强设施互联互通。建设复合型基础设施网络,推进雅万高铁、中老高铁、亚吉铁路等项目建设,以中巴、中蒙俄、新亚欧大陆桥、孟中印缅等国际经济合作走廊建设为领头羊,"推动陆上、海上、天上、网上四位一体的联通,聚焦关键通道、关键城市、关键项目,联结陆上公路、铁路道路网络和海上港口网络……抓住新一轮能源结构调整和能源技术变革趋势,建设全球能源互联网,实现绿色低碳发展"[1]。第三,提升贸易畅通水平。坚持"引进来"与"走出去"并重,积极推动贸易和投资便利化,改善营商环境,维护多边贸易体制,推动建立更加公正合理的国际贸易投资体系,促进生产要素有序流动。中国积极推进亚太自由贸易区建设和区域全面经济伙伴关系协定谈判,推动建立面向全球的自由贸易区网络。同时也要解决好发展失衡、分配差距等问题。第四,扩大资金融通。发挥好亚投行、丝路基金等基础平台的作用,中国对"一带一路"建设的投资支持力度很大,向丝路基金新增了1000亿元人民币,向"一带一路"建设参与国的9个项目提供了17亿美元贷款。要积极把现有金融机制与传统金融机制结合,形成金融合作网络。第五,促进民心相通。民心相通与设施、贸易、资金相通不同,民心属于精神层面。"一带一路"沿线国家在文化

---

[1] 《习近平谈治国理政》第二卷,北京,外文出版社2017年版,第512页。

历史、意识形态上存在着诸多差异，这严重制约着"一带一路"建设的推进。国之交在于民之亲，民之亲在于心相通。促进民心相通就要积极开展人文交流合作，推动文明交流互鉴，尊重沿线国家的文化传统和风俗习惯，加强同沿线国家人民的友好往来；做好舆论宣传引导工作，"通过各种方式，讲好'一带一路'故事，传播好'一带一路'声音，为'一带一路'建设营造良好舆论环境"[①]。

2. 推进"一带一路"建设要谋篇布局

第一，"一带一路"虽是中国倡导的，但这是造福沿线国家的互利共赢措施，必须注重与其他国家的合作，坚持互利互惠，采取以点带面和以线带面的策略，以战略支点促进沿线国家发展，要统筹我国同沿线国家的共同利益和具有差异性的利益，调动沿线国家积极性，实现"一带一路"的聚合效应。第二，推进"一带一路"建设，需要政府和市场协同发力，既要坚持政府在宣传推介、建立机制等方面发挥主导性作用，又要注重社会各方力量的积极参与，构建以市场为基础、企业为主体的区域经济合作机制。第三，"一带一路"是造福全人类的系统工程，它带来巨大效益的同时也在面临着严峻的挑战，要树立危机意识，加强顶层设计，建立健全危机预警机制，完善安全保障机制、检测预警、应急处置，做到防患于未然。第四，距离"一带一路"建设目标的实现还有很长的时间，因此要保持谦虚谨慎的态度，认清我国的基本国情和国际地位，坚持从实际出发。

二、展现大国担当，主动设置议程

构建人类命运共同体，中国必须身先力行。中国在发展好自身的同时应站在人类历史发展进程的高度，展现大国担当。中国之所以被称为大国，不仅是因地大物博，更是中国的实力在不断增强。我国现在有世界第二大经济体、联合国安理会常任理事国等头衔。"达则兼济天下"，习近平总书记强调："中国积极参与全球治理体系改革和建设，践行共商共建共享的全球治理观，坚持真正的多边主义，推进国际关系民主化，推动全球治理朝着更加公正合理的方向发展。"[②] 构建人类命运共同体首先致力于打造周边命运共同体、区域性命运共同体，而这些国家往往经济不发达，严重制约国家的发展进程，中国在构建人类命运共同体时把减贫问题放在重

---

① 《习近平谈治国理政》第二卷，北京，外文出版社2017年版，第502页。
② 习近平：《高举中国特色社会主义伟大旗帜　为全面建设社会主义现代化国家而团结奋斗——在中国共产党第二十次全国代表大会上的报告》，北京，人民出版社2022年版，第62页。

要位置，把消除贫困当作构建人类命运共同体的基础。提供公共产品是展现我国负责任大国形象的核心，推动国际秩序变革是我国立足于当今国际体系和国际秩序深刻变化而作出的重大战略调整，这3个方面层层递进，体现了中国的世界抱负与大国担当。

1. 加快全球减贫进程，开展减贫合作

减贫作为世界性难题，开展减贫工作刻不容缓，消灭贫困是构建人类命运共同体的重要渠道。中国为世界减贫事业作出了巨大贡献。近年来，中国围绕"共建没有贫困、共同发展的人类命运共同体"为主要目标，借鉴国际先进的减贫经验，继续加强减贫领域的国际交流与合作，建立了以合作共赢为核心的新型国际减贫交流合作关系；中国以广大发展中国家和国际组织为合作对象，通过举办论坛、政策对话、能力建设、技术援助等形式促进各国减贫事业的发展，坚持推动联合国2030年可持续发展理念下的持续发展议程的落实。2018年，中国举办了中非合作论坛—减贫与发展会议、中国—东盟社会发展与减贫论坛，继续推进与菲律宾、坦桑尼亚、老挝等国家的减贫合作。中国更是积极督促国际社会特别是发达国家在物质和技术方面给予贫困国家更多帮助。

在减贫方面，中国身体力行，坚持开展南南合作，加大对发展中国家的援助。近年来，中国着力向发展中国家提供"6个100"项目支持，包括100个减贫项目、100个农业合作项目、100个促贸援助项目、100个生态保护和应对气候变化项目、100所医院和诊所、100所学校和职业培训中心，以助力相关国家减贫。[①] 授人以鱼不如授人以渔，中国积极帮助各贫困国家把资源优势转化为发展优势，为发展中国家营造良好的外部环境。中国为全球减贫事业作出的重大贡献彰显了中国负责任的大国形象。

2. 提供更多公共产品

"一带一路"是中国向国际社会提供的最大公共产品。"一带一路"的三大保障为丝路基金、亚洲基础设施投资银行和金砖国家新开发银行，这是发展中国家组建多边金融机构的创造性成果，是新型国际金融关系组织，是中国向世界提供的金融公共产品。"'一带一路'倡议所提供的公共产品主要包括3类：一是基础设施建设及相关的联动发展；二是沿线国家发展所需要的原始资金；三是中国发展经验特别是'先富带动后富、最终

---

① https://www.iprcc.org.cn/article/4BYPMdVOVVH?bsh_bid=5958284289.

实现共同富裕'的发展思路"①。"一带一路"对于国际公共产品提供了新的思路，对接合作是中国对国际公共产品的创新点，比如，中国同欧亚经济联盟签署经贸合作协定，主张打造陆上丝绸之路和欧亚经济走廊，为欧亚地区提供了更多公共产品；中蒙俄经济走廊打造基础设施的互联互通，保障了蒙古国"草原之路"的战略实施。"一带一路"建设对于提升国际公共产品水平具有重要意义。

创建新型国际组织。当今国际组织的合作机制总体上是有效的，但也不可避免地存在一些问题，特别是一些国际金融组织在实际的运行、管理和监督过程中并没有充分体现公平正义的基本原则，利益的天平始终倾向于当前发展更具实力和竞争力的发达国家。以发达国家和发展中国家在大多数国际组织中所占席位的多少对比为例，发达国家在其中拥有多数席位和决策权，而发展中国家只占有少数席位，缺乏足够的关注与支持，甚至实际上也并不享有参与决策的权利。中国近年来致力于同其他国家创新国际组织，搭建新的全球性组织，为全球提供更多的公共产品。中国推动中国—东盟自由贸易区的建设，继续深化中非合作论坛和中阿合作论坛，与印度、巴西搭建了金砖国家并组建金砖国家新开发银行，积极推动G20应对世界金融危机及各种全球性问题。

提供精神性公共产品。中国倡导"和平合作、开放包容、互学互鉴、互利共赢"的丝路精神，倡导"互利、平等、协商、尊重多样文明、谋求共同发展"的上海精神，提出核安全观、亚洲安全观、共商共建共享的全球治理理念，这些都是中国着眼于全球发展大势向国际社会提供的精神性公共产品。

3. 推动国际秩序变革

现行国际秩序存在诸多弊端。英国学者赫德利·布尔指出，国际秩序实际上是一国为实现自身的社会基本、主要或普遍的目标，包括"维持国际体系和国家社会本身的生存、维护国家的独立或外部主权、维护和平等而与他国形成的约定俗成或制定的特殊的行为准则。"②过去旧的国际秩序，像"威斯特伐利亚秩序""拿破仑霸权模式""凡尔赛—华盛顿体系""雅尔塔体系"等基本上都是均势和霸权之间的交替，这种体系在发展中出现了诸多问题，第二次世界大战后所建立的国际秩序尽管是稳定

---

① 张春：《"一带一路"倡议与全球治理的新实践》，《国际关系研究》2017 年第 2 期。
② 刘涵：《赫德利·布尔的国际秩序观研究》，《哈尔滨市委党校学报》2014 年第 2 期。

的，为国际社会发展作出了一定贡献，但是却以维护西方发达国家的利益为主要目的，而不是以解决发展中国家面临的问题为宗旨。虽然联合国等国际组织制定了各国交往应遵循的基本准则，但由于发达国家和发展中国家在技术、资金等方面存在巨大差异，现行国际秩序已无法解决人类社会当前的问题。

中国始终奉行正确利益观，为国际秩序改革不懈努力。习近平总书记强调："不管全球治理体系如何变革，我们都要积极参与，发挥建设性作用，推动国际秩序朝着更加公正合理的方向发展，为世界和平稳定提供制度保障。"① 中国作为新兴市场国家和发展中国家的代表，一直呼吁对现行的国际体制进行改革，增强新兴市场国家在国际事务中的代表权和发言权，维护发展中国家应有的权益，推动建立公正、合理、非歧视的多边贸易体制，致力于推动重大经济组织的不合理制度设计改革。中国积极修改现有的国际规则，比如，"共同推动制订国际货币基金组织和世界银行的改革方案，使发展中国家获得参与国际组织的平等投票权，积极加入国际货币基金组织的 SDR，推动完善国际金融监管机制，确保发展中国家有效参与金融稳定理事会等国际金融监管机构"②，中国正在一步步从国际规则的参与者向倡导者转变。

三、扩大"朋友圈"，发展新型大国关系

处理好大国关系是中国外交战略布局的关键，在党的二十大报告中，习近平总书记强调要"促进大国协调和良性互动，推动构建和平共处、总体稳定、均衡发展的大国关系格局"。③ 时代的发展令大国之间的关系发生了改变，以往对抗和结盟的旧型大国关系渐渐退出了历史舞台，大国之间的共同利益增多，共同利益远远超过了双方在意识形态、地缘战略等方面的矛盾，冷战后大国间的国际关系主要表现在以下 3 个方面。其一，多极化趋势不断深化，虽然美国意图"称霸世界"的决心并未改变，但是各国共同利益的增多驱使多极化超越了单极化。其二，综合国力的强弱成为国际地位的主要标志，"硬实力"和"软实力"决定着一个国家在国际上

---

① 《习近平谈治国理政》第一卷，北京，外文出版社 2018 年版，第 324 页。
② 赵江林：《中国为什么不挑战现有国际秩序——新秩序观与国际公共产品贡献方向》，《人民论坛·学术前沿》，2017 年第 4 期。
③ 习近平：《高举中国特色社会主义伟大旗帜　为全面建设社会主义现代化国家而团结奋斗——在中国共产党第二十次全国代表大会上的报告》，北京，人民出版社 2022 年版，第 61 页。

的话语权。其三，在竞争中合作、在合作中竞争成为大国之间的基本形态，共同危险的增多促使各国寻求合作，但各国之间在争夺资源等方面的竞争仍然很激烈。在此背景下，中国致力于发展合作共赢的全球伙伴关系，构建人类命运共同体要注重大国关系的处理，"中国重视各大国的地位和作用，致力于同各大国发展全方位合作关系，积极同美国发展新型大国关系，同俄罗斯发展全面战略协作伙伴关系，同欧洲发展和平、增长、改革、文明伙伴关系"[1]，中国通过领导人的高层会议、政治经济的多方合作，促使中美、中俄、中欧等大国关系总体上稳步发展。

1. 努力建设中美稳定关系

美国是目前世界上唯一的超级大国，中国是世界上最大的发展中国家，"一个健康稳定发展的中美关系不仅符合两国人民根本利益，也是国际社会的共同期待"[2]。中国坚持从战略高度和长远角度把握中美关系，致力于发展长期稳定的中美关系。中国对中美关系的发展始终抱有信心，习近平总书记从5个方面阐述了中美关系不会落入"修昔底德陷阱"："第一，双方都有建设新型大国关系的政治意愿。第二，40多年双方合作的积累，使两国合作具有很好的基础。第三，双方建立了战略与经济对话、人文交流高层磋商等90多个对话沟通机制，为建设新型大国关系提供了机制保障。第四，双方建立了220多对友好省州和友好城市。中国有近19万学生在美国留学，美国有2万多学生在华留学。建设中美新型大国关系具有深厚民意基础。第五，未来两国有着广泛的合作空间。"[3] 构建新型中美关系在信心的基础上还要双方不断努力，加强对话、增进互信、发展合作、管控分歧。

一方面，中美要增进共识、管控分歧。如果双方不能正确判断彼此战略意图，就可能会造成"修昔底德陷阱"。美国要尊重中国的发展，摒弃霸权和强权心态，美国在中国主权问题上多加干涉，严重损害了我国利益，美国在台湾问题、西藏问题、南海等领土问题上的言行严重影响着两国关系的发展，美国应当转变对中态度，换位思考，"双方遵循相互尊重、平等相待原则，坚持求同存异、聚同化异，就没有过不去的坎，中美两国关系就能避免受到大的干扰"[4]。

---

[1] 习近平：《论坚持推动构建人类命运共同体》，北京，中央文献出版社2018年版，第135页。
[2] 习近平：《论坚持推动构建人类命运共同体》，北京，中央文献出版社2018年版，第494页。
[3] 《习近平谈治国理政》第一卷，北京，外文出版社2018年版，第280页。
[4] 习近平：《论坚持推动构建人类命运共同体》，北京，中央文献出版社2018年版，第345页。

另一方面，中美要坚持合作共赢。多年来，中美两国关系时好时坏的根源都在于美国政府只致力于维护本国利益，双方要坚持互利共赢，加强宏观经济政策协调，力争中美投资协定早日达成，积极推进中美新型军事关系建设，中美关系发展良好对于人类命运共同体建设的推进工作十分重要。

2. 继续推进中俄关系

中俄是全面战略协作伙伴，中俄是冷战后的"大国关系典范"。当前，中俄关系处于前所未有的时代高度，已进入互相提供重要发展机遇、互为主要优先伙伴关系的崭新阶段。《中俄睦邻友好合作条约》经受住了时代的考验，推进中俄两国关系建设，要着重强化合作共赢，加强务实合作。中俄两国要不断创造出更多利益契合点和合作增长点，双方的合作应积极向金融、基础设施建设、投资、高新技术等领域扩展，双方应由商品进出口向联合研发转变，加强经济政策的沟通，促进两国金融机构在出口信贷、保险、项目融资等领域的合作，在双边贸易、直接投资、信贷领域扩大本币的适用范围，倾全力推进两国"一带一路"建设，对接欧亚经济联盟，加快推进能源投资等重大项目的合作。中俄世代友好，在加强经济合作的同时积极推进人文交流，举办旅游年、文化年、语言年等国家年活动，为两国人民的友好往来开辟更多渠道。中俄两国的新型大国关系将促使两国成为更加紧密的共同体。

3. 积极提升中欧关系

欧洲是最大的发达国家联合体，中欧分别是东西方文明的发源地，中欧关系也是全球重要的双边关系之一，双方合作具有战略意义。中欧关系分为两个层面，一是中国同欧盟的关系，二是中国同西欧国家主要是德法英三国的关系。欧盟在世界经济中占据着重要地位，是重要的国际力量。2016年英国宣布脱欧，但实力仍不可小觑，法国和英国是联合国安理会的常任理事国，德国是世界第四大经济体，三国在国际上都占有一席之地。提升中欧关系，既包括同欧盟的发展，也包括同英、法、德、意等国家的发展。

在当今全球化时代，中欧是利益高度融合的命运共同体。双方不存在地缘战略竞争，主要的矛盾还是在意识形态方面，双方应坚持互为战略伙伴的基本定位，坚持双向开放，打破"小院高墙"的桎梏，以中欧开放合作促进经济全球化深入发展，以中欧团结协作应对全球性挑战，共同推动疫后全球复苏与繁荣发展。中欧要致力于推进合作共赢，把握全球化带来的机遇，通过平等对话和友好协商管控合作中的贸易摩擦，积极落实中欧合作与丝绸之路经济带建设相结合、构建亚欧大市场的构想，同时加强在国际事务上的合作，携手推动制定公正、合理、有效的国际规则。

总之，构建新型大国关系要以中美关系为重点，同时要积极推进中俄、中欧关系发展，以三方大国关系带动同其他国家的发展，形成大国关系的良性互动，进而构建人类命运共同体的大国关系框架。

四、建立全球治理格局，实现共商共建共享

随着全球化的深入发展，全球性问题的不断凸显在国际上引发广泛关注，中国在此背景下提出了人类命运共同体理念，并积极参与全球治理进程。全球治理的理念是中国于党的十八大上明确提出的："加强同世界各国交流合作，推动全球治理机制变革"，把"坚持权利和义务相平衡，积极参与全球经济治理"作为我国对外战略的重要指导原则。[1] 在党的十九大报告中，习近平总书记进一步强调："中国秉持共商共建共享的全球治理观……将继续发挥负责任大国作用，积极参与全球治理体系改革和建设，不断贡献中国智慧和力量。"[2] 当前，全球治理规则已然不能适应新的发展需要，中国作为现行国际体系的参与者、建设者和贡献者，必须遵循共商共建共享的科学原则，积极主动地化主张为行动，在高效互惠的中国实践中化解治理赤字。这也是中国负责任大国形象在国际舞台上日益彰显的重要体现。

1. 推动全球治理体系变革需要理念的引导

习近平总书记指出："我们参与全球治理的根本目的，就是服从服务于实现'两个一百年'奋斗目标、实现中华民族伟大复兴的中国梦。要审时度势，努力抓住机遇，妥善应对挑战，统筹国内国际两个大局，推动全球治理体制向着更加公正合理方向发展，为我国发展和世界和平创造更加有利的条件。"[3] 党的十八大以来，中国始终不渝走和平发展道路，奉行互利共赢的开放战略，一系列正确义利观的践行，"亚洲梦""世界梦"的倡导和"休戚与共"命运共同体精神的诠释等创新外交理念，既生动彰显了

---

[1] 《中国共产党第十八次全国代表大会文件汇编》，北京，人民出版社2012年版，第4页、第44页。

[2] 习近平：《决胜全面建成小康社会 夺取新时代中国特色社会主义伟大胜利——在中国共产党第十九次全国代表大会上的报告》，北京，人民出版社2017年版，第60页。

[3] 习近平：《论坚持推动构建人类命运共同体》，北京，中央文献出版社2018年版，第259页。

中国特色大国外交"亲诚惠容"的核心要义,又充分体现出与全球治理理念的创新融合,广获世界赞誉。习近平总书记在主持中央政治局第二十七次集体学习时指明:"要推动全球治理理念创新发展,积极发掘中华文化中积极的处世之道和治理理念同当今时代的共鸣点,继续丰富打造人类命运共同体等主张,弘扬共商共建共享的全球治理理念。"[1] 共商共建共享是全球治理体系变革的核心要义。共商共建共享的全球治理理念为全球治理体系的变革提供了方法论的指导,将有力地推动全球治理秩序的变革。要继续坚持共商共建共享,努力实现利益的最大公约数。

2. 维护和加强多边合作机制

在动荡变革期,保护主义、单边主义、霸权主义行径抬头,冲击国际秩序,破坏国际合作。在全球性威胁和挑战面前,联合国的主体作用必须得到加强,要进一步发挥其在主持公道、厉行法治、促进合作、聚焦行动方面的积极作用。世界各国要坚定维护以联合国为核心的国际体系,坚定维护以国际法为基础的国际秩序,加强国际社会应对气候变化,打击恐怖主义,保障各方安全的能力;要制定公平正义的国际贸易规则,支持开放、透明、包容、非歧视的多边贸易体制,优化全方位运行机制,构建开放型经济,不断汇聚应对全球性问题的强大合力。

在当下全球疫情依然肆虐之下,由于各国卫生治理水平参差不齐,国际社会要加大对卫生系统薄弱、治理能力不强的国家或地区的支持力度,帮助其建立完善的卫生防疫系统。各国应以新冠疫情为契机,深化卫生健康领域的交流合作,提升公共卫生问题在国际议程中的位置,合力打造人类卫生健康共同体。

3. 建立健全争端解决机制

针对西方单边主义破坏全球化进程的困境,必须要建立健全争端解决机制。"一带一路"争端解决机制要在借鉴其他争端解决机制有益经验的基础上,结合"一带一路"的自身特点进行进一步创新。WTO争端解决机制作为多边贸易机制的支柱,目前也存在利益之间的冲突,需寻求利益最佳平衡点。欧盟确立的争端解决机制有着诸多问题,对发展中国家在贸易体制内的权利不能予以充分保障,需不断进行完善发展,协调好各国决策机制等也在不断完善中。应当看到,利益是国家、社会和个人生存发展的驱动力,各国为了谋求本国利益的最大化,必然在各领域矛盾不断。因

---

[1] 习近平:《论坚持推动构建人类命运共同体》,北京,中央文献出版社2018年版,第261页。

此，只有建立全面、系统的争端解决机制，才能破解西方单边主义破坏全球化进程的困境，才能够真正为人类命运共同体的构建保驾护航。

"炎火成燎原之势，涓流兆江河之形。"正所谓星星之火可以燎原，人类命运共同体正在走向实践，总有实现的一天。我们无法见证人类命运共同体实现后的美好时代，但我们可以脚踏实地做好中国当下的事情，为人类命运共同体的实现添砖加瓦。人类命运共同体可以说是"世界梦"，是具有国际情怀的"中国梦"，旨在发展出一种理想的人类社会条件，将全世界的人民联合起来，实现世界人民的互惠共赢。虽然从当下的情势看，世界形势风云莫测，人类命运共同体也将在发展进程中荆棘丛生。但从前瞻的视角看，人类命运共同体的实现将是向共产主义社会的大步迈进，是真正实现"各美其美，美人之美，美美与共"的"天下大同"。因而可以说，尽管构建人类命运共同体具有长期性、复杂性和艰巨性，但具有历史意义的新起点已经开始了，我们已经出发了。一经出发，必定到达，我们就是要有这样的自信。

参考文献

（一）著作类

[1]《马克思恩格斯文集》（1~10卷），北京，人民出版社2009年版。
[2]《马克思恩格斯选集》（1~4卷），北京，人民出版社2012年版。
[3]《马克思恩格斯全集》第一卷，北京，人民出版社1956年版。
[4]《列宁全集》（1~60卷），北京，人民出版社2017年版。
[5]《列宁选集》（1~4卷），北京，人民出版社2012年版。
[6]《列宁专题文集》（1~4卷），北京，人民出版社2009年版。
[7]《毛泽东选集》（1~4卷），北京，人民出版社1991年版。
[8]《邓小平文选》（1~3卷），北京，人民出版社1993、1994年版。
[9]《江泽民文选》（1~3卷），北京，人民出版社2006年版。
[10]《胡锦涛文选》（1~3卷），北京，人民出版社2016年版。
[11]《十六大以来重要文献选编》（上、中、下），北京，中央文献出版社2011年版。
[12]《十八大以来重要文献选编》（上、中、下），北京，中央文献出版社2014年版。
[13]《习近平关于实现中华民族伟大复兴的中国梦论述摘编》，北京，中央文献出版社2013年版。
[14]《习近平关于全面深化改革论述摘编》，北京，中央文献出版社2014年版。
[15]《习近平谈治国理政》第一卷，北京，外文出版社2018年版。
[16]《习近平谈治国理政》第二卷，北京，外文出版社2017年版。
[17]《习近平谈治国理政》第三卷，北京，外文出版社2020年版。
[18]《习近平谈治国理政》第四卷，北京，外文出版社2022年版。
[19]《习近平总书记系列重要讲话读本》，北京，学习出版社、人民出版社2014年版。
[20]《习近平总书记系列重要讲话读本（2016年版）》，北京，学习出版社、人民出版社2016年版。
[21] 习近平：《决胜全面建成小康社会　夺取新时代中国特色社会主义伟大胜利——

在中国共产党第十九次代表大会上的报告》，北京，人民出版社 2017 年版。

[22] 习近平:《高举中国特色社会主义伟大旗帜　为全面建设社会主义现代化国家而团结奋斗——在中国共产党第二十次全国代表大会上的报告》北京，人民出版社 2022 年版。

[23] 习近平:《论坚持推动构建人类命运共同体》，北京，中央文献出版社 2018 年版。

[24] 习近平:《习近平谈"一带一路"》，北京，中央文献出版社 2018 年版。

[25] 《习近平关于社会主义生态文明建设论述摘编》，北京，中央文献出版社 2017 年版。

[26] 秦玉才等:《"一带一路"读本》，杭州，浙江大学出版社 2015 年版。

[27] 王义桅:《"一带一路":机遇与挑战》，北京，人民出版社 2015 年版。

[28] 胡群英:《社会共同体的公共性建构》，北京，知识产权出版社 2013 年版。

[29] 王子昌:《东盟外交共同体:主体及表现》，北京，时事出版社 2011 年版。

[30] 陈岩:《东亚共同体通论》，杭州，浙江大学出版社 2016 年版。

[31] 王小章:《从"自由或共同体"到"自由的共同体"——马克思的现代性批判与重构》，北京，中国人民大学出版社 2014 年版。

[32] 邵发军:《马克思的共同体思想研究》，北京，知识产权出版社 2014 年版。

[33] 张康之、张乾友:《共同体的进化》，北京，中国社会科学出版社 2012 年版。

[34] 房广顺:《马克思主义和谐世界建设论》，北京，人民出版社 2011 年版。

[35] 李义天:《共同体与政治团结》，北京，社会科学文献出版社 2011 年版。

[36] 李义天主编:《共同体与政治团结》，北京，社会科学文献出版社 2011 年版。

[37] 曹荣湘:《马克思世界历史理论与当代全球化》，北京，中央编译出版社 2006 年版。

[38] 叶险明:《世界历史理论的当代构建》，北京，中国社会科学出版社 2014 年版。

[39] 王彩凤、张壮、于红丽:《马克思的世界历史理论与全球化》，哈尔滨，东北林业大学出版社 2016 年版。

[40] 王东、丰子义、聂锦芳:《马克思主义与全球化:德意志意识形态的当代阐释》北京，北京大学出版社 2003 年版。

[41] 马俊峰:《马克思社会共同体理论研究》，北京，中国社会科学出版社 2011 年版。

[42] 林进平:《马克思的"正义"解读》，北京，社会科学文献出版社 2009 年版。

[43] 陈刚:《马克思的自由观》，郑州，河南人民出版社 1996 年版。

[44] 王虎学:《人的社会与社会的人:马克思哲学的革命变革与现代视域》，济南，山东人民出版社 2012 年版。

[45] 代俊兰:《马克思人类解放理论的历史轨迹及其当代价值》，北京，中国社会科学出版社 2013 年版。

[46] 谭培文:《马克思主义的利益理论——当代历史唯物主义的重构》,北京,人民出版社 2002 年版。

[47] 邹学荣:《马克思主义人学理论与实践》,西宁,青海人民出版社 1993 年版。

[48] 胡伟:《"一带一路":打造中国与世界命运共同体》,北京,人民出版社 2016 年版。

[49] 王灵桂、赵江林:《周边命运共同体建设:挑战与未来》,北京,社会科学文献出版社 2017 年版。

[50] 许纪霖:《家国天下》,上海,上海人民出版社 2017 年版。

[51] 赵汀阳:《天下体系:世界制度哲学导论》,北京,中国人民大学出版社 2011 年版。

[52] 邹磊:《中国"一带一路"战略的政治经济学》,上海,上海人民出版社 2005 年版。

[53] 张立文:《中国传统文化与人类命运共同体》,北京,中国人民大学出版社 2018 年版。

[54] 陈岳、蒲俜:《构建人类命运共同体》,北京,中国人民大学出版社 2018 年版。

[55] 刘建飞、罗建波、孙东方:《构建人类命运共同体:理论与战略》,北京,新华出版社 2018 年版。

[56] 卢黎歌:《新时代推进构建人类命运共同体研究》,北京,人民出版社 2019 年版。

[57] 王义桅:《时代之问,中国之答:构建人类命运共同体》,长沙,湖南人民出版社 2020 年版。

[58] [英] 戴维·米勒:《民族责任与全球正义》,杨通进、李广博译,重庆,重庆出版社 2014 年版。

[59] [德] 康德:《永久和平论》,何兆武译,上海,上海人民出版社 2005 年版。

[60] [英] 霍普:《个人主义时代之共同体重建》,沈毅译,杭州,浙江大学出版社 2010 年版。

[61] [加] 伊曼纽尔·阿德勒、迈克尔·巴涅特:《安全共同体》,孙红译,北京,世界知识出版社 2015 年版。

[62] [加] 布莱登、科尔曼:《反思共同体——多学科视角与全球语境》,严海波译,北京,社会科学文献出版社 2011 年版。

[63] [美] 汉斯·丁·摩根索:《国家间政治——为权利和和平而斗争》,徐昕等译,北京,中国人民公安大学出版社 1990 年版。

[64] [美] 塞缪尔·亨廷顿:《文明的冲突与世界秩序的重建》,周琪等译,北京,新华出版社 2010 年版。

［65］［美］塞缪尔·亨廷顿:《失衡的承诺》,北京,东方出版社2005年版。

［66］［英］罗素:《一个自由人的崇拜》,胡品清译,长春,时代文艺出版社1988年版。

［67］［日］望月清司:《马克思历史理论的研究》,韩立新译,北京,北京师范大学出版社2009年版。

［68］［德］斐迪南·滕尼斯:《共同体与社会》,林荣远译,北京,商务印书馆1999年版。

［69］［德］斐迪南·滕尼斯:《新时代的精神》,林荣远译,北京,北京大学出版社2006年版。

［70］［美］大卫·A.施沃伦:《自觉全球主义:矛盾冲突与对策》,郑文园译,北京,社会科学文献出版社2005年版。

［71］［加］查尔斯·泰勒:《黑格尔与现代社会》,徐文瑞译,长春,吉林出版集团2009年版。

［72］［美］古尔德:《马克思的社会本体论:马克思社会实在理论中的个性和共同体》,王虎学译,北京,北京师范大学出版社2009年版。

［73］［英］沃尔夫:《当今为什么还要研读马克思?》,段忠桥译,北京,高等教育出版社2006年版。

［74］［美］奥尔曼:《异化:马克思论资本主义社会中的人的概念》,王贵贤译,北京,北京师范大学出版社2011年版。

［75］［英］戴维·麦克莱伦:《马克思以后的马克思主义》,李智译,北京,中国人民大学出版社2004年版。

［76］［以］尤瓦尔·赫拉利:《人类简史:从动物到上帝》,林俊宏译,北京,中信出版社2014年版。

［77］［德］卡尔·曼海姆:《文化生活学论要》,刘继同、左芙蓉译,北京,中国城市出版社2001年版。

［78］［美］涛慕思·博格:《康德、罗尔斯与全球正义》,刘莘、徐向东译,上海,上海译文出版社2010年版。

［79］［英］安德烈·海伍德:《全球政治多棱镜》,白云真、罗文静译,北京,中国人民大学出版社2016年版。

［80］［美］E·拉兹洛:《决定命运的选择》,李吟波、张武军、杨志康译,北京,生活·读书·新知三联书店1997年版。

［81］［英］霍布斯:《利维坦》,黎思复、黎廷弼译,北京,商务印书馆1985年版。

［82］［美］罗伯特·基欧汉:《霸权之后——世界政治经济中的合作与纷争》,苏长和等译,上海,上海人民出版社2001年版。

[83] [美]詹姆斯·多尔蒂、小罗伯特·普法尔茨格拉夫:《争论中的国际关系理论》,阎学通、陈寒溪译,北京,世界知识出版社 2003 年版。

[84] [古希腊]修昔底德:《伯罗奔尼撒战争史》,谢德风译,北京,商务印书馆 2013 年版。

[85] [美]威廉·麦克尼尔:《西方的兴起:人类共同体史》,北京,中信出版社 2018 年版。

[86] [德]斐迪南·滕尼斯:《共同体与社会》,北京,商务印书馆 2019 年版。

(二)期刊类

[1] 张曙光:《"类哲学"与"人类命运共同体"》,《吉林大学社会科学学报》2015 年第 1 期。

[2] 卢德友:《"人类命运共同体":马克思主义时代性观照下理想社会的现实探索》,《求实》2014 年第 8 期。

[3] 石云霞:《马克思社会共同体思想及其发展》,《中国特色社会主义研究》2016 年第 1 期。

[4] 石云霞:《"一带一路":构建人类命运共同体的伟大创举》,《高校马克思主义理论研究》2017 年第 3 期。

[5] 金应忠:《从"和文化"到新型国际关系理念——兼论人类命运共同体意识》,《社会科学》2015 年第 11 期。

[6] 蔡拓:《全球主义与国家主义》,《中国社会科学》2000 年第 3 期。

[7] 蔡拓:《全球治理的反思与展望》,《天津社会科学》2015 年第 1 期。

[8] 曲星:《人类命运共同体的价值观基础》,《求是》2013 年第 4 期。

[9] 阮宗泽:《人类命运共同体:中国的"世界梦"》,《国际问题研究》2016 年第 1 期。

[10] 黄德明、卢卫彬:《国际法语境下的"人类命运共同体意识"》,《中共浙江省委党校学报》2015 年第 4 期。

[11] 刘振民:《坚持合作共赢 携手打造亚洲命运共同体》,《国际问题研究》2014 年第 2 期。

[12] 于铁军:《进攻性现实主义、防御性现实主义和新古典现实主义》,《世界经济与政治》2000 年第 5 期。

[13] 李海龙:《论"命运共同体"理念及其中国实践》,《长江师范学院学报》2014 年第 5 期。

[14] 任晓:《论中国的世界主义》,《世界经济与政治》2014 年第 8 期。

[15] 蔡拓:《全球主义视角下的国际秩序》,《现代国际关系》2014 年第 7 期。

［16］ 王逸舟:《全球主义视野下的国家安全研究》,《国际政治研究》2015 年第 4 期。

［17］ 李建华、张永义:《世界主义伦理观的国际政治困境》,《中国社会科学》2012 年第 5 期。

［18］ 龚群:《世界主义与全球正义》,《中国人民大学学报》2013 年第 5 期。

［19］ 金应忠:《试论人类命运共同体意识——兼论国际社会共生性》,《国际观察》2014 年第 1 期。

［20］ 于洪君:《树立人类命运共同体意识 推动中国与世界良性互动》,《当代世界》2013 年第 12 期。

［21］ 宋涛:《高扬起人类命运共同体的旗帜》,《当代世界》2016 年第 1 期。

［22］ 王鸿刚:《使命与担当:国际秩序变革下的中国战略》,《党建》2015 年第 6 期。

［23］ 任思奇、邓若玉:《习近平"命运共同体"思想探源》,《人民论坛》2016 年第 5 期。

［24］ 蔡亮:《共生国际体系的优化:从和平共处到命运共同体》,《社会科学》2014 年第 9 期。

［25］ 刘传春:《人类命运共同体内涵的质疑、争鸣与科学认识》,《毛泽东邓小平理论研究》2015 年第 11 期。

［26］ 徐艳玲、陈明琨:《人类命运共同体的多重建构》,《毛泽东邓小平理论研究》2016 年第 7 期。

［27］ 徐艳玲、李聪:《人类命运共同体价值意蕴的三重维度》,《科学社会主义》2016 年第 3 期。

［28］ 饶世权、林伯海:《习近平的人类命运共同体思想及其时代价值》,《学校党建与思想教育》2016 年第 7 期。

［29］ 李爱敏:《"人类命运共同体":理论本质、基本内涵与中国特色》,《中共福建省委党校学报》2016 年第 2 期。

［30］ 董立人:《习近平"人类命运共同体"思想研究》,《学习论坛》2016 年第 3 期。

［31］ 胡子祥、郑永廷:《人类命运共同体视阈下的世界梦概念辨析——兼论中国梦与世界梦的关系》,《毛泽东思想研究》2016 年第 3 期。

［32］ 谢文娟:《"人类命运共同体"的历史基础和现实境遇》,《河南师范大学学报(哲学社会科学版)》2016 年第 5 期。

［33］ 虞崇胜、余扬:《人类命运共同体:全球化背景下类文明发展的中国预判》,《理论视野》2016 年第 7 期。

［34］ 陈向阳:《以"人类命运共同体"引领世界秩序重塑》,《当代世界》2016 年第 5 期。

［35］ 陈强:《"人类命运共同体"的文化构建与"精神丝绸之路"》,《西北民族大学

学报（哲学社会科学版）》2016年第4期。

[36] 蒲若茜：《文化多元化与构建人类命运共同体》，《广东社会科学》，2023年第1期。

[37] 杨宏伟、刘栋：《论构建"人类命运共同体"的"共性"基础》，《教学与研究》2017年第1期。

[38] 李宝刚、廖红霞：《马克思世界历史理论与人类命运共同体的建构》，《辽宁行政学院学报》2016年第1期。

[39] 贺来：《马克思哲学的"类"概念与"人类命运共同体"》，《哲学研究》2016年第8期。

[40] 李梦云：《建设人类命运共同体的文化构想》，《哲学研究》2016年第3期。

[41] 丛占修：《人类命运共同体：历史、现实与意蕴》，《理论与改革》2016年第3期。

[42] 郭建宁：《传统"和"文化与现代新思维文化哲学视野中的和谐社会》，《学术研究》2006年第11期。

[43] 刘传春：《"一带一路"战略的质疑与回应——兼论人类命运共同体构建的国际认同》，《石河子大学学报(哲学社会科学版)》2016年第1期。

[44] 阮宗泽：《人类命运共同体：中国的"世界梦"》，《国际问题研究》2016年第1期。

[45] 黄德明、卢卫彬：《国际法语境下的"人类命运共同体意识"》，《中共浙江省委党校学报》2015年第6期。

[46] 金应忠：《试论人类命运共同体意识——兼论国际社会共生性》，《国际观察》2014年第1期。

[47] 潘盛洲：《"一带一路"：构建人类命运共同体的伟大探索》，《理论学习》2017年第6期。

[48] 刘仓：《文明自觉与中华文明新形态》，《高校马克思主义理论研究》2017年第6期。

[49] 陈先达：《论普世价值与价值共识》，《哲学研究》2009年第4期。

[50] 张春：《"一带一路"倡议与全球治理的新实践》，《国际关系研究》2017年第2期。

[51] 张雄、朱璐、徐德忠：《历史的积极性质："中国方案"出场的文化基因探析》，《中国社会科学》2019年第1期。

[52] 吴志成、吴宇：《逆全球化的演进及其应对》，《红旗文稿》2018年第3期。

[53] 郑一明、张超颖：《从马克思主义视角看全球化、反全球化和逆全球化》，《马克思主义与现实》2018年第4期。

[54] 龚婷:《美国对华经贸政策新发展与中美经贸关系前景》,《国际问题研究》2018 年第 3 期。

[55] 李庆四:《特朗普对华贸易战的原因及影响》,《现代国际关系》2018 年第 6 期。

[56] 谢长安、丁晓钦:《逆全球化还是新全球化？——基于资本积累的社会结构理论》,《毛泽东邓小平理论研究》2017 年第 10 期。

[57] 杨俊峰:《西方民粹主义与身份认同政治》,《科学社会主义》2017 年第 1 期。

[58] 俞可平:《全球化时代的民粹主义》,《国际政治研究》2017 年第 1 期。

[59] 于浩:《国家主义源流考》,《浙江社会科学》2014 年第 3 期。

[60] 佟德志:《解读民粹主义》,《国际政治研究》2017 年第 2 期。

[61] 叶江:《全球化退潮及民粹民族主义兴起对现代世界体系的影响》,《国际观察》2017 年第 3 期。

[62] 付随鑫:《美国的逆全球化、民粹主义运动及民族主义的复兴》,《国际关系研究》2017 年第 5 期。

[63] 周森:《日益扩大的全球贫富鸿沟与未来全球局势的演变》,《红旗文稿》2015 年第 7 期。

[64] 汪习根、李曦光:《"一带一路"视角下法治服务体系的优化——基于法律价值理念的分析》,《武汉大学学报(哲学社会科学版)》2018 年第 1 期。

[65] 王奇、梅建明:《中巴经济走廊沿线恐怖威胁分析及对策》,《南亚研究》2017 年第 4 期。

[66] 万秀丽、陈学琴:《从马克思真正共同体思想到人类命运共同体思想：指向、承继与发展》,《理论导刊》2020 年第 8 期。

[67] 刘同舫:《全球现代性问题与人类命运共同体智慧》,《福建论坛(人文社会科学版)》2019 年第 9 期。

[68] 刘勇、王怀信:《人类命运共同体：全球治理国际话语权变革的中国方案》,《探索》2019 年第 2 期。

[69] 张鷟:《人类命运共同体与全球治理体系的变革》,《社会主义研究》2021 年第 6 期。

[70] 刘洋:《全球现代性问题与人类命运共同体的重塑》,《厦门大学学报(哲学社会科学版)》2021 年第 6 期。

[71] 林伯海:《论全人类共同价值与人类命运共同体的辩证关系》,《马克思主义研究》,2021 年第 11 期。

[72] 梁豪、杨月清:《论人类命运共同体对全球普遍性与特殊性的重构》,《理论视野》2021 年第 11 期。

[73] 张骥、耿直:《马克思人类解放理论视域下人类命运共同体构建》,《理论导刊》

2021 年第 11 期。

［74］ 郑雪平、林跃勤：《"一带一路"倡议促进人类命运共同体建构研究》，《亚太经济》2022 年第 1 期。

（三）外文类

［1］ Allan Megill. *Karl Marx: the burden of reason (Why Marx Rejected Politics and the Market)* [M]. Maryland: Rowman & Littlefield Publisher, Inc, 2002.

［2］ Gerard Delanty. *Community* [M]. London: Routledge, 2003.

［3］ Allen W. Wood. *Karl Marx* [M]. London: Routledge & Kegan Paul, 1981.

［4］ Alex Callinicos. *Marxism and Philosophy* [M]. London: Oxford Clarendon Press, 1983.

［5］ Dick Howard. *From Marx to Kant* [M]. London: The Mac Millan Press Ltd, 1985.

［6］ Stanley Moore. *Marx on the Choice between Socialism and Communism* [M]. Cambridge, Mass: Harvard University Press, 1980.

［7］ David Mac Gregor. *The Communist ideal in Hegel and Marx* [M]. London: George Allen & Unwin, 1984.

［8］ David M. *Walker: Marx, Methodlogy and Science* [M]. Surrey: Ashgate, 2001.

［9］ Anddrzej Walick. *Marxism and the leap to the kingdom of Freedom: The Rise and Fall of the Communist Utopia* [M]. California: Stanford University Press, 1995.

［10］ David Leopold. *The Young Karl Marx—German philosophy, modern politics, and Human Flourishing* [M]. Cambridge: Cambridge University Press, 2007.

［11］ Karen Christensen, David Levinson. *Encyclopedia of Commuinty: From the Village to the Virtual World* [M]. California: SAGE Publications.Inc, 2003, Vol1: XXXI.

［12］ Darren Webb. *Marx, Marxism and Utopia* [M]. Aldershot: Ashgate Pbulishing Ltd, 2009.

后　　记

　　数十年风雨兼程路，几十载砥砺奋进时。从 2002~2005 年主持完成国家社科基金青年项目"全球化、反全球化思潮与社会主义"，到 2014~2016 年主持完成国家社科基金后期资助项目"全球化与中国特色社会主义自信"，到 2017~2019 年主持完成国家社科基金后期资助项目"全球化视野下民族复兴中国梦研究"，到 2019~2022 年主持完成国家社科基金后期资助重点项目"从马克思共同体到人类命运共同体：理论逻辑与现实向度"，到 2022 年主持研究阐释党的十九届六中全会国家社科重大项目"中国共产党百年奋斗中坚持胸怀天下经验研究"……一个个国家社科基金项目的接续，自然谈不上是立时代潮头发思想先声，但有一点是刻骨铭心的，那就是要把自己的学术生命、理论思考与民族命运和国家需求紧密结合、无缝衔接，去追踪时代的脚步，做时代的奋进者。因为在我看来，越是时代的，就越是历史的；越是时代的，就越是未来的。在浩瀚不息的学术生涯中，不断笔耕着、思索着、感悟着、阐释着，以思想启迪生活、以理论解读实践、以学术阐释心灵，书写属于自己微小而又明亮的篇章，乃不失为一位马克思主义学人的快乐之源、幸福之源。

　　本书为 2019 年国家社科基金后期资助重点项目"从马克思共同体到人类命运共同体：理论逻辑与现实向度"的最终研究成果。倡导"人类命运共同体"无疑契合了全球化时代的重大关切，尽管当下，人类命运共同体理念从理想走向现实、从理论走向实践还面临着一些新挑战，但"走向现实、走向实践"仍然是人类命运共同体研究一种最有意义的价值追求。马克思主义学科的任务就是要追踪现实需求，对人类命运共同体作出深度理论阐释，以揭示人类命运共同体理念的历史超越性。有感于此，在及时完成"全球化与中国特色社会主义自信""全球化视野下民族复兴中国梦研究"的研究项目后，我一直致力于"从马克思共同体到人类命运共同体：理论逻辑与现实向度"的研究，以期有机会更好地阐释中国特色、传播中国话语，这可以说是我近年来一直做后期项目的原始精神动因。

但是，这一研究课题的创新性要求必然面临着异常的艰辛。一是在视角和总体思路上，该课题以全球化为基本视域，以马克思共同体思想为分析工具，从理论逻辑和现实向度相统一的高度，比较系统地阐明了马克思共同体思想指导下人类命运共同体理念的演进逻辑和内容逻辑，这是一个新的研究视角和研究高度。二是在观点和内容的新颖性方面，该课题力求阐明马克思共同体思想与人类命运共同体理念的内在相通之处，分析马克思共同体思想背后的方法论对构建人类命运共同体的启示，论证人类命运共同体对马克思共同体思想的超越性，阐明人类命运共同体从理论走向实践的趋势和方向，揭示人类命运共同体作为马克思共同体思想的当代实践面临的新境遇与新应对、新思路，由此构成了人类命运共同体从理想到现实、从理论到实践的严整的逻辑体系。当然，这只是我们在构思和写作时的主观意图，由于我们学识所限，很难说达到了这一要求。本书存在的些许疏漏和不足之处，恳请各位专家、同行和读者批评指正。

本书的某些部分曾作为阶段性成果在《毛泽东邓小平理论研究》《东岳论丛》《理论视野》《青海社会科学》《内蒙古社会科学》等刊物上发表，受到学术界普遍关注。本书的一些核心观点，曾在一些国际国内论坛或会议上阐述过，得到了学者的普遍好评；本书的研究视角和思路也在国内一些高校马克思主义理论学科讲座中传播过、共享过，反响良好。正是这些鼓励和帮助促使我无论在多么艰辛的情况下都能把这份学问做下去。有一根支柱支撑着我站在这个世界上，也该算是一件幸事吧。

本书由本人提出课题的指导思想、框架设计和各章的主要思想。各章主要执笔人如下（按各章顺序）：导语，周琦；第一章，张春芳、张新梅、周琦；第二章，徐艳玲、杨珂；第三章，徐艳玲、张秀萍；第四章，徐艳玲、李朝慧；第五章，张光哲；第六章，徐艳玲、杨柳；第七章，刘晓雨。初稿完成后，由本人统修和定稿。统修定稿期间，周琦、张光哲、张意梵、李翼舟、易旭参与了部分新资料收集、内容更新和校对工作。在本书写作过程中，我们参阅和吸收了一些国内外学者的研究成果，在此表示谢意。本书能顺利付梓，得到了国家社科基金后期资助重点项目（19FKSA001）的资助，得到了学习出版社领导和责任编辑的鼎力相助，在此一并致以诚挚的感谢。

时间无形，文字写意。现在，读读书、教教书、写写书，早已成为我的一种生活方式。再回首我主持完成的5个国家社科基金的历史流变，打开的是我人生中最值得怀念的过往：从博士毕业不久的青涩与朦胧，到成为学者时涵育的家国情，到如今喷涌出的为党的主流意识形态鼓与呼的热情与信仰，这一段人生之旅恰如生命之花在不争不攘中绽放，去惊艳岁月，去温柔时光。

徐艳玲
2023 年 5 月 16 日